武蔵中学校

〈収録内容〉

※国語は問題に使用された作品の著作権者が二次使用の許可を出していないため問題を掲載しておりません。

便利なDLコンテンツは右のQRコードから

過去年度

国語の問題は
紙面に掲載

解説+α

⇒

※データのダウンロードは2025年3月末日まで。
※データへのアクセスには、右記のパスワードの入力が必要となります。 ⇒ 901834

〈合格最低点〉

2024年度	206点	2019年度	185点
2023年度	182点	2018年度	201点
2022年度	178点	2017年度	180点
2021年度	183点	2016年度	184点
2020年度	187点	2015年度	188点

本書の特長

実戦力がつく入試過去問題集

- ▶ 問題 ……………… 実際の入試問題を見やすく再編集。
- ▶ 解答用紙 …… 実戦対応仕様で収録。
- ▶ 解答解説 …… 詳しくわかりやすい解説には、難易度の目安がわかる「基本・重要・やや難」の分類マーク（下記参照）。各科末尾には合格へと導く「ワンポイントアドバイス」を配置。採点に便利な配点つき。

入試に役立つ分類マーク

基本 確実な得点源！
受験生の90%以上が正解できるような基礎的、かつ平易な問題。
何度もくり返して学習し、ケアレスミスも防げるようにしておこう。

重要 受験生なら何としても正解したい！
入試では典型的な問題で、長年にわたり、多くの学校でよく出題される問題。
各単元の内容理解を深めるのにも役立てよう。

やや難 これが解ければ合格に近づく！
受験生にとっては、かなり手ごたえのある問題。
合格者の正解率が低い場合もあるので、あきらめずにじっくりと取り組んでみよう。

合格への対策、実力錬成のための内容が充実

- ▶ 各科目の出題傾向の分析、合否を分けた問題（過去3年分）の確認で、入試対策を強化！
- ▶ その他、学校紹介、過去問の効果的な使い方など、学習意欲を高める要素が満載！

解答用紙 ダウンロード	解答用紙はプリントアウトしてご利用いただけます。弊社ＨＰの商品詳細ページよりダウンロードしてください。トビラのＱＲコードからアクセス可。
＋α ダウンロード	2019年度以降の算数の解説に ＋α が付いています。弊社ＨＰの商品詳細ページよりダウンロードしてください。トビラのＱＲコードからアクセス可。
UD FONT	見やすく読みまちがえにくいユニバーサルデザインフォントを採用しています。

武蔵中学校

本物に触れる教育と自調自考
卒業後も「後伸び」する学び

生徒数　525名
〒176-8535
東京都練馬区豊玉上1-26-1
☎03-5984-3741
西武池袋線江古田駅　徒歩６分
桜台駅　徒歩８分
有楽町線新桜台駅　徒歩５分
都営大江戸線新江古田駅　徒歩7分

URL	https://www.musashi.ed.jp/

プロフィール

自主性を尊重する名門男子校

1922（大正11）年、根津育英会により、日本で最初の私立旧制７年制高等学校として開校された。新学制により、1948（昭和23）年に新制武蔵高等学校、翌年に新制武蔵中学校が設置され、以来、中高一貫教育の姿勢を受け継いでいる。同一法人の武蔵大学は、1949 年に開設。

開校以来、「東西文化融合のわが民族理想を遂行し得べき人物」「世界に雄飛するにたえる人物」「自ら調べ自ら考える力ある人物」の三理想を掲げ、自由な校風の中、一人ひとりの才能を伸ばす少数教育を展開している。進学校でありながら、生徒は受験一色に染まらない、伸びやかな学校生活を送っている。

環境

充実した教育環境

最寄り駅から徒歩６分と交通も便利である。普通教室はもとより、５つの実験室と４つの講義室、マルチメディア教室、演習のための小教室がそろっており、学習環境も整っている。視聴覚教室、講堂、体育館、サッカー場、野球場、テニスコート、プールなどの校内施設・設備は、中学・高校の別なく使用している。2004 年に４階建ての図書館棟が完成。2007 年より、サッカーと野球のグラウンドが人工芝となった。2017 年に理科・特別教室棟も完成。

学園内の図書館を利用する生徒も多い

また、群馬県赤城山に「赤城青山寮」があり、中１の校外学習で利用されている。長野県八方尾根には「武蔵山荘」もある。

カリキュラム

少人数での分割授業で効率図る

中高一貫のメリットを生かし、６年間を２年ごとの３ブロックに区切った独自のカリキュラムを編成している。中１～２年次は入門的教科学習の時期とし、数学・英語では反復練習による基礎力、国語では長文による読解力の習得、理科では特に実験に重点を置く。中３～高１年次は一般的基礎学習の時期とし、全教科バランスのとれた学力をつける。さらに、高２～３年次は受験に即した学習として、演習を重視。

自主・自由の教育方針に基づいて、各教科の授業配分は、中・高ともに国の指導要項とほぼ同じで、コース別や習熟度別などのクラス編成も行われないが、授業を能率的に進めるため、中・高の数学・英語・理科実験、高２・３年次の国語が少人数の分割授業で行われている。

また、旧制高等学校の時代から第二外国語の授業を実施しており､現在は中３年次よりドイツ語・フランス語・中国語・韓国朝鮮語から１科目を選択する。上級まで履修した生徒は、選考により約2カ月間当該国へ留学する制度（毎年10数名が留学）もあるほか、ドイツ・オーストリア・フランス・イギリス・中国・韓国の提携校からも毎年20名近くの留学生を受け入れている。

学校生活

課外活動で優秀な研究は表彰

「赤城青山寮」での山上学校

学習に限らず、学校生活全体でも自主性が重んじられている。制服もなく、生徒会活動・クラブ活動も自由参加だが、所属する生徒は多い。運動部12、文化部13、同好会が６あり、中・高一体となって活動している。特に、太陽の黒点観測を続ける太陽観測部など、伝統的に理科系クラブが盛んである。また、課外活動で優れた研究を発表した生徒やグループに対しては、山川賞（理科的研究）、山本賞（文化的研究）が授与される。さらに学校外で自主活動をする積極的な生徒のために、校外活動を奨励する制度もある。

課外授業としては、高３を除く全校生が20㎞を歩く強歩大会、中１の山上学校や地学巡検、中２の民泊実習、中３の天文実習、冬季・春季のスキー教室などがある。

進路

東大合格者は毎年多数

東大へは多くの合格者を出し、80名前後が国公立大に進学する。文系理系バランスよく多方面の分野に進むのが本校の伝統である。そのほか、慶應義塾大、早稲田大をはじめ、難関私立大へ毎年150名以上の合格者を出している。

2024 年度入試要項

試験日　2/1
試験科目　国・算・理・社

募集定員	受験者数	合格者数	競争率
160	530	177	3.0

過去問の効果的な使い方

① **はじめに**　ここでは，受験生のみなさんが，ご家庭で過去問を利用される場合の，一般的な活用法を説明していきます。もし，塾に通われていたり，家庭教師の指導のもとで学習されていたりする場合は，その先生方の指示にしたがって，過去問を活用してください。その理由は，通常，塾のカリキュラムや家庭教師の指導計画の中に過去問学習が含まれており，どの時期から，どのように過去問を活用するのか，という具体的な方法がそれぞれの場合で異なるからです。

② **目的**　言うまでもなく，志望校の入学試験に合格することが，過去問学習の第一の目的です。そのためには，それぞれの志望校の入試問題について，どのようなレベルのどのような分野の問題が何問，出題されているのかを確認し，近年の出題傾向を探り，合格点を得るための試行錯誤をして，各校の入学試験について自分なりの感触を得ることが必要になります。過去問学習は，このための重要な過程であり，合格に向けて，新たに実力を養成していく機会なのです。

③ **開始時期**　過去問との取り組みは，通常，全分野の学習が一通り終了した時期，すなわち6年生の7月から8月にかけて始まります。しかし，各分野の基本が身についていない場合や，反対に短期間で過去問学習をこなせるだけの実力がある場合は，9月以降が過去問学習の開始時期になります。

④ **活用法**　各年度の入試問題を全問マスターしよう，と思う必要はありません。完璧を目標にすると挫折しやすいものです。できるかぎり多くの問題を解けるにこしたことはありませんが，それよりも重要なのは，現実に各志望校に合格するために，どの問題が解けなければいけないか，どの問題は解けなくてもよいか，という眼力を養うことです。

算数

どの問題を解き，どの問題は解けなくてもよいのかを見極めるには相当の実力が必要になりますし，この段階にいきなり到達するのは容易ではないので，この前段階の一般的な過去問学習法，活用法を2つの場合に分けて説明します。

☆偏差値がほぼ55以上ある場合

掲載順の通り，新しい年度から順に年度ごとに3年度分以上，解いていきます。

ポイント1…問題集に直接書き込んで解くのではなく，各問題の計算法や解き方を，明快にわかるように意識してノートに書き記す。

ポイント2…答えの正誤を点検し，解けなかった問題に印をつける。特に，解説の 基本 重要 がついている問題で解けなかった問題をよく復習する。

ポイント3…1回目にできなかった問題を解き直す。同様に，2回目，3回目，…と解けなければいけない問題を解き直す。

ポイント4…難問を解く必要はなく，基本をおろそかにしないこと。

☆偏差値が50前後かそれ以下の場合

ポイント1～4以外に，志望校の出題内容で「計算問題・一行問題」の比重が大きい場合，これらの問題をまず優先してマスターするとか，例えば，大問2までをマスターしてしまうとよいでしょう。

理科

理科は1から順番に解くことにほとんど意味はありません。理科は，性格の違う4つの分野が合わさった科目です。また，同じ分野でも単なる知識問題なのか，あるいは実験や観察の考察問題なのかによってもかかる時間がずいぶんちがいます。記述，計算，描図など，出題形式もさまざまです。ですから，解く順番の上手，下手で，10点以上の差がつくこともあります。

過去問を解き始める時も，はじめに1回分の試験問題の全体を見通して，解く順番を決めましょう。得意分野から解くのもよいでしょう。短時間で解けそうな問題を見つけて手をつけるのも効果的です。くれぐれも，難問に時間を取られすぎないように，わからない問題はスキップして，早めに全体を解き終えることを意識しましょう。

社会

社会は1から順番に解いていってかまいません。ただし，時間のかかりそうな，「地形図の読み取り」，「統計の読み取り」，「計算が必要な問題」，「字数の多い論述問題」などは後回しにするのが賢明です。また，3分野（地理・歴史・政治）の中で極端に得意，不得意がある受験生は，得意分野から手をつけるべきです。

過去問を解くときは，試験時間を有効に活用できるよう，時間は常に意識しなければなりません。ただし，時間に追われて雑にならないようにする注意が必要です。“誤っているもの”を選ぶ設問なのに“正しいもの”を選んでしまった，“すべて選びなさい”という設問なのに一つしか選ばなかったなどが致命的なミスになってしまいます。問題文の“正しいもの”，“誤っているもの”，“一つ選び”，“すべて選び”などに下線を引いて，一つ一つ確認しながら問題を解くとよいでしょう。

過去問を解き終わったら，自己採点し，受験生自身でふり返りをしましょう。できなかった問題については，なぜできなかったのかについての分析が必要です。例えば，「知識が必要な問題」ができなかったのか，「問題文や資料から判断する問題」ができなかったのかで，これから取り組むべきことも大きく異なってくるはずです。また，正解できた問題も，「勘で解いた」，「確信が持てない」といったときはふり返りが必要です。問題集の解説を読んでも納得がいかないときは，塾の先生などに質問をして，理解するようにしましょう。

国語

過去問に取り組む一番の目的は，志望校の傾向をつかみ，本番でどのように入試問題と向かい合うべきか考えることです。素材文の傾向，設問の傾向，問題数の傾向など，十分に研究していきましょう。

取り組む際は，まず解答用紙を確認しましょう。漢字や語句問題の量，記述問題の種類や量などが，解答用紙を見て，わかります。次に，ページをめくり，問題用紙全体を確認しましょう。どのような問題配列になっているのか，問題の難度はどの程度か，などを確認して，どの問題から取り組むべきかを判断するとよいでしょう。

一般的に「漢字」→「語句問題」→「読解問題」という形で取り組むと，効率よく時間を使うことができます。

また，解答用紙は，必ず，実際の大きさのものを使用しましょう。字数指定のない記述問題などは，解答欄の大きさから，書く量を考えていきましょう。

武蔵の算数 ——出題傾向と対策 合否を分けた問題の徹底分析

出題傾向と内容

出題分野1 〈数と計算〉

計算問題が出題されることがある。「数の性質」の問題が，ほぼ毎年，出題されている。

2 〈図形〉

「平面図形」の問題も毎年，出題されており，「相似」・「図形や点の移動・対称な図形」もよく出題されている。

円周率を利用する計算では，一々，計算してしまうのではなく，3.14は残したまま，式自体を簡単にしてから，最後に答えを計算するようにするのがポイントであり，文字式の操作が問われる出題もある。

「立体図形」の問題は，数年おきに出題されている。水量の変化と組み合わせた，体積の問題も出題される。

3 〈速さ〉

「速さ」の問題もほぼ毎年，出題されている。ごく基本的な問題としては，出題されず，「鶴カメ算」を使う問題や，比を利用する問題が出題されている。ここ数年「流水算」の出題がない。

4 〈割合〉

「割合」の問題もほぼ毎年，出題されており，「平面図形」・「数の性質」・「速さ」と関連させてよく出題される。つまり，比や割合を求める問題ではなくても，「図形」や「速さ」などの問題で，「比」を利用できるように練習しておくことが必要である。

5 〈推理〉

「推理」・「場合の数」の問題が，よく出題されている。

6 〈その他〉

出題率は高くないが，「消去算」・「鶴カメ算」・「過不足算」・「差集め算」・「方陣算」など，基本だけでなく，やや難しい問題も練習しておこう。

出題率の高い分野

❶平面図形・面積　❷割合と比　❸数の性質　❹速さの三公式と比　❺場合の数

来年度の予想と対策

出題分野1 〈数と計算〉… 「数の性質」の問題を，基本レベルから応用レベルまで練習しよう。

2 〈図形〉… 「平面」・「立体」・「相似」・「図形の移動」の応用問題，融合問題を練習しよう。「水量変化のグラフ」も重要である。

3 〈速さ〉…比を使って解く問題，「速さの鶴カメ算」も練習しよう。

4 〈割合〉… 「速さの比」・「面積比」・「比の文章題」の応用問題を練習しよう。

5 〈推理〉… 「数の性質」関連の「推理」・「場合の数」を練習しよう。

6 〈その他〉… 「消去算」・「差集め算」・「鶴カメ算」，その他の応用問題を練習しよう。

学習のポイント

●大問数4題　小問数10～20題前後　　●試験時間50分　満点100点

●「平面図形」・「推理」・「数の性質」の問題に関する理解度がポイントになる。

年度別出題内容の分析表　算数

（よく出ている順に，☆◎○の３段階で示してあります。）

	出　題　内　容	27年	28年	29年	30年	2019年	2020年	2021年	2022年	2023年	2024年
数と計算	四則計算							○			
	単位の換算	◎						○	○		◎
	演算記号・文字と式										
	数の性質	☆	○	☆	☆	◎	☆		○	☆	○
	概　数						☆				
図形	平面図形・面積	◎	☆	◎	○	☆	◎	☆	☆	◎	☆
	立体図形・体積と容積							☆			
	相似（縮図と拡大図）	◎	○		○	☆	○	◎	◎		☆
	図形や点の移動・対称な図形								☆		
	グラフ										
速さ	速さの三公式と比	◎	☆	☆	○	☆		☆	☆		☆
	旅人算		○	☆		☆		○	◎		○
	時計算	○									
	通過算				○						
	流水算										
割合	割合と比	○	◎	◎	☆	○	☆	☆	☆	☆	☆
	濃　度		◎		○						
	売買算										
	相当算										
	倍数算・分配算										
	仕事算・ニュートン算									○	○
	比例と反比例・２量の関係										
推理	場合の数・確からしさ	☆	○			☆	○			☆	☆
	論理・推理・集合		☆				○				
	数列・規則性・N 進法						○		○	☆	☆
	統計と表		○				☆				
その他	和差算・過不足算・差集め算	◎						○			○
	鶴カメ算				○					○	○
	平均算								○		
	年令算										
	植木算・方陣算										
	消去算		◎		○			◎	○		

武蔵中学校

2024年度 武蔵中学校 合否を分けた問題 算数

1 (2)「仕事算」

> よく出題されやすい「仕事算」であるが，どうしたら計算がラクになるのだろうか。復習してみよう。

【問題】

3台のポンプA・B・Cがあり，水そうの水を全部くみ出すのにAとBを使うと3時間40分，BとCを使うと3時間18分，CとAを使うと3時間かかる。

(ア) A・B・Cをすべて使うと，水そうの水を全部くみ出すのに何時間何分かかるか。

(イ) 最初Bだけを使ってくみ出し，途中からAとCだけをくみ出したところ，水そうの水を全部くみ出すのに全体で4時間59分かかった。このとき，Bを使った時間は何時間何分かかるか。

【考え方】

水そうの水量…220分，198分，180分の最小公倍数1980とする

A＋B1分間の給水量　…1980÷220＝9

B＋C1分間の給水量　…1980÷198＝10

C＋A1分間の給水量　…1980÷180＝11

A＋B＋C1分間の給水量…(9＋10＋11)÷2＝15

(ア)　1980÷15＝132(分)　すなわち2時間12分

A1分間の給水量…15－10＝5　B1分間の給水量…9－5＝4

C1分間の給水量…10－4＝6

(イ)　(11×299－1980)÷(11－4)＝187(分)　すなわち3時間7分

受験生に贈る「数の言葉」――――――――「ガリヴァ旅行記のなかの数と図形」

作者　ジョナサン・スウィフト(1667～1745)

…アイルランド　ダブリン生まれの司祭

リリパット国…1699年11月，漂流の後に船医ガリヴァが流れ着いた南インド洋の島国

①人間の身長…約15cm未満　②タワーの高さ…約1.5m

③ガリヴァがつながれた足の鎖の長さ…約1.8m　④高木の高さ…約2.1m

⑤ガリヴァとリリパット国民の身長比…12：1　⑥ガリヴァとかれらの体積比…1728：1

ブロブディンナグ国…1703年6月，ガリヴァの船が行き着いた北米の国

①草丈…6m以上　②麦の高さ…約12m　③柵(さく)の高さ…36m以上

④ベッドの高さ…7.2m　⑤ネズミの尻尾(しっぽ)…約1.77m

北太平洋の島国…1707年，北緯46度西経177度に近い国

王宮内コース料理　①羊の肩肉…正三角形　②牛肉…菱形　③プディング…サイクロイド形

④パン…円錐形(コーン)・円柱形(シリンダ)・平行四辺形・その他

2023年度 武蔵中学校 合否を分けた問題 算数

1 (2)「場合の数」

> 3部屋に2人ずつ泊まる問題であるが「兄弟が同室にならない」という条件があるため，注意しないとまちがいやすい。

【問題】

6人が3つの部屋に2人ずつ泊まるが，兄弟は同じ部屋には泊まらないものとする。6人が2組の3人兄弟のとき，泊まり方は何通りか。

6人が3組の2人兄弟のとき，泊まり方は何通りか。

【考え方】

〈ア・イ・ウとA・B・Cがそれぞれ3人兄弟のとき〉

2人の組み合わせ…2×3＝6(通り)

例えば，ア・Aが同室のとき，イ・Bまたはイ・Cも同室の2通り

3つの部屋の選び方…3×2×1＝6(通り)

したがって，泊り方は6×6＝36(通り)

〈ア・イとA・Bと㋕・㋖がそれぞれ2人兄弟のとき〉

2人の組み合わせ…2×4＝8(通り)

例えば，ア・Aが同室のとき，イ・㋕またはイ・㋖も同室の2通り
　　　　ア・Aが同室のとき，イ・Bが同室ではいけない ←ここに注意

したがって，泊り方は8×6＝48(通り)

受験生に贈る「数の言葉」―――――――――― バートランド・ラッセル(1872～1970)が語る
ピュタゴラス(前582～496)とそのひとたちのようす(西洋哲学史)

①ピュタゴラス学派のひとたちは，地球が球状であることを発見した。

②ピュタゴラスが創った学会には，男性も女性も平等に入会を許された。
財産は共有され，生活は共同で行われた。科学や数学の発見も共同のものとみなされ，ピュタゴラスの死後でさえ，かれのために秘事とされた。

③だれでも知っているようにピュタゴラスは，すべては数である，といった。
かれは，音楽における数の重要性を発見し，設定した音楽と数学との間の関連が，数学用語である「調和平均」，「調和級数」のなかに生きている。

④五角星は，魔術で常に際立って用いられ，この配置は明らかにピュタゴラス学派のひとたちにもとづいており，かれらは，これを安寧とよび，学会員であることを知る象徴として，これを利用した。

⑤その筋の大家たちは以下の内容を信じ，かれの名前がついている定理をかれが発見した可能性が高いと考えており，それは，直角三角形において，直角に対する辺についての正方形の面積が，他の2辺についての正方形の面積の和に等しい，という内容である。
とにかく，きわめて早い年代に，この定理がピュタゴラス学派のひとたちに知られていた。かれらはまた，三角形の角の和が2直角であることも知っていた。

2022年度 武蔵中学校 合否を分けた問題 算数

2 「平面図形，相似」

> 2「平面図形，相似」は頻出問題であり，特に（2）を練習して解き方をマスターしてしまおう。
> 三角形PQR のなかに三角形PST が含まれ，S がPQ 上にありT がPR 上にある場合，PQ：PS とPR：PT から三角形PST の面積を求める。

【問題】

図のように，面積が$132cm^2$の平行四辺形ABCD があり，BE：EC ＝1：2，GH：HD ＝2：3

（1）三角形ABG の面積を求めよ。

（2）五角形GECFH の面積を求めよ。

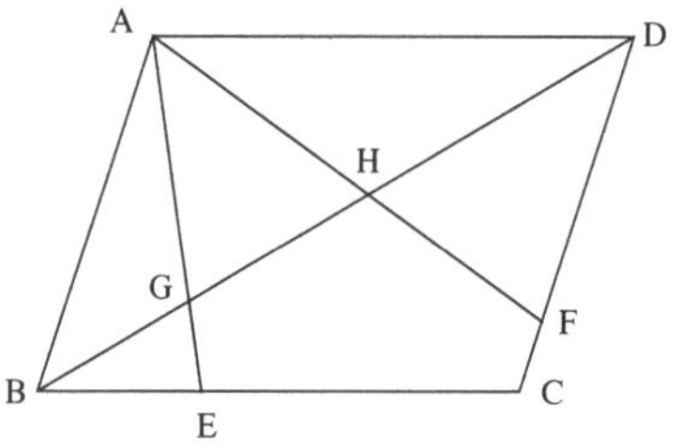

【考え方】

（1）図1において，三角形AGD とEGB の相似比は3：1

したがって，三角形ABG の面積は

$132 \div 3 \div 2 \div (3+1) \times 3 = 16.5(cm^2)$

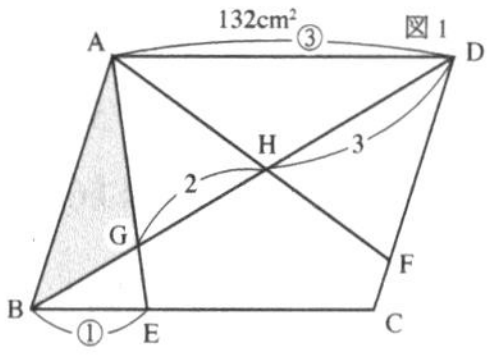

（2）図2において，（1）より，GD が2＋3＝5のとき，

BG は $(2+3) \div 3 = \frac{5}{3}$

BG：GD は$\frac{5}{3}$：5＝5：15　　BG：GH：HD は

5：(15÷5×2)：(15÷5×3) ＝5：6：9

三角形BCD…$132 \div 2 = 66(cm^2)$

三角形GBE…$66 \div (5+6+9) \times 5 \div 3 = 5.5(cm^2)$　　← 重要

三角形ABH とFDH の相似比は（5＋6）：9＝11：9より，DF：DC は9：11

三角形HFD…$66 \div (5+6+9) \times 9 \div 11 \times 9 = 24.3(cm^2)$

したがって，求める面積は$66 - (5.5 + 24.3) = 36.2(cm^2)$

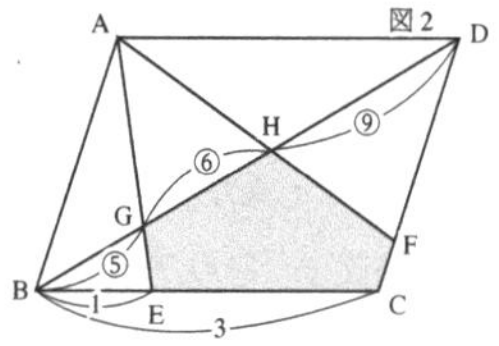

受験生に贈る「数の言葉」

数学者の回想　　高木貞治1875～1960

数学は長い論理の連鎖だけに，それを丹念にたどってゆくことにすぐ飽いてしまう。論理はきびしいものである。例えば，1つの有機的な体系というか，それぞれみな連関して円満に各部が均衡を保って進んでゆかぬかぎり，完全なものにはならない。

ある1つの主題に取り組み，どこか間違っているらしいが，それがはっきり判明せず，もっぱらそればかりを探す。神経衰弱になりかかるぐらいまで検討するが，わからぬことも多い。夢で疑問が解けたと思って起きてやってみても，全然違っている。そうやって長く間違いばかりを探し続けると，その後，理論が出来ても全く自信がない。そんなことを多々経験するのである。(中略)

技術にせよ学問にせよ，その必要な部分だけがあればよいという制ちゅう（限定）を加えられては，絶対に進展ということはあり得ない。「必要」という考え方に，その必要な1部分ですらが他の多くの部分なくして成り立たぬことを理解しようとしないことがあれば，それは全く危険である。

武蔵の社会

――出題傾向と対策
合否を分けた問題の徹底分析――

出題傾向と内容

長文や資料を示し，そのテーマの歴史的・現代的意義を考えさせるという出題傾向は，完全に定着している。

知っているか，いないかというだけの知識問題は少なく，全体的に歴史的事件や地域の調査に関し，原因や結果まで記述させるものや，その出来事と現代の問題との関連や地域の問題の解決策について，受験生自身の考えを展開させる問題が多くなっている。そこでは，教科書や参考書から仕入れただけの自分自身で消化しきれていない知識はけっして役に立たない。

解答形式は，用語記入，論述式が中心で，記号選択問題は少ない。特に，論述問題が大半を占め，配点もこれが大きいと考えられる。文字数の制限がない論述がほとんどであるが，解答用紙の枠から考えるとある程度の文字数は必要であろう。自分の考え方をいかにまとめて，相手にわかりやすく表現できるかが合否を分けるポイントである。いわゆる，難問や奇問はほとんどみられない。

分野別では，歴史の比重がやや高いが，地理，政治にかかわる問題，複数の分野にまたがる問題，一般常識の有無を問う問題などの出題もみられる。時事的な問題がそのまま出題されることはあまりない。

本年度の出題項目は以下の通りである。

総合－労働をテーマにした日本の地理，歴史など

- 歴史上の用語などを答える問題　　4題
- 説明的な論述問題　　6題

学習のポイント

●読解力：歴史・地理の本や新聞をたくさん読もう。

●文章力：300字程度の文章を書く練習をしよう。
新聞のコラムを書き写してみよう。

来年度の予想と対策

まず，すべての分野についての知識を偏りがないようにしてほしい。どんなテーマで集中的に出題されてもあわてないように，苦手分野はつくらないようにしよう。自分自身がどう考えたのか，また，他にどのような考え方があるかなどを短時間で頭の中で整理して文章にするように心がけよう。これをできるようにするためには，まず本をたくさん読むことである。伝記・旅行記・歴史読み物などがよい。楽しみながら，自分なりの歴史観・社会観をもってほしい。文章力を鍛えるには，新聞を活用するのが有効である。社会科の試験で要求されるのは，主に論説的な文章表現なので，興味を持った新聞記事を要約する作業はかなり有効である。これが，社会科的なものの考え方を身につけることにもつながる。

年度別出題内容の分析表　社会

（よく出ている順に，☆◎○の３段階で示してあります。）

出題内容				27年	28年	29年	30年	2019年	2020年	2021年	2022年	2023年	2024年
地理	日本の地理	テーマ別	地形図の見方										
			日本の国土と自然			○		◎	☆			○	
			人口・都市		○	◎						○	
			農林水産業									◎	
			工　業			◎	◎						
			交通・通信	☆									
			資源・エネルギー問題										
			貿　易										
		地方別	九州地方										
			中国・四国地方										
			近畿地方										
			中部地方										
			関東地方										
			東北地方										
			北海道地方										
	公害・環境問題					○							
	世界地理												
日本の歴史	時代別		旧石器時代から弥生時代										○
			古墳時代から平安時代	◎				○					
			鎌倉・室町時代					○	◎				
			安土桃山・江戸時代	◎		○	☆	☆		◎	☆	☆	○
			明治時代から現代	◎	☆	◎	○	◎		☆	◎	◎	○
	テーマ別		政治・法律	◎	☆	○		☆	○	◎	○		
			経済・社会・技術	○		◎	☆	○	○	◎	○	◎	☆
			文化・宗教・教育								☆		
			外　交	○			○	◎		○			
政治	憲法の原理・基本的人権				☆								
	国の政治のしくみと働き												
	地方自治												
	国民生活と社会保障												◎
	財政・消費生活・経済一般								○				
	国際社会と平和							○					
時事問題					○			○			○		
その他						○		◎	○	◎	☆	○	◎

武蔵中学校

2024年度 武蔵中学校 合否を分けた問題 社会

問7

「ワーク・ライフ・バランスを保つことが，現代社会が抱えるさまざまな課題の改善にどう結びつくのか，それらの課題のうちの1つをあげて説明しなさい」という論述問題。字数の制限はないが，解答用紙の枠から考えて，相当量の記述が必要と考えられる。

ここでは，解答例以外に考えられる論述を二つ挙げておきたい。

現在の日本では，国民の間に経済的な格差が拡大している。そして，このことが社会の不安定化の要因の一つとなっている。この背景に一つに，非正規雇用の増加がある。すべての人がワーク・ライフ・バランスを保つことができれば，仕事が一部の人に偏ることはなくなり，一人一人の労働者に適切な労働時間と収入が保障されるようになる。この結果，非正規という雇用形態はなくなり，経済的な格差も縮小していくことが期待できる。

現代社会が抱えるさまざまな課題の一つして，長時間労働により心身の健康を害し，最悪の場合，死に至るという過労死の問題がある。新聞やテレビでも，長時間労働が要因で自ら命を絶つ労働者についてのニュースがたびたび報道され，「カロウシ」ということばは，世界的にそのまま通用する状況ともいわれる。すべての人がワーク・ライフ・バランスを保つことができれば，仕事が一部の人に偏ることはなくなり，過労死の問題も自ずから解決に向うと考えられる。

2023年度 武蔵中学校 合否を分けた問題 社会

問2

「本所や深川で，上水や井戸水が利用しにくかった理由」を，資料の図を見ながら説明する問題で，資料の図を適切に読み取ることができたかどうかで点数に差がついたと思われる。

まず，「上水が利用しにくかった理由」については，資料の図中の玉川上水，千川上水，品川上水，神田上水などはいずれも台地の末端で途切れており，標高10m以下の地域までは引かれていないことが読み取れる。さらに，これらの上水と本所，深川の間には隅田川が流れており，これを越して上水を延伸させることは技術的に無理があったと推測される。なお，これらの上水の中で最も規模の大きい玉川上水は，1653年，玉川庄右衛門・清右衛門の兄弟により完成された上水で，神田上水，千川上水とともに江戸三大上水に数えられる。多摩川の水を羽村市で取り入れ，四谷大木戸まで通水し，大木戸からは地下樋で四谷見付へ送られた後に二分され，江戸城と虎ノ門へ給水された。その後，青山，三田，千川，野火止の各分水が設けられた。

「井戸水が利用しにくかった理由」については，本所，深川は海(江戸湾，現在の東京湾)に近く，井戸を掘ったとしても，海水が混じり，飲料水としては不適であることは容易に推測される。なお，資料の図に示された海岸線は，明治時代前半のもので，現在は埋め立てが進み，本所や深川は江戸時代に比べると内陸に位置している。

資料　江戸周辺の河川と上水

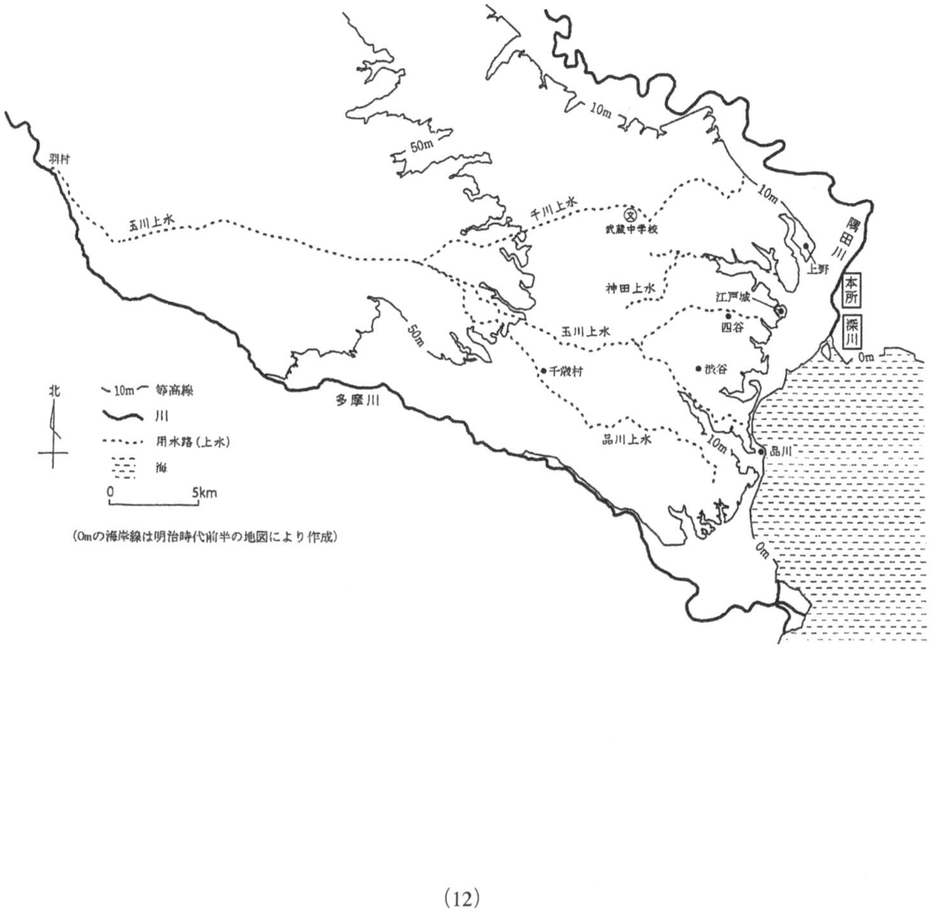

2022年度 武蔵中学校 合否を分けた問題 社会

問6

下の資料2から読み取れる，「男女や地域による進学率の違いについて」説明するという問題。資料2には多くの要素が盛り込まれているので，これを適切に読み取ることが必要である。

まず，男女に注目する。●が男子，□が女子を示している。東京都，関東6県（茨城県，埼玉県，栃木県，千葉県，群馬県，神奈川県），全国をみると，どの組み合わせも，●が□よりも上に位置している。このことは，男子が女子よりも都県外への進学率が高いことを意味している。

次に，地域に注目する。東京都と関東6県との間には大きな差異があることが読み取れる。東京都では，男女の大学進学率はいずれも75%前後でほぼ同じである（問題文にも示されているように，縦軸の数値と横軸の数値を足したものが，その都・県の大学進学率を表している）。一方，関東6県では男子のほうが女子よりも大学進学率が高くなっている（全国も同じ傾向にある）。

また，資料2中に0.00%を原点とする斜め45度の直線を記入すると（資料2 中に記入した点線），東京都だけがこの直線より右下に位置し，関東6県（全国も）はすべてこの直線より左上に位置している。このことは，東京都のみが都県内大学進学率が都県外大学進学率より高いこと，関東6県は逆に都県外大学進学率が都県内大学進学率より高いことを意味している。

本問では，以上のことをわかりやすく説明すればよい。

資料2　関東地方一都六県の男女別大学進学率（2021年）

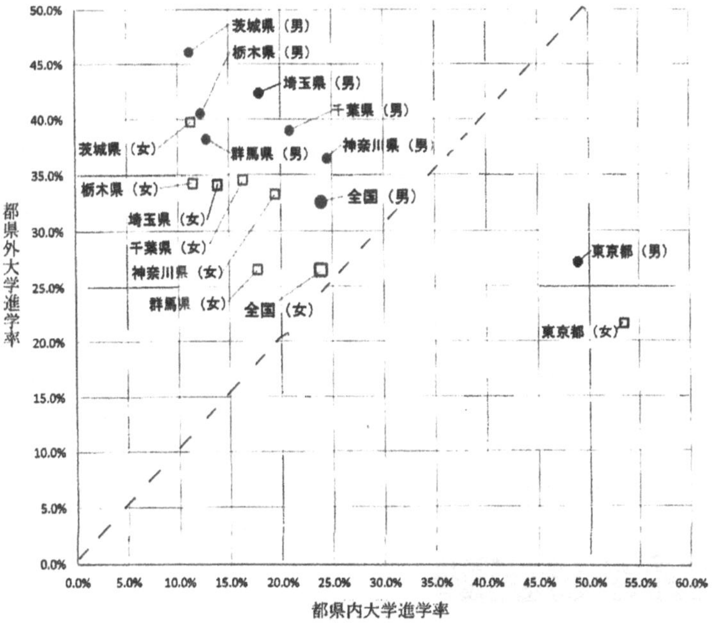

（文部科学省「学校基本調査」より作成）

武蔵の理科

――出題傾向と対策
合否を分けた問題の徹底分析――

出題傾向と内容

出題数は例年大問にして3題～4題である。身近な現象を素材にした実験・観察を通した出題が中心であり，解答形式としては，記述や作図などが多い。また，本校独特の出題として，毎年のように家庭でよく用いる日用品や道具を観察して，その仕組みやはたらきを説明したり，2種類の道具について特徴や相違点を説明するといったユニークな設問がある。このように，自然現象を科学的に調べる過程を問題にするなど，いろいろと工夫がこらしてある。

生物的領域　2023年度はブナ科の樹木の育ち方，2022年度はいろいろな生物の成長段階，2021年度はカモの泳ぎ，2020年度はメダカの血液循環・ヒトの肺と鳥の肺の違い，2019年度は光合成と呼吸・生物どうしの関係・磯の生態系が出題されている。生物的領域からの出題は，大問より小問群の中で数題出題されることが多い。大問として出題された場合は，深い考察を必要とする記述問題になる場合が多い。生物的領域のどの分野からも出題されており，しっかり学習して試験に臨みたい。

地学的領域　2024年度は火山の噴火，2023年度は星や月の見え方，2022年度は化石・れき・台風，2020年度はエベレスト山頂の気温と酸素の量，2019年度は潮の満ち引き・月の満ち欠けが出題されている。大問として出題された場合については生物的領域と同様である。ここ数年は天体や気象がよく出題されているが，地層や火山などについても出題されることがあるので，分野について偏った学習は避けるべきである。

化学的領域　2024年度は溶解度や塩酸とアルミニウムの反応，2022年度は水溶液や気体，2019年度は石灰水と二酸化炭素の反応，30年度は水溶液の判別が出題されている。実験結果を予想させたり実験方法を問うなど，実験を題材にした考察問題になることが多く，作図も出題される。化学的領域から大問として出題される場合は，かなり難易度が高い出題になる傾向がある。

物理的領域　2023年度は音と光，2022年度は磁石とコンデンサー，2021年度は温度計のしくみ，30年度は空気でっぽう，28年度はクレーン車が持ち上げることができる物の重さが出題されている。他の領域に比して出題される頻度は少ないが，大問として出題された場合には難易度の高い考察問題になるのは他の領域と同様である。

観察問題　実物が受験生全員に配布され，それを観察したり操作したりして，特徴などを記述文やスケッチなどでまとめる，他校にはない本校独特の出題が例年ある。

学習のポイント

●過去問をしっかり学習しておくことが，本校対策には特に重要である。

来年度の予想と対策

実験・観察を通した出題が多いので，学校および博物館，科学館で行われる実験・観察には積極的に取り組み，その方法を学び，それらの結果を表やグラフを使って整理しておくとよいだろう。

また，観察力，思考力，論理性を試す目的で，身のまわりの事物·現象が出題されることが多いので，身のまわりを科学の目で見て，意欲的に調べることが大切である。

もちろん，他の中学と同様の基礎力は必須である。特に，問題文の把握と理解や図表の読解など，理科の根本的な学力はしっかり鍛えておきたい。

年度別出題内容の分析表 理科

（よく出ている順に，☆◎○の３段階で示してあります。）

	出 題 内 容	27年	28年	29年	30年	2019年	2020年	2021年	2022年	2023年	2024年
生物的領域	植物のなかま						○		◎	☆	
	植物のはたらき				○	☆			○		
	昆虫・動物		☆		☆		☆	☆	☆	☆	
	人 体						☆		☆		
	生態系					☆				☆	
地学的領域	星と星座		☆					○		◎	
	太陽と月					☆				○	
	気 象	☆					○	○	○		
	地層と岩石			☆			○		◎		☆
	大地の活動							◎			☆
化学的領域	物質の性質				☆						
	状態変化			☆							
	ものの溶け方										☆
	水溶液の性質	☆			☆	☆	○		○		☆
	気体の性質						○		○		
	燃 焼										
物理的領域	熱の性質						○				
	光や音の性質						○			☆	
	物体の運動										
	力のはたらき		☆				○				
	電流と回路								○		
	電気と磁石								○		
その他	実験と観察	☆	☆	☆	☆	☆	☆	☆	☆	☆	☆
	器具の使用法						○	☆	○		
	環 境										
	時 事										
	その他										

武蔵中学校

2024年度 武蔵中学校 合否を分けた問題 理科

●この大問で，これだけ取ろう！

1	火山の噴火	やや難	問1は，火山灰の粒の特徴に関する問題，問2は，東京から約1000km南にある「西之島」の噴火に関する問題，問3は，富士山の噴火で積もった火山灰に関する問題，問4は，東京から約1400km南にある海底火山である「福徳岡ノ場」の噴火によって噴出した軽石や軽石と海流に関する思考力を試す記述問題が出された。本文の図などをしっかり読み取ることで，5問以上は解きたい。
2	溶解度，アルミニウムと塩酸の反応	やや難	問1は，いろいろな「とける」現象に関する記述問題，問2は，とけた後の固体に関する記述問題，問3は，飽和食塩水に含まれている食塩の重さを求める計算問題や食塩水の濃度を求めて，グラフに表す問題であった。また，問4は，塩酸とアルミニウムの反応において，加えた塩酸の量と溶けたアルミニウムの重さをグラフに表す問題であった。さらに，問5は，問3や問4で作成したグラフに最も近いグラフを選ぶ問題であった。計算問題を正確に解くことで，5問以上は解きたい。
3	受験生持ち帰りの問題	やや難	袋の中に，スティックのりやクリップクリームなどに利用されている「くり出し式容器」の使い方に関して，台を上下に動かすときに必要となる部品の形や構造の特徴について説明する問題や，回転軸を回したときに台が上下するしくみについて説明する問題が出された。

●鍵になる問題は1だ！

1の問1は，火山灰の粒の特徴に関する知識問題であった。

問2は，東京から約1000km南にある「西之島」の噴火に関する問題であったが，本文に示された図をしっかり読み取る必要があった。

問3は，富士山の噴火で積もった火山灰の分布に関する問題であったが，ここも示された図を読み取る必要があった。

問4は，東京から約1400km南にある海底火山である「福徳岡ノ場」の噴火によって噴出した軽石に関する記述問題や軽石が海流によって運ばれることに関する記述問題であった。この場合，本文や本文に示された図などをしっかり読み取る必要があった。

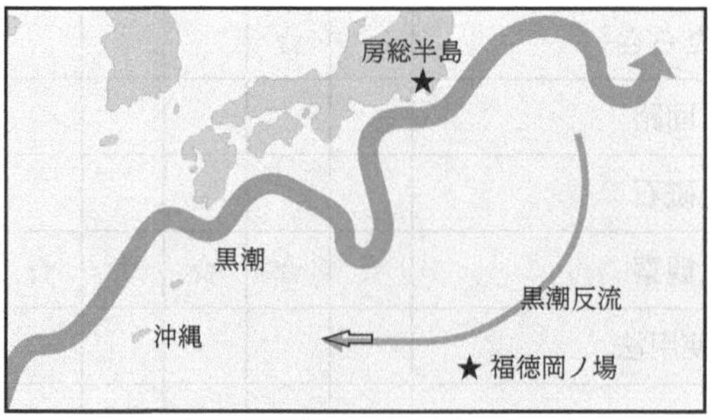

軽石が海流で運ばれた経路

2023年度 武蔵中学校 合否を分けた問題 理科

●この大問で，これだけ取ろう！

[1]	光，プランクトン，音，天体望遠鏡	やや難	問1は，光の性質に関する問題，問2は，熱帯の海でプランクトンが少ない理由に関する問題，問3は，音の性質に関する問題，問4は，反射音に関する計算問題，問5・問6は，「天体望遠鏡に関する思考力を試す記述問題であった。また，問7は，「光を使う観測」が海では適していないことを説明する問題であった。本文をしっかり読み取ることで，5問以上は解きたい。
[2]	ブナ科の樹木の育ち方	やや難	問1は，「ドングリをつくる樹木」と「寒い時期でも葉を落とさない樹木」に関する知識問題であった。また，問2は，「ブナのドングリの豊作指数」と「ツキノワグマの捕獲頭数」の関係に関する思考力を試す記述問題であった。さらに，問3は，「ブナ科の樹木がどのようにして子孫を残すのか」というテーマに関する記述問題であった。いずれにしても，本文に示されたグラフなどを読み取ることで，4問以上は解きたい。
[3]	受験生持ち帰りの問題	やや難	袋の中に，一部分を開閉できる環状の道具が入っていて，ゲートと呼ばれる開閉部には，1本の細い金具が取りつけてある。この道具を机の上に置き，「ゲートが閉じている状態」と「環の反対側に当たるまでゲートを押し込んだ状態」の金属の部分を図示したり，説明したりする問題が出された。

●鍵になる問題は[1]だ！

[1]の問1は，光の性質に関する知識問題であった。

問2は，熱帯の海ではプランクトンが少ない理由に関する記述問題であった。この場合，「熱帯の海は，太陽の熱によって，表面の部分だけが強く熱せられるので，対流が起こらず，海底にある養分が上の方まで上がってこないこと」をしっかりと理解する必要があった。

問3は，音の性質に関する幅広い知識が必要な問題であった。

問4は，反射音に関する計算問題であった。このような問題では，次のように音が伝わるようすを図に書くと，わかりやすい。

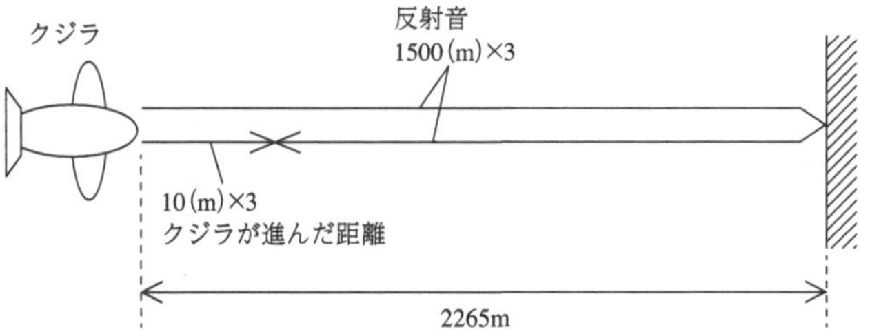

問5は，東京の都心部が星の観測には適さない理由を答える記述問題，問6は，太陽の光と月からの光の違いに関する記述問題，問7は，光が，空気中よりも海水中の方が通りにくいことに関する記述問題であった。いずれも，示されたことがらについて，的確に説明できる力を身につけておく必要があった。

2022年度 武蔵中学校 合否を分けた問題 理科

●この大問で，これだけ取ろう！

1	水溶液，化石，磁石，デンプン，窒素，コンデンサー，血液，れき，台風	やや難	(1) は，酸性か中性の水溶液を含んでいる水溶液を選ぶ問題，(2) は，化石に当てはまらないものを選ぶ問題，(3) は，磁石に当てはまらないものを選ぶ問題，(4) は，デンプンに当てはまらないものを選ぶ問題，(5) は，窒素に当てはまらないものを選ぶ問題，(6) は，コンデンサーに当てはまらないものを選ぶ問題，(7) は，血液に当てはまらないものを選ぶ問題，(8) は，れきに当てはまらないものを選ぶ問題，(9) は，台風に当てはまらないものを選ぶ問題，(10) は実験器具の使い方に当てはまらないものを選ぶ問題であった。7問以上は解きたい。
2	バッタとコウモリの一生，ヒトの胎児，タンポポの成長，ニワトリとヒトの育ち方，カブトムシの成長	やや難	問1は，バッタとコウモリの育ち方に関する知識問題，問2は，ヒトの胎児に関する知識問題，問3は，タンポポの成長を観察・記録したものに関する思考力を試す問題，問4は，ニワトリとヒトの育ち方に関する問題，問5は，カブトムシの成長に関する体長や体重が示されていて，それをもとにした思考力を試す記述問題であった。いずれにしても，本文に示されたヒントなどをもとにして，10問以上は解きたい。
3	受験生持ち帰りの問題	やや難	袋の中に，紙の巻かれた針金が4本入っていて，針金の先端を指先で支えて吊したときのようすについて図示したり，説明を求める問題が出された。

●鍵になる問題は2だ！

2の問1では，昆虫のバッタの育ち方が，「卵→幼虫→成虫」というさなぎの時期がない不完全変態であることを理解しておく必要があった。

問2は，ヒトの胎児と母親との養分や不要物の受け渡しに関する基本的な知識問題であった。

問3は，タンポポの成長を観察・記録したものをグラフに表したり，タンポポの育ち方の利点に関する問題であった。

問4は，ニワトリとヒトの育ち方に関して，体の大きさの変化を表したグラフを選ぶ問題であった。それぞれの時期における体の大きさを比べることで，答えにたどり着くことができた。

問5は，カブトムシの成長に関する体長や体重がグラフで示され，その結果をもとにして，カブトムシの体長の変化が，他の動物と違っている点を問う記述問題であった。また，カブトムシの9月下旬と1月下旬における成長段階と主な行動に関する知識問題も出された。さらに，カブトムシの一生の中で，成虫の役割に関する思考力を試す記述問題も出題された。

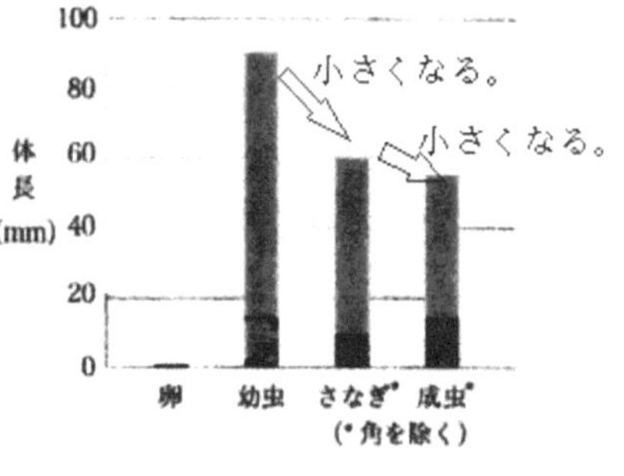

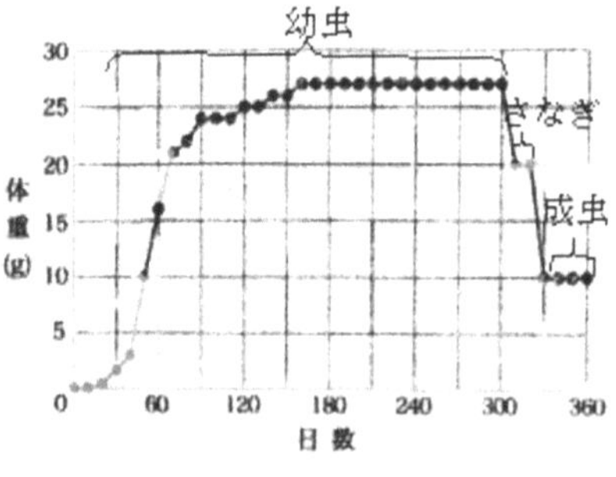

武蔵の国語

――出題傾向と対策　合否を分けた問題の徹底分析――

出題傾向と内容

文の種類：論説文

今年度は小説が出題されたが，説明的文章が出題される年もある。論説系の文章と文学系の文章のいずれが出されるのかは予断を許さないので，いずれにも対応できるように，幅広く学習しておくことが望ましい。

解答形式：記述が中心

大問1題（長文読解）に対して小問6～8問の構成はここ数年変化していない。ほとんどが記述式の問題だが，基本的な国語知識や選択式の空欄補充の小問も出題される。簡易記述・漢字以外の記述問題は，字数指定がなく，解答欄の大きさに応じて，解答の分量を判断する必要がある。解答文字は大きすぎず，小さすぎないように，日ごろから「書く」練習もしておかなければならない。設問内容は，おおむね文章細部に関するもので，設問の多くは，要旨や主題を意識しながら解答することが要求される。解答は「文中の語句を使って」などの指示はとくにされないが，設問の大半は文章中のことば・事実を使ってまとめることになる。

漢字：基本～標準レベル。特に難解なものはなく，基本的な学習をくり返していく中で覚えられるものがほとんどである。同音異義語などを中心に，文中での意味を考えながら答えることが大切である。訓読みの漢字にも注意が必要である。

出題頻度の高い分野

❶説明的文章　❷文学的文章　❸要旨・理由・根拠の読み取り
❹登場人物・場面・心情の読み取り　❺文章の細部の読み取り　❻記述・表現力
❼漢字の書き取り

来年度の予想と対策

出題分野　論説文の一題構成

1　記述中心の設問：今年度と同様，設問の大半は字数指定のない記述が出されるだろう。
2　主張・理由記述：文章全体の主旨や主張を把握したうえで細部も慎重に検討する。
3　心情・主題記述：場面をおさえ，人物の言動や様子に注目して検討する。
4　漢字：同音異義語や訓読みなどを中心に学習しておく。対義語などの知識もチェック。

学習のポイント

●出題と解答の形式に習熟しておこう。
●論説文・物語文を中心に，幅広く読書経験を積んでおこう。
●感じたことや考えたことを文章に表現する習慣をつけよう。

年度別出題内容の分析表 国語

（よく出ている順に，☆◎○の３段階で示してあります。）

出題内容			27年	28年	29年	30年	2019年	2020年	2021年	2022年	2023年	2024年
設問の種類		主題の読み取り			○		○	○				○
		要旨の読み取り	◎			◎			○	○	○	○
		心情の読み取り		☆	☆		☆	☆				☆
		理由・根拠の読み取り	◎	○	○	○	○	◎	◎	○		○
		場面・登場人物の読み取り		◎	◎		◎	◎				○
		論理展開・段落構成の読み取り										
		文章の細部表現の読み取り	☆	☆	☆	☆	☆	☆	☆	☆	☆	☆
		指示語										
		接続語				○						
		空欄補充				○			○		○	
		内容真偽										
	根拠	文章の細部からの読み取り	☆	☆	☆	☆	☆	☆	☆	☆	☆	☆
		文章全体の流れからの読み取り	◎	◎	◎	◎	◎	◎	◎	◎	◎	◎
設問形式		選択肢			○	○			○			○
		ぬき出し	○		○	○						
		記　述	☆	☆	☆	☆	☆	☆	☆	☆	☆	☆
記述の種類		本文の言葉を中心にまとめる	◎	◎	◎	◎	◎	◎	◎	◎	◎	◎
		自分の言葉を中心にまとめる	◎	◎	◎	◎	◎	◎	◎	◎	◎	◎
		字数が50字以内		○		○	○	○	○	○	○	○
		字数が51字以上	☆	☆	☆	☆	○	○	○	○	☆	☆
		意見・創作系の作文										
		短文作成										
語句・知識		ことばの意味										○
		同類語・反対語				○						
		ことわざ・慣用句・四字熟語	○		○			○				○
		熟語の組み立て										
		漢字の読み書き	○	○		○	○	○	○	○	◎	◎
		筆順・画数・部首										
		文と文節										
		ことばの用法・品詞										
		かなづかい										
		表現技法										
		文学史										
		敬　語										
文章の種類		論理的文章(論説文，説明文など)	○			○			○	○	○	
		文学的文章(小説，物語など)		○	○		○	○				○
		随筆文										
		詩(その解説も含む)										
		短歌・俳句(その解説も含む)										
		その他										

武蔵中学校

2024年度 武蔵中学校 合否を分けた問題 国語

一 問二

★合否を分けるポイント（この設問がなぜ合否を分けるのか？）

設問の意図をとらえ，文章中のどの言葉を使ってまとめるかを考えて解答する力が求められる。

★この「解答」では合格できない！

（△）新しい学校の子供達は美しくて怜悧だったので，多くのことにおいて「私」は引け目を感じたから。

→傍線部直後の内容に注目して解答をまとめているが，内容が不十分である。「引け目を感じた」ことで，「私は勉強して彼等に勝つほかはない」と考えたことまでも含めて解答をまとめる必要がある。

（△）貧しい育ちの「私」が，美しく怜悧な上流階級の子供たちへ感じる引け目をまぎらわすには，勉強で勝つ以外の方法がないということ。

→傍線部の直後の内容を過不足なくまとめており，正答に近い内容にはなっている。しかし，設問文は「……なぜですか」と問うているため，解答は「……から」「……ので」など，理由を表す文末でまとめる必要がある。

★こう書けば合格だ！

（○）貧しい寡婦の一人息子である「私」が，新しい学校の美しく怜悧な子供たちへ感じる引け目をまぎらわすには，勉強で勝つほかなかったから。

→傍線部の直後の「新しい学校の子供達は，美しくて怜悧だった。……私は勉強して彼等に勝つのほかはないのだった」という内容を，過不足なくまとめている。

二

★合否を分けるポイント（この設問がなぜ合否を分けるのか？）

字数の多い記述問題の中，漢字の書きという基本問題を確実に得点することが，合格にとって大切であるため。

★この「解答」では合格できない！

（×）② 名脈・明脈

→「名」「明」も「メイ」と読むが，「命脈」が正しい。「命」には，いのち，という意味があり，「命脈」は，生命の続くこと，という意味である。

（×）③ 従横

→「従」も「ジュウ」と読むが，「縦横」が正しい。「縦」には，たて，という意味があり，「縦横」は，たてとよこ，のことだが，自由自在，という意味も表す。

（×）⑦ 調定

→「定」も「テイ」と読むが，「調停」が正しい。「停」には，止める，という意味があり，「調停」は，当事者双方の間に第三者が介入して争いをやめさせること，という意味である。

★こう書けば合格だ！

（○）② 命脈　③ 縦横　⑦ 調停

2023年度 武蔵中学校 合否を分けた問題 国語

一 問二

★合否を分けるポイント（この設問がなぜ合否を分けるのか？）

設問の意図をとらえ，文章中のどの言葉を使ってまとめるかを考えて解答する力が求められる。

★この「解答」では合格できない！

（△）企業の様々な「社会的貢献」の取り組みに対し，「何かうさん臭いな」と思ってしまうということ。

→指示語傍線部の「そう」が指している内容について，直前に注目してまとめている。しかし，直前に書かれている内容として，「何かうさん臭いな」のほかに，「結局のところ，企業のイメージアップのために『社会的貢献』を行っているだけで，それって企業の利潤追求の一環だよね」という詳しい記述があるので，この部分の内容を含めてまとめたほうが，より文章の内容を理解している解答となる。

（△）「社会的貢献」の成果を，CMや広告でことさら強調されると，どうしても企業の「利己性」を感じてしまうということ。

→傍線部の直後の内容をまとめており，正答に近い内容にはなっている。しかし，設問は「そう」の内容を問うていると考えられ，指示語が指している内容が直前に書かれている場合は，直前の言葉を使ってまとめるのが，解答にふさわしい。

★こう書けば合格だ！

（○）企業がアピールする，様々な「社会的貢献」の取り組みは，結局は企業のイメージアップのためであって，利潤追求の一環にすぎないと思うということ。

→指示語傍線部の「そう」が指している内容を，前からとらえている。企業が「社会的貢献」を重視して，「自社の取り組みをアピールして」いるが，この取り組みを見て，「何かうさん臭いな」とか，「結局のところ，企業のイメージアップのために『社会的貢献』を行っているだけで，それって企業の利潤追求の一環だよね」とか，筆者は思ってしまうと述べている。

二

★合否を分けるポイント（この設問がなぜ合否を分けるのか？）

字数の多い記述問題の中，漢字の書きという基本問題を確実に得点することが，合格にとって大切であるため。

★この「解答」では合格できない！

（×）② 風記・風気

→「記」「気」も「キ」と読むが，「風紀」が正しい。「紀」には，筋道やきまり，という意味があり，「風紀」は，風俗・風習についての道徳上の節度や規律，という意味である。

（×）⑥ 入試

→「ニュウシが生え替わる」とあるので，「入試」でなく「乳歯」があてはまる。問題文をしっかり読み，ケアレスミスに注意すること。

★こう書けば合格だ！

（○）② 風紀　⑥ 乳歯

2022年度 武蔵中学校 合否を分けた問題 国語

一 問三

★合否を分けるポイント（この設問がなぜ合否を分けるのか？）

設問の意図をとらえ，文章中のどの言葉を使ってまとめるかを考えて解答する力が求められる。

★この「解答」では合格できない！

（△）ずっと働き続けている玲那さんの手，なめらかに動くその手。

→答えの要素となる，傍線部の直後の言葉を使ってまとめているが，単に「手」の動きというだけでは，なぜ筆者が「気を取られ」たのかが，いまひとつはっきりわからない。筆者は，玲那さんが「メモ」をとる手の動きに注目したのである。

（△）玲那さんが，話しながら，ずっと手元の紙にメモをとっているから。

→設問では，「筆者はそのとき何に『気を取られていた』のですか」と問われているので，理由を表す「……から。」という解答の文末は合わない。解答の文末に，「何」が来るようにまとめる必要がある。

★こう書けば合格だ！

（○）玲那さんが，話しながら，ずっと手元の紙にメモをとっている様子。

（○）玲那さんが，話しながら，メモをとるためになめらかに動かしている手。

→傍線部の直後に注目する。「それは，……なめらかに動くその手でした」「彼女は話しながら，ずっと手元の紙にメモをとっていたのです」とある。筆者は，玲那さんがメモを取る様子に「気を取られていた」のである。

二

★合否を分けるポイント（この設問がなぜ合否を分けるのか？）

字数の多い記述問題の中，漢字の書き・読みという基本問題を確実に得点することが，合格にとって大切であるため。

★この「解答」では合格できない！

（×）③　追（えない）

→「手に負えない」は，自分の力ではとても処理できない，という意味。「負う」には，背負う，引き受ける，処理する，などの意味がある。

（×）⑤　功積

→「功績」は，手柄，という意味。「績」には，成し遂げた仕事，仕事の結果，手柄などの意味がある。

★こう書けば合格だ！

（○）③　負（えない）

⑤　功績

MEMO

大切なことはメモしておこうネ！

2024年度

★★★★★★★★★★★★★★★★★★★★★★★★

入　試　問　題

2024年度

武蔵中学校入試問題

【算　数】（50分）　＜満点：100点＞

1　次の □ にあてはまる数を書き入れなさい。

(1)　1以上176以下の整数のうち，176との最大公約数が1である整数は □ 個あります。

(2)　3台のポンプA，B，Cがあります。ある水そうの水を全部くみ出すのに，AとBを使うと3時間40分，BとCを使うと3時間18分，CとAを使うと3時間かかります。

(ア)　A，B，Cをすべて使うと，この水そうの水を全部くみ出すのに □ 時間 □ 分かかります。

(イ)　最初Bだけを使ってくみ出し，途《と》中からAとCだけを使ってくみ出したところ，この水そうの水を全部くみ出すのに，全体で4時間59分かかりました。このとき，Bを使った時間は □ 時間 □ 分です。

2　図のような角Bが直角である四角形ABCDがあり，AE＝FD＝4㎝，ED＝DC＝3㎝，AD＝FC＝5㎝で，角AEDと角FDCは直角です。

次の問に答えなさい。（式や考え方も書きなさい）

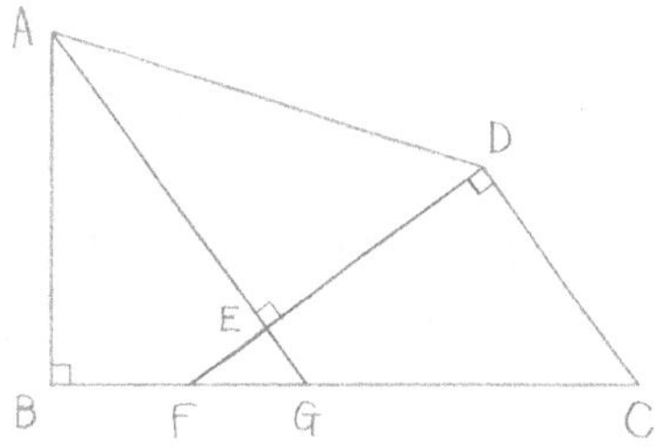

(1)　EGの長さを求めなさい。

(2)　ABの長さを求めなさい。

(3)　辺ADと辺BCをそれぞれ延長して交わる点をHとするとき，CHの長さを求めなさい。

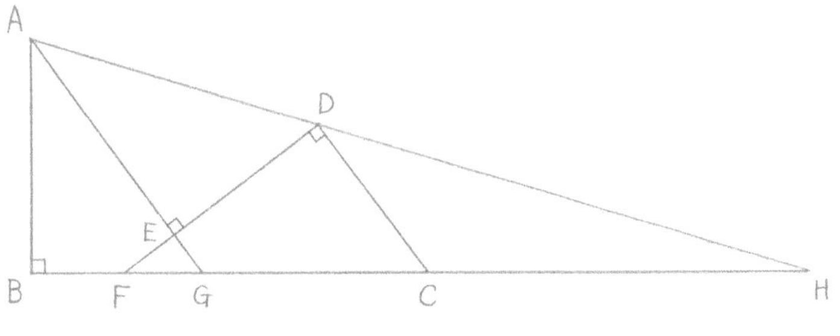

3　図のように，S地点でつながっている大小2つの円形のコースがあり，大コースは1周1200mです。A，B，Cの3人は，S地点を同時に出発して，次のようにコースを回ります。

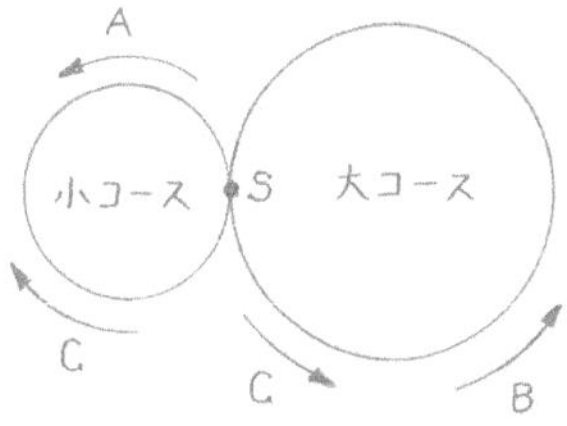

・Aは分速80mで反時計回りに小コースだけを回り続ける。
・Bは分速120mで反時計回りに大コースだけを回り続ける。
・Cは分速240mで，「時計回りに小コースを1周したあと，反時計回りに大コースを1周する」ということをくり返す。

出発してから１分30秒後に初めてＡとＣは出会いました。

次の問に答えなさい。(式や考え方も書きなさい)

(1) 小コースは１周何ｍですか。

(2) 出発したあと，初めてＣがＢに追いつくのは，出発してから何分後ですか。

(3) ２回目にＡとＣが出会うのは，出発してから何分後ですか。また，2回目にＣがＢに追いつくのは，出発してから何分後ですか。

(4) 出発してから95分の間で，３人のうち２人以上が同時にＳ地点にいるのは，出発してから何分後ですか。考えられるものをすべて答えなさい。

$\boxed{4}$ １からＡまでのＡ個の整数を１つずつ並べて数の列を作ります。このとき，以下の〔ルール〕で，その列の点数を決めます。

〔ルール〕 隣《とな》り合う２つの数の大小を比べて，右側の数が左側の数より大きくなっているとき１点，小さくなっているとき０点とし，この合計をその列の点数とする。

例えば，Ａ＝５のときの $\boxed{3\ 5\ 1\ 2\ 4}$ と並べた列の点数は，３＜５，５＞１，１＜２，２＜４なので３点です。次の問に答えなさい。

(1) Ａ＝３のとき，点数が１点となる列は何通りありますか。

(2) Ａ＝４のとき，点数が１点になる列と，点数が２点になる列はそれぞれ何通りありますか。

(3) $\boxed{1\ 3\ 2\ 4}$ と並べた列に５をつけ加えて新しい列をつくります。ただし，５は $\boxed{\downarrow 1 \downarrow 3 \downarrow 2 \downarrow 4 \downarrow}$ の，矢印（↓）の位置のどこか１か所に入れるものとします。このように作った列の点数として考えられるものをすべて答えなさい。

(4) Ａ＝６のとき，点数が２点となる列は何通りありますか。

【社　会】（40分）　＜満点：60点＞

学校で勉強する立場のためまだ社会に出ていない人たちにとって，働くということはあまり身近なことではないかも知れません。日本国憲法では，働くことについて（憲法では「勤労」と呼んでいます）「すべて国民は，勤労の権利を有し，義務を負う」と定めています。では，人はなぜ働くのでしょう。「生きがいを求めて」などの答えもあるでしょうが，たいていは「生活のために」という答えが返ってくるのではないでしょうか。じっさい，ごく限られた裕福《ゆうふく》な人をのぞいて，世の中の人びとにとっては自分や家族の生活を成り立たせるために，働くことが必要です。今日は，働くこと（ここからは，「労働」という表現も使います）にまつわるさまざまな問題について考えてみましょう。

〈近代以前の生業と労働〉

自然界から食料を獲得《かくとく》するために行われた動物の捕獲《ほかく》や植物の採取は，労働の最初のあり方でもありました。その後，農業が行われるようになると，より多くの人びとが協力しあって働くことが一般的になりました。経済の発達とともに，農業だけでなく，さまざまな製品を作る手工業や，作物・製品を取り引きする商業も発達し，それらをいとなむ職人たちや商人たちも現れました。このようにして人びとがさまざまな職業に分かれながら労働を行い，またお互いに関係しあうことで，社会が発達していきました。そしてその職業によって，社会における身分が決まることもありました。多くの職業に分かれた社会においても，農業の占《し》める割合は非常に大きいままでした。

〈賃金労働の広がり〉

近代以前の農民や職人たちは，労働によって生産した作物や製品の一部を自分自身の物にすることができました。それが大きく変わったのが近代になってからで，工場で機械を使って製品を大量に生産するような工業が発達する中で，それまでの職人にかわって多くの労働者が工場で製品を作るようになりました。工場労働者は工場を経営する企業《きぎょう》に雇《やと》われて労働に従事しましたが，みずからの労働により生産された製品を自分自身のものとすることはできず，そのかわりに企業から賃金を受け取る存在になったのです。工業がさらに発達していくにつれ，企業の数も多くなり大規模な企業も出てくるようになりました。こうした企業の発展の中で，企業活動に必要な事務の仕事に従事する労働者（いわゆるサラリーマン）も次第に多くなっていきました。また明治時代以降は中央・地方の行政制度が整備されたために，中央省庁や地方の役所で働く公務員も現れました。こうして工場労働者だけでなく，サラリーマンや公務員のような事務労働者も社会の中で重要になっていきました。工業が発達する中でも農業はまだまだ大きな割合を占め続けており，農業従事者も多数を占めていましたが，第２次世界大戦後，特に高度経済成長期になると農業従事者の割合は急速に低下していきました。その反対に，工業労働者や事務労働者の割合が大きくなり，さらには小売業などに従事する労働者も増加しました。こうして現代では，働いている人のほとんどが賃金労働者になっています。この間，賃金は順調に増加していましたが，近年はほとんど増えておらず，長期間の雇用《こよう》か保障されない非正規雇用の増加や事務労働者の時間外労働も問題とされるようになりました。

〈労働における性別の問題〉

かつて経済の中心にあった農業では，一家総出で農作業を行っていたため，女性も男性と同じように働いていました。近代に入り工業が発達し始めた頃にも，工場労働者として多くの女性が雇われていました。企業にとっては，男性よりも低い賃金で雇い長時間働かせることのできる女性労働者は大変都合のよい存在だったのです。しかしその後，労働者の待遇《たいぐう》を改善したり地位を向上させたりする動きが進んだことで女性の労働力は扱いづらいものになっていきました。同時に，「男性が外で働いて稼《かせ》ぎ，女性が家を守る」という考え方が定着したため，賃金労働は基本的に男性が行うべきものと考えられるようになりました。学業を終えて社会人になる場合も，男性の多くは企業などに就職するのに対して，女性は就職する人が男性ほど多数ではなく，就職しても数年後には結婚《けっこん》を機に退職する場合が多かったのです。企業等の現場でも「女性のすべき仕事，女性向きの仕事」がいつの間にか決められている中で，女性には補助的な役割しか与えられず，男性と対等に働くことができませんでした。こうしたあり方が社会的に問題とされるようになり，1985年に男女雇用機会均等法が制定され，その後２回改正されて現在に至っています。こうして形式的には労働における性別による格差は是正《ぜせい》されたはずですが，実際には賃金や行う仕事の種類，雇われ方（正規雇用か非正規雇用か）などの面で格差が解消されたとはとても言えない状態が続いています。

〈「支払われない労働」〉

ところで，経済が円滑《えんかつ》に動き社会が安定するために欠かせないにもかかわらず，それを行った人が賃金を受け取ることのない労働も存在します。こうした労働はしばしば「支払われない労働」などと呼ばれますが，これに費やされる時間や労力は，賃金を受け取る労働と比べても決して小さくはありません。しかも，「支払われない労働」においても性別による偏《かたよ》りが存在しています。具体的には，こうした労働は女性によって担われていることが非常に多いのです。なぜそうなのかという理由はさまざまありますが，こうした状況を改善するためには男性の働き方についても考え直す必要があるでしょう。

〈労働のあり方を変える〉

近年では，「働き方改革」という言葉がよく言われており，実際に働き方を変えていこうという動きも見られます。これは，これまでの日本における労働のあり方が経済や社会に対してよくない影響を与えており，それを変えていくことがよりよい未来のために必要であるとの考えから出てきたものです。これから社会に出た後に充実した生き方をしていくためにも，今日学んだことを機に働くことについてもっと考えてみてはいかがでしょうか。

問１　次のページの図１・２は，縄文《じょうもん》時代から使われはじめた道具です。これらを見て，つぎの問い(あ)・(い)に答えなさい。

(あ)　図１は食料となる動物の捕獲で使用されていたものですが，これは何ですか。

(い)　図２は土器です。何のために使用されていましたか。

図1

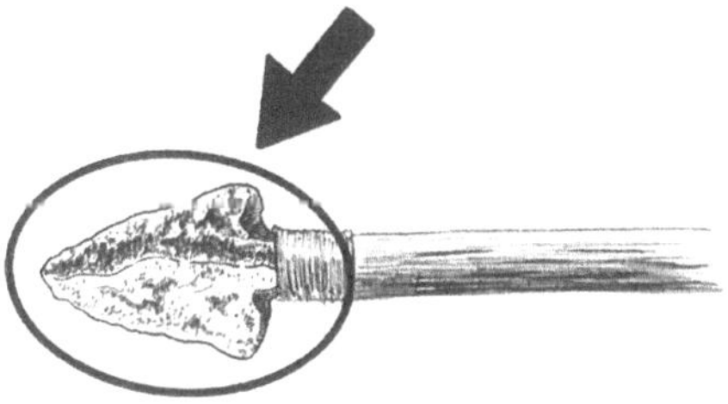

図2

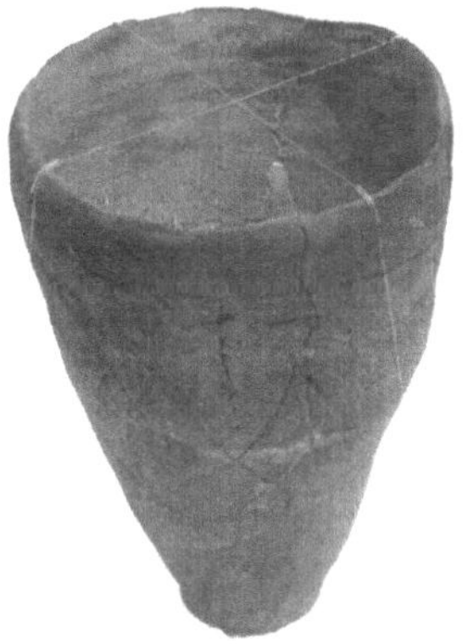

（十字状のもので土器を固定しています。）

問2　一般的に，農業に従事する江戸《えど》時代の人々が属した身分は何ですか。

問3　高度経済成長期を中心に賃金が順調に増加したため，賃金労働者の世帯ではこれまであまり見られなかった物を購入・消費しながら豊かな生活をいとなむようになりました。購入・消費されるようになった物を１つあげて，どのように生活が豊かになったのかについて書きなさい。

問4

(あ)　工業が発達し始めた頃に多くの女性労働者が働いていた，代表的な産業は何ですか。

(い)　その産業と関係の深い場所を右の地図の中から１つ選び，地名を書きなさい。

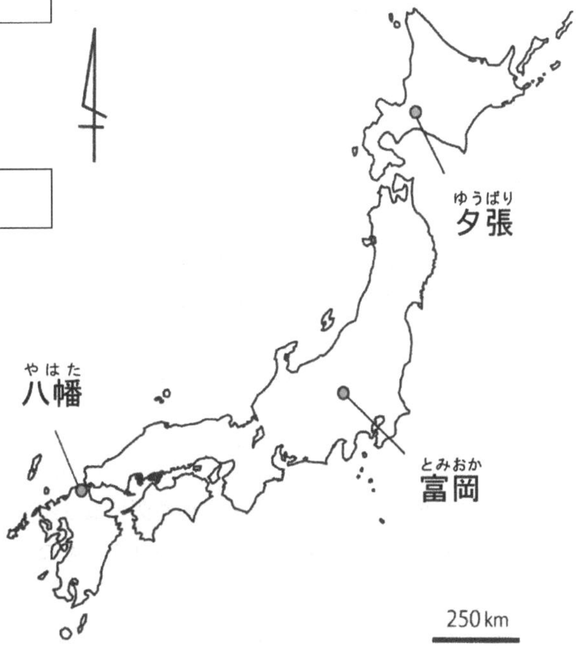

図３　年齢《れい》ごとの労働力人口比率と正規雇用比率（2021 年、男女別）

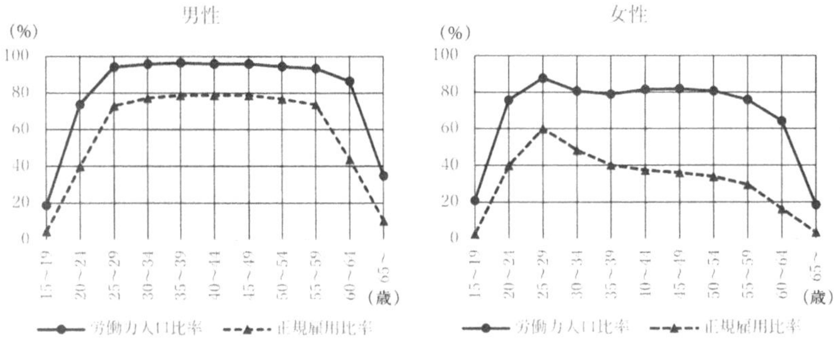

（労働力人口比率、正規雇用比率とも、分母はその年齢の全人口。労働力人口に専業主婦・専業主夫は含まれない。）
（総務省「労働力調査」より作成）

図４　仕事（賃金労働）等の時間と家事・育児・介護の時間の平均（１日あたり平均、男女別）

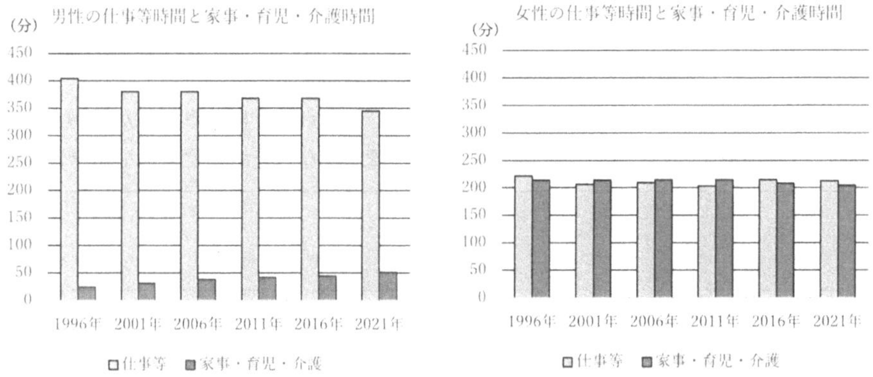

（総務省「社会生活基本調査」より作成）

問５　「労働における性別による格差が是正されたはずなのに，実際には格差が解消されたとは言えない」とありますが，図３のグラフを参考に，まだ残っている「性別による格差」について説明しなさい。

問６　「支払われない労働」の代表的なものとしてあげられるのが，家事・育児・介護などです。

(あ)　図４のグラフを見て，仕事等と家事・育児・介護における性別の偏りについてここから分かることを書きなさい。

(い)　この偏りを是正するための男性側の取り組みをうながす仕組みとしてどのようなものがありますか。知っていることを１つあげて答えなさい。

問７　労働のあり方を変えていこうという動きの中で，しばしば「ワーク・ライフ・バランス」（労働と生活の適度なつり合い）という言葉が強調されています。この言葉には，これまでの労働のあり方が大きな問題を抱《かか》えていることと，個人の生活や家族との関わりを大事にすることがよりよい社会を築くために欠かせない，という考え方が反映されています。ワーク・ライフ・バランスを保つことが，現代社会が抱えるさまざまな課題の改善にどう結びつくのか，それらの課題のうちの１つをあげて説明しなさい。

【理　科】（40分）　＜満点：60点＞

1　日本は，世界でも有数の火山国です。活火山は「概《おおむ》ね過去1万年以内に噴《ふん》火した火山及《およ》び現在活発な噴気活動のある火山」と定義され，世界の活火山の約1割が日本にあります。火山は美しい景色をつくり出し，温泉や地熱発電などに利用されますが，噴火に伴《ともな》って災害をもたらすこともあります。ここでは火山の噴火によって変化した土地の様子や，溶《よう》岩や火山灰など噴出したものについて考えてみましょう。

問1　下の図は，火山の噴火でできた地層から採取したものを水でよく洗い流し，残った粒《つぶ》を写したものです。図中の白い太線は1㎜を表しています。図の粒の特徴《ちょう》としてふさわしいものを，下のア～キからすべて選び，記号で答えなさい。

ア．含《ふく》まれる粒は1種類のみである
イ．ガラスのような粒は火山由来ではない
ウ．粒は角ばったものが多い
エ．粒の大きさは2㎜以下である
オ．泥《どろ》や礫《れき》が含まれている
カ．粒はやわらかく壊《こわ》れやすい
キ．黒っぽい粒は噴火で焦《こ》げたものである

問2　東京から約1000㎞南に「西之《の》島」があります。ここでは，元々《もともと》あった島の近くで，2013年11月の噴火によって新しい島ができ，現在も断続的に噴火が続いています。右の図は2013年11月21日～2014年9月17日までの西之島の地形の記録です。この図からわかる事がらを次のページのア～カの中からすべて選び，記号で答えなさい。

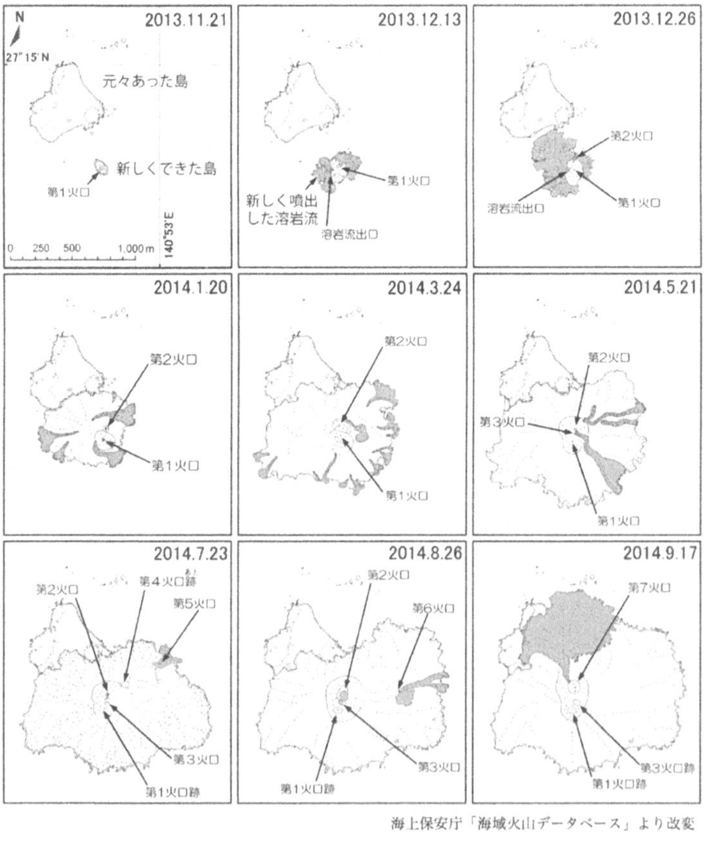

海上保安庁「海域火山データベース」より改変

ア．第１火口の位置は変わらない
イ．元々あった島に新しい島が移動してぶつかり，隆《りゅう》起して大きな島ができた
ウ．元々あった島と新しい島がつながるまでに半年以上かかった
エ．第７火口から噴出した溶岩は，第６火口から噴出した溶岩に比べ量が多い
オ．元々あった島は新しく噴出した溶岩によって完全に覆《おお》い尽《つ》くされた
カ．噴出した溶岩が冷えて島の面積が３㎢以上になった

問３　富士山が最後に大きな噴《ふん》火をしたのは1707年の宝永噴火です。右の図は，そのときに積もった火山灰の分布を表しています。図中の線は，積もった火山灰の厚さが等しいところを結んだもので，数値はその厚さです。

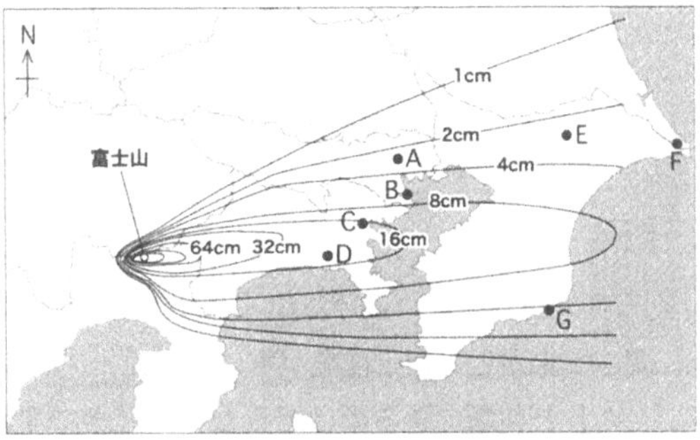

萬年一剛《まんねんかずたか》『富士山はいつ噴火するのか？』より改変

(1)　図中のＡ～Ｇの地点のうち，宝永噴火によって火山灰が３番目に多く積もった地点を記号で答えなさい。

(2)　この噴火で積もった火山灰の分布にはどのような特徴《ちょう》がありますか。図からわかることを，下のア～キの中からすべて選び，記号で答えなさい。
ア．富士山の東では火口に近いほど厚い
イ．線で結ばれた内側では厚さが同じである
ウ．富士山の東では火口から遠いほど厚い
エ．富士山の真東の方向にとくに多く積もっている
オ．富士山から噴出した火山灰は海に降らない
カ．富士山の西にはまったく積もっていない
キ．富士山からの距離《きょり》が同じでも厚さの異なる地点がある

問４　図１に示した「福徳岡ノ場」は東京から約1400㎞南にある海底火山で，2021年８月13日に噴火しました。噴出物は火口付近に厚く堆《たてい》積して新たに島をつくり，その周辺の海面には図２のような穴の空いた白っぽい石（軽石）が大量に浮《ふ》遊していました。約２ヶ月後にそれらの軽石が沖縄本島沿岸で大量に見つかり，船の運航や漁業に支障が出ました。さらに約１ヶ月後には房《ぼう》総半島などでその軽石がごく少量見つかりました。

図１　福徳岡ノ場の位置

図２　軽石の表面の様子

(1) 軽石の穴はどのようにしてできましたか。

(2) 軽石と同じ物質でできている溶《よう》岩は水に沈《しず》むのに，軽石が水に浮《う》くのはなぜですか。

(3) 文章中の下線部について，軽石が見つかったことから考えられることを書きなさい。

2 身の回りにはいろいろな「とける」現象があります。ここでは「とける」について考えてみます。

問１ 氷がとけた，食塩が水にとけた，アルミニウムが塩酸にとけた。この３つに共通して，「とけた」と判断できるのはどうなったときですか。

問２ ①氷がとけた水，②食塩がとけた水，③アルミニウムがとけた塩酸。これら３つから水をすべて蒸発させた結果，③だけが①，②と異なる点は何ですか。

問３ 20℃では水100ｇに食塩を36ｇまで溶《と》かすことができ，この限界まで食塩を溶かした水溶《よう》液を飽《ほう》和食塩水といいます。次の(1)(2)に答えなさい。計算結果が小数になる場合は，小数１位を四捨五入して整数にしなさい。

(1) 20℃の200ｇの飽和食塩水から水をすべて蒸発させました。残った食塩は何ｇですか。

ｇ

(2) 20℃の水100ｇに対して，入れる食塩の量を10ｇ，20ｇ，40ｇ，60ｇと変えて，よくかき混ぜて食塩水を作りました。右のグラフの点（●）にならってそれぞれの食塩水の濃《のう》度を表す点を打ちなさい。それをもとに，食塩の量と食塩水の濃度の関係を表す折れ線グラフを完成させなさい。

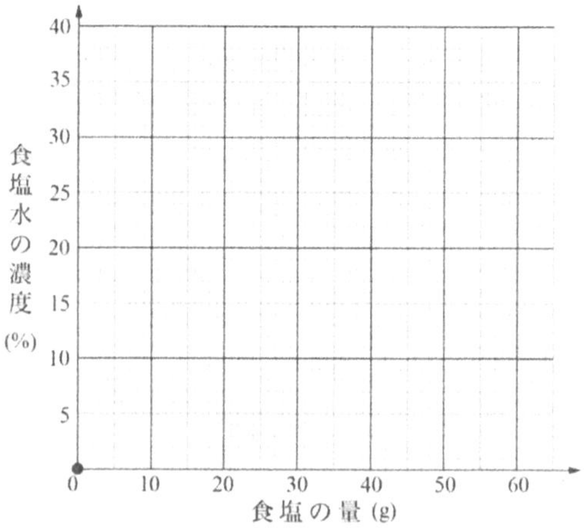

問４　アルミニウム2.0ｇに塩酸を加える実験をしました。下の表は，加えた塩酸の量と溶けずに残ったアルミニウムの重さの結果を表しています。表を参考にして，加えた塩酸の量と溶けたアルミニウムの重さの関係を表す折れ線グラフを完成させなさい。

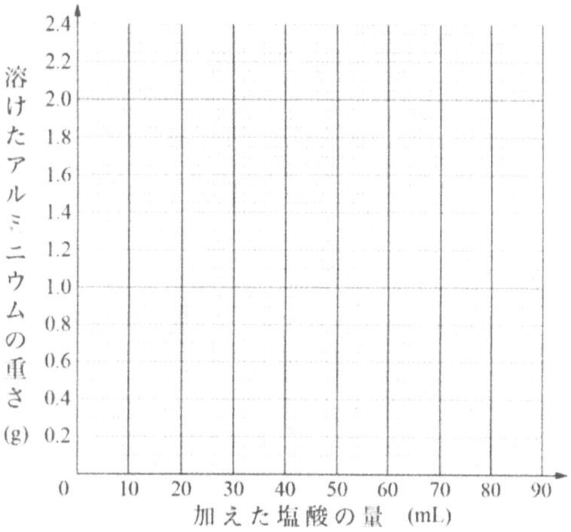

加えた塩酸の量（mL）	0	10	20	40	60	80
残ったアルミニウムの重さ（g）	2.0	1.6	1.2	0.4	0.0	0.0

問５　問３の折れ線グラフ（前のページ）と問４の折れ線グラフには，形に違《ちが》いがあります。問３のグラフの形をＡ，問４のグラフの形をＢとします。次のア～オについて，横軸《じく》に時間，縦軸に下線部をとった折れ線グラフをかいたとき，ＡとＢにもっとも近いものをそれぞれ１つずつ選び，記号で答えなさい。

ア．冬のよく晴れた日の，日の出から日の入りまでの気温

イ．12を指した時計の秒針がその位置から動いた角度

ウ．少量の湯に一度に大量の氷を入れた後の水温

エ．絶えず一定量の水をビーカーに注ぎ続けたときの，ビーカー中の水の量

オ．絶えず一定量の水を紙コップに注ぎ続けたときの，底から水面までの高さ

Ａ □　Ｂ □

３　袋《ふくろ》の中に，一部に色のついた透明《とうめい》なプラスティック容器が入っています。これは「くり出し式容器」と呼ばれるもので，スティックのりやリップクリームなどに利用されています。この容器は右のような４つの部品でできています。この容器の台の動きについて考えてみましょう。ただし，回転軸《じく》は筒《つつ》からはずれません。また，台がはずれたら戻《もど》し方によっては台が動かなくなりますが，そのまま観察しなさい。（容器の交換《かん》はできません。試験が終わったら，容器は袋に入れて持ち帰りなさい。）

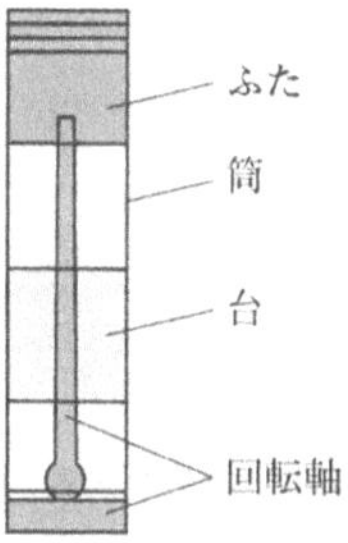

問１　ふた以外の部品について，台を上下に動かすときに必要となるそれぞれの部品の形や構造の特徴《ちょう》をかきなさい。図をかいてはいけません。

（次のページの解答欄《らん》）

商品の名前	部品の形や構造の特徴
筒	
台	
回転軸	

問２　問１にあげた特徴をふまえて，回転軸を回したときに台が上下するしくみについて，問１の部品名をすべて使って説明しなさい。図をかいてはいけません。ただし回転軸を回す向きについて考える必要はありません。

問四　二重傍線《ぼうせん》部《ぶ》A～Cの語句の本文中での意味として最もふさわしいものを、それぞれ（ア）～（エ）から一つ選び、記号で答えなさい。

A「兜《かぶと》を脱《ぬ》いだ」
（ア）驚《おどろ》いた
（イ）感心した
（ウ）警戒心《けいかいしん》が薄《うす》れた
（エ）降参した

B「顔色《がんしょく》がなかった」
（ア）思いどおりにいかず不機嫌《ふきげん》になった
（イ）力を見せつけられて元気がなくなった
（ウ）見向きもされない平凡《へいぼん》な存在になった
（エ）自分に関係がないと無関心をよそおった

C「味噌《みそ》をつければいい」
（ア）喧嘩《けんか》をしかけてくれればいい
（イ）失敗して恥《はじ》をかけばいい
（ウ）自分の負けを認めればいい
（エ）得意になっていればいい

A	B	C

問五　「私は一ぺんで王座から転げ落《おと》されてしまった」とあるが、どういうことですか。

問六　「敵愾心《てきがいしん》を燃やしながらも、彼女《かのじょ》に対して拍手《はくしゅ》を送らずにはいられぬ気持《きもち》を始終経験した」とあるが、どういうことですか。

二　次の各文の**カタカナ**を漢字に直しなさい。

① 毎年**キョウリ**に帰る。
② かろうじて**メイミャク**を保った。
③ **ジュウオウ**に飛び回る。
④ こまめに水分を**ホキュウ**する。
⑤ **ジュンシン**な気持ちを持ち続ける。
⑥ 雑草が**ムラ**がって生えている。
⑦ 紛争《ふんそう》の**チョウテイ**に乗り出す。
⑧ 経験豊かな監督《かんとく》の**ロウレン**な指揮。

①	②	③	④
⑤	⑥	⑦	⑧
	がって		

百姓家《ひゃくしょうや》の娘《むすめ》であるということだったが、これは曽《か》つて彼女《かのじょ》の髪《かみ》の上に見た藁屑《わらくず》と、彼女《かのじょ》の綴《つづ》り方《かた》が描《えが》き出《だ》す世界からも知れることである。彼《かの》女《じょ》が附属《ふぞく》小学校の編入試験を受けた時、試験官の先生も思わず小首《こくび》をひねったということだった。口頭試問に呼び出して見ると、甚《はなは》だしい家の貧しさが身なりの上にまで余りに露骨《ろこつ》なので、この学校の性質から、彼《かの》女《じょ》自身のためにもどうかと思案させられたのである。しかし学科がいかにもよく出来《でき》るので、どうしても落《お》とすわけにはいかなかった。

私は桜田に対して、複雑な気持《きもち》を持ち続けた。敵愾心《てきがいしん》を燃やしながらも、彼女《かのじょ》に対して拍手《はくしゅ》を送らずにはいられぬ気持《きもち》を始終経験した。彼女《かのじょ》が何かでC味噌《みそ》をつければいいなどと考えたことは一度だってなかった。誰《だれ》よりも私こそ彼女《かのじょ》の仲良しになれる、またならねばならぬのだということを、感じていた。彼女《かのじょ》を傷つけず、しかし私は彼女《かのじょ》を追《お》い抜《ぬ》きたかったのだ。私は素直《すなお》な蟠《わだかま》りのない気持《きもち》で、まっすぐ彼女《かのじょ》の顔を見ることが出来《でき》なかった。物心ついて初めて味わった苦しみだった。

（島木健作《しまきけんさく》『随筆《ずいひつ》と小品』昭和十四年刊による。
かなづかいと漢字表記は改めたが、表現については原文を尊重した。）

＊女生……女子生徒。
＊伴侶《はんりょ》……仲間。つれ。
＊喧噪《けんそう》……人の声や物音がやかましいこと。
＊師範《しはん》……教員養成学校。
＊耽読《たんどく》……夢中になって読みふけること。
＊寡婦《かふ》……夫と死別して再婚《さいこん》しないでいる婦人。
＊庁立……北海道庁立。
＊怜悧《れいり》……利口なこと。
＊教生《きょうせい》……教育実習生。
＊知らしめたくて……知らせたくて。
＊才はじけた……利口な様子が表れた。
＊風体《ふうてい》……身なり。姿。
＊にこにこ絣《がすり》……安物の布地。
＊副食物たり得る……おかずとなることができる。
＊綴《つづ》り方《かた》……作文の授業。
＊生《い》けるが如《ごと》く……生きているかのように。
＊後生《ごしょう》大事……とても大切なものとすること。
＊寒念仏《かんねんぶつ》……真冬の夜に念仏を唱えて寺にお参りすること。
＊臨画……手本を見てかいた絵。
＊稚拙《ちせつ》……子供っぽくて劣《おと》っていること。
＊舶来《はくらい》……外国から来た物。
＊自由画……題材も手法も自由に選んでかく絵。
＊唱道……言い出すこと。
＊発揮せしめた……発揮させた。
＊敵愾心《てきがいしん》……敵と張り合い、倒《たお》そうとする闘志《とうし》。敵対心。

問一　「師範《しはん》の附属《ふぞく》小学校というのは町の多くの小学校のなかにあって特別な色彩《しきさい》を持っていた」とあるが、「特別な色彩《しきさい》」とはどのようなものですか。

問二　「私は今までにも増しておとなしい子になり、よく勉強した」とあるが、それはなぜですか。

問三　「私は羞《は》じて、自分の顔が赤くなって行くのがわかった」とあるが、桜田を見て「私」がはずかしくなったのはなぜですか。

見えるような生き生きとした姿で残っていた。どんなに口惜《くや》しくても自分がこの文の作者に及《およ》ばないことを私は認めないわけにはいかなかった。冬の夜、という課題に囚《とら》われることなく、平気でもらい湯とつけて、しかも誰《だれ》よりもよく冬の夜の情景を生かしている、その自在さに先《ま》ずA兜《かぶと》を脱《ぬ》いだ。私などは冬の夜と云《い》われれば*後生《ごしょう》大事とどこまでも冬の夜で、*寒念仏《かんねんぶつ》の声とか夜鳴きうどんの声とか、鼠《ねずみ》が台所でガタリと云《い》ったというような、せいぜい寒そうな材料を取《と》り揃《そろ》える以外に能はないのだ。

しかし、それから間もなく、桜田もいが絵に於《おい》て、作文に於《おい》てよりも優《すぐ》れた才能を示し、作文では追いつけもしようが、絵では到底《とうてい》比較《ひかく》にも何にもならぬということを知らされては、私はただ茫然《ぼうぜん》とするよりほかにはないのだった。

その頃《ころ》はまだクレヨンというものはなくただの色鉛筆《いろえんぴつ》だった。新しい教生《きょうせい》先生の長山先生は*臨画よりは写生画に力を入れた。そして桜田はその写生画に於《おい》て最も遺憾《いかん》なくその才能を発揮しだ。五色か六色の安っぽい色鉛筆《いろえんぴつ》を使って、素朴《そぼく》な自分自身の眼《め》でとらえた自然を、これも安っぽい、ペラペラな画用紙の上に再現した。*稚拙《ちせつ》で破格で、荒削《あらけず》りで、新鮮《しんせん》で、何ともいえぬ魅力《みりょく》があった。同じ色でも彼女《かのじょ》が使うと私達《たち》とはその色沢《しきたく》がまるでちがって来るみずみずしさだっだ。*舶来《はくらい》の、十五色一組の色鉛筆《いろえんぴつ》に、画用紙も生意気にもワットマン紙などを使って、臨画の時だけはどうにか器用にやってのけていた生徒などは全くB顔色《がんしょく》がなかった。丁度*自由画の説が*唱道されはじめていた頃《ころ》で、その説の熱心な共鳴者であったのであろう、長山先生はすっかり興奮してしまい、あそこへもここへも機会あるごとに桜田の作品を持って出かけ、彼《かの》女《じょ》の天才を称《しょう》し、その天才を*発揮せしめた自分の図画教育上の確信を述べだのだった。彼女《かのじょ》の図画作品は、私達《たち》の教室には勿論《もちろん》、教員室にも、児童作品展覧室にも飾《かざ》られた。それは教育上の参考資料として遠く東京にまで送られ、何かの雑誌の口絵《くちえ》に載《の》ったとも云《い》われた。師範《しはん》学校の生徒達《たち》の同好者の集《あつま》り、ポプラ画会が、町で公開の展覧会を開いた時には、特に彼女《かのじょ》の色鉛筆《いろえんぴつ》作品も三四点掲《かか》げられた。

すべてのなかで、一番みじめなことになったのは、勿論《もちろん》私であった。

この汚《きた》ならしい、虱《しらみ》たかりの小娘《こむすめ》のために、私は一ぺんで王座から転げ落《お》とされてしまった。二人の新入生を見た時、私が直感した競争相手というのは、実はこの小娘《こむすめ》の方であったのだ。教授の息子《むすこ》、高山武雄《たけお》の如《ごと》きはものの数でもないことが次第《しだい》に明らかになって行った。同時に、時が経《た》てば経《た》つほど、桜田もいは恐《おそ》るべきで、到底《とうてい》太刀打《たちう》ち出来《でき》ぬ相手であるということも明らかになって行った。彼女《かのじょ》は綴《つづ》り方《かた》と図画のみならず、ほかの学科だってみな人並以上なのだ。ただ授業時間中に、「わかっている人」と先生に訊《き》かれて、ほかの者達《たち》のように、「ハイ、ハイ、ハイ」と、金切声《かなきりごえ》で叫《さけ》んで手を挙げることをしないというだけなのだ。

桜田が女だということは、私にとってはむしろ幸いであっだろう。もしも彼《かれ》が男であったならば、私はもっとたまらなく切ない競争心と*敵愾心《てきがいしん》に、胸を焼いたに違《ちが》いないのだ。私の負けることの口惜《くや》しさは、女なんぞに負けて、ということとは違《ちが》っていた。むしろ私は、次第《しだい》に諦《あきら》めて、男生では私、女生では桜田、という気持《きもち》に落ち着こうとしているのだった。

桜田が有名になるにつれて、彼女《かのじょ》についての色々な噂《うわさ》が私の耳にも入って来るようになった。彼女《かのじょ》は私達《たち》の学校の在る区域に隣接《りんせつ》した村の

くっついている……と、私はあるものを見つけて思わず眼《め》を見張った。彼女《かのじょ》の襟《えり》のところに、灰色の、米粒《こめつぶ》の小さいようなものが附着《ふちゃく》していて、どうやらそれがもぞもぞと動いているらしいのを見た時、私はぞっとした。私は虱《しらみ》というものをまだ見たことがなかったが、今それがその虫に違《ちが》いないと断定しないわけにはいかなかった。

　桜田はひとりぼっちで、無口だった。ふだんはそうおどおどしている風もなく、人を正面からじいっと見詰《みつ》めるというような癖《くせ》があった。私は彼女《かのじょ》を見る時いつも苛立《いらだ》たしさやもどかしさを感じた。またいじらしいような親しさと、憎《にく》らしさとを同時に感じた。それらは自分にも分《わか》らぬもやもやした妙《みょう》な気持《きもち》であった。私は彼女《かのじょ》の上に自分の半面を見ているのだった。その家の境遇《きょうぐう》から云《い》うならば、私達《たち》は教室内での二人の異《い》端者《たんしゃ》として特に目立っていた。——私の彼女《かのじょ》に対するこの気持《きもち》は、やがてもっと複雑なものに深まって行かねばならなかった。

　新学期になってから二度目の*綴《つづ》り方《かた》の時間だった。前週、私達《たち》が書いた作品に対してその日は先生の講評がある。入って来た先生の手に私達《たち》の作品の包みを見ると、私の胸はもう軽く躍《おど》った。青木先生は綴《つづ》り方《かた》には特別熱心な先生だった。そして私は綴《つづ》り方《かた》と図画とが大好きであり、またよく出来《でき》る生徒とされていた。教室内での私の派手な存在は、主としてその事に依《よ》ってさえいた。綴《つづ》り方《かた》の時間に私の作品が皆《みな》の前で読まれ、図画の時間に私の作品が、後《うしろ》の壁《かべ》のラシャ紙の上に貼《は》られるということは、これまで殆《ほとん》ど一度も外れっこなしのことだった。

　先生はにこにこしながら、今度のみんなの綴《つづ》り方《かた》には非常にいい文があったと云《い》った。それを読みましょうと云《い》って、何枚も重ねてある一番上のを手にとった。何時《いつ》ものことながら私の胸は躍《おど》らずにはいなかった。今度の「冬の夜」という課題作文は、私には特に自信があったから。
「もらい湯」と、先生は先《ま》ずその文の題を読んだ。

　もらい湯？　もらい湯とは何だろう。私はまずその題に驚《おどろ》かされた。課題はたしかに冬の夜であった。もらい湯などというのではなかった。が、それは兎《と》も角《かく》、最優秀作として読み上げられる作が、私のでないことだけは今や明らかだった。私の胸は忽《たちま》ち今迄《まで》とは違《ちが》った高鳴りをして、顔がほてって来た。しかし先生は委細かまわず読み進んで行った。誰《だれ》の作だろう？　内容なんぞはどうでもよくて、私はただそれだけが知りたかったが、先生はまた作者など誰《だれ》でもいいと云《い》ったふうに、いかにも惚《ほ》れぼれとした顔と声とで読んで行くのだった。もらい湯などと云《い》っても何のことだか知らぬものが、この教室には多かったことだろう。一日の労働を終えた百姓達《ひゃくしょうたち》の、冬の夜の、もらい湯の姿がそこには描《えが》かれていた。まこと、それは*生《い》けるが如《ごと》くに描《えが》かれていた。暗い、凍《こお》るような夜、提灯《ちょうちん》を下げて、かなり離《はな》れている隣《とな》りの家までもらい湯に行く。途中《とちゅう》で提灯《ちょうちん》が消え、かじかむ手に息を吹《ふ》きかけながらマッチを擦《す》る。その家へ行って、さきに湯に入っている者の上《あが》るのを待ちながら休んでいる。湯につかって、いい気持《きもち》になっている者と、外に待つ者との話声《はなしごえ》までが耳に聞《きこ》えるようだ。「家へ帰って見ると、肩《かた》にかけた手拭《てぬぐ》いが凍《こお》ってかたくなっていて、まるで棒鱈《ぼうだら》のようだっだ。」——その一句で先生はその文を読み終えた。それから、ゆっくりと、「これは、桜田もいさんの文です。」と云《い》った。

　一瞬《いっしゅん》、全教室はあッと息を呑《の》んだ。少《すく》くとも私にはそう思われた。何かしきりにほめ言葉を云《い》っている先生の声など、私の耳にはもう入らなかっだ。しかし私の熱した頭には、今読み聞かされた文の世界が、眼《め》に

一方女生の桜田は又《また》、高山とは別な意味で、何という特別な存在であったことだろう。高山と桜田とが並んで立っている間、私達《たち》はその異様な対照に思わず眼《め》を見張らさせられた。彼女《かのじょ》の＊風体《ふうてい》は私よりももっとみじめだった。どんなに貧しくても私は袴《はかま》をつけていたが、彼女《かのじょ》にはなかった。＊にこにこ絣《がすり》の着物は垢《あか》で光っていた。脛《すね》がまる出しの着物は、なんぼ子供でも余りに短かすぎ、帯にはさんだ手拭《てぬぐ》いの白さだけがへんに新しかった。顔はでこぼこの感じで醜《みにく》く、眼《め》がやや釣《つ》り上《あが》っていた。全体が寒さにかじかんで、伸《の》び切れずにいるというふうだった。彼女《かのじょ》は戸《と》まどいしたもののように、間違《まちが》った所に引き出されでもしたもののように、そこにそうして立っていた。

私は羞《は》じて、自分の顔が赤くなって行くのがわかった。桜田はどうして転学して来たか？　私自身の場合と同じ理由からであろうことを、私だけが感じたのである。

新入生の桜田は、それから暫《しばら》くの間、陰《かげ》でいろんなことを言われねばならなかった。第一に彼女《かのじょ》の名前がおかしかった。「桜田」という、美しいとも云《い》える名字の下に続く名が、「もい」というのだった。桜田もい、ではなんとなく姓名《せいめい》として筋が通らぬと思われた。それに「子」をつけて、もい子、と呼んだならば一層おかしくはないか。すぐに腕白《わんぱく》な連中が、肩《かた》と肩《かた》とを組んで、「もい子！　もい子！」と怒鳴《どな》りながら彼女《かのじょ》の前まで押《お》して行って、そこでわーッと叫《さけ》んで逃《に》げる、というようなことをやるようになった。

ある日、昼の弁当を開く時間だった。お湯が配られてしばらくして、しんとなった時、最も茶目《ちゃめ》な一人が、突然《とつぜん》、自分の食べている箸《はし》を頭の上に高くかざして、

「いも子！」と、大きな声で叫《さけ》んだ。びっくりして皆《みな》が見ると、その箸《はし》の先には、円い大きな芋《いも》の子が一つ、ぷっつり突《つ》き刺《さ》さっていた。

ワッとばかり、笑い声やら怒鳴《どな》る声やらがあたりに起《おこ》った。喜んで、箸《はし》で弁当の縁《ふち》を叩《たた》き出すものもあった。物音は次第《しだい》に広く大きく高まって行って暫《しばら》くは鎮《しず》まらなかった。わあわあ笑う声のなかに、「芋《いも》子！　芋《いも》子」の声があった。みんなあるいはずけずけと、あるいは盗《ぬす》み見《み》するように、桜田もいの方を見た。桜田は、左手で食べかけの弁当に蓋《ふた》をして、右手に芋《いも》を持ったまま、赤くなってしばしうつむいていた。

その日以後、意地わるの子達《たち》は、今度は、昼毎《ごと》に桜田の弁当のおかずをのぞき込《こ》むことを楽しみにするようになった。彼女《かのじょ》自身が弁当のおかずに芋《いも》の子を持って来たのを見つけたならばさぞやおかしかろう。その時は容易に来なかったが、しかしその観察は無駄《むだ》ではなかった。彼等《かれら》は日々の桜田の弁当のおかずについて、眼《め》を輝《かがや》かせ声をひそめて語りあった。漬《つけ》もの以外を報告することが出来《でき》る日は稀《まれ》であった。生味噌《みそ》がそのままの形で飯の＊副食物たり得るということの発見は、彼等《かれら》にとっては一つの驚異《きょうい》だった。

私は彼等《かれら》の仲間には入らなかった。しかしある朝の運動場での発見の如《ごと》きは、さすがの私といえど、ひとり自分だけの胸に秘《ひ》めておくということは到底《とうてい》出来《でき》なかった。朝礼に列《なら》んだ時、桜田は私の隣《とな》りの列で、私のすぐ前にいた。私は彼女《かのじょ》の背中をぼんやり眺《なが》めていた。私は彼女《かのじょ》から発散する一種のにおいに顔をしかめた。それは垢《あか》で黒く光っているような、不潔な衣類からのにおいだった。それは同級の誰彼《だれかれ》にいつも云《い》われて、彼女《かのじょ》が嫌《きら》われ、憎《にく》まれることの原因の一つになっているものだった。お下《さ》げにした赤ちゃけた髪《かみ》には一筋の藁《わら》の切れっぱしのようなものが

私自身認めなければならなかった。そしてそれはまことにその筈《はず》なのであった。――私は少年雑誌の、貧しい家の子の立身出世物語を*耽読《たんどく》しながら、そのなかに、口では云《い》い現わせぬ嘘《うそ》のあることを、ぼんやり感じ取っていた。物語の事実そのものは信用しながら、それらを取《と》り扱《あつか》う大人の記者の、誇張《こちょう》、余計な感情というものを、子供心にも感じていた。

このような学校に私がいるということは間違《まちが》いであったか？　そうとはいえなかった。貧しい*寡婦《かふ》の一人息子《むすこ》である私が、その学校へ途中《とちゅう》から転じて来たのにはわけがあった。ほかの小学校へ入って、丁度一年たったある日、私は母と話をした。――「おっ母《か》さん、附属《ふぞく》はね、授業料がいらんのだって。」「授業料がいらんて？　附属《ふぞく》が。どうしてまた、そりゃ。」「どうしてか知らんけど、裏の佐々木《ささき》の春雄《はるお》さんがそう云《い》ってたよ。」「附属《ふぞく》は、お前、お金持《かねもち》の子供の学校だよ。先生もたくさんで、何から何まで行き届いたもんだそうな。すりゃ、ほかより授業料が高くたって、安い筈《はず》なんぞありゃしないよ。」――その矛盾《むじゅん》している理由は私には答えられなかった。*庁立と市立との違《ちが》いから来るのだということは、私には答えられなかったが、それが事実とわかっては、母も私の転校を熱心に望まないわけにはいかなかった。毎月の終《おわ》りに、小さな袋《ふくろ》に入れて、十銭を持って行かねばならぬ定めは私には苦痛だった。時によっては先生は、教壇《きょうだん》の上から、後《おく》れてまだ授業料を納めぬ二三《にさん》の者のことを、意地わるく名ざして云《い》った。私の名は何時《いつ》だってそのなかにあった。しかし学校から帰って、そのことを母に云《い》うことも私には出来《でき》なかった。

首尾《しゅび》よく試験が受かって転学を許されると、私は今までにも増しておとなしい子になり、よく勉強した。新しい学校の子供達《たち》は、美しくて*怜悧《れいり》だった。多くのことにおいて私は引け目を感じなければならなかった。私は勉強して彼等《かれら》に勝つのほかはないのだった。学業成績の上で彼等《かれら》を引《ひ》き離《はな》して行くことは、思って見ただけで、心臓の血が一時に止まりまた激しく流れ出す、復讐《ふくしゅう》にも似たような興奮だった。

――教室中がにわかにしーんとなった。靴音《くつおと》がして、先生方が入って来たのである。

生徒は私の号令で、起立し、一礼し、席についた。受持《うけも》ちの青木先生は、新学期の挨拶《あいさつ》をし、二人の新しい「*教生《きょうせい》先生」を皆《みな》に紹介《しょうかい》した。師範《しはん》学校の四年生である教生《きょうせい》先生は、一学期毎《ごと》に交代する。それがすむと、青木先生は、誰《だれ》かを探すような眼《め》で教室の一方を見やって、

「高山に桜田、こっちへ来て。」と言った。すぐに列のなかから男生と女生が一人ずつ出て、教壇《きょうだん》の下の所に立った。先生は、新学年からの新しい友としてその二人を紹介《しょうかい》し、「仲良くしてよく勉強するように」と繰《く》り返《かえ》して云《い》った。

先生の話している間中、赤くなって、うつむいて、もじもじしていた二人が、席へ戻《もど》ってからも、私達《たち》は激しい好奇心《こうきしん》で彼等《かれら》をじろじろ見ていた。とくに私は強く注意を惹《ひ》かれた。彼等《かれら》の一人に私は本能的に競争者を感じた。私は教室内での私の特別な存在を彼等《かれら》に*知らしめたくてうずうずしてい、さっき号令をかけた時なども声がふるえそうだった。私が競争者を感じたのは、男生の高山武雄《たけお》の方にだった。彼《かれ》のような洋服の小学生というものはその頃《ころ》はまだ珍《めず》らしかった。彼《かれ》が*才はじけた少年であることは一目で知れた。それに私は、一週間ほど前の新聞で、新《あら》にこの地に赴任《ふにん》した大学教授の高山氏について知っている。

【国　語】（五〇分）〈満点：一〇〇点〉

一　次の文章は大正時代の北海道を舞台《ぶたい》にした小説です。これを読んであとの質問に答えなさい。

私達《たち》の附属《ふぞく》小学校は、その頃《ころ》はまだ生徒の数が少《すくな》くて、四年生まで男女一つ教室だった。烏帽子《えぼし》の上を折って、その折った先をわきで止めて、そこに毛糸の房《ふさ》を垂らしたような学帽《がくぼう》が、私達《たち》と市内のほかの小学校の生徒とを一目区別していた。その毛糸の房《ふさ》が、四年生までは赤で、五年生からは白に変《かわ》った。同時に教室は男生徒ばかりになった。四年生になると、同じ教室の半分を占《し》めている女生徒の列が、急に自分達《たち》の注意を惹《ひ》きはじめて来たことを、私達《たち》はうすうす感じていた。

四月の新学期の第一日、私達《たち》は朝礼の運動場から、長い廊下《ろうか》を、教室に向《むか》って帰って来た。私達《たち》の心も、外の世界も、すべてが一変して新しかった。先頭が、廊下《ろうか》に向《むか》って展《ひら》いている、新しい教室の窓のあたりにさしかかると、自然、皆《みな》の足は早くなって、一時に列が乱れ出すのを誰《だれ》もどうすることは出来《でき》なかった。戸が開くと同時に、わッという歓声《かんせい》が誰《だれ》からともなくあがった。どやどやと雪崩《なだ》れるように一《ひ》とかたまりになって部屋のなかに駆《か》け込《こ》んだ。てんでに、新しくきまった自分達《たち》の席について、机の上蓋《うわぶた》をガタガタ云《い》わせたり、椅子《いす》にかけたり立ったり繰《く》り返《かえ》してみながら、物珍《めず》らしそうに口々に何か云《い》っていた。後ろの方がいいとか、前の方がいいとか、そういうことを云《い》い合っていた。汚《よご》れた机の上に、ナイフの尖《さき》で彫《ほ》った文字やものの形を見つけ出して、興《きょう》がっているのもいた。そうかと思うと、小さな机をさかさまにして、なかのゴミなどを払《はら》い、いち早く掃除《そうじ》にかかっているものもあった。*女生のなかにそういうのが多く見られた。今日から一年間、わが*伴侶《はんりょ》となるそのものへの愛着が、もう彼等《かれら》のうちに兆《きざ》し始めていることが、微笑《ほほえ》ましくわきから眺《なが》められるのだった。

それらのなかにあって、私はひとりきわめて物静かだった。今度の席も私にとっては新しくて新しくなかった。それは、教壇《きょうだん》に向《むか》って一番左の列の、一番後ろにあたっていた。そして私はこの前の教室にいた時からずっとそこにきまっていた。私は、その古くて新しい席について、黙《だま》って室内の*喧噪《けんそう》を見廻《みまわ》しながら、充分《じゅうぶん》満足であることが出来《でき》た。級長というものは常にこうでなければならない、と云《い》ったような構えた心でいたわけではない。私は一体に普段《ふだん》から、おとなしい物静かな生徒であったのだ。

私の表面のおとなしさ、物静かさというものは次のことからも来ていた。大抵《たいてい》の地方に於《おい》てそうであるように、その北国の町でも、*師範《しはん》の附属《ふぞく》小学校というのは町の多くの小学校のなかにあって特別な色彩《しきさい》を持っていた。役人や学者や物持ちや、町での上層階級の子供を最も多く集めているという特色である。毎年の中等学校の入学者の率が一番いいとか、春秋の二期に催《もよお》される学芸会がほかとは比較《ひかく》にならぬ派手やかさであるとか、他府県の展覧会に出品する児童代表は大抵《たいてい》この学校から選ばれるとか、そういったような目立ったことは、すべて右の特色から来ていた。子供の私がひそかに考えていたところによれば、いいとこの家の子達《たち》は、総体としてはやはり出来《でき》がよかった。大抵《たいてい》の先生は、どっちかといえばいいとこの子達《たち》に多く目をかけ勝《が》ちだったが、概《がい》して彼等《かれら》の方が貧しい家の子よりもいい成績をあげているのは、あながち先生の依《え》怙贔屓《こひいき》のためばかりではないことを、公平に見て、彼等《かれら》の反対物である

MEMO

大切なことはメモしておこうネ！

2024年度

解　答　と　解　説

《2024年度の配点は解答欄に掲載してあります。》

＜算数解答＞《学校からの正答の発表はありません。》

1　(1)　80　(2)　(ア)　2・12　(イ)　3・7

2　(1)　0.75cm　(2)　3.8cm　(3)　$6\frac{3}{7}$cm

3　(1)　480m　(2)　4分後　(3)　出会う…8.25分後　追いつく…26分後
(4)　30・42・60・70・72・84・90分後

4　(1)　4通り　(2)　1点…11通り　2点…11通り　(3)　2・3点　(4)　302通り

○推定配点○
4(2)～(4)　各7点×4　他　各6点×12(1(2)(ア)・(イ)，3(4)，4(3)各完答)
計100点

＜算数解説＞

重要　1　**(数の性質，規則性，割合と比，仕事算，和差算，鶴亀算，単位の換算)**

(1)　176…11×2×2×2×2
1～175までの奇数…176÷2＝88(個)
11～165までの奇数の11の倍数…(165－11)÷22＋1＝8(個)
したがって，求める個数は80個

＋α　(2)　水そうの水量…220分，198分，180分の最小公倍数1980とする
A＋B1分間の給水量　…1980÷220＝9
B＋C1分間の給水量　…1980÷198＝10
C＋A1分間の給水量　…1980÷180＝11
A＋B＋C1分間の給水量…(9＋10＋11)÷2＝15
(ア)　1980÷15＝132(分)　すなわち2時間12分
A1分間の給水量…15－10＝5　B1分間の給水量…9－5＝4
C1分間の給水量…10－4＝6
(イ)　(11×299－1980)÷(11－4)＝187(分)　すなわち3時間7分

重要　2　**(平面図形，相似，割合と比)**

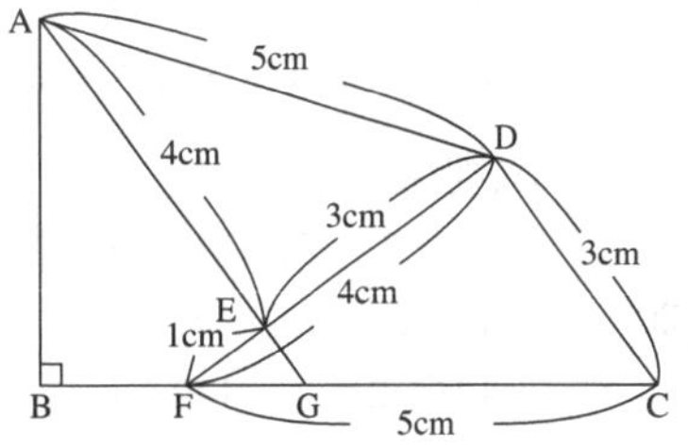

(1)　三角形EFGとDFC
…相似より，EF：DF＝1：4
したがって，EGは3÷4＝0.75(cm)
(2)　三角形ABGとFDC
…相似より，AG：FC＝(4＋0.75)：5
＝4.75：5
したがって，ABは4÷5×4.75＝3.8(cm)
(3)　三角形AJDとDCH

…相似より，AJ：DC

＝(4.75－3)：3＝7：12

したがって，CHは3.75÷7×12＝$\frac{45}{7}$(cm)

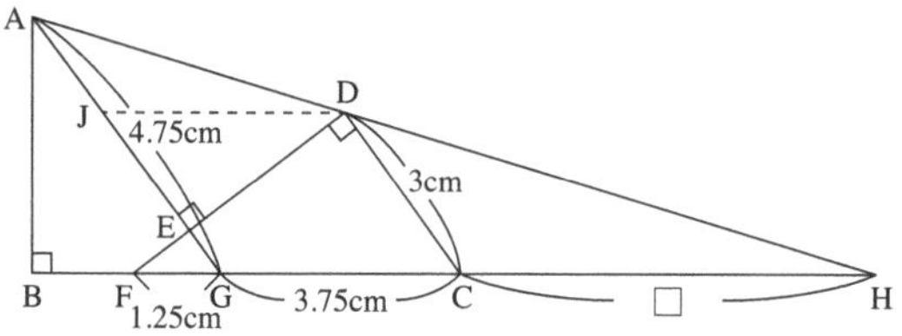

3 (速さの三公式と比，旅人算，割合と比，規則性，平面図形，単位の換算)

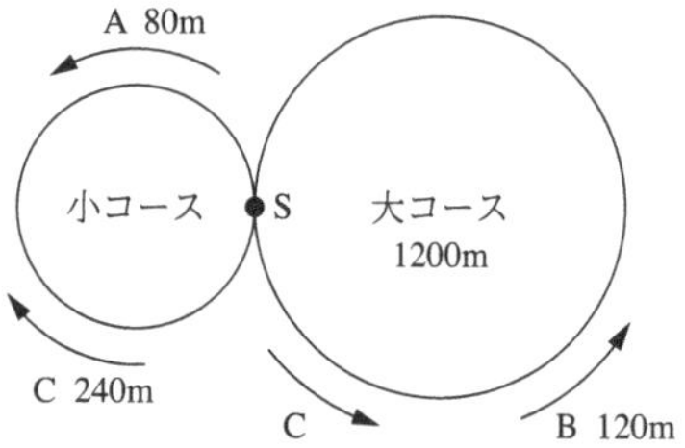

基本 (1) (80＋240)×1.5＝480(m)

重要 (2) Cが小コースを1周する時間

…(1)より，480÷240＝2(分)

スタートして2分後のBC間の道のり

…120×2＝240(m)

したがって，求める時刻は2＋240÷(240－120)＝4(分後)

(3) Cが初めて大コースを1周した時刻

…(2)より，スタートして2＋1200÷240＝7(分後)

7分後のAC間の道のり

…(1)より，480－(80×7－480)＝400(m)

したがって，AとCが2回目に会う時刻は7＋400÷(240＋80)＝8.25(分後)

Bが大コースを1周する時間

…2400÷240＝10(分)

B・Cが大コースを1周するグラフ

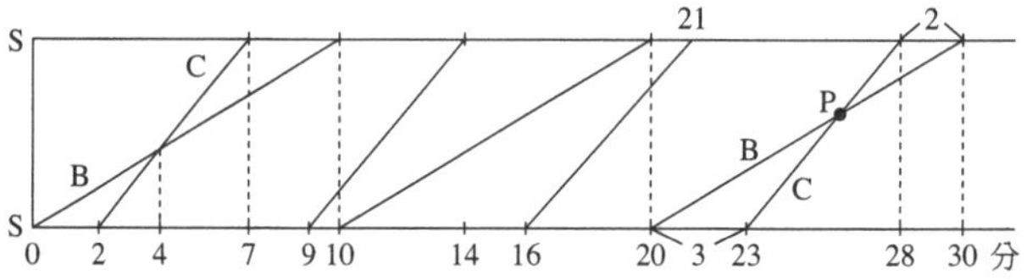

グラフにおいてPを共有する2つの三角形の相似比

…(23－20):(30－28)＝3：2

したがって，CがBに2回目に追いつく時刻は23＋(28－23)÷(3＋2)×3＝26(分後)

(4) AがSに着く時刻…6，12，18，24，30，36，42，～，72，～，90分後

BがSに着く時刻…10，20，30，～　～　～，70，80，90分後

CがSに着く時刻…2，9，16，～，37，～，65，72，79，86，93分後

7，14，21，～，42，～，70，77，84，91

A・Bが同時にSに着く時刻…30，60，90分後

A・Cが同時にSに着く時刻…42，72，84分後

B・Cが同時にSに着く時刻…70分後

4 (規則性，場合の数)

ルール：左の数＜右の数…1点　左の数＞右の数…0点

重要 (1) 1，2，3の並べ方

123…2点　132…1点　213…1点　231…1点　312…1点　321…0点

したがって，4通り

(2) 1，2，3，4の並べ方

1234…3点　1243…2点　1324…2点　1342…2点　1423…2点　1432…1点
2134…2点　2143…1点　2314…2点　2341…2点　2413…2点　2431…1点
3124…2点　3142…1点　3214…1点　3241…1点　3412…2点　3421…1点
4123…2点　4132…1点　4213…1点　4231…1点　4312…1点　4321…0点
したがって，1点は1＋2＋4×2＝11(通り)，2点は4×2＋2＋1＝11(通り)

(3)　51324…2点　15324…2点　13524…3点　13254…2点　13245…3点
したがって，2点・3点

やや難　(4)　6までの整数の並び方…6×5×4×3×2×1＝720(通り)
0点…1通り　5点…1通り　1点…57通り　4点…57通り
したがって，2点は{720－(1＋57)×2}÷2＝302(通り)

★ワンポイントアドバイス★

4 (3)までで，自分にとって解きやすい問題を選択して解いていくことがポイントになる。(4)「A＝6，2点となる列」の問題に，試験時間内に取り組むよりも他の問題に時間を割くことのほうが，合格の可能性が高くなる。

＋α は弊社HP商品詳細ページ(トビラのQRコードからアクセス可)参照。

＜社会解答＞《学校からの正答の発表はありません。》

問1　(あ)　矢じり　(い)　(例)　食物を煮炊きしたり，貯蔵するために使われた。
問2　百姓　問3　(例)　電気洗濯機を購入したことにより，つらくて手間のかかる家事労働から解放され，趣味や習い事のような文化的な活動に多くの時間をあてることができるようになった。　問4　(あ)　製糸業　(い)　富岡　問5　(例)　女性は，30代以降，急速に正規雇用比率が低下している。このことから，女性は結婚，出産を機に，仕事を一旦やめる人が多いと考えられる。つまり，女性は社会の中で働くよりも，家庭に入って家事や育児に専念することが期待されているといえる。　問6　(あ)　(例)　男性は仕事の時間が非常に長く，これに比べて家事・育児・介護の時間はごく短い。一方，女性は，仕事の時間と家事・育児・介護の時間はほぼ同じで，家事・育児・介護に費やしている時間は男性に比べると比較にならないほど長い。これらのことから，家事・育児・介護の大半は女性によって担われているといえる。
(い)　(例)　男性も育児を目的に休暇をとることができるように法律が整備されている。
問7　(例)　男性が，家事・育児・介護に関わることが難しく，女性の負担が過剰に重くなっていることが社会にとって大きな課題である。男女に関係なく，すべての人がワーク・ライフ・バランスを保つことができれば，仕事が一部の人に偏ることはなくなり，正規雇用・非正規雇用の差も解消される。この結果，男性も家事・育児・介護に関わることが可能になり，女性の社会進出も進むことが期待できる。

○推定配点○
問1(あ)，問2，問4　各3点×4　問1(い)，問6(い)　各6点×2
問3，問5，問6(あ)　各8点×3　問7　12点　計60点

＜社会解説＞

(総合―労働をテーマにした日本の地理，歴史など)

基本　問1　(あ)　図1は矢じり。矢じり(鏃)は，矢の先端につけて目標に突き刺さるようにしたもの。原始時代から，石鏃，銅鏃，鉄鏃と進歩してきた。石鏃は材質が石の鏃で，三角形から柳葉形を基本とする打製のものが多い。　(い)　図2は縄文土器。表面に縄目の模様があるものが多いことから，このように呼ばれる。手作りで概して厚手，黒褐色。ほとんどが煮炊き用であるが，食物の貯蔵にも用いられた。500～600度の低温で焼成され，もろく壊れやすい。時期や地域によって型式は異なっている。

やや難　問2　百姓は，古代では「はくせい」とも読み，農民に限らず広く一般人民をさした身分呼称。律令制の下では，奴婢(奴隷)などを除き，班田農民・地方豪族・官人貴族などはすべて百姓とされた。その後，社会的分業の進展とともに農民を指すようになり，兵農分離と検地により直接生産者として身分的に固定された。ただし，百姓に非農業民をも含めるという見解もある。江戸時代中期以降，百姓身分内での分化が起こり，本百姓，水呑百姓などの区分が生じた。

重要　問3　「電化元年」とよばれた1953年以降，家庭電化製品が急速に普及し，中でも白黒テレビ，電気洗濯機，電気冷蔵庫は，神話で皇位継承の象徴と伝えられる宝物にちなんで，「三種の神器」とよばれた。本問では，この3つの家庭電化製品のいずれか一つをあげて説明するとよいだろう。

基本　問4　富岡製糸場は，明治政府の殖産興業政策によって渋沢栄一らの尽力で，1872年，群馬県富岡(現在の富岡市)に設立された機械製糸のための官営模範工場。設備や生産技術はフランスから導入され，従業員は士族の子女が多かった。富岡に設立されたのは，周辺地域で養蚕が盛んであったからである。

問5　図3のグラフから，女性は男性に比べ，ほとんどの年代で正規雇用比率が低いこと，年齢が上がるにつれて正規雇用比率が急速に低下していることが読み取れる。

問6　(あ)　図4のグラフから，男性は仕事の時間が1日あたり350時間ほどと非常に長いこと，これに比べて家事・育児・介護の時間は50分未満とごく短いことが読み取れる。一方，女性は仕事の時間，家事・育児・介護の時間がいずれも200分ほどで，男性に比べて仕事の時間は短く，家事・育児・介護の時間が長いことが読み取れる。これらのことから，家事・育児・介護の大半は女性によって担われていると考えられる。　(い)　育児休業は，原則1歳未満のこどもを養育するための休業で，育児・介護休業法によって定められている。育児休業の申し出は　これにより一定期間労働者の労務提供義務を消滅させる意思表示で，勤め先の就業規則に育児休業に関する規定がなくても，法律に基づき育児休業を取得することができ，会社側は休業の申し出を拒否できない。

やや難　問7　ワーク・ライフ・バランスを保つことによって，解決することが期待される現代社会が抱えている課題として，「家事・育児・介護の大半が女性によって担われ，これが女性の社会進出を阻害している」，「仕事が一部の人に集中し，これにより心身の健康を保てない人が多い(過労死の問題)，「国民の間に経済的な格差が拡大し，これが社会全体の不安定化につながっている」などがあげられる。

★ワンポイントアドバイス★

武蔵中の社会は，論述問題の配点が大きく，これに目が行きがちである。しかし，問1，問4のような知識を確認する問題で失点しないことも合格の条件である。

＜理科解答＞ 《学校からの正答の発表はありません。》

[1] 問1 ウ，エ 問2 ア，エ 問3 (1) B (2) ア，エ，キ

問4 (1) マグマから火山ガスがぬけてできた穴が冷え固まってできた。 (2) 軽石には多くの穴が開いているので，密度(同じ体積当たりの重さ)が水よりも小さいから。

(3) 軽石は，福徳岡ノ場から沖縄本島まで海流(黒潮反流)により運ばれた。その後は，海流(黒潮)によって房総半島に運ばれた。

[2] 問1 固体がなくなったとき。 問2 アルミニウムとは違う物質が残る。

問3 (1) 53(g)

(2)

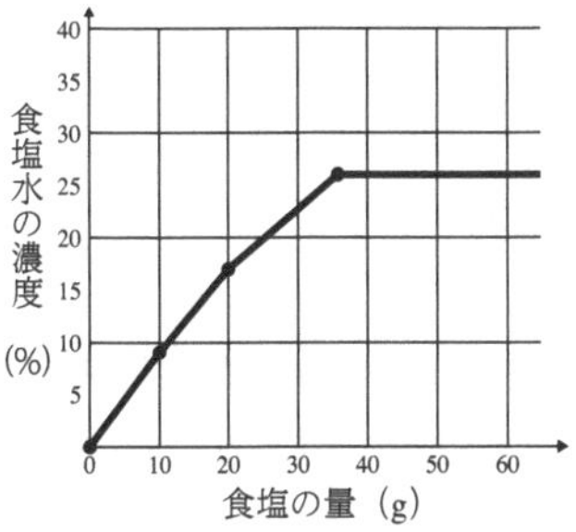

問4

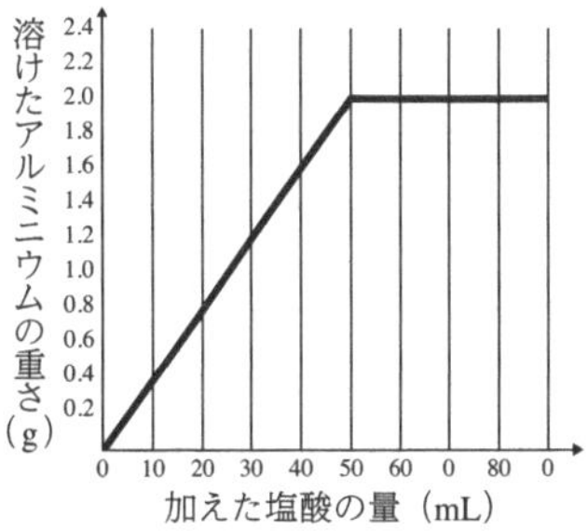

問5 A オ B エ

[3] 配られた容器が公表されないため，省略

○推定配点○

[1] 問4 各4点×3 他 各3点×4 [2] 問1・問2・問5 各3点×4 他 各4点×3

[3] 各3点×4 計60点

＜理科解説＞

[1] (地層と岩石―火山の噴火)

重要 問1 ア 火山灰に含まれる粒は何種類もある。

イ ガラスのような粒であるセキエイは火山由来である。

ウ 火山灰に含まれる粒は角ばっている。(正しい)

エ 火山灰に含まれる粒の大きさは2mm以下である。(正しい)

オ 泥《どろ》や礫《れき》はたい積岩に含まれている。

カ 火山灰の粒はかたくて壊《こわ》れにくい。

キ 火山灰に含まれている黒っぽい粒は，カクセン石やカンラン石などの有色鉱物である。

やや難 問2 ア 第1火口の位置は，変わってはいない。(正しい)

イ 火山から流れ出た溶岩が増えることで，大きな島ができた。

ウ 2013年11月21日の記録と約2か月後の2014年1月20日の記録を比べると，元々あった島と新しい島がつながったことがわかる。

エ 2014年8月26日の記録と2014年9月17日の記録を比べると，第7火口から噴出した溶岩，第6火口から噴出した溶岩に比べて量が多い。(正しい)

オ 2014年9月17日の記録においても，元々あった島が左上の部分では，溶岩に覆い尽くされていない。

カ 2014年9月14日で，西之島を大きな円とすると，直径が1.5km(半径が0.75km)程度なので，面積は，0.75(km)×0.75(km)×3.14＝1.766…(km^2)より，1.8km^2ほどであった。

問3　日本の上空に吹いている強い西風である偏西風によって流されるので，富士山よりも東側に火山灰は多く積もる。また，火山灰は富士山に近い方が多く積もるが，AとBのように富士山からの距離が同じ地点でも厚さが異なる場合がある。したがって，図で，火山灰が厚い地点から順に並べると，D，C，B，Aとなる。

やや難　問4　(1)・(2)　軽石は，マグマから火山ガスがぬけてできた穴が冷え固まってできたもので，右の図のように，多くの穴が開いているので，密度(同じ体積当たりの重さ)が水よりも小さくなるので水に浮く。

(3)　軽石は，福徳岡ノ場から沖縄本島まで黒潮反流という海流により西の方向に運ばれ，その後は，黒潮という海流によって東の方向に運ばれ房総半島に運ばれた。

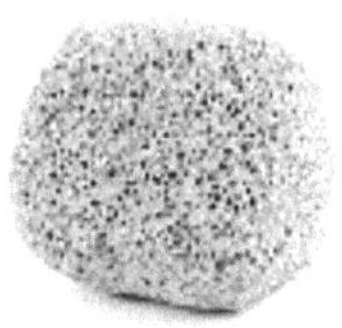
軽石

2　(ものの溶け方，水溶液の性質―溶解度，アルミニウムと塩酸の反応)

基本　問1・問2　氷がとけると水になり，食塩が水にとけると食塩水になるが，アルミニウムが塩酸にとけると，水素が発生して，白色の固体である塩化アルミニウムが生じる。

問3　(1)　20℃の水100gに食塩は36g溶けて，$100(g)+36(g)=136(g)$の飽和食塩水になるので，200gの飽和食塩水に溶けている食塩は，$36(g)\times\frac{200(g)}{136(g)}=52.9\cdots(g)$より，53gである。

(2)　それぞれの食塩水の濃度は，次の通りである。

10gの食塩を溶かしたときの食塩水の濃度は，$\frac{10(g)}{110(g)}\times100=9.0\cdots(\%)$より，9%である。

20gの食塩を溶かしたときの食塩水の濃度は，$\frac{20(g)}{120(g)}\times100=16.6\cdots(\%)$より，17%である。

36gの食塩を溶かしたときの食塩水の濃度は，$\frac{36(g)}{136(g)}\times100=26.4\cdots(\%)$より，26%である。

また，食塩は36g以上は溶けないので，食塩水の濃度は26%以上にはならない。

問4　加えた塩酸と溶け残ったアルミニウムの重さを表に表すと，次のようになる。

加えた塩酸の量(mL)	0	10	20	40	60	80
残ったアルミニウムの重さ(g)	2.0	1.6	1.2	0.4	0.0	0.0
溶けたアルミニウムの重さ(g)	0.0	0.4	0.8	1.6	2.0	2.0

したがって，2.0gのアルミニウムと過不足なく反応する塩酸の量は，$10(mL)\times\frac{2.0(g)}{0.4(g)}=50\cdots(mL)$である。

問5　ア　晴れた日の気温は，午後2時頃に最高になる。

イ　時計の秒針が動いた角度は，時間に比例して増え続ける。

ウ　少量の湯に大量の氷を入れると，水温が下がり，すぐに0℃になり，氷がすべてとけるまで，0℃のまま変わらない。

エ　水の量は，最初は時間に比例して増え続けるが，ビーカーにいっぱいになると，あふれるので，水の量は一定になる。(Bのグラフに近い。)

オ　紙コップは，上の部分に広がっているので，水面の高さは，時間とともに増え方が減っていくが，やがて，あふれるようになるので，高さは一定になる。(Aのグラフに近い。)

3　解説省略。

★ワンポイントアドバイス★

理科の基本的な問題を十分に理解しておくこと。また，各分野での思考力を試す問題や記述問題，作図問題にも十分に慣れておくこと。

＜国語解答＞ 《学校からの正答の発表はありません。》

一 問一 （例） 役人や学者や物持ちなど，町での上層階級の子供たちを最も多く集めているという特色。　問二 （例） 貧しい寡婦の一人息子である「私」が，新しい学校の美しく怜悧な子供たちへ感じる引け目をまぎらわすには，勉強で勝つほかなかったから。
問三 （例） 学校にそぐわないみじめな風体の桜田が，自分と同様に貧しさの故に転校してきたのだと思い，その姿に自分が重なるように感じたから。　問四 A エ　B イ　C イ　問五 （例） 教室で「私」は綴り方と図画が得意で，よくできる生徒として目立っていたが，桜田がそれ以上の才能を皆に見せたために，いちばん優秀な生徒という立場を失ってしまったということ。　問六 （例） 「私」は桜田への敵愾心を感じつつも，自分と似た境遇にある彼女とは，誰よりも仲良しになれるし，なるべきだと思っており，桜田がその才能によって町の子供達を圧倒することに嬉しさを感じていたということ。

二 ① 郷里　② 命脈　③ 縦横　④ 補給　⑤ 純真　⑥ 群　⑦ 調停　⑧ 老練

○推定配点○

一 問四 各3点×3　他 各15点×5　二 各2点×8　計100点

＜国語解説＞

一 （小説―表現理解，内容理解，心情理解，語句の意味，慣用句，主題）

問一 傍線部直後の「役人や学者や物持ちや，町での上層階級の子供を最も多く集めているという特色」が，傍線部の「特色」である。

問二 傍線部直後の二つの文に注目。「新しい学校の子供達は，美しくて怜悧だった。……私は勉強して彼等に勝つのほかはないのだった」という内容をふまえて，解答をまとめる。

重要 問三 傍線部の直前の段落に，桜田の外見の描写があり，桜田が附属小学校にそぐわない風体であったことがわかる。また，傍線部直後の「桜田はどうして転学して来たか？　私自身の場合と同じ理由からであろうことを，私だけが感じた」という「私」の心情に注目。

基本 問四 A 「兜を脱ぐ」は，その行為が降伏の意思表示であるところから，降参する，という意味を表す。　B 「顔色がない」は，相手に圧倒され，手も足も出ない様子を表す。　C 「味噌をつける」は，失敗する，などの意味。

問五 教室における，それまでの「私」の立場や地位と，ここでの桜田の立場や地位を比べて，解答をまとめる。

やや難 問六 「敵愾心」は，相手に対する強い闘争心のこと。そのような感情をもちながらも，桜田に対して「拍手を送らずにはいられぬ気持ちを終始経験した」という「私」の心情をとらえる。傍線部直後の「誰よりも私こそ彼女の仲良しになれる……」以降にある「私」の心の中の言葉に注目して解答をまとめる。

二 （漢字の書き取り）

① 「郷里」は，生まれ育った土地。
② 「命脈」は，生命の続くこと。
③ 「縦横」は，たてとよこ，のことだが，自由自在，という意味も表す。
④ 「補給」は，消費・欠損した分をおぎない与えること。
⑤ 「純真」は，邪念や私欲のないこと。
⑥ 「群」と「郡」を区別しておくこと。

⑦ 「調停」は，当事者双方の間に第三者が介入して争いをやめさせること。
⑧ 「老練」は，多くの経験を積み，慣れて巧みなこと。

★ワンポイントアドバイス★

読解問題は，文章が長いうえに細かい読み取りが必要である。字数の多い記述問題が中心。ふだんからいろいろな小説や論説文にふれ，文章を要約する練習をしておくことが大切だ！　漢字や，慣用句などの語句の基礎知識も必須。

2023年度

★★★★★★★★★★★★★★★★★★★★★★★

入　試　問　題

2023年度

武蔵中学校入試問題

【算　数】（50分）　＜満点：100点＞

1　次の □ にあてはまる数を書き入れなさい。

(1)　2023は２つの素数Ａ，Ｂを用いて，Ａ×Ｂ×Ｂ＝2023と表せます。このときＡ＝ □ ，Ｂ＝ □ です。また，2023の約数のうち，Ａの倍数である数すべての和は □ です。

(2)　６人が，松，竹，梅の３つの部屋に２人ずつ泊《と》まります。ただし，兄弟は同じ部屋には泊まらないものとします。６人が２組の３人兄弟のとき，泊まり方は □ 通りあります。また，６人が３組の２人兄弟のとき，泊まり方は □ 通りあります。

2　ある野球場には10か所の窓口があり，そのうち４か所では前売券を，残りの６か所では当日券を受け付けています。１か所の窓口で１分間に受け付けることができる人数は，前売券の窓口では８人，当日券の窓口では２人です。ある日の試合では，窓口が開く12時には全部で1240人が並んでいて，その後は前売券の人が毎分30人ずつ列に加わっていき，当日券の人が列に加わることはありませんでした。途《と》中で当日券の人がいなくなったので，その後は10か所すべての窓口で前売券を受け付けたところ，12時50分に窓口に並ぶ人はいなくなり，窓口を閉めました。この日，当日券で入場した人は何人ですか。（式や考え方も書きなさい）

3　図において，２つの四角形ABCDとEBFGはどちらも正方形で，CF＝３㎝，HG＝1.8㎝です。次の問に答えなさい。（式や考え方も書きなさい）

(1)　BFの長さを求めなさい。

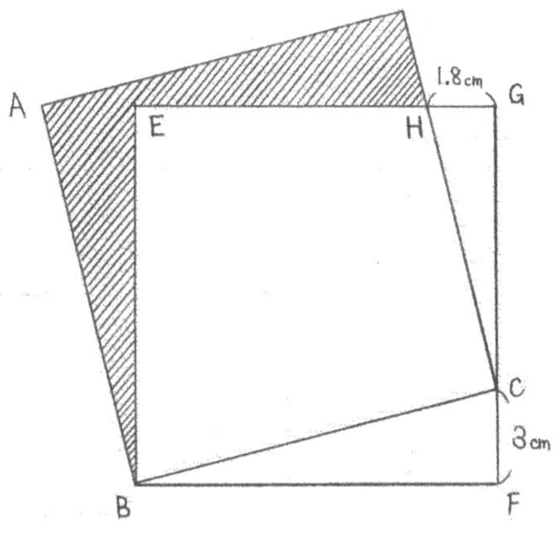

(2)　図の斜《しゃ》線部分の面積を求めなさい。

［4］について，考え方や答はすべて，その５の解答欄《らん》に書きなさい。

4　サッカーのシュート練習では，ボールを蹴《け》る人をキッカー，ゴールを守る人をキーパーと言います。□人のキッカー（①，②，③，…）と２人のキーパー（Ａ，Ｂ）が練習を行うことにしました。キッカーは順に１球ずつ蹴り，最後の人が蹴ったら，また最初の人に戻《もど》ってこれをくり返します。

キーパーはA，Bが△球ずつ交代で入ります。ただし，△は□より小さい数とします。

【例】□＝4，△＝2 のとき

キッカー	①	②	③	④
1回目	A	A	B	B
2回目	A	A	B	B
⋮				

□＝5，△＝4 のとき

キッカー	①	②	③	④	⑤
1回目	A	A	A	A	B
2回目	B	B	B	A	A
3回目	A	A	B	B	B
⋮					

このとき，次の問に答えなさい。

(1) □＝4，△＝2のとき①，②はずっとAと，③，④はずっとBと当たることになってしまいますが，□＝5，△＝4のときはすべてのキッカーがA，Bの両方と当たります。□＝8のとき，すべてのキッカーがA，Bの両方と当たるためには，△をいくつにすればよいですか。あてはまるものすべて答えなさい。

(2) この練習を，すべてのキッカーが同じ回数ずつ蹴り，どのキッカーもA，Bと同じ回数ずつ当たったところで終わりにします。しかし，例えば□＝4，△＝3とすると，この練習は終わらないことになります。

(I) 練習が終わらないことになるものを，次の㋐～㋓の中からすべて選び記号で答えなさい。

㋐ □＝3，△＝1　　㋑ □＝4，△＝1

㋒ □＝7，△＝2　　㋓ □＝8，△＝3

(II) 次のあ，いの場合について，この練習が終わるためには△をいくつにすればよいですか。あてはまるものをすべて答えなさい。

あ □＝6のとき　　い □＝12のとき

【社　会】（40分）　＜満点：60点＞

多くの人が生活する都市は，働いたり，ものを買ったり，勉強したりするさまざまな機会や場所があります。生活に便利なことが多いのでいっそう人が集まり，住宅などが密集して市街地が形成されるようになります。しかし市街地が形成されると，それを維持《いじ》するために新しい工夫が必要になったり，他の地域とのつながりや関係が重要になったりします。今日は，江戸《えど》時代が始まって以来急速に人口が増加した江戸，そして明治以降の東京という大都市を題材に，生活のためにどうしても必要な上水の確保と下水処理の問題，そしてそれらが周辺地域へ及《およ》ぼした影響《えいきょう》について考えてみましょう。

江戸は，18世紀には日本で一番人口が多い都市になったと考えられています。人が比較《ひかく》的離《はな》れて住んでいる農村地域では，上水は近くの川や井戸《いど》でまかなうことができました。しかし市街地が形成されると，それに応じた大量の上水が必要になります。江戸の町の中には，上水網《もう》が整備されていきますが，初めは周辺の小さな河川を水源とする小規模な用水路しかありませんでした。人口増加につれて，17世紀半ばには江戸から離れた多摩《たま》川からたくさんの水を引く玉川《たまがわ》上水が開削《かいさく》されました。また江戸の中でも隅田《すみだ》川の東側の本所《ほんじょ》や深川《ふかがわ》という地域などでは，井戸や上水が利用しにくく，水を販売《はんばい》する「水売り」がまわっていました。

江戸は，明治時代に東京と名前が変わり，以後ますます多くの人びとが集まるようになりました。市街地が拡大するにつれて，さらに水需要《じゅよう》は高まりました。そうした中で，きれいでない飲用水が原因とされる健康被害《ひがい》がたびたび生じたこともあって，費用のかかる新しい上水道の整備が行われるようになりました。また，より多くの水を確保するために東京以外の地域にも水源を求める必要が生じました。明治時代後半，当時の東京府は山梨《やまなし》県の山林を水源林として購入《こうにゅう》し，現在に至ります。また第二次世界大戦後，多摩川や利根《とね》川，荒《あら》川の上流に大規模なダムが建設されました。そこに貯《た》められた水が，東京の水道水として利用されています。

次に，下水についてはどうでしょうか。上水同様，農村地域では下水や排泄《はいせつ》物の処理も容易でした。しかし住宅などが密集する地域においては，地域の中で処理が完結できなくなります。江戸の町から出る排泄物については，近郊《きんこう》の農村と結びついて処理する仕組みができあがりました。しかし，江戸時代の排泄物処理の仕組みは次第に縮小します。その大きな理由として，排泄物の使用目的について，大正時代以降に代替《だいたい》品が普及《ふきゅう》し始めたことがあげられます。結果として引き取り手のいない排泄物が余るようになり，その処理はなかば公営化して行政が費用を負担せざるを得なくなります。余った排泄物のかなりの部分は，東京湾《わん》の沖《おき》に海洋投棄《とうき》されるようになりました。第二次世界大戦が激しくなると排泄物の収集も滞《とどこお》り，人びとは自宅の庭に埋《う》めたり，近くの川に捨てたりしたこともあったそうです。行政が主導して下水道が造られた地域もありますが，その範囲《はんい》は限定されていました。

排泄物処理に加えて，市街地では雨水の排水《はいすい》の問題も深刻になりました。大正時代の東京を歩き回った永井荷風《ながいかふう》という作家は，以下のようなことを書いています。

「東京を流れる溝川《どぶがわ》（小さな水流）には美しい名前がついているものがあり，かつては清流であったかもしれないが，今は下水に過ぎない。小さな下水は合流して道に沿い坂の麓《ふもと》を流れる内に広くなる。下流では船を浮《う》かべるほどの川になるものもある。下水や溝川が流れている低い場所は，梅雨や秋の長雨の大雨の度に，高い場所にある住宅地から滝《たき》のように落ちてくる濁水《にごりみず》が集まって氾濫《はんらん》する。川沿いには貧しい人びとが多く住んでおり，家ごと水につかり家財も流されるなど被害は大きい。」

戦後の市街地のさらなる拡大に伴《ともな》い，排泄物の処理と雨水の排水の両方を担う下水道が整備され，その稼働《かどう》地域は広げられていきました。下水道の建設費用節約のため，荷風の言う溝川やかつての農業用水路などを掘《ほ》り下げて蓋《ふた》をし，下水道に転用することも行われました。

以上のように，江戸・東京に人口が集中して市街地が拡大するにつれ，都市生活に必須《ひっす》の施設や設備は，次第に公共的サービスとして整備拡充《かくじゅう》されていきました。とはいえ，公共の施設《しせつ》や設備は，その建造だけでなく維持管理のための費用が必要です。また大都市では，周辺地域の資源を利用する必要も生じます。都市に暮らすことは便利で快適かもしれません。しかし，多くの人が集まって生活するための技術・工夫について考え，そのためにかかる費用の総計についても検討することは必要ではないでしょうか。

資料　江戸周辺の河川と上水

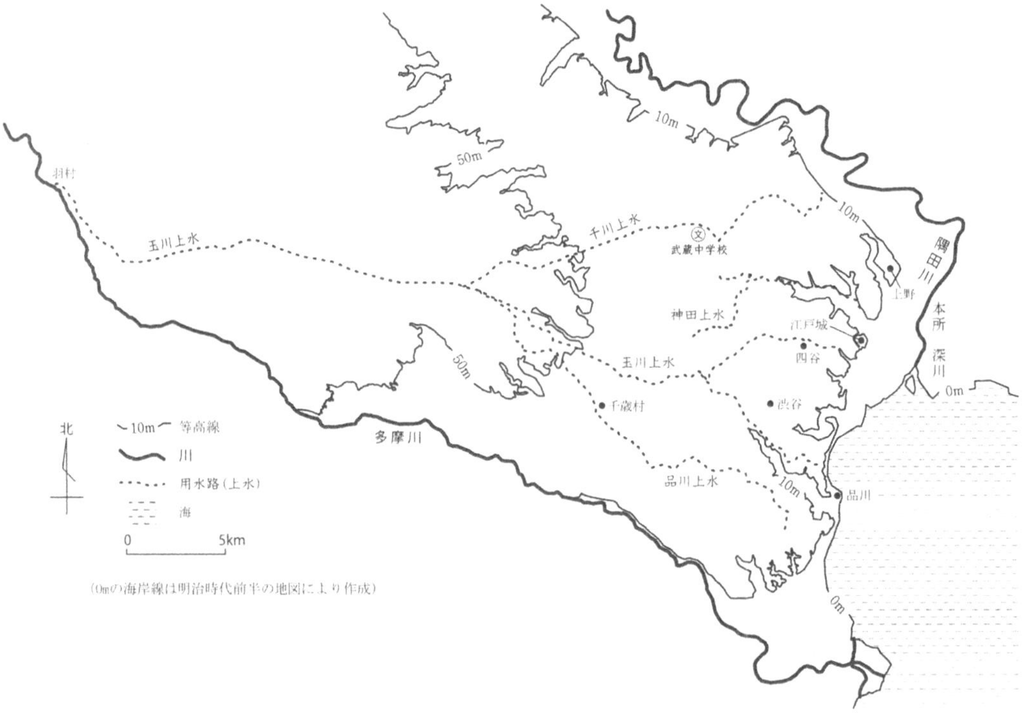

(0mの海岸線は明治時代前半の地図により作成)

問１　江戸時代に三都と呼ばれた都市のうち，江戸以外の二つを答えなさい。

問２　本所や深川で，上水や井戸水が利用しにくかった理由は何ですか。資料の図も見ながら説明しなさい。

問３　明治時代にたびたび起こった健康被害は，当時の世界各地で発生し日本にもおよんできたものですが，このような健康被害は一般《いっぱん》に何と呼ばれますか。漢字３字で答えなさい。

問４

(あ)　江戸時代の排泄物処理の仕組みとはどんなものですか。説明しなさい。

(い)　大正時代に普及し始めた代替品とは何ですか。

問５　下の文章は，東京府北多摩郡千歳《ちとせ》村（現在の東京都世田谷区西部）に住んでいた徳冨蘆花《とくとみろか》という作家が1912（大正元）年に書きました（分かりやすく内容を要約しています）。人口が集中する大都市周辺の農村で，栽培《さいばい》される作物が変わってきたという内容です。なぜ変わったのか，その理由を説明しなさい。

「東京がだいぶ攻《せ》め寄《よ》せて来た。ここは東京の西方10㎞ほどにあるため，東京の200万の人口の影響が村に及ぶのは自然のことである。もともとは畑で麦が多く作られていたが，それをつぶして竹林にしてタケノコをとったり，大麦小麦よりキャベツや白菜に力を入れたりする様になったり，要するにむかしの純農村は都会附属《ふぞく》の菜園になりつつある。」

問６　永井荷風が指摘《してき》していることは，近年の気候の傾向《けいこう》の変化によってあらためて都市における大きな問題となっています。その問題について説明しなさい。

問７　都市部に人口が集中することにより，経済的・社会的負担が発生している事例を，「大規模な上下水道の整備が必要となる」以外に考えて，どのような負担があるかを含《ふく》めて説明しなさい。

【理　科】（40分）　＜満点：60点＞

1　北の夜空を見上げると北極星を見つけることができますが，地球からの距離《きょり》は光の速さで430年もかかる距離にあります。そんな遠いところのものが肉眼でも見えるのです。もちろん，天体望遠鏡を使えば，もっと遠くのものを見ることができます。ところが，海の中は，わずか数千メートルの海の底すら見ることができません。

私たちの住む中緯《い》度の海は，プランクトンが多く水があまり澄《す》んでいませんが，①低緯度の熱帯の海ではプランクトンが少ないため澄んでいて，観測機器を船から下ろすと水深40メートルくらいまで船上から見ることができます。この数字は昔世界一の透《とう》明度を誇《ほこ》った北海道の摩《ま》周湖と同じ透明度です。しかし，その熱帯の海や摩周湖のように水が澄んでいても，たった40メートル程度しか見えないのです。太陽の光の大部分は海水で吸収されてしまうため，深い海は太陽の光が届かない暗黒の世界となり，②光を使う観測においては　海は宇宙よりはるかに観測が難しいのです。

では，海の中を調べるにはどうすれば良いでしょうか。一つの手段は音を使うことです。水は音波を通しやすいのです。この性質は，潜《せん》水艦《かん》のソナーや漁船の魚群探知機に利用されています。水の中では音波が伝わる速さは１秒あたり約1500メートルと，空気中を伝わる速さの４倍以上です。クジラが何千キロメートルもの彼方《かなた》から他のクジラと音波で通信することができるのは，水が音を伝えやすいからなのです。　（柏野祐二『海の教科書』をもとに作成）

問１　光の説明として**誤っているもの**をすべて選び，記号で答えなさい。すべて正しい場合は解答欄《らん》に○を書きなさい。

ア．木もれ日を見ると日光がまっすぐ進んでいることがわかる。

イ．大きな虫眼鏡《めがね》をつかうと，よりたくさんの光を集めることができる。

ウ．線香の煙《けむり》をためた水槽《そう》の中に光を通すと，水槽を通過してきた光は暗くなる。

エ．懐《かい》中電灯の光は広がるので，遠くまで届く光は弱くなる。

オ．２枚の鏡ではね返した光を重ねても，１枚のときと明るさは変わらない。

問２　下線部①について，熱帯の海ではプランクトン（水中を漂《ただよ》う小さな生きもの）が少ないのはなぜですか。理由として**最もふさわしいもの**を１つ選び，記号で答えなさい。

ア．太陽の光で海水が温められるので，小さな生きものには過酷《こく》な環《かん》境だから。

イ．クジラなどの回遊する大型の生きものが食べ尽《つ》くしてしまうから。

ウ．海水の流れが速いので，小さな生きものは流されてしまうから。

エ．海水の蒸発が少ないので，海水の塩分濃《のう》度が高くなるから。

オ．中緯度の海に比べて，海水中の栄養分が少ないから。

カ．酸性雨が多く降ることにより，海水がわずかに酸性となるから。

問３　音の説明として**誤っているもの**をすべて選び，記号で答えなさい。すべて正しい場合は解答欄に○を書きなさい。

ア．糸電話の糸をたるませて話をすると，相手の声は聞こえない。

イ．糸電話にトライアングルをつないで叩《たた》くと，紙コップ側でその音が聞こえる。

ウ．離《はな》れた所から打ち上げ花火を見ると，花火が広がってしばらくしてから音が聞こえる。

エ．ついたての向こうにいる人が見えなくても，相手の話し声は聞こえる。

オ．太鼓《こ》を打つ強さを変えても，音の高さや大きさは変わらずに聞こえる。
カ．鉄棒の端《はし》に耳を当てて，もう一方の端を叩いても何も聞こえない。

問４　クジラは，自ら発した音波が陸地で反射して戻《もど》ってくるのを聞き分けて，地形を調べながら泳いでいます。海水中では，音波は１秒間に1500mという一定の速さで伝わります。陸地に向かって１秒間に10mの速さで泳いでいるクジラが音波を発してから，３秒後にその音波が陸地から戻ってきました。クジラが音波を発したとき，陸地から何m離れた所にいましたか。整数で答えなさい。

m

問５　すばる望遠鏡は世界最大級の望遠鏡で，雲が発生するよりも高い位置にあるハワイ島マウナケア山頂に設置されています。同じ性能の望遠鏡を東京の都心部に設置したとすると，星を観測する上で不都合なことがあります。例にならい２つ説明しなさい。

例）　東京は天候に左右されやすいため，観測できる日数が制限されてしまうこと。

問６　天体望遠鏡を使って観測するとき，目を痛めてしまうため太陽の表面を直接観測してはいけませんが，月の表面は直接観測することができます。それはなぜですか。太陽と月の光の強さと，その違《ちが》いが生じる原因に触《ふ》れながら説明しなさい。

問７　下線部②について，「光を使う観測においては，海は宇宙よりはるかに観測が難しい」のはなぜですか。これまでの内容をふまえて書きなさい。

2　ブナ科の植物は秋にドングリをつけます。ドングリは種子が固い殻《から》で覆《おお》われた木の実で，土の中で発芽して樹木に成長します。腐《くさ》りにくく栄養の豊富なドングリは，山地にすむ体の大きなクマや小さなリスやネズミなどの生きものにとって，秋から冬にかけての重要な食糧《りょう》となっています。その年にできるドングリの量が，それを食べる動物の数や行動に影響《えいきょう》することが知られています。ドングリと動物の関係について考えてみましょう。

問１　次の(1), (2)に当てはまる樹木を，下のＡ～Ｆからそれぞれ１つずつ選び，記号で答えなさい。

(1)　ドングリをつける　　(2)　寒い時期でも葉を落とさない

Ａ．イチョウ　　Ｂ．ウメ　　Ｃ．クヌギ
Ｄ．ケヤキ　　Ｅ．サクラ　　Ｆ．ツバキ

(1)　　(2)

問２　右のグラフは，2000年から2015年までの東北地方における，ブナのドングリの豊作指数を棒グラフで，ツキノワグマの捕獲《ほかく》頭数を折れ線グラフで示しています。豊作指数はドングリの実りの程度を表すもので，ここでは２以上を豊作，１以下を凶《きょう》作とします。

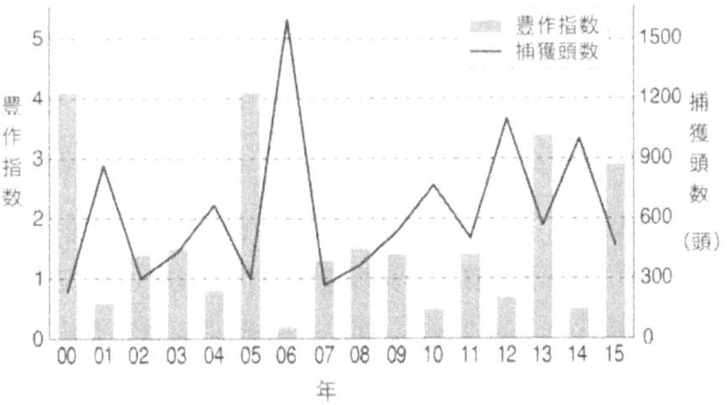

（森林総合研究所の資料より作成）

(1)　このグラフから読み取れることとして適切なものを１つ選び，記号で答えなさい。

ア．ブナの凶作の翌年は，必ず豊作になる。

イ．ブナの凶作の年には，クマの捕獲頭数が前年よりも多くなる。

ウ．ブナの豊作指数が前年より増えると，クマの捕獲頭数も増える。

エ．クマの捕獲頭数が２年続けて増えると，翌年は減る。

オ．クマの捕獲頭数が600頭より多い年の前年は，ブナは豊作である。

(2)　(1)で選んだ答えの原因として考えられることを書きなさい。

問３　秋に落ちたドングリは，冬になって雪が降ると埋《う》もれてしまいます。リスやネズミは冬の間の食糧を確保するために，秋にできるだけ多くのドングリを集め，あちらこちらの場所に隠《かく》して蓄《たくわ》えておきます。蓄えられたドングリの一部は，食べられずに残るものもあります。

(1)　ブナ科の樹木がドングリで子孫を残すのに，リスやネズミのどのような行動が役に立っていますか。

(2)　ドングリが豊作になると，翌年のリスやネズミの数が増え，凶作になると翌年の数が減ることが知られています。また，ドングリは数年に一度だけ豊作になりますが，このことは，ブナ科の樹木が増えるために有利だと考えられています。ドングリの豊作・凶作と，リスやネズミの数の変化との関係をふまえて，有利だと考えられる理由を書きなさい。

３　袋《ふくろ》の中に，一部分を開閉できる環《かん》状の道具が入っています。開閉部をゲートと呼び，１本の細い金属からできています。何もしなければゲートは閉じている状態です。ゲートを動かしてみて，この部分の仕組みについて考えてみましょう。道具の色や書かれた文字について考える必要はありません。

（試験が終わったら道具は袋に入れて持ち帰りなさい。）

問１　この道具を下の図の向きに合わせて机に置いて，(1)，(2)のそれぞれについてゲートの状態を真上から観察しなさい。手前に見える金属の部分を実線（━━）で，奥《おく》に見える金属の部分を点線（▪▪▪▪）で，下の図にかきなさい。

(1) ゲートが閉じている状態

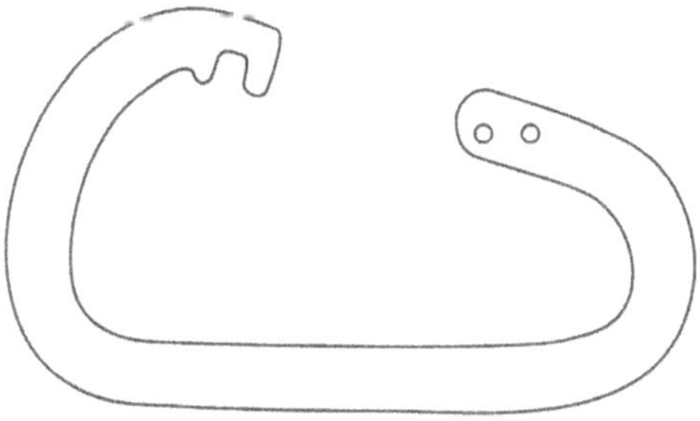

(2) 環の反対側に当たるまでゲートを押《お》し込んだ状態

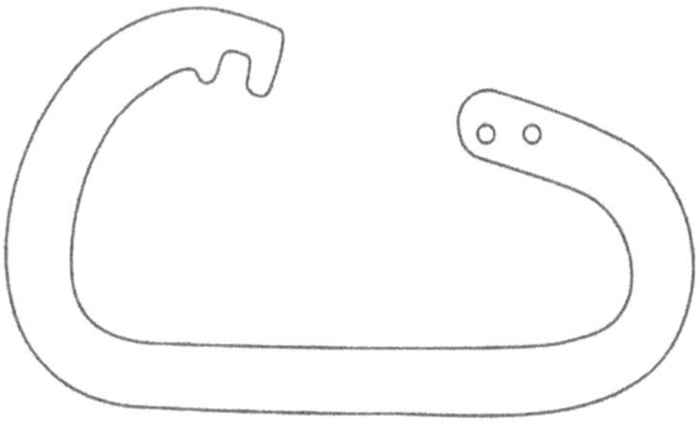

問２　ゲートを押し込んだ後，手を離《はな》すと戻《もど》ります。また，ゲートが閉じているとき，軽く押しただけではゲートは開きません。押し込んでから戻る仕組みと，ゲートがしっかりと閉じていられる仕組みについて，それぞれ説明しなさい。図をかいてはいけません。

*礼賛《れいさん》……ほめたたえること。
*コミット……取り組むこと。
*メビウスの輪……帯を一回ひねって、一方の端《はし》の表と他方の端《はし》の裏を貼《は》り合わせた時にできる輪。
*エピソード……短い話。
*統御《とうぎょ》……コントロール。
*アプローチ……目的を達成するための手法。
*ホールスタッフ……接客係。
*コンセプト……基本的な考え方。
*喚起《かんき》……呼び起こすこと。
*矜持《きょうじ》……誇《ほこ》り。
*醸成《じょうせい》……しだいに作り上げていくこと。
*ネガティブ……否定的。

問一　空欄《くうらん》①～⑤には「利他」か「利己」のいずれかの語が入ります。解答欄《かいとうらん》にどちらの語が入るかそれぞれ書きなさい。

①	②	③

④	⑤

問二　「私はそう思ってしまいます」とあるが、どのように思うということですか。

問三　「利他的押《お》し付けは、頭木《かしらぎ》さんにとっては恐怖《きょうふ》でしかありません」とあるが、それはどういうことですか。

問四　「この『贈《おく》り物《もの》』の中には、時に『毒』が含《ふく》まれていると、モースは指摘《してき》します。一体、どういうことでしょうか？」とあるが、筆者の考える答えを説明しなさい。

問五　「市川さんのケアは、『統御《とうぎょ》』ではなく『沿うこと』に主眼が置かれています」とあるが、それはどういうことですか。

問六　「その行為《こうい》が『利他的なもの』として受け取られたときにこそ、『利他』が生まれるのです」とあるが、それはどういうことですか。

二　次の各文のカタカナを漢字に直しなさい。

① 行事が雨天ジュンエンとなった。
② 校内のフウキを乱すようなことをするな。
③ 武力行使もジさない姿勢を示す。
④ 神仏をオガむ。
⑤ 書類をユウソウする。
⑥ ニュウシが生《は》え替《か》わる。
⑦ 無病ソクサイをいのる。
⑧ 海洋資源のホウコ。

①	②	③
		さない

④	⑤	⑥
む		

⑦	⑧

だと思って」いると述べ、自分はできるだけ厨房《ちゅうぼう》から出ず、「後はお客さんに手伝ってもらえれば、それでいいのかなと思っている」と語っています。

市川さんのケアは、「統御《とうぎょ》」ではなく「沿うこと」に主眼が置かれています。それぞれの人が持っている能力を引き出し、主体性が*喚起《かんき》されることが目指されています。

論文を書いた蔭久さんは、認知症《にんちしょう》のホールスタッフの人たちが、自分の仕事に誇《ほこ》りを持ち、店を支える一員としての*矜持《きょうじ》を持っていることに注目します。そして、その姿勢が、間違《まちが》いに寛容《かんよう》な店内のあり方を*醸成《じょうせい》していると論じています。

認知症《にんちしょう》と診断《しんだん》されると、周りの人や介護《かいご》従事者は、認知症《にんちしょう》の人たちに「何もしないこと」を強要してしまいがちです。仕事をすることから遠ざけ、掃除《そうじ》や洗濯《せんたく》、食事など日常生活にかかわることも、何でもやってあげる。それが「ケア」だと思われてきた側面があります。これに対して「ちばる食堂」では、間違《まちが》いに寛容《かんよう》な社会を形成することで、認知症《にんちしょう》の人たちも尊厳を持って働くことができる環境《かんきょう》を整えようとしています。そのことで、当事者が持っているポテンシャル（潜在《せんざい》能力）を引き出す。その人の特質やあり方に「沿う」ことで、「介護《かいご》しない介護《かいご》」が成立する場所を作ろうとしています。

さて、頭木《かしらぎ》さんのエピソードに戻《もど》りたいと思います。

頭木《かしらぎ》さんの悲劇は、レストランで出てきた「お勧《すす》めの料理」が、食べられないものだったことによって生じたものでした。

さて、です。

もしこれが食べられるもので、頭木《かしらぎ》さんが「おいしい！」と感激していたら、どうなっていたでしょう。その場は和気あいあいとしたものになり、相手と頭木《かしらぎ》さんの関係も良好に推移したかもしれません。頭木《かしらぎ》さんも「あんなおいしいものを紹介《しょうかい》してもらえて、本当にありがたい」と思ったかもしれません。その場合、相手の行為《こうい》は「利他的なもの」と捉《とら》えられ、感謝の対象となったでしょう。

しかし、この場合、「お勧《すす》めの料理」は、残念ながら頭木《かしらぎ》さんの食べられないものでした。そのため、相手の行為《こうい》は「利他」の方向へと流れていかず、むしろ「利己」的側面が際立《きわだ》つ結果になりました。

ここから見えてくるのは、特定の行為《こうい》が利他的になるか否《いな》かは、事後的にしかわからないということです。いくら相手のことを思ってやったことでも、それが相手にとって「利他的」であるかはわかりません。与《あた》え手が「利他」だと思った行為《こうい》であっても、受け手にとって*ネガティブな行為《こうい》であれば、それは「利他」とは言えません。むしろ、暴力的なことになる可能性もあります。いわゆる「ありがた迷惑《めいわく》」というものですね。

つまり、「利他」は与《あた》えたときに発生するのではなく、それが受け取られたときにこそ発生するのです。自分の行為《こうい》の結果は、所有できません。あらゆる未来は不確実です。そのため、「与《あた》え手」の側は、その行《こう》為《い》が利他的であるか否《いな》かを決定することができません。あくまでも、その行為《こうい》が「利他的なもの」として受け取られたときにこそ、「利他」が生まれるのです。

（中島岳志《たけし》の文章による。
なお、本文には一部省略したところと、表記を改変したところがある。）

との大切さを学びます。

私の研究室の卒業生に、蔭久孝統さんという人がいます。彼《かれ》は修士論文で「注文をまちがえる料理店」に注目し、「認知症《にんちしょう》ケアと社会的包摂《ほうせつ》――注文をまちがえる料理店の事例から――」という論文を書きました。この論文が素晴《すば》らしいので、少しご紹介《しょうかい》したいと思います。

蔭久さんは、「注文をまちがえる料理店」の＊コンセプトを一部取り入れて運営されている「ちばる食堂」（愛知県岡崎市）に注目します。ここは常設の飲食店として、認知症《にんちしょう》と診断《しんだん》された高齢者《こうれいしゃ》と雇用《こよう》関係を結んでおり、調査時には男女各二名の計四名がホールスタッフとして勤務していました。

ホールを任された認知症《にんちしょう》の人たちは、あくまでも注文を間違《まちが》えないように仕事をします。「ちばる食堂」は、福祉《ふくし》目的で運営されている食堂ではなく、ごく一般的《いっぱんてき》な沖縄《おきなわ》料理店として運営されています。そのため、客の多くは入店するまで、この店の特徴《とくちょう》を知りません。お店のメニューに書いてある注意書きと働いている人の姿を見て、そのことを知ります。

「ちばる食堂」の経営者で、厨房《ちゅうぼう》で料理を作る市川貴章《たかあき》さんは、四人の従業員について、次のように述べています。

認知症《にんちしょう》と診断《しんだん》されても、認知症《にんちしょう》と診断《しんだん》されていなくても
『働く能力』は一緒《いっしょ》だということがこの一年で分かりました
と、共にこれまでの経験がちゃんと出るんだなということもよく分か
ります
カラオケ喫茶《きっさ》を営んでいたBさん（女性、仮名《かめい》）は
昔の経験から接客から皿洗いなどチャキチャキと働けますが
サラリーマンだったCさん（男性、仮名《かめい》）は家事をあまりしてこなかっ
たのか
少し苦手ですが、箸袋《はしぶくろ》に箸《はし》を入れたり作業的なことはとても得意です
水を出したりすることは忘れちゃうけど、注文をとることは忘れませ
ん
若干《じゃっかん》の人見知りで、積極的には話しませんがとてもユニークな人です
逆にAさん（男性、仮名《かめい》）は、積極的に若い女の子をめがけて話に行
き、その席から離《はな》れない積極性がありますが、注文をとるのがちょっ
と苦手です
お客さんには、エプロンのポッケに入ってる注文表をもつけてもらい
書いてもらえると助かります
Dさん（女性、仮名《かめい》）は、皿洗いさせたら食洗機より早く丁寧《ていねい》に洗い
ます
長年やって来たんだなぁってことが分かる
一番見てて面白《おもしろ》いのは、13時くらいになると僕《ぼく》の顔と時計を交互《こうご》に見
る時が来て。あえて『どうしたの？』って聞くと
『お腹《なか》がペコペコ』です！って笑顔《えがお》でいうから
（中略）
特別な何かをするわけでなくて
その人を知り、その人が一番本領発揮できる場面にいれるようにする。
あとは、僕は麺《めん》を茹《ゆ》でるだけ（「kaigoブログ」二〇二〇年三月十三日、
原文のまま）

市川さんは、東海テレビの取材の中で、「介護《かいご》をしないのが本当の介護《かいご》

いでしょうか。それは「えっ！　そんなに高価ないいものをくれたんだ」といううれしさと、「そんな高価なものをもらったんだから、自分も高価なものを返さなくてはいけない」というプレッシャーです。この両方が同時に押《お》し寄《よ》せてくるだろうと思います。

もし、自分に金銭的余裕《よゆう》がなく、十分なお返しができない場合、プレッシャーはさらに大きなものになります。そして、実際にお返しを渡《わた》すことができないでいると、自分の中で「負い目」が増大していきます。本当はプレゼントとしてもらったのに、なぜかそれが「負債《ふさい》」のような感覚になり、心の錘《おもり》になっていったりします。

ここで、この両者の間に何が起きているのでしょうか？

それは与《あた》えた側がもらった側に対して「優位に立つ」という現象です。もらった側が、十分な返礼ができないでいると、両者の間には「負債《ふさい》感」に基《もと》づく優劣《ゆうれつ》関係が生じ、徐々《じょじょ》に上下関係ができていきます。これが「ギフト」の「毒」です。

この「毒」は、溜《た》まれば溜《た》まるほど、相手を支配し、コントロールする道具になっていきます。「贈与《ぞうよ》」や「利他」の中には、支配という「毒」が含《ふく》まれていることがあり、これが「利他」と「利己」のメビウスの輪となっています。自分の思い通りに相手をコントロールしようとする「ギフト」は、「利他」の仮面をかぶった「利己」ですよね。

このような「支配」や「*統御《とうぎょ》」の問題は、利他と深くかかわるケアの場面で先鋭化《せんえいか》するように思います。

例えば、認知症患者《にんちしょうかんじゃ》のケアについて、考えてみたいと思います。

認知症《にんちしょう》の人たちは判断力や記憶力《きおくりょく》の低下から、時に思いもしない行動を起こすことがあります。事故の危険性につながる行動があったり、徘《はい》徊《かい》をして帰ってくることができなくなったりするケースがあります。

そんな場合、時に「身体拘束《こうそく》」が行われます。ひもや抑制帯《よくせいたい》、ミトンなどの道具を使用してベッドに縛《しば》ったり、向精神薬を飲ませて動けなくしたりすることがあります。また、徘徊《はいかい》防止のために、部屋から出ようとするとブザーがなるというようなケースも「身体拘束《こうそく》」と見なされることがあります。

二〇〇〇年四月に施行《しこう》された介護《かいご》保険法では、介護施設《かいごしせつ》での身体拘束《こうそく》は原則禁止とされています。しかし、拘束《こうそく》をしなければ本人の安全が守られないと判断された場合には、必要最低限の身体拘束《こうそく》が認められています。「切迫性《せっぱくせい》」「非代替性《ひだいたいせい》」「一時性」の三点が要件とされていますが、基準は明確なものではなく、施設《しせつ》運営の効率化という側面から、身体拘《こう》束《そく》が採用されているケースがあります。

これはケアの中に「統御《とうぎょ》」が介在《かいざい》するもので、認知症患者《にんちしょうかんじゃ》にとっては、「支配されている」「服従させられている」という感覚になり、症状《しょうじょう》の悪化を引き起こす可能性があります。もちろん施設《しせつ》の事情もあり、苦渋《くじゅう》の決断という側面もあると思いますが、人間の尊厳を損《そこ》ねてしまうことは否《いな》めません。

一方、異なる*アプローチで認知症《にんちしょう》の人たちのケアを実践《じっせん》している人たちがいます。私が注目しているのは「注文をまちがえる料理店」という活動を行っている人たちです。これは認知症《にんちしょう》の人たちが*ホールスタッフを務める期間限定のレストランで、注文していない料理が出てきても、客側がそれを受け入れることで成り立っています。認知症《にんちしょう》の人たちは、労働による賃金を得ることができ、客側は間違《まちが》いに寛容《かんよう》であるこ

この*エピソードは、利他を考える際、大切なポイントをいくつも含《ふく》んでいます。

まず考えなければならないのは、「支配」という問題です。「利他」行《こう》為《い》の中には、多くの場合、相手をコントロールしたいという欲望が含《ふく》まれています。頭木《かしらぎ》さんに料理を勧《すす》めた人の場合、「自分がおいしいと思っているものを、頭木《かしらぎ》さんにも共有してほしい」という思いがあり、それを拒絶《きょぜつ》されると、「何とかおいしいと言わせたい」という支配欲が加速していきました。相手に共感を求める行為《こうい》は、思ったような反応が得られない場合、自分の思いに服従させたいという欲望へと容易に転化することがあります。これが「利他」の中に含《ふく》まれる「コントロール」や「支配」の欲望です。

ここでとても参考になる古典があります。マルセル・モースが一九二五年に出版した『贈与論《ぞうよろん》』です。

モースは古今東西、様々な贈与《ぞうよ》体系・慣習を比較《ひかく》することで、その価値を再評価したのですが、『贈与論《ぞうよろん》』は手放しの「贈与礼賛論《ぞうよらいさんろん》」ではありません。むしろ、贈与《ぞうよ》の持っている危険な側面も、同時に追究している点が重要です。

モースは、『贈与論《ぞうよろん》』出版の前年に「ギフト、ギフト」という論文を書いています。彼《かれ》は冒頭《ぼうとう》で次のように述べます。

さまざまなゲルマン語系の言語で、ギフト（gift）という一つの単語が「贈り物《おくもの》」という意味と「毒」という意味と、二つの意味を分岐《ぶんき》してもつようになった。

ん？　何気ない一文ですが、とても物騒《ぶっそう》なことが書かれていますよね。「ギフト」という単語には二つの意味があり、一つは「贈り物《おくもの》」、そしてもう一つは「毒」だと述べられています。

「贈り物《おくもの》」は、一般的《いっぱんてき》に相手に対する好意に基《もと》づいて行われると思われています。実際、私たちも、誰《だれ》かに「贈り物《おくもの》」をする際には、「喜んでくれるかな」とか、「めでたいのでお祝いをしたい」とか、思いますよね。

しかし、この「贈り物《おくもの》」の中には、時に「毒」が含《ふく》まれていると、モースは指摘《してき》します。一体、どういうことでしょうか？

私たちは「贈り物《おくもの》」をもらったとき、どういう気持ちになるでしょうか。まずは、「うれしい」という感情が湧《わ》き上《あ》がり、相手に対する感謝の念が湧《わ》き起《お》こると思います。心から「ありがとう」と思い、涙《なみだ》が流れることもあります。

しかし、少し時間が経《た》つと別の感情が湧《わ》いてくることになります。

――「とてもいいものをもらったのだから、お返しをしないといけない」。

今度は自分があげる番だ。もらったものに匹敵《ひってき》するものを「返礼」として渡《わた》さないといけない。そんな思いに駆《か》られるのではないでしょうか。

これは結構なプレッシャーです。

今はインターネットという便利なものがあり、もらったものの価値や値段が、検索《けんさく》すればすぐにわかってしまいます。

例えば、もらったものが、一万円で売られているものだとわかったとしましょう。この瞬間《しゅんかん》、二つの引《ひ》き裂《さ》かれた感情が湧《わ》き上《あ》がるのではな

「利他」と「利己」の複雑な関係を認識《にんしき》すると、途端《とたん》に「利他」とは何かが、わからなくなってきます。

「利他」の問題を考える際、私がとても重要だと考えている一冊があります。頭木弘樹《かしらぎひろき》さんの『食べることと出すこと』です。

頭木《かしらぎ》さんは、二十歳のときに潰瘍性大腸炎《かいようせいだいちょうえん》を患《わずら》い、五十代になった今も、病気と付き合いながら生活しています。そのため、何でも食べられるわけではなく、「これを食べると激しい腹痛や下痢《げり》になる」というものがあります。

あるとき、頭木《かしらぎ》さんは仕事の打ち合わせで、食事をすることになりました。指定の店に行くと、すでにお勧《すす》めの料理が注文されており、頭木《かしらぎ》さんが選ぶことができない状態でした。注文された料理が出てくると、それは食べることができないものでした。

相手は「これおいしいですよ」と、頭木《かしらぎ》さんに勧《すす》めます。ちなみに、その人は頭木《かしらぎ》さんが難病を抱《かか》えており、食べることができないものがあることを知っています。頭木《かしらぎ》さんは「すみません。これはちょっと無理でして」と答え、食べられないものであることを伝えました。

相手は「ああそうですか。それは残念です」と答え、その場はいったん収まったものの、しばらくすると、また同じものを勧《すす》めてきました。「少しくらいなら大丈夫《だいじょうぶ》なんじゃないですか」と言って、食べることを促《うなが》します。難病を抱《かか》える頭木《かしらぎ》さんにとって、その料理を口にすることは、いくら「少しくらい」であっても、大変な不調をきたすことにつながり、どうしてもできません。そのため、手を付けないままにしていると、周りの人まで「これ、おいしいですよ」とか「ちょっとだけ食べておけばいいじゃないですか」とか言いながら、同調圧力を強めてきます。その場は、気まずい雰囲気《ふんいき》になり、結局、その相手からは仕事の依頼《いらい》はなくなったと言います。

この相手の行為《こうい》は、「利他」と「利己」の問題を考える際、重要な問題を含《ふく》んでいます。

確かに相手は、頭木《かしらぎ》さんに「おいしいものを食べさせたい」という利他的な思いがあったのでしょう。だから、自分で店を予約し、お勧《すす》めの料理を前もって注文するという手間のかかることを行ったわけです。

ただし、いくら他者のことを思って行ったことでも、その受け手にとって「ありがたくないこと」だったり、「迷惑《めいわく》なこと」だったりすることは、十分ありえます。実際、頭木《かしらぎ》さんにとって、食べられないものを食べるように勧《すす》められることは、迷惑《めいわく》どころか、場合によっては命の危険にさらされる危険な行為《こうい》です。当然、受け入れることはできません。

しかし、相手の「お勧《すす》め」を断ると、場が気まずくなります。そして、自分の思いが受け入れられなかった相手は気分を害し、徐々《じょじょ》に「利他」の中に潜《ひそ》んでいた「利己」を前衛化させていきます。頭木《かしらぎ》さんの病気を熟知している上、「食べられないものだ」ということを知らされても、時間が経《た》つと「少しぐらい大丈夫《だいじょうぶ》なんじゃないですか」と言って、自己の行為《こうい》を押《お》し付《つ》けようとします。こうなると、「この料理を食べさせてあげたい」という「利他」が、「自分の思いを受け入れないなんて気に入らない」「何とかおいしいと言わせたい」という「利己」に覆《おお》いつくされ、頭木《かしらぎ》さんに襲《おそ》いかかってきます。利他的押《お》し付《つ》けは、頭木《かしらぎ》さんにとっては恐怖《きょうふ》でしかありません。

【国　語】（五〇分）〈満点：一〇〇点〉

［一］　次の文章を読んであとの質問に答えなさい。

「利他」の反対語は「利己」とされています。「あの人は利己的だ」というと、自分のことばかり考えて、他者のことは顧《かえり》みない人を批判する言葉ですよね。これに対して、「あの人は利他的だ」というと、自分の利益を放棄《ほうき》して、他者のために尽《つ》くす人を称賛《しょうさん》する言葉になります。なので「利他」の反対語は「利己」。そう認識《にんしき》されています。

確かに、表面的には「利他」と「利己」は対立しているように見えます。両者は真逆の観念で、一方は称賛《しょうさん》され、一方は非難されます。

しかし、どうでしょうか。

例えば、ある人が「評価を得たい」「名誉《めいよ》を得たい」と考えて、利他的なことを行っていたとすると、その行為《こうい》は純粋《じゅんすい》に「利他的」と言えるでしょうか?　行為《こうい》自体は「［①］的」だけれども、動機づけが「［②］的」な場合、私たちはどのような思いを抱《いだ》くでしょうか?

おそらく、そのような行為《こうい》は、［③］的だと見なされるでしょう。一見すると、［④］的なことを行っているのですが、端々《はしばし》に「いい人だと思われたい」「称賛《しょうさん》を得たい」というような下心《したごころ》が見《み》え隠《かく》れしていると、やはりその人は「［⑤］的な人」と見なされるのではないでしょうか。「あの人、褒《ほ》められたいからやってるだけだよね」と思うと、途端《とたん》に「利他的な行為《こうい》」がうさん臭《くさ》く見えますよね。その行為《こうい》を「利他的で素《す》晴《ば》らしい」と手放しで*礼賛《らいさん》する気にはならないでしょう。

近年、大手企業《きぎょう》は「社会的貢献《こうけん》」を重視し、様々な取り組みを行っています。例えばＳＤＧｓ《エスディジーズ》という言葉を、最近よく目にします。これは「持続可能な開発目標（Sustainable Development Goals）」のことで、貧困、紛争《ふんそう》、気候変動、感染症《かんせんしょう》のような地球規模の課題に対して、二〇三〇年までに達成すべき目標が設定されています。企業《きぎょう》はこのＳＤＧｓ《エスディージーズ》に*コミットしていることを強調し、自社の取り組みをアピールしています。

どうでしょう?

この取り組みを見ていて、「なんと利他的で素《す》晴《ば》らしい企業《きぎょう》なんだろう」と心を動かされるでしょうか。もちろんほとんどの取り組みは素《す》晴《ば》らしい事業で、実際、大きな貢献《こうけん》を果たしていると思います。ＳＤＧｓにかかわり、行動を起こすことはとても大切なことです。

しかし、どこかで「何かうさん臭《くさ》いな」という気持ちを持ってしまうことはないでしょうか。結局のところ、企業《きぎょう》のイメージアップのために「社会的貢献《こうけん》」を行っているだけで、それって企業《きぎょう》の利潤《りじゅん》追求の一環《いっかん》だよね、という冷めた見方を、私たちはどこか心の片隅《かたすみ》に持っていないでしょうか。

正直なことを言うと、私はそう思ってしまいます。特に「社会的貢献《こうけん》」の成果を、ＣＭや広告でことさら強調されると、どうしても企業《きぎょう》の「利己性」を感じてしまいます。

――「利他」と「利己」。

この両者は、反対語というよりも、どうも*メビウスの輪のようにつながっているもののようです。

利他的なことを行っていても、動機づけが利己的であれば、「利己的」と見なされますし、逆に自分のために行っていたことが、自然と相手をケアすることにつながっていれば、それは「利他的」と見なされます。

2023年度

解　答　と　解　説

《2023年度の配点は解答欄に掲載してあります。》

＜算数解答＞ 《学校からの正答の発表はありません。》

1　(1)　A　7　B　17　和　2149　(2)　(2組3人)　36通り　(3組2人)　48通り
2　420人　3　(1)　7.5cm　(2)　24.3cm^2
4　(1)　3，5，6，7　(2)　(Ⅰ)　㋑，㋓　(Ⅱ)　(あ)　2，4　(い)　4，8

○推定配点○
4　各9点×4((1)・(2)(Ⅰ)・(Ⅱ)(あ)・(い)各完答)　他　各8点×8　計100点

＜算数解説＞

重要　1　(数の性質，場合の数)

(1)　2023＝17×119＝7×17×17より，A＝7，B＝17
和…7＋7×17＋2023＝7×18＋2023＝2149

＋α　(2)　〈ア・イ・ウとA・B・Cがそれぞれ3人兄弟のとき〉
2人の組み合わせ…2×3＝6(通り)
例えば，ア・Aが同室のとき，イ・Bまたはイ・Cも同室の2通り
3つの部屋の選び方…3×2×1＝6(通り)
したがって，泊り方は6×6＝36(通り)
〈ア・イとA・Bと㋕・㋖がそれぞれ2人兄弟のとき〉
2人の組み合わせ…2×4＝8(通り)
例えば，ア・Aが同室のとき，イ・㋕またはイ・㋖も同室の2通り
　　　ア・Aが同室のとき，イ・Bが同室ではいけない
したがって，泊り方は8×6＝48(通り)

重要　2　(割合と比，ニュートン算，鶴亀算)

入場券を売った人数…1240＋30×50＝2740(人)
入場券を売った時間…50分
前売り券と当日券を同時に売るとき，毎分の人数…8×4＋2×6＝44(人)
すべての窓口で前売り券を売るとき，毎分の人数…8×10＝80(人)
前売り券と当日券を同時に売った時間…(80×50－2740)÷(80－44)＝35(分)
したがって，当日券を売った人数は2×6×35＝420(人)

3 （平面図形，割合と比）

重要 (1)　直角三角形BFCとCGHの相似比は3：1.8＝5：3であり，BFの長さは3÷(5－3)×5＝7.5(cm)

やや難 (2)　直角三角形BFCとBEAは合同であり，(1)より，直角三角形BEAは7.5×3÷2＝11.25(cm^2)
直角三角形EBH…7.5×5.7÷2＝21.375(cm^2)
直角三角形BCH…(1.8＋7.5)×7.5÷2－(1.8×4.5＋7.5×3)÷2＝19.575(cm^2)
したがって，斜線部は11.25＋11.25＋21.375－19.575＝24.3(cm^2)

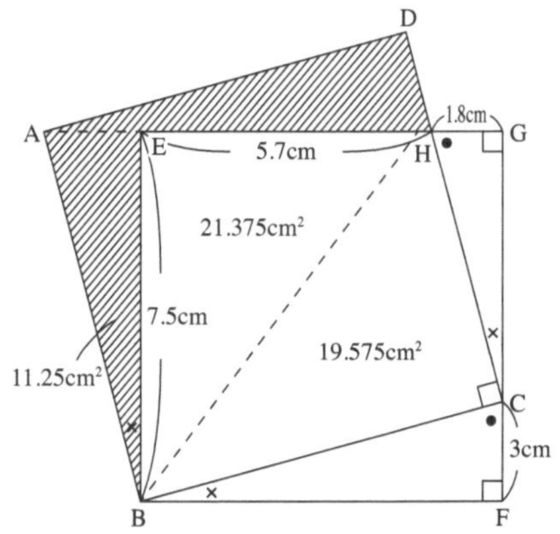

4 （数の性質，規則性，場合の数）

基本 (1)　8の約数以外の3，5，6，7

重要 (2)　(Ⅰ)　下表より，㋑・㋓では終わらない。

㋐ ①②③
A B A
B A B
終了

㋑ ①②③④
A B A B

㋒ ①②③④⑤⑥⑦
A A B B A A B
B A A B B A A
B B A A B B A
A B B A A B B
終了

㋓ ①②③④⑤⑥⑦⑧
A A A B B B A A
A B B B A A A B
B B A A A B B B

(Ⅱ)　㋐　△＝2，4のとき終了

①②③④⑤⑥
A B A B A B

①②③④⑤⑥
A A B B A A
B B A A B B
終了

①②③④⑤⑥
A A A B B B

①②③④⑤⑥
A A A A B B
B B A A A A
B B B B A A
A A B B B B
終了

①②③④⑤⑥
A A A A A B
B B B B A A
A A A B B B
B B A A A A
A B B B B B

㋑　△＝4，8のとき終了…㋐の場合と同様に調べる。

①②③④⑤⑥⑦⑧⑨⑩⑪⑫
A A A A B B B B A A A A
B B B B A A A A B B B B
終了

①②③④⑤⑥⑦⑧⑨⑩⑪⑫
A A A A A A A A B B B B
B B B B A A A A A A A A
B B B B B B B B A A A A
A A A A B B B B B B B B
終了

★ワンポイントアドバイス★

1 (2)「兄弟が同室にならない泊り方」は，注意しないとまちがいやすく重要である。2「前売り券と当日券」の問題は，ニュートン算の要点をふまえて鶴亀算の解き方に気づくことがポイントになる。3では，合同な三角形に気づくこと。

＋α は弊社HP商品詳細ページ（トビラのQRコードからアクセス可）参照。

<社会解答> 《学校からの正答の発表はありません。》

問1　大阪・京都　　問2　(例)　本所や深川と上水の間には隅田川が流れており，これを越えて上水を引くことが困難であった。また，海に近く地下水に海水が混じるため，井戸水も利用しにくかった。　　問3　感染症[伝染病]

問4　(あ)　(例)　江戸近郊の農村で肥料として利用するため，農村の人々や専門の業者が江戸をまわり，人々から排泄物を購入した。　　(い)　化学肥料

問5　(例)　大消費地である東京に近接しているので，新鮮な野菜を出荷することができる。このため，麦よりも野菜を栽培した方が多くの利益を得られるから。

問6　(例)　温暖化の進行により短時間で大量の降雨がみられるようになった。この結果，地表がコンクリートやアスファルトなどによって覆われた都市では，ここを流れる中小河川の水量が急速に増加して氾濫する，都市型洪水が発生しやすくなっている。

問7　(例)　人口が都市部に集中すると，都市で発生するごみの量はそれだけ増加する。ごみを処理するには，ごみを処理する施設を建設したり，これを最終的に埋め立てる場所を確保するために多額の費用が必要である。都市内で処理することができない場合は，他の地域にごみを運ぶこともあり，輸送費はそれだけかさむことになる。

○推定配点○

問1　各3点×2　　問3，問4(い)　各3点×2　　問2，問4(あ)，問5　各8点×3

問6，問7　各12点×2　　計60点

<社会解説>

(総合—東京の上水，下水などをテーマにした日本の地理，歴史など)

基本　問1 「三都」は，江戸時代の三大都市の総称で，江戸，大阪，京都をさす。いずれも幕府の直轄地で，江戸は政治の中心地であったことから「将軍様(公方様)のお膝元」，大阪は経済・商業の中心地であったことから「天下の台所」，京都は皇居があったことから「天子様のお膝元」とよばれた。

問2　資料の図から，玉川上水と本所，深川の間には隅田川が流れていることが読み取れる。このため，隅田川を越えて上水を延伸させることは困難であったと考えられる。また，資料の図から，本所，深川は東京湾に近く，井戸を掘ったとしても，井戸水に海水が混じり，飲用水には不適であったと考えられる。

問3　明治時代，コレラ，赤痢，腸チフスなどの感染症が海外から持ち込まれ，これが何度も流行した。これらの病気の多くは，患者の排泄物によって感染が拡大するため，清浄な飲用水の確保が対策として急務となった。なお，かつて感染症は，伝染病とよばれた。

やや難　問4　(あ)　江戸時代，幕府や藩にとって田畑の生産性を上げることは重要な政策の一つであった。そのため，田畑に糞尿を施すために，農家に対し糞尿を貯えておくことが推奨された。さらに，江戸周辺の農民にとって，江戸で販売することができる野菜は確実な現金収入であり，良い野菜をつくるために肥料となる糞尿は，商品として取り引きされ，「下肥買い」とよばれる専門の業者も生まれた。江戸では，長屋(庶民の共同住宅)の家主にとって，共同トイレの糞尿は大切な収入源であったといわれる。　(い)　化学肥料は，化学的処理によって製造される肥料の総称。窒素，リン酸，カリウムの一種以上を水溶性の化合物として含む。1843年にイギリスで過リン酸石灰が製造されたのに始まり，アンモニア合成法，石灰窒素の発見などにより，20世紀に入って化学肥料工業は大きく発展した。

基本　問5　文章中の「ここは東京の西方10kmほどにあるため，東京の200万人の人口の影響が村に及ぶのは自然のことである。」，「大麦小麦よりキャベツや白菜に力を入れたりする様になったり，要するにむかしの純農村は都会附属の菜園になりつつある。」に注目して考える。当時の東京府北多摩郡千歳村(現在の東京都世田谷区西部)は，すでに大消費地であった東京に新鮮な野菜を出荷する近郊農業が盛んになりつつあったということである。新鮮な野菜は，普通，麦よりも高値で取り引きされる。

重要　問6　問題文にある「近年の気候の傾向の変化」とは，温暖化の進行によって，短時間で大量の雨が降る，いわゆる「ゲリラ豪雨」が発生しやすくなっていることをさす。このような雨が降ると，都市の中小河川では周辺地域から大量の水が流れ込み，急速に水位が上昇する。地表がコンクリートやアスファルトなどによって覆われた都市では，降雨が地中にしみ込みにくく，このような都市型洪水が起こりやすくなっている。

問7　解答例のほか，「人口の集中により交通渋滞や通勤ラッシュが発生し，多くの人にとって通勤や通学が精神的，肉体的に大きな負担となっている。また，これらの問題を解決するために新たな道路や路線を建設したり，道路の拡張，鉄道の複々線化などが必要となり，多額の費用が必要となる。」などが考えられる。

★ワンポイントアドバイス★

初見の問題が大半を占めるが，文章や資料中にヒントが示されているので，あわてずにヒントを見つけだすことが大切である。

＜理科解答＞《学校からの正答の発表はありません。》

1　問1　オ　問2　オ　問3　オ，カ　問4　2265(m)　問5　東京の都心部は，夜でも明るいので，星からの光が見えにくいこと。東京の都心部は，大気が汚染されているので，星からの光が通りにくいこと。　問6　太陽からは，強い光が直接地球に届いているが，月からは，太陽の光を反射して弱くなった光が地球に届いているから。　問7　宇宙では光をさえぎる物がないが，海の中では，海水が光を吸収するので，星の観測には適さない。

2　問1　(1)　C　(2)　F　問2　(1)　イ　(2)　森林内のえさが減るので，えさを求めて，人のすむ地域に出没するようになる。　問3　(1)　リスやネズミがいろいろな場所に隠しておいたドングリの一部が，食べられずに発芽して育つ。　(2)　ドングリが豊作ではない年は，リスやネズミの数があまり増えない。また，数年に一度，ドングリが豊作になると，食べられずに残るドングリが増えるので，この年は，ブナ科の樹木を増やすことができる。

3　配られた道具が公表されないため，省略

○推定配点○

1　問1～問3　各3点×3(問3完答)　他　各4点×5　2　問1・問2(1)　各3点×3
他　各4点×3　3　問1(1)・(2)　各3点×2　問2　4点　計60点

<理科解説>

1 (小問集合―光，プランクトン，音，天体望遠鏡)

基本 問1 ア 光は直進する。(正しい) イ 大きな虫《むし》眼《め》鏡《がね》を使うと，より多くの光を集めることができる。(正しい) ウ 線香の煙によって光が散乱するので，水槽《すいそう》を通過すると光は暗くなる。(正しい) エ 懐《かい》中電灯の光は広がるので，光は弱くなる。(正しい) オ 2枚の鏡ではね返した光を重ねると，1枚のときよりは明るくなる。

問2 熱帯の海は，太陽からの熱で，海水の上の部分だけが温められるので，対流が起こりにくく，海底にたまった栄養分が上の方まで上がってこない。そのため，海水中の栄養分が少なく，プランクトンも少ない。

問3 ア 糸電話の糸をたるませると，振動が伝わらず，音も伝わらない。(正しい) イ トライアングルの振動が糸に伝わるので糸電話に音が聞こえる。(正しい) ウ 光の方が音よりも速く伝わるので，花火が見えて，しばらくしてから音が聞こえる。(正しい) エ 音は，空気中を波のように伝わるので，ついたての向こうの人にも声が聞こえる。(正しい) オ 太鼓を打つ強さを変えると，音の大きさが変わる。 カ 鉄棒も音を伝える。

問4 陸地に向かって1秒間に10mの速さで泳いでいるクジラが音を発してから3秒後に陸地からの反射音を聞いたので，クジラが音を出した場所は，陸地から，

$\frac{1500(\mathrm{m})\times 3+10(\mathrm{m})\times 3}{2}=2265(\mathrm{m})$離れている。

問5 東京の都心部は，ビル等の建物が多く視界が悪い上に，夜間でも多くの明かりがついているので，星からの光が見えにくい。また，大気汚染により，星からの光が地上に届きにくくなっている。さらに，すばる望遠鏡が設置されているマウナロア山頂とは違い，標高が低いので，その分，星からの光が通過する空気の層が厚くなり，星が見えにくくなっている。

問6 月は，太陽の光を反射して光っているので，その分，太陽よりは光が弱くなっている。

問7 空気よりも水の方が光を通しにくいので，水深が深くなると，日光はほとんど届かなくなる。

2 (植物―ブナ科の樹木の育ち方)

基本 問1 (1) クヌギやコナラなど，ブナ科の植物の実をドングリという。

(2) 冬に花をさかせるツバキやサザンカは，一年中葉を落とさない。

問2 (1) ア 例えば，凶作の2001年の翌年の2002年は豊作ではない。 イ 2001年，2004年，2006年など凶作の年は，クマの捕獲頭数が前年よりも多くなっている。(正しい) ウ 例えば，2004年から2005年にかけて豊作指数は増えているが，クマの捕獲頭数は減っている。 エ 2007年から2010年の3年間はクマの捕獲頭数が増え続けている。 オ 例えば，2004年はクマの捕獲頭数が600頭よりも多いが，前年の2003年は，ブナは豊作ではない。

(2) クマは冬になる前に，ドングリなどをたくさん食べて，冬ごもりにそなえるので，ブナが凶作の年には，エサを求めて，人の住む地域に出没する。

やや難 問3 (1) 野生のリスやネズミは，穴をほってドングリを隠した後，一部のドングリをそのままにすることで，ドングリが発芽して育つ。

(2) 数年に一度だけドングリが豊作になることで，その年は，リスやネズミが多くのドングリを食べきれずに残すので，ブナ科の樹木は子孫を多く残すことができる。

3 解説省略。

★ワンポイントアドバイス★

理科の基本的な問題を十分に理解しておくこと。また，各分野での思考力を試す問題や記述問題，作図問題にも十分に慣れておくこと。

＜国語解答＞ 《学校からの正答の発表はありません。》

一　問一　① 利他　② 利己　③ 利己　④ 利他　⑤ 利己

問二 （例） 企業がアピールする，様々な「社会的貢献」の取り組みは，結局は企業のイメージアップのためであって，利潤追求の一環にすぎないと思うということ。

問三 （例） 難病を抱える頭木さんにとって，食べられない物を食べるように勧められることは，命の危険にさらされることであるため断ったが，自分の思いが受け入れられなかった相手は，「利他」中に潜んでいた「利己」を前衛化させて，自己の行為を押し付けようとするので，たいへんな恐ろしさを感じるということ。

問四 （例） 贈り物をもらった側が，十分な返礼ができないでいると，両者の間には「負債感」に基づく優劣関係が生じ，徐々に上下関係ができ，送り主が相手を支配しコントロールすることになるということ。

問五 （例） 認知症の人たちに対して，問題のある行動を起こさないように「何もしないこと」を強要して統御することは，症状の悪化を引き起こしたり，人間の尊厳を損ねたりすることにつながりうる。これに対して，市川さんのケアは，間違いに寛容な社会を形成することで，それぞれの人の特質やあり方に沿うことで，認知症の人たちが尊厳をもって働けることを目指しているということ。

問六 （例） 相手のことを思ってやったことも，受け手にとってネガティブな行為は「利他」とは言えない。「与え手」の側はその行為が利他的か否かを決定することはできず，その行為が「受け手」の感謝の対象となってはじめて，利他的な行為だといえるということ。

二　① 順延　② 風紀　③ 辞　④ 拝　⑤ 郵送　⑥ 乳歯　⑦ 息災　⑧ 宝庫

○推定配点○

一　問一　9点(完答)　他　各15点×5　　二　各2点×8　　計100点

＜国語解説＞

一　**(論説文―空欄補充，内容理解，要旨)**

基本　問一　それぞれ，空欄の前後の文脈に注意しながら，実際に言葉をあてはめながら読んでいく。たとえば①は，直前に「利他的なことを行っていたとすると」とあるので「利他」が入り，直後の②にはその反対の「利己」が入ることが推測できる。以下，文脈に沿ってあてはまるものをとらえていく。

問二　傍線部の「そう」が指している内容を，前からとらえる。

問三　頭木さんの「仕事の打ち合わせ」のエピソードに注目する。「頭木さんが難病を抱えて」いること，その頭木さんに相手が無理な行為を強要してくる，ということをおさえる。

問四　傍線部の「……どういうことでしょうか？」という問いかけを受けた，直後からの説明に注目する。「それは与えた側がもらった側に対して『優位に立つ』という現象です。……」から始まる二つの段落に,「毒」についての筆者の考えが端的にまとめられている。

やや難 問五　傍線部に「『統御』ではなく『沿うこと』」とあるので,ここでの「統御」「沿うこと」とは具体的にどのようなことなのかを考える。まず「統御」については,「このような『支配』や『統御』の問題は……」から始まる部分に注目。次に,「市川さんのケア」についてまとめた,傍線部の二つあとの段落の内容に注目して解答をまとめる。

重要 問六　傍線部の前の「さて,です。」という段落以降の部分に,「利他」「利己」についての筆者の考えがまとめられている。この内容に注目して,解答をまとめる。

二　(漢字の読み書き)

①「順延」は,順ぐりに期日を延ばすこと。　②「風紀」は,風俗・風習についての道徳上の節度や規律。　③「辞」の「辛」の部分を「幸」としないように注意する。　④「拝」の右側の横棒の数に注意する。　⑤「郵」の字形に注意する。　⑥「乳」の字形に注意する。　⑦「息災」は,無事であること。　⑧「宝庫」は,貴重・有用なものを多く産出するところ。

★ワンポイントアドバイス★

読解問題では,文章が長いうえに細かい読み取りが必要となる。字数の多い記述問題が中心であり,ふだんからいろいろな論説文や小説にふれ,文章を要約する練習をしておくことが大切!　漢字や,慣用句などの語句の基礎知識も必須だ。

MEMO

大切なことはメモしておこうネ！

2022年度

★★★★★★★★★★★★★★★★★★★★★★

入　試　問　題

2022年度

武蔵中学校入試問題

【算　数】（50分）　＜満点：100点＞

1　次の各問に答えなさい。

(1)　次の［㋐］，［㋑］にあてはまる数を書き入れなさい。

1から9までのどの整数で割っても割り切れる10以上の整数のうち，最も小さいものは［㋐　］です。㋐の約数のうち，最も大きい奇数は［㋑　］です。

(2)　はがきと封筒《ふうとう》を合わせて何通か送りました。はがきには62円切手と1円切手を1枚ずつ，封筒には82円切手1枚と1円切手2枚を貼《は》って送ったところ，使った切手の枚数の合計は166枚で，使った切手代は4956円でした。送ったはがきと封筒はそれぞれ何通ですか。（式や考え方も書きなさい）

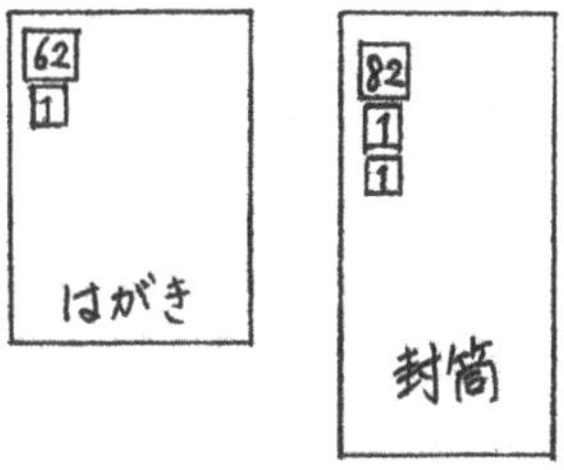

2　図のように，面積が132cm^2の平行四辺形ABCDがあり，BE：EC＝1：2，GH：HD＝2：3です。次の各問に答えなさい。（式や考え方も書きなさい）

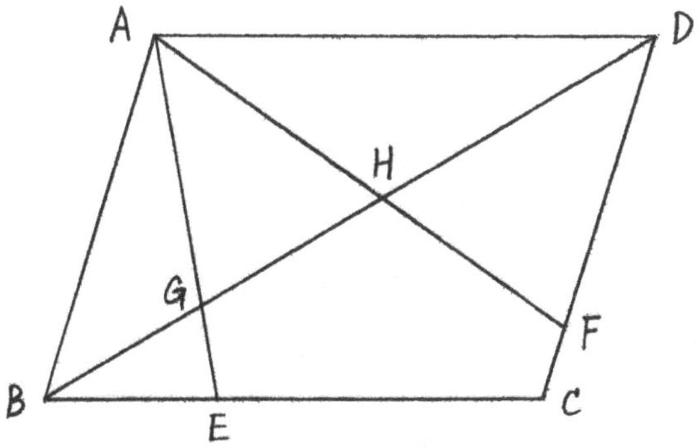

(1)　三角形ABGの面積を求めなさい。

(2)　五角形GECFHの面積を求めなさい。

3　A，B2つの皿と，3g，4g，5g，6g，7g，8g，9gの7つの分銅があり，9gの分銅はAにのせてあります。残りの6個の分銅もA，Bどちらかの皿にのせます。ただし，Bにも少なくとも1個の分銅をのせるものとし，皿の重さは考えません。

次のページの〈例〉のようなのせ方をしたとき，Aだけに着目して［349］と表すことにします。そのとき，数字は小さい順に書きます。あとの各問に答えなさい。（式や考え方も書きなさい）

(1)　A，Bの重さが等しくなるようなのせ方をすべて書きなさい。ただし，［349］のように，Aだけに着目した表し方をしなさい。

⑵　BがAより重くなるのせ方は全部で何通りありますか。

⑶　AがBより重くなるのせ方は全部で何通りありますか。

〈例〉

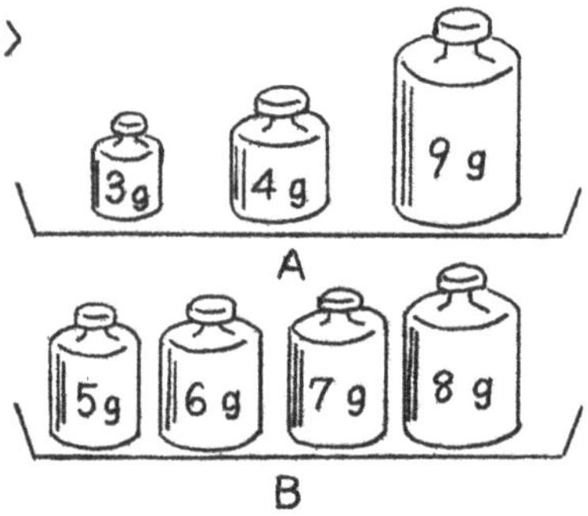

4　図のような，点Oが中心の大小２つの半円があります。点Pは点Aを出発して大きい半円の円周上を毎秒３cmの速さで点Bまで進み，Bで２秒間停止した後，再び同じ円周上を同じ速さでAまで進み，Aで２秒間停止します。Pはこの動きをくり返します。また，点Qは点Cを出発して小さい半円の円周上を点Dまで進み，Dからは直径DC上を進んでCまで戻《もど》る動きをくり返します。Qは停止することなく毎秒２cmの速さで動きます。P，Qが同時にA，Cを出発したとき，次の各問に答えなさい。ただし，この問題では円周率は$3\frac{1}{7}$とします。(式や考え方も書きなさい)

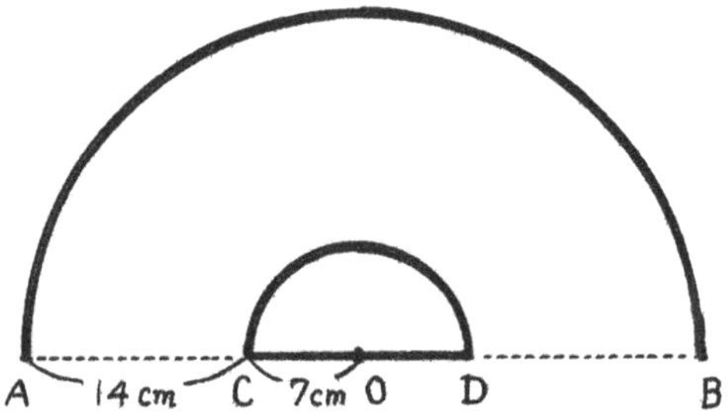

⑴　点Qが点Cに初めて戻ってくるのは出発して何秒後ですか。

⑵　角POQの大きさが初めて45°になるのは出発して何秒後ですか。

⑶　点Qが直径CD上になく，３点O，P，Qが一直線上に並ぶことがあります。初めてそうなるのは出発して何秒後ですか。また，３回目にそうなるのは出発して何秒後ですか。

【社　会】（40分）　＜満点：60点＞

みなさんはなぜ学校で勉強をするのかについて，考えたことはありますか。日本国憲法第26条では「すべて国民は，法律の定めるところにより，その能力に応じて，ひとしく教育を受ける権利を有する」，「すべて国民は，法律の定めるところにより，その保護する子女に普通《ふつう》教育を受けさせる義務を負ふ。義務教育は，これを無償《むしょう》とする」と定められています。憲法以外にも教育基本法などが定められており，学校での教育はこれらの法律にもとづいています。今日は，学校制度がどのように移り変わっていったのかについて学んでみましょう。

日本では明治維新《いしん》後に，欧米《おうべい》にならって近代的な学校教育制度を整備し始めました。江戸《えど》時代にはいわゆる「読み書きそろばん」を教える教育機関や，藩《はん》が設置した藩校《はんこう》と呼ばれる学校もありました。また，儒学《じゅがく》や蘭学《らんがく》などをより高度に学べる私塾《しじゅく》も各地に存在しました。しかし，身分や性別に関係なくすべての国民を対象とする，国家の制度としての教育の仕組みは存在しませんでした。

明治政府は1871（明治４）年に文部省を設置し，全国に学校を開く準備を進めました。1872年に教育に関する最初の法令である学制を発布し，まずは小学校を設置することに力を入れました。富国強兵をめざす政府は，国の発展を担う人材を育てるためにも男女を問わず初等教育を普及《ふきゅう》させることが重要だと考えたのです。1879年には学制に代えて教育令を出しましたが，小学校を重視する方針は変わりませんでした。明治時代末までには帝国《ていこく》大学や高等学校などの上級の学校の仕組みも整えられ，大正時代には私立の大学や高等学校も増えていきました。

時期により制度や学校の仕組みは多少異なりますが，1947（昭和22）年に公布された学校教育法に基づく制度と，それまでとを大きく区別して，戦前の教育制度や学校を「旧制」と呼んでいます。旧制の学校が現在と大きく異なるのは「複線型」の仕組みであり，義務教育とされた小学校を卒業した後は原則として男女が別々《べつべつ》に学ぶ体制であったことです。

小学校後，さらに上級の学校を目指す場合，男子は中学校や高等学校を受験することができました。高等学校は帝国《ていこく》大学に進学するための学校でした。この他にも男子が学べる学校は，教員になるための高等師範《しはん》学校や，医師になるための医学専門学校などさまざまな専門学校や大学がありました。学校や資格試験制度を通じて，国の役人になったり，裁判官や弁護士，医師になったり，企業《きぎょう》に就職したりする機会が得られたのです。しかし，女子の進路は大きく制限されていました。男子の中学校に相当する高等女学校以上の学校としては，一部の大学が門戸を開いていたものの，原則として女子のための高等師範学校や専門学校にしか進学できなかったからです。高等女学校で学べる期間も中学校より短く設定されていたり，教育内容も法制及《および》経済（のち公民科）などの科目が設置されなかったりしました。代わりに，中学では教えられない家事や裁縫《さいほう》などが設置されていました。ただ単に男子と女子が別々の学校で学んだというだけではない違《ちが》いがあったことには注意が必要です。

とはいえ，男子であっても中学校・高等学校・帝国大学というコースを歩んだのはごく一握《にぎ》りの人びとでした。時代によって差はあるものの，多くの人びとにとっては義務教育の小学校，あるいは小学校後にさらに数年間学ぶことができた高等小学校が最終学歴であり，高等学校に進学できたのは同年齢《ねんれい》の100人に１人程度でした。形式的には生まれに関わらず，すべての人びとが小学校に通うことができ，男子であれば上級の学校に進学し，個人の努力や能力に応じてより高い社会的地位を目指すことができることになっていましたが，実際には，生まれた家の経済力も進学や社会的成功が可能かどうかに大きく関わっていたのです。上級の学校になるほど学校の数も限られたので，地方出身者にとっては，学校がある都市までの距離《きょり》も進学の壁《かべ》となっていました。

第２次世界大戦が終わり，日本国憲法が施行《しこう》されると，憲法の精神にもとづいて新たに教育に関する法令が出されました。憲法で教育を受ける権利が保障されたのは最初にのべた通りですが，教育基本法では国民は性別や社会的身分，経済力や信条にかかわらず，教育を受ける機会が与《あた》えられることが明らかにされました。能力があるにもかかわらず，経済的な理由により学校で学ぶことができないものに対しては，国々地方公共団体が，学校で学べるようにしなければならないことも定められています。複雑だった学校の仕組みも，学校教育法によって小学校６年・中学校３年・高等学校３年・大学４年を軸《じく》とする「単線型」となり，このうち小学校６年間と中学校３年間が義務教育とされました。

戦後の復興と経済成長が進む中で人口も増加し，それにあわせて学校も増設されました。都市部では多くの労働力が必要とされ，地方の中学を卒業したばかりの若者たちを集団で就職させることも行われ，こうした若者たちは「金の卵」と呼ばれました。その後しだいに労働力の中心は中学を卒業した人びとから，高校を卒業した人びとへと変化していきました。経済的に豊かになった人びとの間で教育に対する熱意が高まっていくと大学への進学率も上昇《じょうしょう》し，旧制のもとではごく少数であった大学生もめずらしくはない存在になっていったのです。こうした大学進学志向の高まりや社会の要請《ようせい》にこたえるため，大学はどんどん増えていきました。

現在では義務教育ではない高校への進学率はほぼ100％に達し，大学への進学率も60％近くになっています。しかし，大学進学については，そのうちわけを見てみると，男女や地域によって，進学率に差があることがわかります，また，教育に対する熱意の高まりは他方で都市部を中心に受験を通じての中高一貫《いっかん》教育への志向を強めることとなりましたが，それは受けられる教育が家庭の経済力に左右されることになりかねません。

憲法では国民は誰《だれ》であれ，能力に応じて教育を受ける権利が保障されています。それにもかかわらず，こうした差が生じるのはなぜでしょうか。学校に通い，教育を受けられることは当たり前と思ってしまうかも知れませんが，立ち止まって考えてみたい問題です。

資料１　外国の学校制度の例（アメリカ、ドイツ）

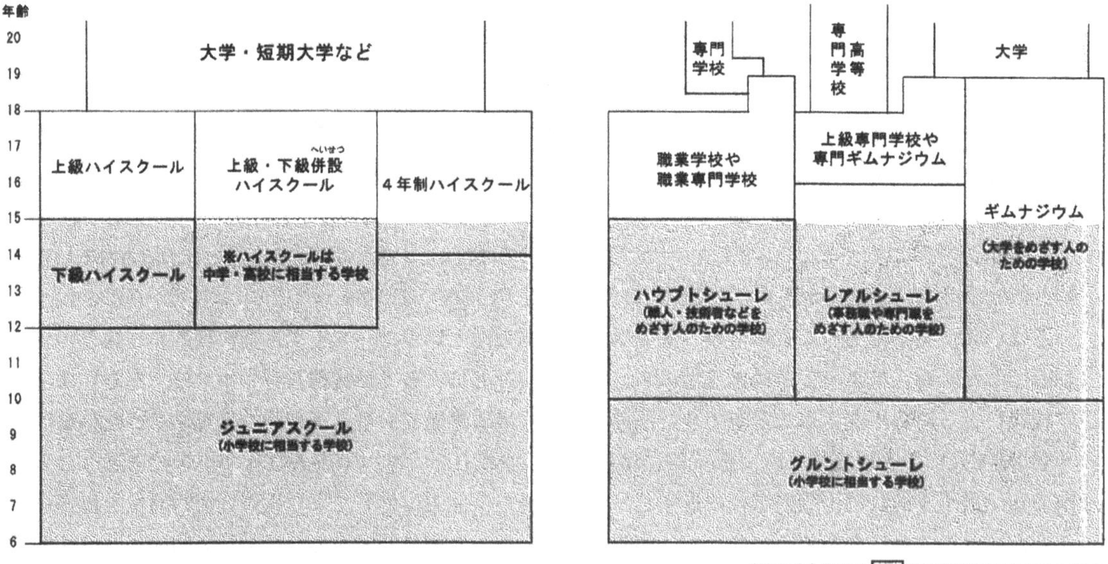

(アメリカもドイツも▒部分は義務教育であることを示す)

ア　アメリカの学校制度　　　　イ　ドイツの学校制度

(文部科学省の資料より作成。理解しやすくするために、簡略化して表現しています)

資料2　関東地方一都六県の男女別大学進学率（2021年）

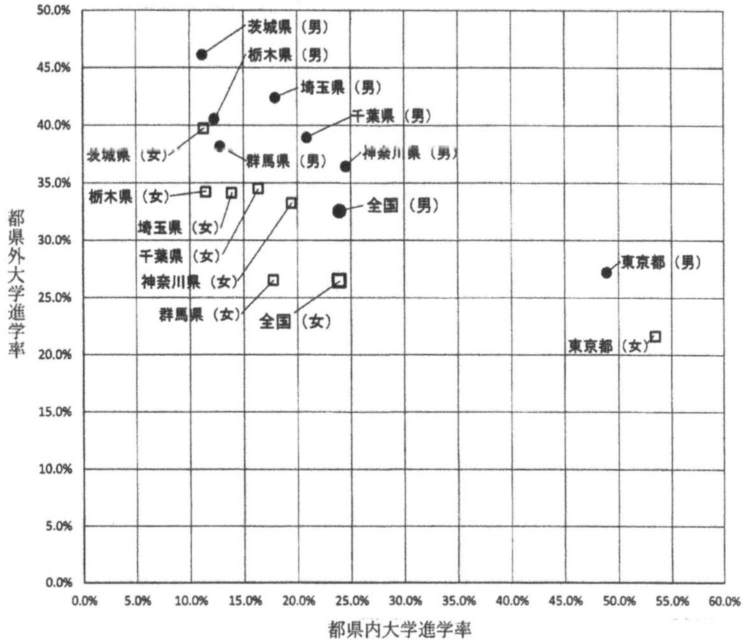

（文部科学省「学校基本調査」より作成）

問１　江戸時代に「読み書きそろばん」を教えた教育機関の名前を答えなさい。

問２　江戸時代の藩校や私塾に関する以下の問いに答えなさい。

(あ)　次にあげる藩校があった場所を右の地図上の①～⑤の中から選び，記号を書きなさい。

ア　興譲館《こうじょうかん》（米沢《よねざわ》）

イ　時習館《じしゅうかん》（熊本《くまもと》）

ア　　イ

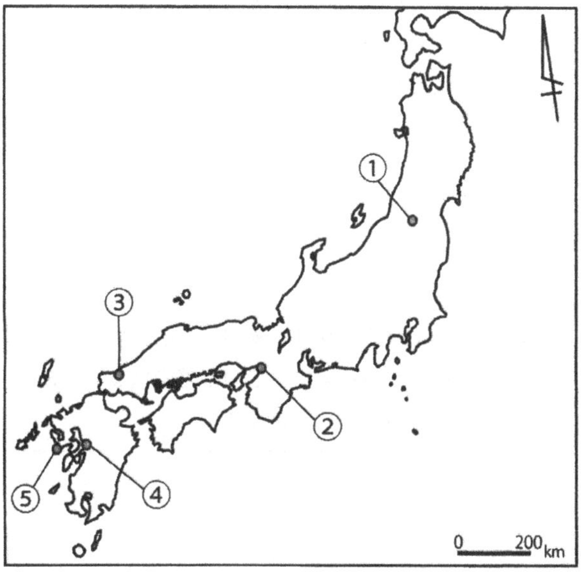

(い)　思想家の吉田松陰《よしだしょういん》と関係の深い私塾を次のイ～ハの中から選び，記号を書きなさい。

イ　松下村塾《しょうかそんじゅく》（萩《はぎ》）

ロ　適塾《てきじゅく》（大坂）

ハ　鳴滝塾《なるたきじゅく》（長崎《ながさき》）

問３　問題文にあるように，学校制度の創設は明治政府がめざした富国強兵と深く関わっていましたが，学校教育は「強兵」とどのように関わっていましたか。考えられることの例を１つあげなさい。

問４　戦前の日本では，女性に対してどのような社会的役割が求められていましたか。問題文にある旧制の学校制度や教育内容から分かることを書きなさい。

問５　日本および諸外国の学校制度に関して以下の問いに答えなさい。

(あ)　資料１のアはアメリカ，イはドイツの学校の仕組みを示したものです。日本の旧制の仕組みに近いものを選び，記号で答えなさい。

(い)　学校卒業後の進路を考えた時に，単線型と複線型ではどのような違いがありますか。

問６　資料２は，関東地方一都六県の男女別大学進学率を示したものです。横軸は都・県内での進学率，縦軸は都・県外への進学率を示しています（縦軸の数値と横軸の数値を足したものが，その都・県の大学進学率を表します）。問題文にもある，男女や地域による進学率の違いについて，資料から読み取れることを書きなさい。

問７　平等に教育を受ける権利は憲法で保障されていますが，問題文にもあるように実際にはさまざまな格差があります。その格差の例を１つあげ，現在どのような対策が取られているかについて知っていることを書きなさい。

【理　科】（40分）　＜満点：60点＞

1　次の(1)～(10)について，説明や事柄《がら》がそれぞれのア～エに書かれています。当てはまらないものや間違《ちが》いを含《ふく》んでいるものを**すべて選び**，記号を解答欄《らん》に書きなさい。選ぶものがない場合は「なし」と書きなさい。

(1)　どちらも赤色リトマス紙を青くする

ア．水道水と炭酸水

イ．うすい水酸化ナトリウム水溶《よう》液と食塩水

ウ．砂糖水とうすい塩酸

エ．石灰水とアンモニア水

(2)　化石

ア．地層から見つかった軽石

イ．地層から見つかった動物の死がい

ウ．地層から見つかった足跡《あと》

エ．地層から見つかった木の葉

(3)　磁石

ア．モーターに使われている

イ．地球は大きな棒磁石で，北極近くにN極がある

ウ．10円硬《こう》貨を引き寄せる

エ．コイルに電流を流してつくることができる

(4)　デンプン

ア．日光を当てた葉の中にある

イ．ヨウ素液をつけると青紫《むらさき》色になる

ウ．だ液で別なものに変化する

エ．植物の種子に蓄《たくわ》えられる

(5)　窒《ちっ》素

ア．空気中に一番多く含まれる

イ．ものが燃えると空気中での割合が減る

ウ．石灰水の中に通すと白く濁《にご》る

エ．ろうそくを中に入れると炎《ほのお》が消える

(6)　コンデンサー

ア．電気を溜《た》める性質がある

イ．電流が流れると光る

ウ．コンセントにつないで使う

エ．回路につなげて電流を流すことができる

(7)　血液

ア．心臓から送り出される　　イ．栄養は運ぶが不要物は運ばない

ウ．肺で酸素を受け取る　　エ．酸素を渡《わた》した後は青色になる

(8) れき

ア．どれも黒い色をしている

イ．どれも角ばった形をしている

ウ．地層には必ず含まれている

エ．どれも大きさは２㎜以上である

(9) 台風

ア．反時計回りの渦《うず》を巻きながら，中心に向かって風が吹き込む

イ．進む方向に向かって右側の半分は，特に強い風が吹くことが多い

ウ．日本より南の海上で生まれ，はじめは東の方に移動する

エ．夏から秋にかけて日本付近に雨を降らせることが多い

(10) 実験器具の使い方

ア．上皿天秤《びん》でものの重さを量るときは，大きな分銅から置いていく

イ．体積を量るガラス器具は，加熱してはいけない

ウ．ガスバーナーを消火するときは，最初にガスの調節ネジを締《し》める

エ．顕微《けんび》鏡は，対物レンズとステージをだんだん近づけて観察する

2 植物は自ら養分を作り出して成長し，動物は食べることによって養分を得て成長します。生き物は，一生の間に成長し，分布や行動の範《はん》囲を広げ，子孫を残し，次の世代へとつながっていきます。いろいろな生き物の一生について，考えてみましょう。

問１ 次のア～カは，生き物の成長の段階を示したものです。バッタとコウモリの一生を説明するのに適当なものを選び，左から順に記号を並べなさい。（解答欄《らん》は必要なだけ使いなさい）

ア．種　イ．卵《たまご》　ウ．胎《たい》児　エ．幼体（幼虫）　オ．さなぎ　カ．成体（成虫）

バッタ　□→□→□→□→□

コウモリ　□→□→□→□→□

問２ ヒトは，母親の体内である程度の大きさまで育ちます。胎児は母親の体内で（　ア　）の壁《かべ》にある（　イ　）から（　ウ　）を通して養分を受け取っています。ア～ウに入る適切な語句を書きなさい。

ア　　イ　　ウ

問３ 次のページの図１はタンポポの成長を観察・記録したもので，観察した日と茎《くき》の長さが記してあります。これを見て以下の問いに答えなさい。

(1) 次のページのグラフには，図１の１日目の茎の長さを表す点が打ってあります。これにならって，図１の残りの日について点をかき入れなさい。

(2) タンポポは花を咲《さ》かせた後で，一度地面に倒《たお》れます。その後，再び立ち上がることは，タンポポにとってどのような点で都合がよいでしょうか。あとのア～キの中から，最も適切なものを選びなさい。

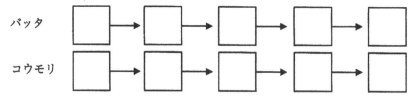

ア．受粉しやすい　　　　イ．種が踏《ふ》まれにくい
ウ．種が食べられにくい　エ．種が遠くまで運ばれやすい
オ．日光に当たりやすい　カ．動物にくっつきやすい
キ．鳥や虫が見つけやすい　ク．さらに成長して開花する

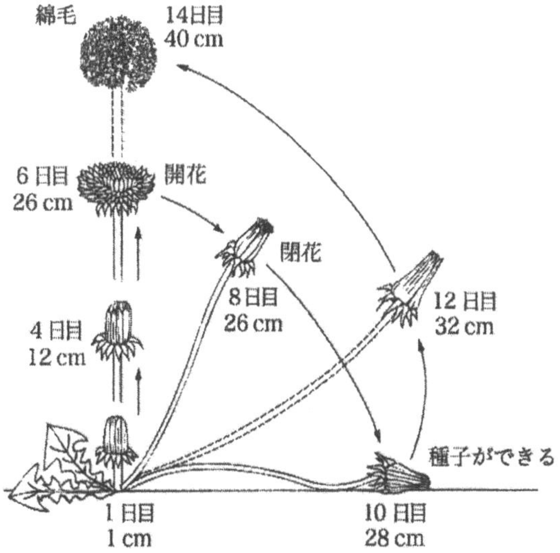

図1

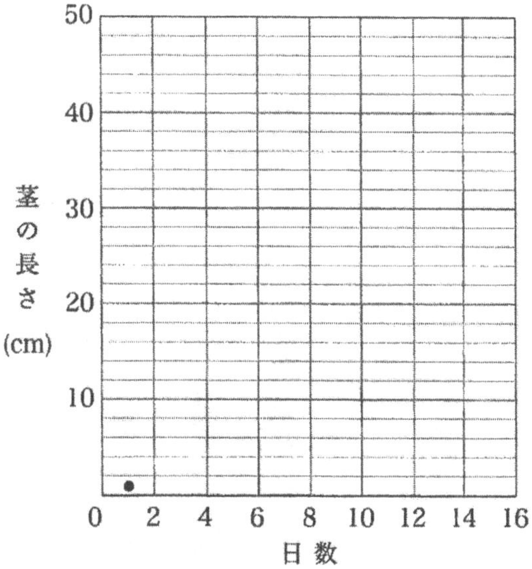

問4　下の３つのグラフは，A母体から離《はな》れたとき，B幼体，C成体の体の大きさについて，それぞれCを100として表したものです。ア～ウは，ニワトリ（卵《たまご》・ふ化後のひよこ・成鳥），ヒト（新生児・10歳《さい》・20歳），トウモロコシ（種・葉が茂《しげ》る時期・実をつける時期）のどれかを表しています。ニワトリとヒトを表すグラフをア～ウから選び，記号で答えなさい。

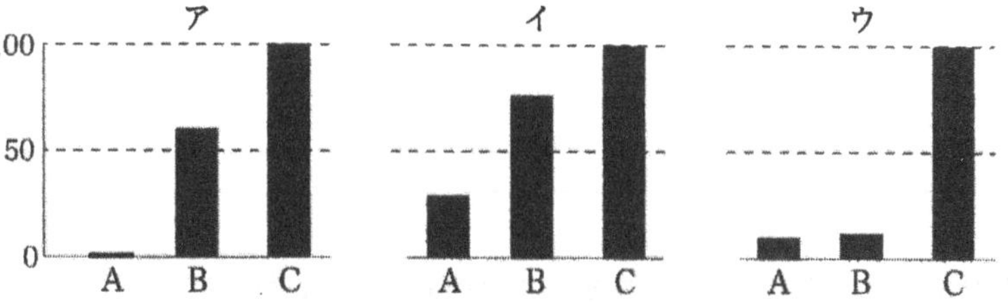

ニワトリ

ヒト

問5　カブトムシは，成長するときの体長や体重の変化が問4の生き物とは異なります。図2は，卵・幼虫（さなぎになる直前）・さなぎ・成虫の各段階の体長を表したものです。図3は，7月下旬《じゅん》に産みつけられた卵が成虫になるまでの体重の変化を10日ごとに表したものです。これらを見て以下の問いに答えなさい。（図2，図3は次のページにあります）

⑴　カブトムシの体長の変化は，問4の生き物とどのように異なっていますか。図2を見て答えなさい。

⑵　図3のカブトムシについて，9月下旬と1月下旬における成長段階と主な行動を次のページの表にまとめます。成長段階は語群1から，主な行動は語群2から，最も適当なものを選んで

記号を書き入れなさい。

語群１：A．卵　B．幼虫　C．さなぎ　D．成虫

語群２：ア．体の形を作り変えている
イ．交尾《び》する相手を探している
ウ．動かずにじっとしている
エ．旺《おう》盛に虫を食べている
オ．飛び回っている
カ．樹液を舐《な》めている
キ．枯《か》れた木や葉を食べている
ク．なわばり争いをしている

	9月下旬	1月下旬
成長段階		
主な行動		

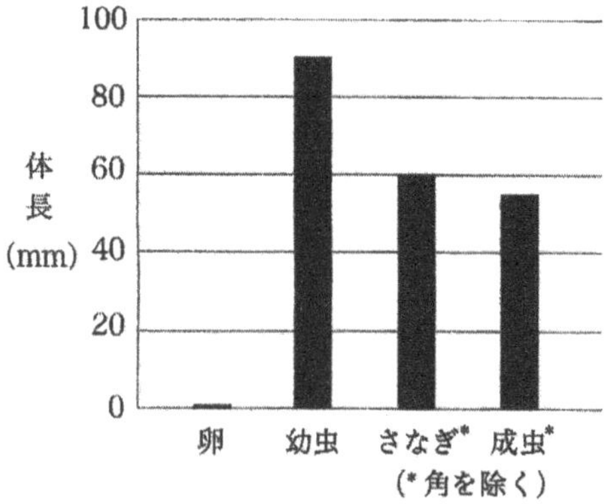

図２

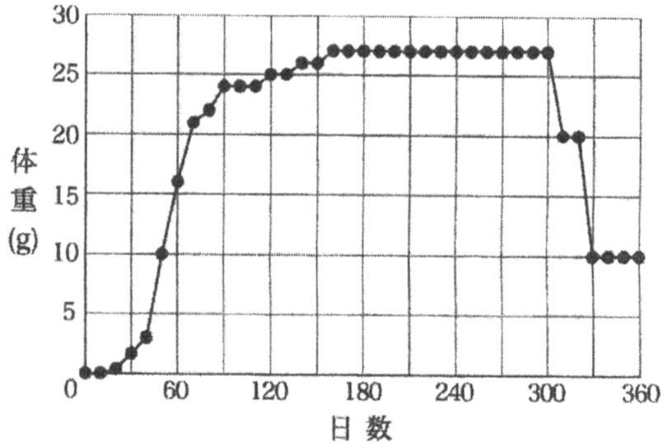

図３

⑶　カブトムシの一生の中で，成虫の役割は何だと思いますか。そう考えた理由を，体重と行動範《はん》囲の変化を踏《ふ》まえて説明しなさい。

3　袋《ふくろ》の中に，紙の巻かれた針金が４本入っています。この針金を曲げてから，右図のように針金の先端《たん》を指先で支えて吊《つる》し，止まったときの様子について考えてみましょう。針金を吊すときに，高く持ち上げてはいけません。
（試験が終わったら針金は袋に入れて持ち帰りなさい。）

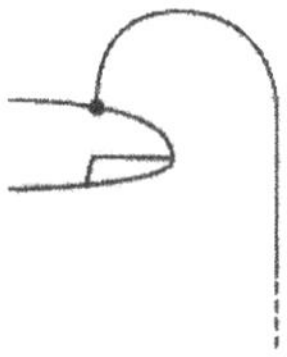

問１　８ページにAとBの２つの形が描《えが》いてあります。針金をAで示す形に重なるように曲げて，●の部分を指先で支えて吊してみなさい。針金が止まったときの様子を，上の図を参考にして，次のページの解答欄《らん》の中に指先とともに描きなさい。また，Bで示す形でも同じようにして，次のページの解答欄に描きなさい。解答欄の中の●は，針金の先端の位置を表しています。指の向きは左右どちらでも構いません。

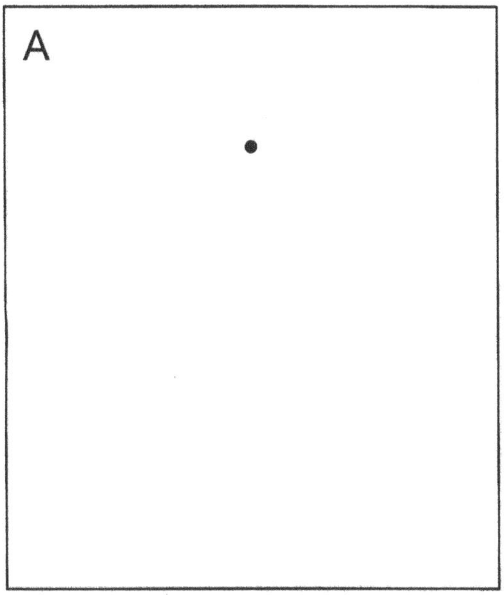

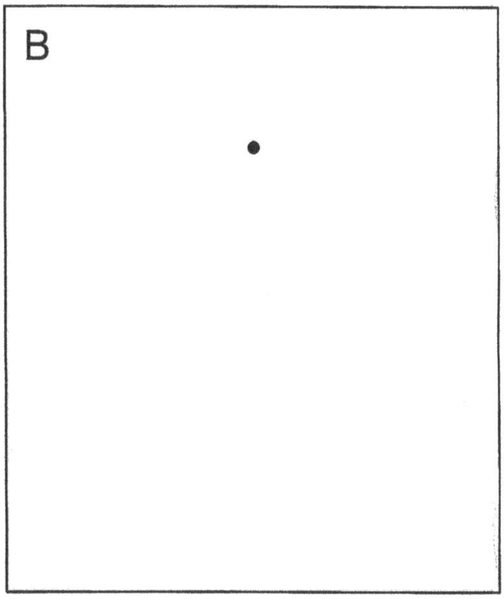

問２　**A**と**B**の様子の違《ちが》いを説明しなさい。

問３　針金を右図の様に**ア**と**イ**，**イ**と**ウ**は直角に，**ア**と**ウ**は平行になるような**コの字**形に曲げます。●の部分を指先で支えて吊し，**ア**と**ウ**が水平になるような**イ**の長さを見つけなさい。**ア**の長さを4.0㎝にしたとき，**イ**の長さは何センチメートルですか。また，2.0㎝にしたときは何センチメートルですか。

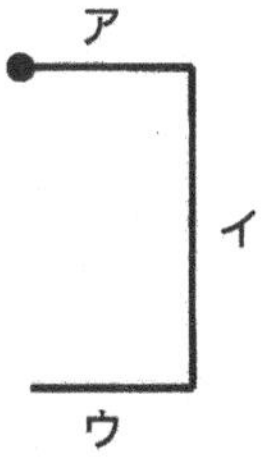

水平の確認は机の上の低いところで行いなさい。長さは８ページの0.5㎝毎《ごと》に目盛りが振《ふ》ってある方眼を利用して測り，方眼の間にあるときは，目盛りを読んで近い方を，ちょうど真ん中のときは大きい方を答えなさい。

アが4.0㎝のとき　［　　　　　㎝］　　アが2.0㎝のとき　［　　　　　㎝］

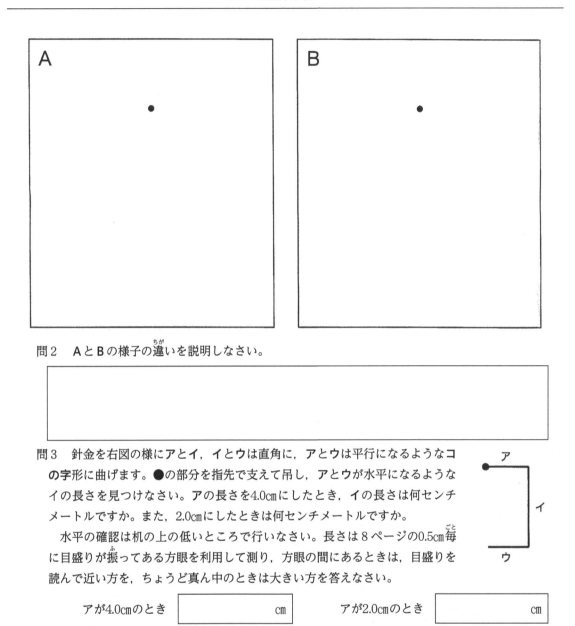

A

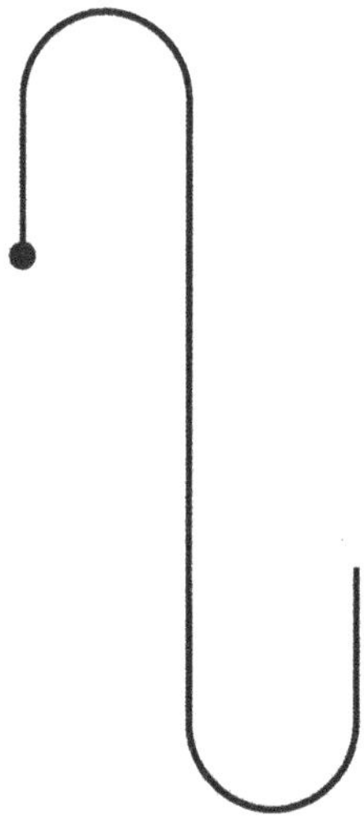

B

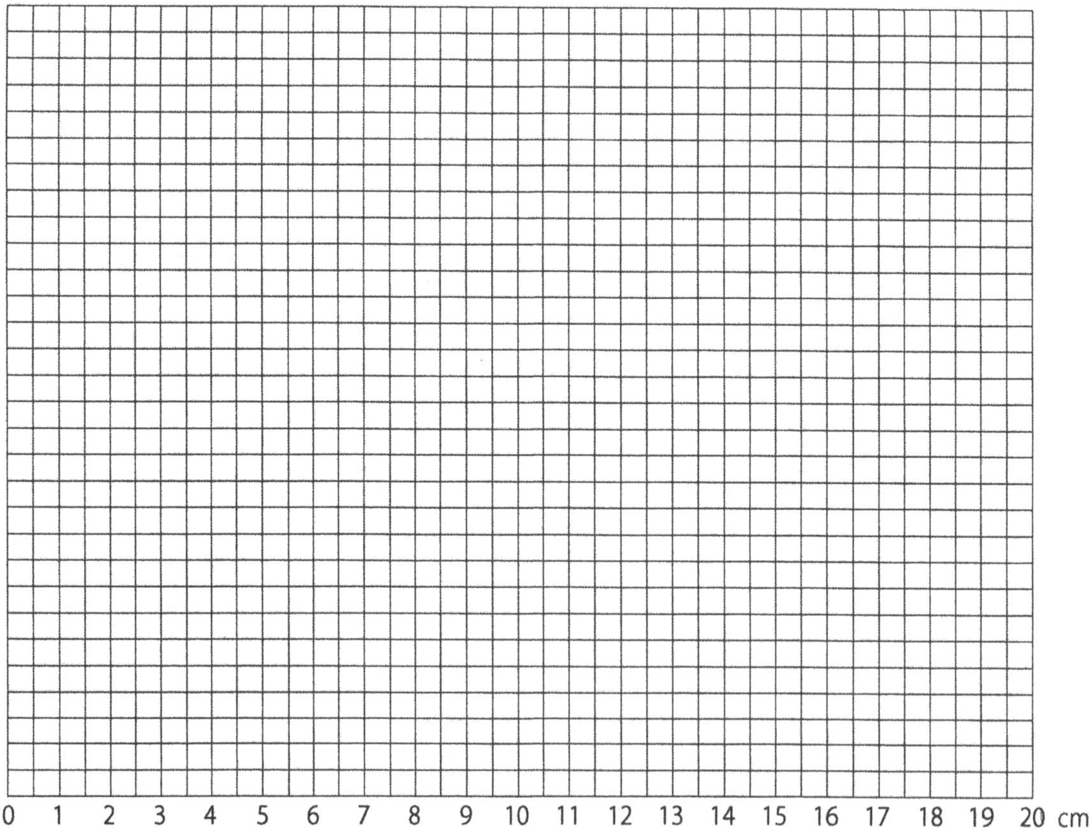

部であると考えることができます。

（伊藤亜紗《いとうあさ》の文章による。なお、本文には一部省略したところがある。）

＊チューニング……調整。

＊インタビュイーのバックグラウンド……取材を受ける人の生い立ちなど。

＊リーチ……到達。

＊手すさび……ひまな時間をつぶすために手を使って何かをすること。

＊パラレル……平行。

＊可塑性《かそせい》……自在に変化することのできる性質。

＊OS……コンピューターを動かすための土台となる基本システム。

＊プロローグ……前書き。

＊フィードバック……ある動作や行為《こうい》などの結果を見て調整を加えること。

＊プロセス……手順。

＊テトリス……コンピューターゲームの一種。

問一　「理由として考えられるのはただひとつ、彼女《かのじょ》はもともとあまり見ていなかった、ということです」とあるが、「彼女《かのじょ》はもともとあまり見ていなかった」とはどういうことですか。

問二　「よく失明をあらわす比喩《ひゆ》として、『ろうそくの火が消えるように』という比喩《ひゆ》が使われますが、あれは必ずしも正しくないのかもしれません」とあるが、「『ろうそくの火が消えるように』という比喩《ひゆ》」とは、ここではどんな意味で使われていますか。

問三　「まったく別のところに気を取られていたのです」とあるが、筆者はそのとき何に「気を取られていた」のですか。

問四　「ところが、一〇年間真空パックされた玲那《れな》さんの『書く』能力は、このような変容に対して全く逆行する例です」とあるが、どのようなところが「逆行」しているのですか。

問五　「思考というと、頭のなかで行う精神活動のように思われがちです。しかし必ずしもそうではありません」とあるが、筆者は「思考」がどのように行われると考えていますか。

問六　「玲那《れな》さんの『書く』は、環境《かんきょう》のなかで、思考と関《かか》わりながら行われている」とあるが、それはどういうことですか。

二　次の各文の**カタカナ**を漢字に、**漢字**をひらがなに直しなさい。

① 不況《ふきょう》の**ヨハ**が及《およ》ぶ。

② 米や麦などの**コクルイ**。

③ 手に**オ**えない。

④ 新しい制度を**ソウセツ**する。

⑤ 多大な**コウセキ**を残した人物。

⑥ 絵画の**テンランカイ**に行く。

⑦ **フル**ってこの試合に参加しよう。

⑧ **養蚕**で栄えた地域。

①	②	③
		えない
④	⑤	⑥
⑦	⑧	
って		

かし必ずしもそうではありません。

認知《にんち》科学者のアンディ・クラークは、*テトリスの例をあげながら、この能力について語っています。テトリスをプレイするとき、私たちは落ちてきたピースをくるくる回転させます。あるいは左右に平行移動させてみるかもしれません。

こうした操作をなぜ行うのかといえば、とりもなおさず、「考えるため」です。どの向きでピースをはめれば、画面の下に堆積《たいせき》しているブロックがつくる谷の形に適合するか。あるいは、さまざまな谷のどこにピースをはめ込《こ》むのが、最適な選択《せんたく》か。

落ちてくるピースをただ眺《なが》めていただけでは分からないのに、それを回したり移動させたりすれば、おのずと答えが見えてきます。私たちは「見ながら考える」、つまり視覚的なフィードバックを組《く》み込《こ》むことで、自分の脳だけではとうていできないような複雑な思考を、簡単にこなすことができるのです。

このように目の見える人たちは、物と体を視覚でつなぎながら、運動のさなかにリアルタイムの調整を行ったり、思考を容易にしたりしています。

一方、目の見えない人の場合、こうした視覚的なフィードバックは、運動レベルにせよ、意味レベルにせよ、ふつうは用いることができません。視覚を通して入ってくる情報がないために、本来的に、空間と体が切《き》り離《はな》されがちなのです。

ガイドなしで一〇〇メートルまっすぐ走るのは不可能に近い業《わざ》ですし、道に迷ったりすると、周囲の様子が分からず白紙の上に立っているような感覚になるという人もいます。もちろん、聴覚《ちょうかく》や触覚《しょっかく》を使って空間の様子を把握《はあく》することはできます。しかし、リアルタイムのフィードバックとなるとやはり視覚は優位です。

ところが、玲那《れな》さんの「書く」は、運動と意味の両面において、視覚的なフィードバックの経路に組《く》み込《こ》まれています。それまでに書いた文字にリーチできるという点で視覚的な運動制御《せいぎょ》がそこにはありますし、書くことで頭の中が整理されるという点で、意味的な制御《せいぎょ》にも関《かか》わっています。

もしこれが単なる「運動記憶《きおく》の再生」であったなら、決められたプログラムのように、周囲の空間や思考とは無関係に発動するはずです。ところが、玲那《れな》さんの「書く」は、環境《かんきょう》のなかで、思考と関《かか》わりながら行われている。これが、玲那《れな》さんの「書く」が現在形であるゆえんです。

もっとも、視覚的なフィードバックといっても、玲那《れな》さんの場合は文字どおりの視覚を用いているわけではありません。ですから、正確には「イメージ的なフィードバック」とでも言うべきものかもしれません。玲那《れな》さんは、あくまで、頭のなかにメモのイメージを思《おも》い浮《う》かべ、そのイメージを手がかりに別の文字や線を書き加えたり、あるいは考えを進めたりしているのです。

もっとも、目の見える人だって、こうしたイメージ的なフィードバックを行います。手元に紙がなければ、頭のなかに筆算のプロセスやそろばんの珠《たま》をイメージして、それを手がかりに計算をするでしょう。

とはいえ、イメージのベースにあるのは視覚です。視覚的な経験がもとにあるから、筆算のイメージやメモのイメージが作れるのです。この意味で、イメージ的なフィードバックも、視覚的なフィードバックの一

も可塑性《かそせい》があり、失明によって変容した機能もあるはずです。視覚が使えなくなった分、反響音《はんきょうおん》を利用して空間を把握《はあく》する力は、格段にアップしているでしょう。

けれども少なくとも「書く」という行為《こうい》については、失明という要因によって変化を被《こうむ》ることなく、むしろそのまま保守されている。むしろ、OSが書き換《か》わっているのに、従来のアプリケーション（＝書く）がそのまま動き続けていることに驚《おどろ》きを禁じえません。

＊プロローグでお話したように、そこにあるのは、見える体と見えない体の二つを使いこなす「多重身体」とでもいうべき状態でした。視覚の喪失《そうしつ》という身体的条件の変化によって劣化《れっか》することのない、現在形の「書く」。それはまるで一〇年という長さをショートカットして、ふたつの時間が重なったかのような、不思議な感覚でした。

「書くという運動」と「書かれたもののイメージ」がセットになって現在形の「書く」が成立する。このことについてもう少し考えていきましょう。

私たちは、書くことに限らず、何らかの行為《こうい》をするとき、感覚として知覚した情報を手がかりに、運動を微調整《びちょうせい》しています。陸上の一〇〇メートル走で自分のコースをまっすぐ走れるのは、地面に引かれたラインを見て、そこからはみ出ないように着地する位置を調節しつづけているからです。

この知覚情報の運動への＊フィードバックが、人の体と空間を結びつけます。このようなリアルタイムの運動調整を実現するうえで、視覚が重要な役割を果たしているのは言うまでもありません。運動のなかでも、とくに「書く」は、非常に複雑なフィードバックのシステムを持ちます。陸上のラインに沿って走る場合と違《ちが》って、「書く」は意味を生み出す運動だからです。もちろん、「書く」にも、鉛筆《えんぴつ》を持つ時の位置や長さや筆圧など、純粋《じゅんすい》に運動レベルのフィードバックのシステムがあります。けれども、それには還元《かんげん》できない、意味に関《かか》わるフィードバックのシステムが、「書く」には存在するのです。

たとえば、筆算をする場合を考えてみましょう。２８７×８５９という掛《か》け算《ざん》は、多くの人にとっては暗算では困難な計算です。しかし、紙と鉛筆《えんぴつ》さえあれば、小学生であっても解くことができます。つまり、暗算ではできない思考も、筆算によって、つまり「書く」ことによってならできるのです。

暗算で行う場合、私たちはすべての計算の＊プロセスを頭のなかに保持しつづけなければなりません。けれども筆算の場合には、大きな計算のプロセスを小さなプロセスに分け、書かれた文字に対して足したり掛《か》けたりといった機械的な操作を行えばよいことになります。「書く」は「考える」を拡張する手段になるのです。

ここにあるのは、紙に書かれた情報と対話するようにして進める思考のあり方です。もっとも、こうした対話の相手は必ずしも「紙」には限りません。計算をするにしても、「そろばん」を使うこともあるかもしれないし、算数を習いたての子供なら「おはじき」を使うでしょう。

いずれにせよ重要なのは、私たちが何らかの物を操作し、その結果を視覚的にフィードバックすることによって、思考を容易にするということです。体と物と視覚のあいだにも、思考が存在するのです。

思考というと、頭のなかで行う精神活動のように思われがちです。し

確かに、ただ鉛筆《えんぴつ》を動かすだけであれば、運筆の記憶《きおく》がありますから、字を書くこともできそうな気がします。運動の熟達はしばしば視覚の排除《はいじょ》を伴《ともな》うからです。

たとえばボタンかけ。目で見ながらでなければボタンを留《と》められなかった子供も、成長するにつれて、手元を見ずに、たとえば背中についたボタンでさえ留《と》めることができるようになります。日常生活の大部分は反復的な行為《こうい》から成り立ちますから、「見ない」傾向《けいこう》はしだいに増大します。先ほどの「失明に気づかなかった」という話とも関連する現象です。

ところが、玲那《れな》さんはただ鉛筆《えんぴつ》を動かせるだけではないのです。何と、さっき書いた場所にもどって、強調するために文字や数字を丸で囲ったり、アンダーラインを引いたりすることができるのです。

先述のとおり、その間、玲那《れな》さんが紙を手で触《さわ》って、書かれた文字や数字の痕跡《こんせき》を確かめることはありません。「レーズライター」という、視覚障害者用の筆記用具がありますが、これは薄《うす》いセロファンにボールペンで書く仕様で、触覚《しょっかく》で筆跡《ひっせき》を確認《かくにん》します。

ところが玲那《れな》さんが使っているのは、タネも仕掛《しか》けもないチラシの裏紙と鉛筆《えんぴつ》。まさに「見えているように」としか言いようがないほど自然に、数分前に書いた文字に＊リーチできるのです。

この能力がさらに発揮されるのは、地図を描《か》くときです。地図とは、文字や図形が書かれた位置こそが意味を持つ書記です。家が、道として引いた線のどちら側にあるのか。線路は、その道に対してどういう角度で交わっているのか。要素間の空間的な関係は正確でなければなりません。玲那《れな》さんは、こうした地図も、やすやすと描《か》いてみせるのです。

それまでに書いた要素にリーチできるということは、玲那《れな》さんが、紙に書かれた内容を頭のなかで映像的にイメージしていることを意味します。つまり、玲那《れな》さんは手の運動の記憶《きおく》をただ再生しているわけではなくて、まさに紙を「見ている」のです。

その証拠《しょうこ》に、書くときに文字のスタイルを意識することがあると言います。「自分の名前を斜《なな》めに書いたりすると、イメージが浮《う》かびます。賢《かしこ》そうに見せたいときは、賢《かしこ》そうな字体で書きます」。つまり、玲那《れな》さんの中では、文字は抽象的《ちゅうしょうてき》な意味に還元《かんげん》されない、形をもった視覚的イメージなのです。

見えていた一〇年前までの習慣を惰性的《だせいてき》に反復する＊手すさびとしての「書く」ではなくて、いままさに現在形として機能している「書く」。私がまず驚《おどろ》いたのはそこでした。全盲《ぜんもう》であるという生理的な体の条件と＊パラレルに、記憶《きおく》として持っている目の見える体が働いている。まさにダブルイメージのように二つの全く異なる身体がそこに重なって見えました。

確かに体には＊可塑性《かそせい》があり、障害を得た前後で体の＊ＯＳそのものが更新《こうしん》されるような変容が起こります。障害を受けた部分だけではなく、それをカバーするように全身の働き方が変わるのです。このことは脳科学によってもさまざまな事例が報告されています。たとえば、全盲《ぜんもう》になると、脳の視覚野が、見るためでなく点字を理解するために使われるようになる場合があります。

ところが、一〇年間真空パックされた玲那《れな》さんの「書く」能力は、このような変容に対して全く逆行する例です。もちろん、玲那《れな》さんの体に

んは、自分の見え方の変化に気づくことがなかったのです。外に出たとたんに気づいたのは、観察スイッチが入ったためだと考えられます。

ちなみに意外な感じがするかもしれませんが、「失明したことに気づかなかった」というケースは玲那《れな》さんだけの特殊《とくしゅ》なものではないようです。実際、私もこれまでに複数人、そのような人に出会ったことがあります。急な事故でもないかぎり、「気づいたら失明していた」という場合が意外と多い。よく失明をあらわす比喩《ひゆ》として、「ろうそくの火が消えるように」という比喩《ひゆ》が使われますが、あれは必ずしも正しくないのかもしれません。

さて、これが彼女《かのじょ》の辿《たど》ってきた見え方の変遷《へんせん》の大枠《おおわく》です。インタビューの最初は、たいていこんなふうに、＊インタビュイーのバックラウンドを共有するところから始まります。聞き手である私は、どの点についてさらに突《つ》っ込《こ》んで聞こうか、頭のなかで質問を考えています。

ところがこのとき、私は彼女《かのじょ》の話をほとんど聞けていませんでした。まったく別のところに気を取られていたのです。それは、ずっと働き続けている彼女《かのじょ》の手、なめらかに動くその手でした。「一九歳《さい》で失明、病気の発症《はっしょう》が一五歳《さい》、確定診断《しんだん》が一〇歳《さい》……」。彼女《かのじょ》は話しながら、ずっと手元の紙にメモをとっていたのです。もちろん視覚を使わずに。

大枠《おおわく》を話し終えた時点で、紙は数字や線や文字で埋《う》め尽《つ》くされていました。「15→16＝高2→1985→30歳《さい》」と段階を示す年齢《ねんれい》が座標軸《ざひょうじく》のように書かれ、横にそのときの居住地や感情が書き加えられています。

書いているあいだ、玲那《れな》さんが指で筆跡《ひっせき》を確認《かくにん》することはありませんでした。傍目《はため》には、目の見える人がメモを取っているのと何ひとつ変わらない手の動き。見えなくなって一〇年間、書く能力がまったく劣化《れっか》せず、鮮度《せんど》を保ったまま真空パックされているかのようでした。

使われているのは、Ａ５サイズに折られた広告の裏紙と、先の少し丸くなった鉛筆《えんぴつ》。席に通されるなり、かばんからチラシの裏紙の束と鉛筆《えんぴつ》を取り出したので、ハテナと思っていたのですが、あまりに自然にメモを取り始めたので、思わず質問するタイミングを失っていたのです。

聞けば、彼女《かのじょ》は記録のためというより、自分の話を整理するためにメモをとっている、と言います。「ふつうにみんなやりません？　たとえば家の場所を説明するときに、地図を描《か》くような感覚です。しかも女の人って話が逸《そ》れるから、ここのスーパーがどうとか、線路がどうとか、こっちのカフェがオススメとか、話があっちこっち跳《と》ぶ」。

もともと見えていたときから、彼女《かのじょ》は自然に手が動くほど書くのが好きだったそうです。「書くという動作が好き……というか好きかどうか考えたことすらなかったです。小学校のころの趣味《しゅみ》は、お姉ちゃんが持っている広辞苑《こうじえん》を盗《ぬす》み見《み》して、化学式を全部書いていくということでした。今だったらH_2Oが水だと分かるけれど、当時は『何だこれは！』と思って写してました」。そして六年間かけて、彼女《かのじょ》はついに広辞苑《こうじえん》一冊分の化学式を写したと言います。

それにしても、Ａ５サイズというのは、場所としてはかなり小さなスペースです。この小さな紙の上で、的確に字を置いていくのはかなり難しいように思えます。いったいどうやって視覚を使わずに、この紙を自在に使いこなしているのだろうか……。自分の手がどれだけ動いたか、その移動距離《きょり》で位置を確認《かくにん》しているのかもしれない。そう思って彼女《かのじょ》に質問すると、「な～んも考えてない」と笑い声が返ってきました。

【国　語】（五〇分）〈満点：一〇〇点〉

一　次の文章は『記憶《きおく》する体』という本の一部です。これを読んであとの質問に答えなさい。

インタビューしたとき、西島《にしじま》玲那《れな》さんは三〇代に入ったばかりでした。完全に見えなくなったのが一九歳《さい》のときなので、それからすでに一〇年以上が経《た》っていました。

彼女《かのじょ》の目が急激に見えにくくなったのは、一九歳《さい》から少しさかのぼって、高校一年生の夏休みのこと。生まれつき視野が狭《せま》い、夜盲《やもう》、色弱、といった症状《しょうじょう》があり、一〇歳《さい》で網膜《もうまく》色素変性症《へんせいしょう》の確定診断《しんだん》が出ていたのですが、五年経《た》ってそれが発症《はっしょう》したのです。

「その日一日で、スポンと見えなくなりました」。彼女《かのじょ》のそのときの視野は五度以下になっていたといいます。視野五度と言えば、視線を向けている先にあるものだけが見えている状態。パワーポイントにたとえるなら、ポインターの光が当たっているところだけ見える、といった感じでしょうか。吉野家《よしのや》の看板を見ても、オレンジしか見えなかったと彼女《かのじょ》は言います。そこからさらに視力が低下していき、一九歳《さい》で完全に失明しました。

ところが興味深いことに、高校一年生で急激に視力が低下したとき、玲那《れな》さんは、その変化にすぐには気がつかなかったと言います。「おうちの中で急いでいたので、気がつかなかったです。母とくらしていたのですが、いつもと同じように準備をして、ご飯を食べていました。家を出て、アパートの階段を降りて、陸に着地したときに『あれ?』と思った。何見てるんだろう、って」。

当時玲那《れな》さんは高校の雪上滑走《かっそう》競技部（スキー部）に所属していて、夏休みの練習に参加しようとしていました。しばらく寝込《ねこ》んでいたので、久しぶりの参加になる予定でした。家を出るにあたって、顔を洗ったり、着替《きが》えをしたり、朝食を食べたり、といった準備があったはずです。しかし、そのあいだ、彼女《かのじょ》は自分の目がほとんど見えていないことに気がつかなかった。それに気づいたのは、ようやくアパートの外の駐車場《ちゅうしゃじょう》に出たときでした。

なぜ彼女《かのじょ》は気がつかなかったのか?　理由として考えられるのはただひとつ、彼女《かのじょ》はもともとあまり見ていなかった、ということです。先述の通り、玲那《れな》さんには、もともと見えにくいという症状《しょうじょう》がありました。それゆえ視覚に対する依存度《いぞんど》が低く、周囲を認知《にんち》するための手段として、視覚の占める割合が相対的に低かったと考えられます。代わりに、触覚《しょっかく》や聴覚《ちょうかく》や嗅覚《きゅうかく》を使って認知《にんち》する習慣があった。だから視覚がなくなったとしても、情報量が大きく減ったと感じることはなかったのです。

家の外に出て初めて気づいた、というのも興味深いポイントです。家の中は、外に比べるとはるかに安定した環境《かんきょう》です。私も経験がありますが、引《ひ》っ越《こ》した直後は、柱の角や洗面所の角にやたら足や肩《かた》をぶつけます。でもしだいに体が*チューニングされ、家のサイズや凹凸《でこぼこ》にあってくる。照明をつけなくてもストーブのスイッチを入れることができるし、机の上にカバンを置くことができるようになります。

つまり、家の中とは、よい意味で「思《おも》い込《こ》み」が通用する空間です。思《おも》い込《こ》みで動けるならば、細かく観察しようというスイッチを切ることができる。そもそも細かく観察する必要のない空間だったから、玲那《れな》さ

2022年度

解　答　と　解　説

《2022年度の配点は解答欄に掲載してあります。》

<算数解答>　≪学校からの正答の発表はありません。≫

1　(1)　㋐　2520　　㋑　315　　(2)　はがき　44通　　封筒　26通

2　(1)　16.5cm^2　　(2)　36.2cm^2

3　(1)　[4　8　9]　[5　7　9]　[3　4　5　9]　　(2)　16通り　　(3)　44通り

4　(1)　18秒後　　(2)　5.5秒後　　(3)　初めて　$27\frac{1}{3}$秒後　　3回目　60秒後

○推定配点○

4(3)　各8点×2　　他　各7点×12(1(2)完答)　　計100点

<算数解説>

1　**(数の性質，割合と比，平均算，消去算)**

基本　(1)　㋐　1，2，3，4，5，6，7，8，9の最小公倍数は2×2×2×3×3×5×7＝2520

㋑　この約数のうち，最大の奇数は3×3×5×7＝315

重要　(2)　62円と1円の平均の金額…(62＋1)÷2＝63÷2＝31.5(円)

82円と1円と1円の平均の金額…(82＋2)÷3＝84÷3＝28(円)

はがきを□通，封筒を○通送ったとき，切手の枚数は2×□＋3×○＝166…ア

切手代は63×□＋84×○＝4956より，3×□＋4×○＝236…イ

イ－アより，□＋○＝70，2×□＋2×○＝140…ウ

ア－ウより，○は26，□は70－26＝44　したがって，はがき44通，封筒26通

2　**(平面図形，相似)**

基本　(1)　図1において，三角形AGDとEGBの相似比は3：1

したがって，三角形ABGの面積は132÷3÷2÷(3＋1)×3＝16.5(cm^2)

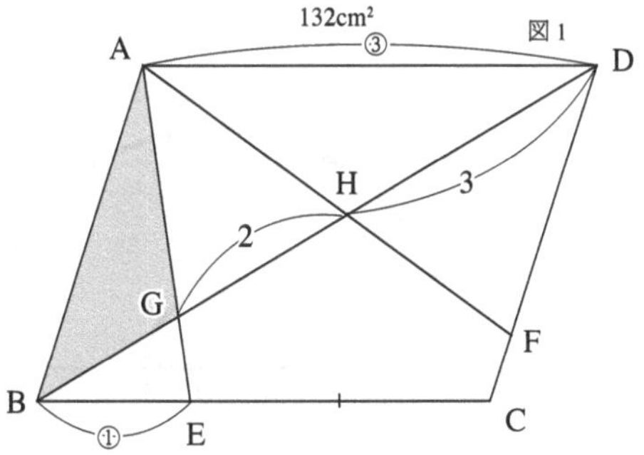

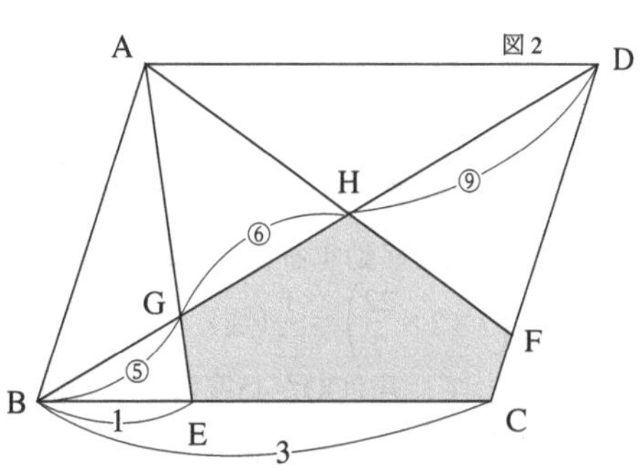

重要　(2)　図2において，(1)より，GDが2＋3＝5のとき，BGは(2＋3)÷3＝$\frac{5}{3}$

BG：GDは$\frac{5}{3}$：5＝5：15　　BG：GH：HDは5：(15÷5×2)：(15÷5×3)＝5：6：9

三角形BCD…132÷2＝66(cm^2)

三角形GBE…66÷(5+6+9)×5÷3=5.5(cm^2)
三角形ABHとFDHの相似比は(5+6)：9=11：9より，DF：DCは9：11
三角形HFD…66÷(5+6+9)×9÷11×9=24.3(cm^2)
したがって，求める面積は66−(5.5+24.3)=36.2(cm^2)

+α 3 (場合の数)

基本 (1) 3から9までの和は(3+9)×7÷2=42より，A，Bの重さはそれぞれ42÷2=21(g)
Aには必ず9gの分銅があるので，さらに21−9=12(g)に相当する分銅をのせればよい。
したがって，4 8 9　5 7 9　3 4 5 9 の3通りがある。

重要 (2) (1)より，Aにおいて9gの分銅以外の分銅の重さの合計が11g以下であればよい。
したがって，以下の16通りがある。
0個を追加する場合…1通り
1個を追加する場合…6通り
2個を追加する場合…9通り　(3+4，3+5，3+6，3+7，3+8，4+5，4+6，4+7，5+6)

やや難 (3) Aにおいて9gの分銅以外の分銅の重さの合計が13g以上であればよい。
したがって，(2)より，以下の44通りがある。
2個を追加する場合…4通り(5+8，6+7，6+8，7+8)
3個を追加する場合…10+6+3+1=20(通り)
3+4+△が4通り，3+5+△が3通り，3+6+△が2通り，3+7+△が1通り…10通り
4+5+△が3通り　4+6+△が2通り，4+7+△が1通り…6通り
5+6+△が2通り，5+7+△が1通り…3通り　6+7+△…1通り
4個を追加する場合…6+3×2+1×3=15(通り)
3+4+5+△が3通り，3+4+6+△が2通り，3+4+7+△が1通り…6通り
3+5+6+△が2通り，3+5+7+△が1通り…3通り　3+6+7+△…1通り
4+5+6+△が2通り，4+5+7+△が1通り…3通り　4+6+7+△…1通り
5+6+7+△…1通り
5個を追加する場合…3+1×2=5(通り)
3+4+5+6+△が2通り，3+4+5+7+△が1通り…3通り
3+4+6+7+△…1通り　3+5+6+7+△…1通り

4 (平面図形，図形や点の移動，速さの三公式と比，旅人算，割合と比，規則性，単位の換算)

基本 (1) $\left(7\times\frac{22}{7}+14\right)\div2=18$(秒後)

重要 (2) 45度$=\frac{1}{8}$周

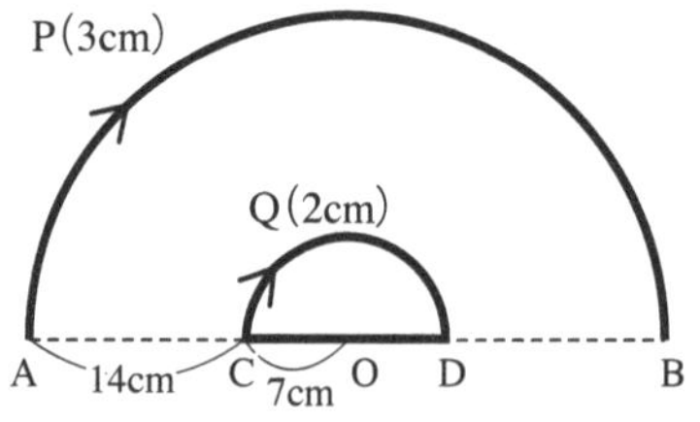

Pの毎秒の移動割合…$3\div\left(21\times2\times\frac{22}{7}\right)=\frac{1}{44}$(周)
Qが弧の上を移動するときの毎秒の移動割合
…$2\div\left(7\times2\times\frac{22}{7}\right)=\frac{1}{22}$(周)
したがって，角POQが45度になるのは
$\frac{1}{8}\div\left(\frac{1}{22}-\frac{1}{44}\right)=5.5$(秒後)

やや難 (3) <1回目>
Qが1周してCに戻った時刻…$\frac{1}{2}\div\frac{1}{22}+14\div2=18$(秒後)
PがBから戻り始める時刻…$\frac{1}{2}\div\frac{1}{44}+2=22+2=24$(秒後)

24秒後にQがCから移動している割合…$\frac{1}{22}\times(24-18)=\frac{3}{11}$

したがって，O，Q，Pが一直線になるのは$24+\left(\frac{1}{2}-\frac{3}{11}\right)\div\left(\frac{1}{22}+\frac{1}{44}\right)=27\frac{1}{3}$(秒後)

＜3回目＞

Qが3周してCに戻った時刻…$18\times3=54$(秒後)

Pが2回目にAから移動し始める時刻…（$22+2$）$\times2=48$(秒後)

したがって，O，Q，Pが一直線になるのは$54+\frac{1}{44}\times(54-48)\div\left(\frac{1}{22}-\frac{1}{44}\right)=60$(秒後)

★ワンポイントアドバイス★

本校の問題は，小問にそって容易な問題から複雑な問題へと段階を踏んで設定されており，充実している。2「平面図形，相似」は頻出問題でありマスターしよう。4では45度$=\frac{1}{8}$周とし，360度単位ではなく1周を基準にする。

<社会解答> ≪学校からの正答の発表はありません。≫

問1　寺子屋　問2　(あ)　ア　①　イ　④　(い)　イ

問3　(例)　兵士にふさわしい屈強な肉体，戦場で必要な知識を獲得できるようにするとともに，集団行動がスムーズにできるようにするという役割。

問4　(例)　できるだけ早く結婚して家庭に入り，家事や裁縫，育児などを行うことにより夫を支え，家庭を守るという良妻賢母の役割。

問5　(あ)　イ

(い)　(例)　複線型では小学校卒業時に将来どのような仕事に就くのかをほぼ決めなければならないが，単線型では高校や大学在学中に時間をかけてこれを決めることができる。

問6　(例)　東京都では男女の大学進学率に大きな差はないが，全国的には男子の方が進学率が高い。また，東京都は，都内への進学率が高いが，東京都以外の六県では県外への進学率が高い。さらに，男女を比較すると，男子の方が都県外への進学率が高い。

問7　(例)　経済的に恵まれない家庭の子どもは，多額の費用が必要な大学進学を目指すことが難しい。この問題を解決するために，様々な奨学金制度が整備されている。また，無料で受講することができる寺子屋形式の塾やスマートフォン上のアプリなども存在している。

○推定配点○

問1，問2，問5(あ)　各3点×5　問3　7点

問4，問5(い)　各8点×2　問6　12点　問7　10点　計60点

<社会解説>

(総合－教育制度をテーマにした日本の地理，歴史など)

基本 問1　寺子屋は，江戸時代，読み・書き・そろばんを教えた庶民の教育機関。中世の僧侶による庶民教育からおこり，江戸時代，町人階級の台頭，農村への商品経済の浸透などで普及した。武士・神官・僧侶・医師などが教師役で，寺子(児童)は6～13歳ごろまでが対象であった。

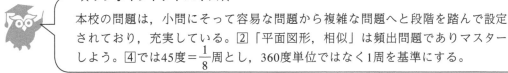

問2　(あ)　ア　興譲館は，出羽国米沢藩の藩校。1776年，城下細工町(現在の山形県米沢市)に創設された。前身は1697年に設置された学問所。　イ　時習館は熊本藩の藩校。熊本藩主細川重賢が1755年，城下に設立した。能力別進級などを特色とし，内容の充実していた点で代表的な藩校とされる。　(い)　松下村塾は，幕末，長州(山口県)萩にあった吉田松陰の私塾。松陰が叔父の塾を受け継ぎ，1857年，自邸内に開き，強烈な尊皇攘夷思想で子弟を教育した。高杉晋作，伊藤博文などの門下生を輩出し，明治維新に大きな影響を与えた。　ロ　適塾(適々斎塾)は，緒方洪庵が1838年に大阪に開いた蘭学塾。福沢諭吉，大村益次郎，橋本左内などを輩出した。　ハ　鳴滝塾は，1824年，シーボルトが長崎郊外の鳴滝に開いた私塾。高野長英，伊東玄朴などを輩出した。

重要　問3　1873年に発布された徴兵令によって，20歳以上の男子全員に兵役の義務が課せられるようになった(ただし，初期の段階では，例外規定も多数存在していた)。江戸時代であれば，武士という特定の身分の者が兵士の役割を担っていたが，明治政府はより強力な軍隊をつくるために，身分に関係なく，国民全員から兵を集めて近代的な軍隊をつくろうとした(国民皆兵)。したがって，兵士としてふさわしい屈強な肉体，戦場で必要な知識を国民が獲得できるようにすることが教育に求められるようになった。また，国民の全員が同じ教育を受けることにより，上官の指示命令がスムーズに伝達できること，また「忠君愛国」の精神を注入することにより，国のために身を挺して戦うという，国に対する忠誠心を持たせようとしたと考えられる。

問4　リード文中の「しかし，女子の進路は大きく制限されていました。男子の中学校に相当する高等女学校以上の学校としては，一部の大学が門戸を開いていたものの，原則として女子のための高等師範学校や専門学校にしか進学できなかったからです。高等女学校で学べる期間も中学校より短く設定されていたり，教育内容も法制及経済(のちの公民科)などの科目が設置されなかったりしました。代わりに，中学では教えられない家事や裁縫などが設定されていました。」という記述に注目して考える。女子には，家を守り，子どもを育て，夫を支える「良妻賢母」の役割が期待されていたと考えられる。

問5　(あ)　リード文中の「旧制の学校が現在と大きく異なるのは『複線型』の仕組み」，「男子であっても中学校・高等学校・帝国大学というコースを歩んだのはごく一握りの人々でした。時代によって差はあるものの，多くの人々にとっては義務教育の小学校，あるいは小学校後にさらに数年間学ぶことができた高等小学校が最終学歴であり，高等学校に進学できたのは同年齢の100人に1人程度でした。」という記述に注目して考える。　(い)　資料1を見ながら考える。アのアメリカが典型的な単線型の学校制度，イのドイツが典型的な複線型の学校制度である。アメリカでは，さまざまな形態のジュニアハイスクール(小学校に相当)，ハイスクール(中学，高校に相当)が存在するが，どの学校を選択しても，ハイスクール卒業後，大学や短期大学に進学することができる。一方，ドイツでは，グルントシューレ(小学校)卒業後，ギムナジウムに進学しないと，大学を目指すことは困難である。特に，ハウプトシューレ進学を選択すると，大学への道は制度上，閉ざされてしまう。つまり，ドイツのような複線型の教育制度においては，小学校卒業時という人生のかなり早い段階で，将来の仕事や職業をかなりの程度，決定しなければならないのである。

やや難　問6　東京都と関東地方の6県では，大学への進学状況に大きな差がある。例えば，東京都は，進学率は男女間で大きな差がないが，6県ではいずれも男子が女子よりも高い(これは全国的な傾向でもある)。また，東京都では男女ともほぼ半数が都県内の大学へ進学しているが，6県では最も高い神奈川県の男子でも25％程度，最も低い茨城県の男子では10％とかなり低くなっている。これは，東京都に多くの大学が集中していることによるものである。一方，関東だけでなく，全国的に男子が女子よりも都県外の大学への進学率が高いが，これは男子よりも女子の方が自宅からの通学を選択していることによると考えられる。

やや難　問7　解答例以外に,「コロナウイルス感染症の感染拡大により，学校が休校になったとき，オンライン授業が実施できた学校とそうでない学校で,学習の進度に大きな差が生じた。このために,公費を投じて，一人一台タブレットを貸与するなどの取り組みが行われた。」などが考えられる。

★ワンポイントアドバイス★

細かい知識，高度な知識は必要ない。基本的な知識と文章・表・グラフなどから読み取れることを組み合わせて考えることが求められている。

<理科解答> ≪学校からの正答の発表はありません。≫

1　(1)　ア，イ，ウ　(2)　ア　(3)　イ，ウ　(4)　なし
(5)　イ，ウ　(6)　イ，ウ　(7)　イ，エ　(8)　ア，イ，ウ
(9)　ウ　(10)　ウ，エ

2　問1　バッタ　イ→エ→カ　コウモリ　ウ→カ
問2　ア　子宮　イ　たいばん　ウ　へそのお
問3　(1)　右図　(2)　エ
問4　ニワトリ　ウ　ヒト　イ
問5　(1)　幼虫の時が最も大きく，さなぎ，成虫に成長するにしたがい小さくなっていく。
(2)　成長段階　9月下旬　B
1月下旬　B
主な行動　9月下旬　キ
1月下旬　ウ
(3)　成虫は体重が軽くなり，はねが生えることで，飛ぶことができるようになり，行動範囲が大きくなる。このことにより，つがいやエサや産卵する場所などを見つけることができるようになる。

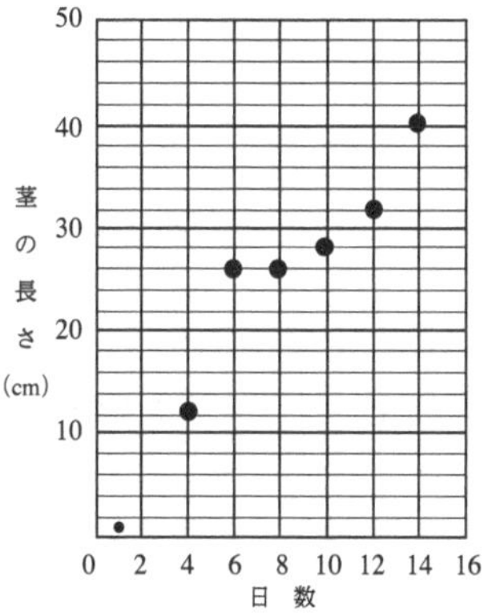

3　配られた針金が公表されないため，省略

○推定配点○
1　各2点×10　2　各2点×15(問1各完答)　3　各2点×5　計60点

<理科解説>

1　(小問集合－水溶液，化石，磁石，デンプン，窒素，コンデンサー，血液，れき，台風，実験器具の使い方)

(1)　赤色リトマス紙を青色にするのはアルカリ性のうすい水酸化ナトリウム水溶液・石灰水・アンモニア水だけである。
(2)　生物の死がいだけではなく，生物が活動していた痕跡《こんせき》を示すものも化石である。
(3)　地球は大きな磁石であり，南極がN極，北極がS極である。また，銅でできている10円硬貨は磁石には引き寄せられない。
(4)　デンプンはだ液によって，麦芽糖に分解される。
(5)　ものが燃えると割合が減るのは酸素である。また，石灰水に通すと白く濁るのは二酸化炭素

である。

(6) コンデンサーに電気が流れても光ることはない。また，コンデンサーをコンセントにつなぐことはしない。

(7) 血液は，ブドウ糖などの栄養分だけではなく，尿素などの不要物も運ぶ。また，酸素を渡した後は赤黒い色をしている。

(8) れきは，含まれている鉱物の種類により，いろいろな色になる。また，つぶは丸みを帯びているが，地層に必ず含まれているわけではない。

(9) 台風は，南の海上で発生し，最初は西に進み，その後北に進み，最後に東に進む。

(10) ガスバーナーを消火するときは，空気調節ねじ→ガス調節ねじ→元栓の順に閉じる。また，顕微鏡で観察するときは，対物レンズとステージを離しながらピントを合わせる。

2 (小問集合－バッタとコウモリの一生，ヒトの胎児，タンポポの成長，ニワトリとヒトの育ち方，カブトムシの成長)

問1 バッタ 昆虫のバッタは，卵→幼虫→成虫の順に育つ。 コウモリ ほ乳類のコウモリは，胎児→成体の順に育つ。

問2 たいばんとへそのおを通して，母親から胎児に養分や酸素が渡され，胎児から母親に不要物や二酸化炭素が渡される。

重要 問3 (1) タンポポは，6日目から8日目にかけて，種子をつくるためにエネルギーを使うので，茎をのばすことがない。

(2) タンポポは，再び立ち上がることで，熟した種子を，より遠くまで運ぶことができる。

重要 問4 ニワトリ ニワトリの卵(A)がふ化してひよこになる(B)までの間には，体の大きさはほとんど変化しない。

ヒト ヒトの新生児(A)は体長が約50cmであり，10歳(B)では約135cm，20歳(C)では約170cmである。

問5 (1) カブトムシの卵の大きさは3～5mmである。また，図2のグラフより，ふ化して幼虫になると，脱皮をくり返して，体長が90mmほどの大きさになる。ただし，その後は，さなぎになると体長が60mm，成虫になると体長が55mmほどの大きさになり，しだいに小さくなることがわかる。

(2) カブトムシの成虫は，8月～9月頃に産卵する。その後，9月下旬にはふ化して幼虫になり，さかんに腐葉土《ふようど》を食べる。また，1月下旬には，気温が下がるので，幼虫はあまり動かず，じっとしている。

(3) 図3において，約150日後までは，カブトムシは幼虫のまま脱皮をくり返して，体重が約27gになるまで成長している。その後，300日後からさなぎとなり，体重が20gに減り，さらに，330日後には，成虫になり，体重が10gになっている。

3 解説省略。

★ワンポイントアドバイス★

理科の基本的な問題を十分に理解しておくこと。また，各分野での思考力を試す問題や記述問題，作図問題にも十分に慣れておくこと。

<国語解答>

≪学校からの正答の発表はありません。≫

一　問一　(例)　もともと見えにくいという症状があったため，周囲を認知するための手段として，視覚の占める割合が相対的に低く，触覚や聴覚や嗅覚を使って認知する習慣があったことに加えて，家の中という「思い込み」が通用する空間にいたこと。

問二　(例)　目に見えていた世界が突然暗闇になり，自分が失明したことがはっきりと意識されるという意味。

問三　(例)　玲那さんが，話しながら，ずっと手元の紙にメモをとっている様子。

問四　(例)　障害を得たあとに，障害を受けた部分だけでなく，全身の働き方が変わる事例があるのに対して，玲那さんの「書く」能力は，障害を得た前後で変化せず，そのまま保守されているというところ。

問五　(例)　何らかの物を操作し，その結果を視覚的にフィードバックすることで思考を容易にし，自分の脳だけではとうていできないような複雑な思考をこなす。

問六　(例)　玲那さんの「書く」は，体が空間と切り離されることなく行われており，それまでに書いた文字にリーチできるという点で視覚的な運動制御があり，書くことで頭の中が整理されるという点で意味的な制御にも関わっているということ。

二　①　余波　②　穀類　③　負　④　創設　⑤　功績　⑥　展覧会　⑦　奮　⑧　ようさん

○推定配点○

一　問二・問三　各12点×2　他　各15点×4　二　各2点×8　計100点

<国語解説>

一　(論説文—内容理解，要旨)

問一　直後の内容に注目。傍線部の「あまり見ていなかった」とは，「視覚に対する依存度が低」かったということである。また，「家の中」という「よい意味で『思い込み』が通用する空間」にいたということもある。

基本　問二　「火」が消えることは，暗闇になることを表している。

問三　直後に注目。「それは，……なめらかに動くその手でした」「彼女は話しながら，ずっと手元の紙にメモをとっていたのです」とある。

重要　問四　一般的に，「障害を得た前後で体のOSそのものが更新されるような変容が起こ」る，という事例があるのに対して，玲那さんの「書く」能力は，「失明という要因によって変化を被ることなく，むしろそのまま保守されている」ということを，筆者は「逆行」と述べている。

問五　「筆算」の具体例や，直前の段落で説明されている内容をとらえる。

やや難　問六　「目の見えない人の場合」は，「本来的に，空間と体が切り離されがち」であるが，玲那さんの場合は違っている，ということをとらえる。「玲那さんの『書く』」は「それまでに書いた文字にリーチできるという点で視覚的な運動制御がそこにはありますし，書くことで頭の中が整理されるという点で，意味的な制御にも関わってい」るということ。

二　(漢字の読み書き)

①　「余波」は，物事が終わったあともなお周囲に及ぼす影響。　②　「穀類」は，イネ科植物のうち，種子を食用とするものの総称。　③　「手に負えない」は，自分の力ではとても処理できない，という意味。　④　「創設」は，初めて設けること。　⑤　「功績」は，手柄，という意味。　⑥　「覧」の字形に注意する。　⑦　「奮って」は，進んで，という意味。　⑧　「養蚕」は，蚕

を卵から飼い育てて繭をとること。

★ワンポイントアドバイス★

読解問題で，字数の多い記述問題が中心。文章が長いうえに細かい読み取りが必要となる。ふだんからいろいろな小説や論説文にふれることや，文章を要約する練習をしておくことが大切！　漢字や，慣用句などの語句の基礎知識も必須だ。

2021年度

★★★★★★★★★★★★★★★★★★★★★★★★

入　試　問　題

2021年度

武蔵中学校入試問題

【算　数】（50分）　＜満点：100点＞

1　(1)　次の計算をしなさい。

$$1 \div \left(3\frac{3}{8}+\frac{5}{6}\times 2.4\right)+0.08\div\left(1\frac{1}{4}+\frac{5}{6}-\frac{1}{8}\right)\times 3\frac{1}{8}$$

(2)　8060Ｌ入る水そうと，これに水を入れる２つのポンプＡ，Ｂがあります。Ａだけで水そうをいっぱいにする時間は，Ｂだけでいっぱいにする時間の2.1倍です。Ａ，Ｂ２つを使って水を同時に入れ始めたところ，32分後にＢが故障しました。その後はＡだけで水を入れ続けたところ，Ｂが故障しなかった場合より，42分多くかかって水そうはいっぱいになりました。次の問に答えなさい。(式や考え方も書きなさい)

(ア)　Ｂが故障しなかった場合，水を入れ始めてから何分で水そうはいっぱいになりますか。

(イ)　Ｂが故障するまでの間，Ｂが入れた水は毎分何Ｌですか。

2　山のふもとに２つの地点ＰとＱがあります。Ａさんは９時にＰを出発して山を登り，山頂で１時間休けいしてＱへ下りました。Ｑに着いたのは14時45分でした。また，Ｂさんは９時30分にＱを出発して山を登り，山頂で１時間休けいしてＰへ下りました。Ｐに着いたのは14時55分でした。ＰからＱまでの道のりは6.6kmです。ＡさんとＢさんは同じ速さで登りました。下りの速さは，登りの速さの1.5倍でした。次の問に答えなさい。(式や考え方も書きなさい)

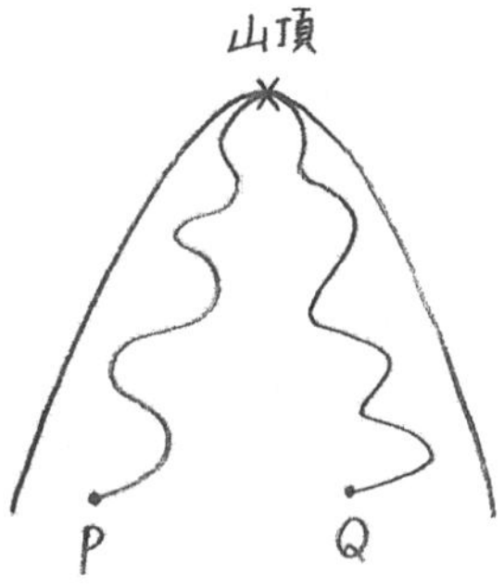

(1)　Ａさんが山頂に着いた時刻を求めなさい。

(2)　２人の山を登る速さは時速何kmですか。

(3)　ＡさんとＢさんが山頂にいっしょにいたのは何分間ですか。

(4)　Ｃさんは13時に地点Ｐを出発して(2)で求めたのと同じ速さで山を登りました。ＢさんとＣさんが出会った時刻を求めなさい。

3 図のような，正六角形ＡＢＣＤＥＦがあり，その面積は10㎝^{2}です。ＢＧ＝ＥＨ で ＧＩ：ＩＣ＝２：３です。次の問に答えなさい。(式や考え方も書きなさい)

⑴ 四角形ＡＢＤＦの面積を求めなさい。

⑵ 三角形ＢＧＩの面積を求めなさい。

⑶ 三角形ＩＤＪの面積を求めなさい。

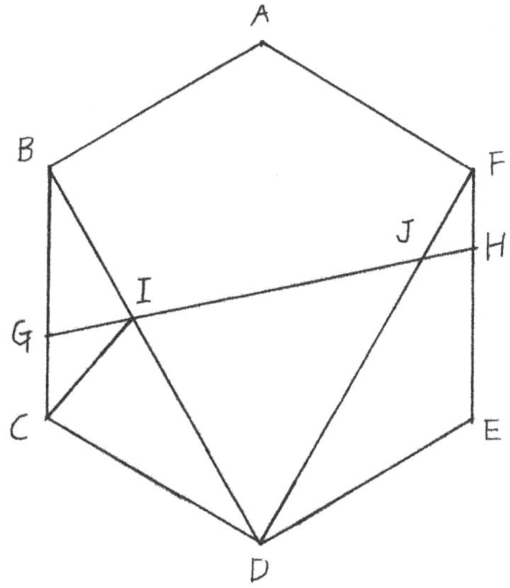

4 ⑴ 次の①～⑥のうち，立方体の展開図になっているものはどれですか。すべて選び，番号を解答欄《らん》に書きなさい。

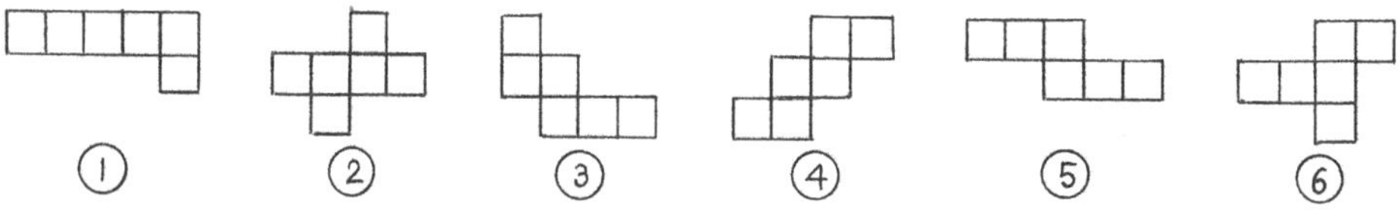

(答)

⑵ 〔図１〕のように，16個の同じ大きさの正方形があり，それぞれの正方形には１から16までの数が書かれています。ここから，辺でつながった６個の正方形を選び，立方体の展開図を作ります。このとき，組み立てた立方体が，次の〈ルール〉に合うようにします。

1	2	3	4
5	6	7	8
9	10	11	12
13	14	15	16

〔図１〕

〈ルール〉 向かい合う３組の面のうち，２組の面は書かれた数の和が12である。

〔図２〕は〈ルール〉に合う例の１つです。次の問に答えなさい。

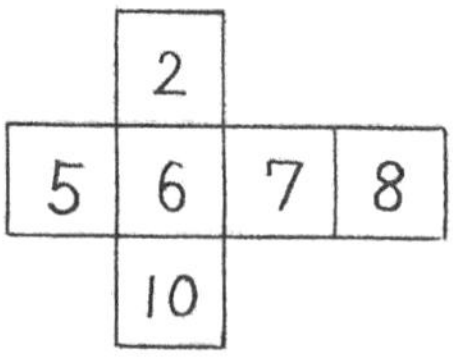

〔図２〕

㋐ 〈ルール〉に合う展開図を〔図２〕以外に３つ答えなさい。答え方は，〔図２〕なら（２，５，６，７，８，10）のように，６個の正方形に書かれた数を小さい順に書きなさい。

（　，　，　，　，　，　），（　，　，　，　，　，　），

（　，　，　，　，　，　）

㋑ 〈ルール〉に合う展開図は，〔図２〕と㋐で答えたものをふくめて全部で何通りありますか。

㋒ 〈ルール〉に合う展開図に使われている６個の数のうち，最も大きい数をＡとします。〔図２〕ではＡは10です。Ａが最も大きい展開図を㋐と同じように答えなさい。

（　，　，　，　，　，　）

【社　会】（40分）　＜満点：60点＞

つぎの文章をよく読み，あとの設問に答えなさい。

今日も日本や世界では，さまざまな出来事《できごと》が起こっています。そしてこのような出来事《できごと》について私たちは，多くの場合ニュースという形で知ることになります。ところで，皆《みな》さんはニュースをどんな手段によって手に入れていますか。現在ではインターネットを通じてという答えが多いのかも知れませんが，少し前なら主にテレビを通じてというのが多かったのではないでしょうか。では，テレビが普及《ふきゅう》する以前はどうだったでしょうか。多くの人びとにニュースのような情報を伝える手段のことをマスメディアと言いますが，かつては新聞が代表的なマスメディアでした。日本の近代化とともに発展した新聞は，政治や社会，文化などの面で大きな役割を果たしてきました。今日は，日本における新聞の発展と現在について考えてみましょう。

日本で新聞が本格的に発行されるのは明治時代以降です。それでは，明治時代以前に新聞はなかったのでしょうか。江戸《えど》時代，大都市ではさまざまな種類の出版物が盛んに発行されていました。そうした出版物の中には，新聞に似たものもありました。それが瓦版《かわらばん》です。瓦版《かわらばん》の多くは単色刷りの一枚の紙でした。瓦版《かわらばん》は，多くの人びとに読まれ，広く流通しました。

一方で，同じ頃《ころ》のヨーロッパの国ぐにでは，すでに新聞が登場していました。欧米《おうべい》の新聞文化を知った幕府の役人の中には，新聞を発行したり，活用したりすることを主張した人びとがいました。新聞が世論を形成するはたらきに着目したのです。しかし，こうした意見は受け入れられませんでした。

日本で初めて新聞を発行したのは，あるイギリス人でした。彼《かれ》は1861年に長崎《ながさき》で，ついで横浜《よこはま》で新聞を発行しました。日本人による新聞の発行も，その翌年，海外の新聞を日本語に翻訳《ほんやく》するかたちで始まりました。やがて国内のさまざまな情報を掲載《けいさい》する新聞も登場し，外国人による日本語新聞も現れました。しかし外国人の目には，この時期に日本人が発行した新聞は「論説を書こうとはせず，真《ま》面目《じめ》に事件をとりあげて解説しない」もので，ヨーロッパの新聞とは異なるものに映ったようです。外国人が発行する新聞から影響《えいきょう》を受け，日本の新聞は社会や政治に関わるという役割を意識するようになっていきました。幕末から明治初期にかけての新聞をとりまく状況《じょうきょう》について，福地源一郎《ふくちげんいちろう》という人物が書き残した文章があります。福地《ふくち》は長崎《ながさき》出身で，彼《かれ》と新聞との出会いは故郷の長崎《ながさき》で通訳見習いをしている時でした。

「……1862年に幕府の使節に従ってヨーロッパに行き，パリ滞在《たいざい》中，ホテルで新聞を読むと，使節のことが載《の》っていて，われわれの行動，来訪目的，会談の内容が記事になっていました。どうやって新聞記者はわれわれのことを詳《くわ》しく知ることができたのか，それだけでなく，昨日のことを今朝記事にできるのは何という速さなのか，驚《おどろ》いたものでした。…（略）…イギリス滞在《たいざい》中の1864年に，前年のイギリス艦隊《かんたい》による鹿児島攻撃《かごしまこうげき》が，イギリス議会で問題となり内閣が批判される記事を読み，あわせて記者が堂々《どうどう》と議論し遠慮《えんりょ》なく意見を言うことにうらやましさを感じたのでした。…（略）…1866年に再び使節に従ってパリやロンドンに滞在《たいざい》した時，政治についての世論を左右するのは新聞の力だと聞き，私に文才があり機会があれば新聞記者になり時事を痛快に論じようと思い始めたのでした。……」

（福地源一郎《ふくちげんいちろう》「新聞紙実歴《しんぶんしじつれき》（1894年）より　文章を省略し現代の言葉に直しています。）

さいしょ日本政府は，新聞の発行を許可制にしながらも，その発行を推奨《すいしょう》していましたが，1874年頃《ごろ》から政府の新聞への対応が変化しました。1875年に新聞紙条例が定められ，新聞の発行方法や記事の内容などを制限しました。反対意見が強まったためにこの条例は1909年に廃止《はいし》されますが，代わりに新聞紙法が定められたことで，政府の新聞に対する取り締《し》まりはかえって強化されました。

政府は，人びとへの影響《えいきょう》力を高めつつあった新聞を取り締《し》まるだけではありませんでした。日清戦争を例にすると，政府は軍隊とともに行動する記者に戦地の様子を報道させただけでなく，福沢諭吉《ふくざわゆきち》など戦争に賛成する人びとの意見を利用して，国民の戦意高揚《こうよう》を図りました。新聞社側も発行部数を増やすために，読者が喜ぶ戦場の「美談」を競って記事としました。そうした「美談」の中には，後に修身という科目の教科書に採用されたものもあります。

一方で，この頃《ころ》から，社会問題を人びとに知らせるという記事も目立つようになりました。1894年に新聞社に入った横山源之助《よこやまげんのすけ》は，当時発達しつつあった工業において過酷《かこく》な環境《かんきょう》で働く工場労働者などの貧困に苦しむ人びとを取材して記事に書き，後にそれを『日本《にほん》之《の》下層《かそう》社会《しゃかい》』という書物にまとめました。社会問題の報道は現在でも新聞の重要な要素の１つですが，すでにこの頃《ころ》には今の新聞につながる側面があったことがうかがえます。

大正時代に入り政党政治が発達すると，各政党は支持を集めるべく世論を意識したため，世論形成に影響《えいきょう》力を持つ新聞の役割はさらに大きくなりました。しかししだいに戦争の影《かげ》が色濃《こ》くなってくると，新聞報道にもさまざまな規制が加えられました。新聞が報道の自由をうたえるようになったのは，第２次世界大戦後のことです。

1925年からはラジオ，そして1953年からはテレビ放送が始められ，どちらも受信用機器の普及《ふきゅう》とともに発達しました。特にテレビの普及《ふきゅう》は戦後の高度経済成長と重なっており，しだいに人びとが情報を手に入れる上での中心的手段になっていきました。こうしたテレビの発達によって，新聞はどうなったでしょうか。実は，新聞も同じ時期に発行部数を順調に伸《の》ばしていたのです。しかしこのような状況《じょうきょう》も，21世紀に入ってから変わってきました。インターネットの登場とその普及《ふきゅう》により，主にインターネットを通じて情報を得る人の割合がしだいに大きくなっているのです。今では新聞はかつてほど重要な存在ではなくなったと言われることもありますが，本当にそうでしょうか。今回ここまでで考えてみたことをふまえつつ，新聞の価値についてさらに追究していくことも重要だと思います。

参考図　浅間山の大噴火《ふんか》（1783年）について報じた瓦版《かわらばん》

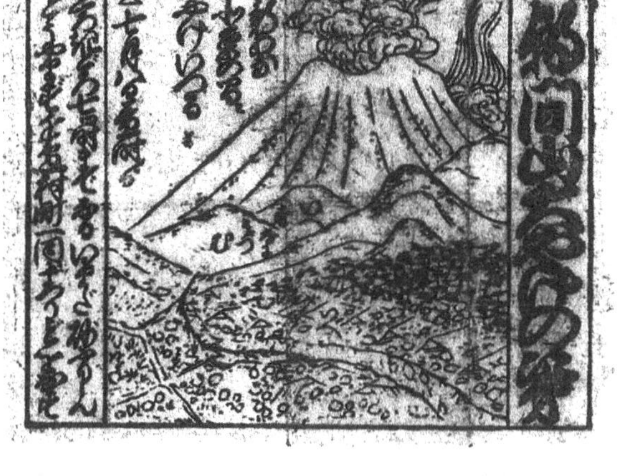

内田啓一『江戸《えど》の出版事情』より

問１　一般《いっぱん》的に瓦版《かわらばん》の内容は，自然災害や火事，うわさ話などに限られる一方，ある種の事がらについては書かれませんでした。書かれなかった事がらの種類とその理由を，推測して説明しなさい。

種類

理由

問２　江戸《えど》幕府は，「風説書《ふうせつがき》」と呼ばれる海外事情について書かれた文書を，当時交流していた国ぐにから受け取っていました。その国は，どことどこですか。

問３　福地《ふくち》源一郎《げんいちろう》が考えた，ヨーロッパの新聞の優れている点について説明しなさい。

問４　以下の問いに答えなさい。

(あ)　1874年に始まったとされる重要な政治的運動は何ですか。

(い)　この運動で目指されていたものは何ですか。下の中から適当なものを２つ選び，記号を書きなさい。

ア．議会の開設　　イ．憲法の改正　　ウ．言論の自由　　エ．アメリカとの戦争

問５　第２次世界大戦中の新聞の報道にはどのような規制がありましたか。知っていることを書きなさい。

資料　日本における新聞の発行部数の推移（1951 年～2020 年）

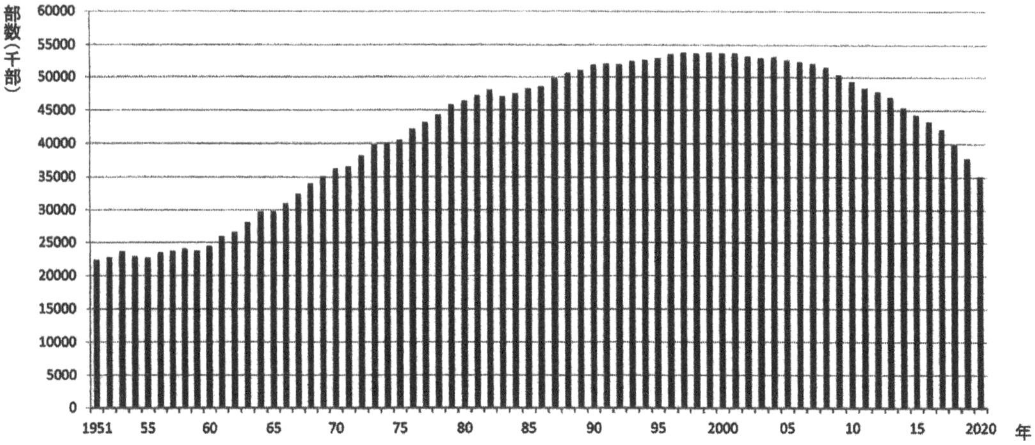

日本新聞協会『日本新聞年鑑《ねんかん》』より作成

問６　資料のグラフを見て，以下の問いに答えなさい。

(あ)　戦後，新聞の発行部数が増加していった理由として考えられることを書きなさい。

(い)　21世紀に入り，新聞の発行部数が減少し続けている理由として考えられることを２つ以上書きなさい。

問７　情報をやり取りする手段が多様化した現代において，新聞にはどのような価値が見いだせると思いますか。新聞の特徴《とくちょう》から考えて書きなさい。

【理　科】（40分）　＜満点：60点＞

1　下の表は，－5℃から40℃までの水と液体Aの体積について，0℃におけるそれぞれの液体の体積を1としたときの割合を表したものです。温度が上がるときの体積の増え方が，水は一定ではないのに対して，液体Aはほぼ一定なのがわかります。この性質を利用した液体温度計（ガラス管の中に液体が入っているもの）について考えてみましょう。ここでは，温度によるガラス管自体の体積の変化は考えないことにします。

温度	－5℃	0℃	5℃	10℃	15℃	20℃	25℃	30℃	35℃	40℃
水	（氷）	1	1.000	1.000	1.001	1.002	1.003	1.004	1.006	1.008
液体A	0.995	1	1.005	1.010	1.015	1.019	1.024	1.029	1.033	1.038

問1　一方の端《はし》を閉じた，内側の断面積が1 cm^2のガラス管があります。このガラス管を垂直に立てて0℃に保ち，管の中に0℃の水10cm^3を入れました。その後，ガラス管と水の温度が25℃になったとき，水の高さは何cm高くなりますか。

cm

問2　－5℃から10℃まで測ることを考えたとき，水を用いると液体温度計として使えない理由を2つ書きなさい。

問3　気温や水温を測るために，内側の断面積が0.01cm^2のガラス管と液体Aを用いて，次の手順で右図のような液体温度計を作りました。まず，ガラス管の一方の端をとかして穴をふさぎ，その端を加熱して（ストローにつけたシャボン玉のように）膨《ふく》らませて，薄《うす》いガラスの球（液だめ）を作りました。続いて，ガラス管を0℃に保ち，管の中に0℃の液体Aを5 cm^3入れました。すると，液だめに入りきらなかった液体Aの高さが10cmになったので，そこに0℃の目盛りをつけました。

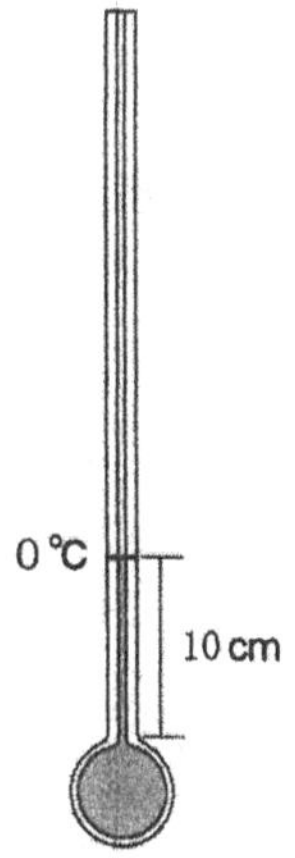

⑴　気温が25℃になったとき，液体Aは0℃の目盛りから何cm高くなりますか。

cm

⑵　内側の断面積が小さいガラス管を使う理由を書きなさい。

⑶　液だめのガラスが薄いことで得られる利点を書きなさい。

(4) 液だめがあることの利点は何だと思いますか。君の考えを書きなさい。

2 武蔵くんは毎朝1時間の散歩をして，その時に気づいたことを日記に書いています。散歩の時刻やコースはいつもおおよそ決まっていて，都区内を流れる，川底までコンクリートで護岸された川幅《はば》10m程度の川沿いです。日記の一部を読みながら，いろいろと考えてみましょう。

○月▲日；日差しが強く，汗《あせ》でビショビショになった。すでに気温は25℃をこえていたようだ。(ア)昨日の夕方から降り続いた大雨のせいで，今日は，昨日よりも川の水面が高くなっているようだった。また，水が茶色くにごっていて，いつもはゆらゆらとゆれている水草もよく見えない。

△月●日；落ち葉が水面を流れていく様子が面白かった。(イ)川の中にある島のような場所の両側で，落ち葉の流れる速さが違《ちが》っていた。生えている水草の色も，流れが速い場所とおそい場所で違うように見えた。

◎月▼日；夜が明けるころの散歩はちょっとこわいので，いつもよりおそく家を出た。吐《は》いた息はすぐに白くなった。家まであと少しのところで，カモが10羽以上の集団で何かを食べているのを見つけた。そろって同じ方向に体を向けて頭を水中に突《つ》っこんでいる様子は面白かった。しばらく見ていたが，どのカモもずっと同じ場所で移動せずに浮《う》いている。不思議だ。

◎月◆日；今日は(ウ)とても寒くて，流れがおだやかな場所では水面にもやがかかっていた。この前見たカモの集団をもう一度見たくて，朝ごはんの後で探しに行くと，もやは消えていた。カモの集団は，やはり体を同じ方向に向けて移動せずに食べている。よく見ると頭を突っこんで水草を食べているようだった。

◇月■日；川の土手にはタンポポやサクラが咲《さ》き始めていた。(エ)最初にカモの集団を見つけた◎月▼日から，ちょうど100日たっていた。最近は虫が多く見られ，鳥の鳴き声もよく聞くようになってきて，朝の散歩が気持ちいい。

問1 下線部（ア）について考えてみます。川の水面の高さは時間とともにどのように変化したと思いますか。**あ～え**のグラフの中から最もふさわしいものを選び，記号で答えなさい。

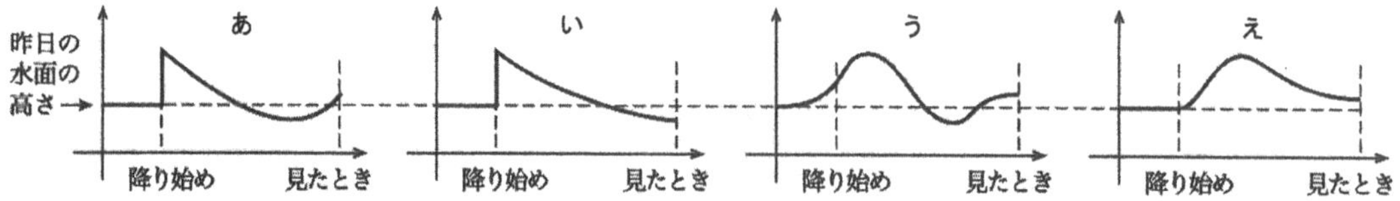

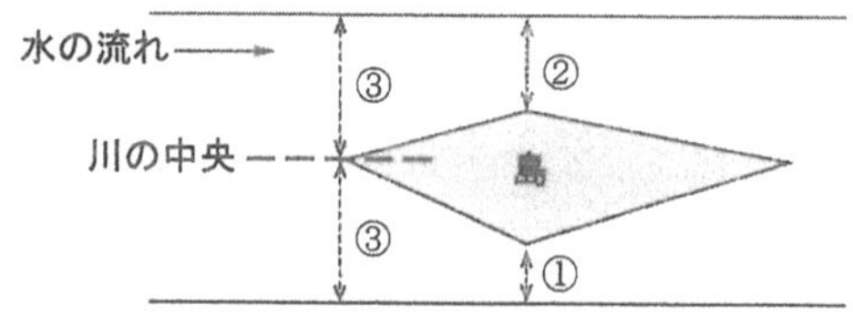

問2 下線部（イ）について考えてみます。右の図は，観察した川の様子をかいたもので，水の流れの速い場所の順に①～③の番号をかきました。**この図から分かることとして**ふさわしいも

のを，**あ**～**か** の中から全て選び，記号で答えなさい。

あ．水の流れる幅が広いところは流れが速い

い．島ができているのは流れがおそい場所だからである

う．水の流れる幅が狭《せま》いところは流れが速い

え．川の真ん中では流れが速い

お．水の流れる幅が同じところは流れる速さは同じ

か．深いほど水の流れはおそくなる

問３　下線部（**ウ**）について考えてみます。この場合のもやと最も近い現象を **あ**～**え** の中から，もう一度見に行くと消えていた理由として最もふさわしいものを **A**～**D** の中から，それぞれ１つずつ選び，記号で答えなさい。

現象　**あ**．お茶から湯気が出る

い．マスクをして息をするとメガネが曇《くも》る

う．ドライアイスから煙《けむり》が出る

え．ろうそくを吹《ふ》き消すと煙が出る

消えていた理由　**A**．水温が上昇《しょう》したから　**B**．気温が上昇したから

C．水温が下降したから　**D**．気温が下降したから

問４　下線（**エ**）を引いた，◇月■日の夜９時頃《ごろ》には，オリオン座が南西の空に右図のように出ていました。図の★の星はベテルギウスです。ちょうど100日前の◎月▼日の夜９時頃のオリオン座は，どちらの方角に，どのように見えていたと考えられますか。**あ**～**え**，**A**～**D**，の中からそれぞれ最もふさわしいものを選び，記号で答えなさい。

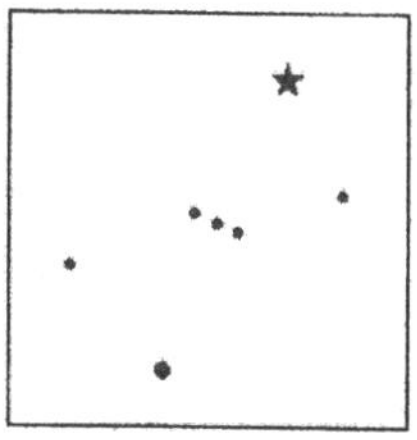

方角　**あ**．北東　**い**．南東　**う**．南西　**え**．北西

見え方

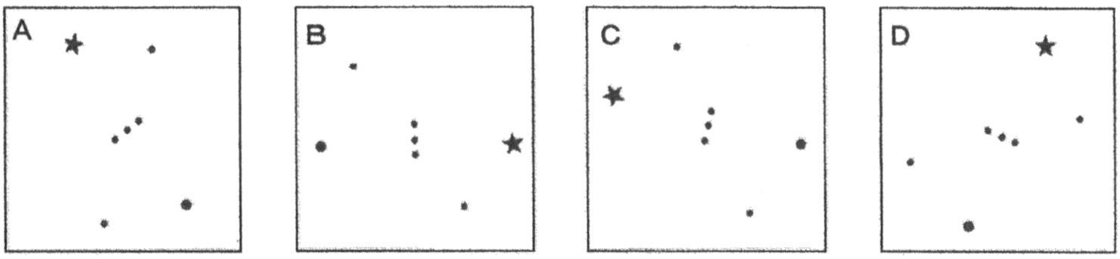

方角　　**見え方**

ここから先は，◎月▼日の二重下線部について，武蔵くんが“不思議だ”と感じたことを考えてみましょう。

問５　川の流れと直角に体を向けて泳ぐカモがいたとします。このカモが常に岸に向かって一定の速さで泳ぎ続けたとすると，どのような道すじをたどると考えられますか。次のページの図の **あ**～**か** から最もふさわしいものを選び，記号で答えなさい。ただし，**川の流れる速さは，どこでも**

一定とします。

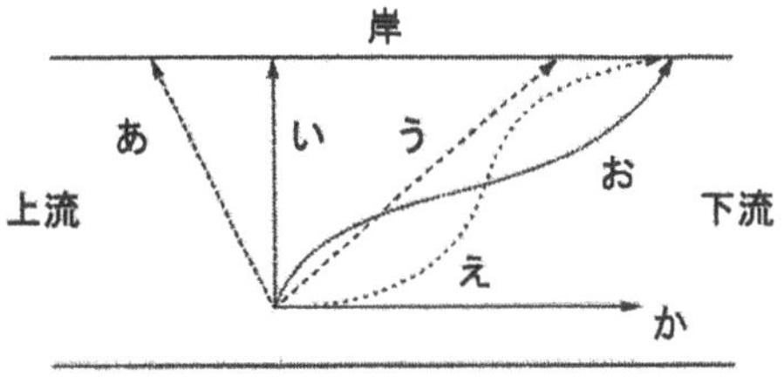

問６　下の図は，カモが水面を泳いでいる様子を横から見たものと，それを後ろから見たものです。カモは左右の足を交互《こうご》に動かして水面を泳ぎますが，足を前後にしか動かせないので体の向いている方向にしか進めません。カモが水面を泳ぐときの水かきの使い方について，下の図から考えられることを書きなさい。

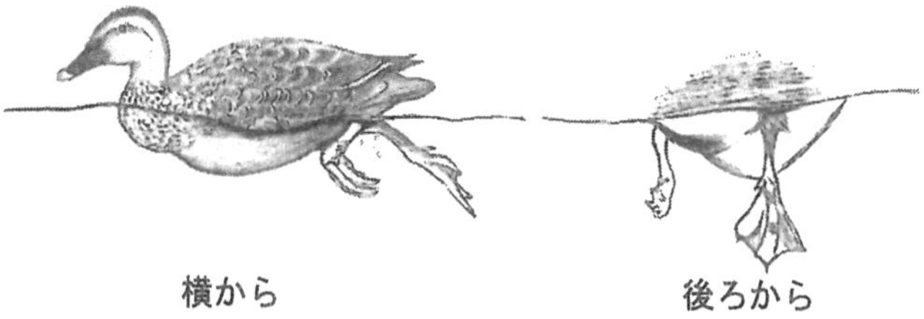

問７　武蔵くんが見たカモの様子について，以下の問いに答えなさい。

⑴　カモが移動せずに頭を水中に突《つ》っこんでいたのはなぜですか。

⑵　カモが向いていた方向を理由とともに書きなさい。

⑶　カモはどのようにして同じ場所に留《とど》まっていられるのだと思いますか。君の考えを書きなさい。

3　袋《ふくろ》の中に，線がかかれた紙と，線がかかれた透明《とうめい》なシートが入っています。以下の問いに答えなさい。

線に傷や一部の欠けがあっても無視してかまいません。

（試験が終わったら，紙とシートは袋に入れて持ち帰りなさい。）

問１　紙の上にシートを重ねて，縦《たて》長にそろえて置きなさい。次に，紙が動かないようにして，シートの真ん中あたりを中心に，シートを時計まわりに半回転させなさい。線の間の白い四角形の変化について，気が付いたことを書きなさい。図をかいてはいけません。

問２　問１と同様に，紙の上にシートを重ねて，縦長にそろえて置きなさい。次に，紙が動かないようにして，紙の長い辺に沿った方向にシートを動かしなさい。線の間の白い四角形はどのように動いて見えますか。図をかいてはいけません。

問３　紙の線１の上端《じょうたん》と，シートの線Ａの上端をぴったり重ねなさい。そのときの黒い線の重なり方や線の間の白い部分の現れ方について，気が付いたことを書きなさい。

問一　「そんな言葉はもう最近はまったく使われなくなりました」とあるが、それはなぜですか。

問二　「水洗式だと、清潔一方になってしまって…つまらない」とあるが、そう考えるのはなぜですか。谷崎《たにざき》があげる具体例をふまえて説明しなさい。

問三　「もしかしたら私も、本物の薔薇《ばら》の香《かお》りを嗅《か》いでも、日頃《ひごろ》の答え合わせができたとしか思えないのかもしれません」とあるが、それはなぜですか。

問四　「つまり嗅覚《きゅうかく》は、機械技術にはまったく適合しにくい感覚なのです」とあるが、なぜそのように言えるのですか。このあとに続く味覚と比較《ひかく》して説明しなさい。

問五　本文中の A ～ D の空欄《くうらん》に入る語の組み合わせとして正しいものを一つ選んで、ア～オの記号で答えなさい。

ア　A　具体　B　抽象《ちゅうしょう》　C　包括《ほうかつ》　D　個別
イ　A　抽象《ちゅうしょう》　B　個別　C　包括《ほうかつ》　D　具体
ウ　A　具体　B　包括《ほうかつ》　C　個別　D　抽象《ちゅうしょう》
エ　A　個別　B　包括《ほうかつ》　C　具体　D　包括《ほうかつ》
オ　A　包括《ほうかつ》　B　個別　C　具体　D　抽象《ちゅうしょう》

問六　「嗅覚《きゅうかく》スイッチを切ったままの映像で疑似《ぎじ》体験ばかりを積んでいることは、生命体として何か致命的《ちめいてき》な状況《じょうきょう》に向かっている」とあるが、筆者がそのように考えるのはなぜですか。

二　次の各文の**カタカナ**を漢字に、**漢字**をひらがなに直しなさい。

① 情報の**シュシャ**選択《せんたく》が大切だ。
② 病人を**カンゴ**する。
③ 親友の頼《たの》みは**ムゲ**に断れない。
④ **ガイロジュ**の手入れをする。
⑤ 辞書を**編**む。
⑥ 身を**コ**にして働く。

① シュシャ選択	選択
② カンゴ	
③ ムゲに	に
④ ガイロジュ	
⑤ 編む	む
⑥ コにして	にして

いわば人間の原初性を保つ砦《とりで》としての意味を、嗅覚《きゅうかく》が担《にな》っている証《あか》しかもしれません。

香《かお》りが電波に乗らないということは、ただ単に料理番組で美味《おい》しそうな香《かお》りが伝わらないといった不満だけでなく、より深刻な影響《えいきょう》を私たちに与《あた》えているのです。

匂《にお》いが電波に乗らないことは、架空《かくう》の、現実にはあり得ない光景を私たちに体験させることになります。もしそれがリアルな現場であれば、当然、そこに強く匂《にお》っているはずの香《かお》りが、テレビの画面からは伝わってこないのです。

たとえば、激しい戦闘《せんとう》シーンで死体が累々《るいるい》と横たわっている場面では、いかに映像としてはリアルであっても、画像で見ているだけの私たちにとってはまったく無臭《むしゅう》です。本来ならば息ができないほどの血の匂《にお》い、武器が炸裂《さくれつ》した火薬の残臭《ざんしゅう》、死体が腐敗《ふはい》してゆく臭気《しゅうき》を、何も感じないまま見続けることはできないはずです。ところがそれができてしまうのは、画面から匂《にお》いがまったく流れ出てこないからです。

そのようにして状況《じょうきょう》を冷静に観察できることは、理性にとって有利ではあります。そのおかげで細部を見つめて分析《ぶんせき》することができるでしょう。しかし、そこには匂《にお》いが欠けている。映像で戦場を見ることが本物の体験とまったく異なるのは、嗅覚《きゅうかく》が封《ふう》じられている点が大きいのではないでしょうか。匂《にお》いがあるかどうかで、臨場感がまったく違《ちが》うのに。

客観的に見る、というスタンスが理性的な思考にとって重要であることはいうまでもありません。しかし、嗅覚《きゅうかく》を取り除いて考えるということは、生き物のリアルな本質を問う場面では、大事な要素を欠くことになります。だから、抽象的《ちゅうしょうてき》に思考をしながらも、同時にそこに匂《にお》いを想像で補う必要があります。もしその場にいたら、どんなに臭《くさ》いことだろう、という想像力を働かせなければならないのです。

しかし、無臭化《むしゅうか》が進んでいる生活に慣れていると、体験したことのない匂《にお》いを、その場に補うことは難しい。ないことに気づくには、かなりの注意力が必要です。それに気づくためには、ふと考えてみる、記憶《きおく》を辿《たど》ってみる、そして想像してみるために立ち止まる必要があるのです。

おそらく私たちは身の回りから悪臭《あくしゅう》を遠ざけると同時に、匂《にお》いに対する感受性や想像力をも弱体化させてしまったのでしょう。そしてそのことに気づきもしないことが、いま最も大きな問題なのかもしれません。

テレビ画面に広がる悲惨《ひさん》な光景を、お茶の間で平気で見ていられるのは、現場の匂《にお》いを体験しなくて済むからです。匂《にお》いの有無《うむ》こそが、リアルな体験とバーチャルの違《ちが》いです。画面も音も限りなく現実に近い体験ができていても、匂《にお》いは電波にも無線ＬＡＮ《ラン》にも乗ってきていないことには気づきにくい。具体的な物は、必ず匂《にお》いを発散しています。生き物は強い香《かお》りを放っているのです。

無臭化《むしゅうか》と芳香化《ほうこうか》に邁進《まいしん》する時代において、嗅覚《きゅうかく》スイッチを切ったままの映像で疑似《ぎじ》体験ばかりを積んでいることは、生命体として何か致命的《ちめいてき》な状況《じょうきょう》に向かっているような不安を感じないではいられません。

（加藤博子《かとうひろこ》の文章による。なお、本文には一部省略したところがある）

＊ご不浄《ふじょう》……トイレ。
＊邁進《まいしん》……まっしぐらに突《つ》き進むこと。
＊こもごも……多くのものが入り混じって。
＊牽引《けんいん》……ひっぱること。
＊バーチャル……擬似《ぎじ》的な。仮想の。

伝えることしかできないのです。あるいはメディアとしてだけでなく日常生活においても、レンズや音声増幅《ぞうふく》の技術によって視覚障害と聴覚《ちょうかく》障害をカバーする技術は大いに発達し、眼鏡やコンタクトレンズ、補聴器《ほちょうき》などは私たちの快適で安全な生活を補助してくれているのに比べて、嗅《きゅう》覚《かく》を補助するメカはいまだに一般化《いっぱんか》していません。嗅覚《きゅうかく》に障害があっても、医学的に対応するしか手立てはない。つまり嗅覚《きゅうかく》は、機械技術にはまったく適合しにくい感覚なのです。

味覚センサーの開発者である都甲潔《とこうきよし》は、嗅覚《きゅうかく》でも客観的なデータが可能かどうかを検討しています。味覚センサーが「食譜《しょくふ》」として機能したように、はたして嗅覚《きゅうかく》でも「香譜《こうふ》」ができるのでしょうか。この問題に対して、都甲《とこう》は悲観的な見解を示しています。味覚と嗅覚《きゅうかく》は、かなり重なり合っている似たような感覚なのに、なぜ「香譜《こうふ》」は難しいのでしょうか。そこに嗅覚《きゅうかく》独自の謎《なぞ》が秘《ひ》められているかもしれませんから、都甲《とこう》の説明を少し追ってみましょう。

香《かお》りの化学的な成分は既《すで》にかなり詳細《しょうさい》に分析《ぶんせき》されていて、実際に、薔《ば》薇《ら》の花をまったく使わない薔薇《ばら》の香料《こうりょう》は製品化され、ごく手軽に使われています。おかげで現代の生活には、人工の疑似臭《ぎじしゅう》が氾濫《はんらん》しました。こうして化学的には簡単に合成できるのに、楽譜《がくふ》のように体系化できないのは、香《かお》りには基本臭《きほんしゅう》がないからである、と都甲《とこう》は説明しています。味ならば、甘《あま》い、塩《しょ》っぱい、辛《から》い、酸《す》っぱい、苦い、それにうま味を加えた六つの要素に分け、それらを数値化して譜面《ふめん》を作ることができました。

しかし香《かお》りは「甘《あま》い」というような［A］的な軸《じく》を立てられないのです。確かに「甘《あま》い」香《かお》りという表現はあります。しかしそれは、バニラの香《かお》りなのか、沈丁花《ジンチョウゲ》の香《かお》りなのか、母乳の香《かお》りなのかによって、ずいぶんと違《ちが》った「甘《あま》い」香《かお》りです。味覚ではある程度は要素としてまとめることができるのに、香《かお》りではできないのです。「甘《あま》い」香《かお》りに感じられるというデータでグループ分けをしようとしても、ゆるい括《くく》りになってしまって、それらの強度を数値化することができない。匂《にお》いは、感じられる要素だけで抽出《ちゅうしゅつ》するのが難しく、薔薇《ばら》なら薔薇《ばら》の香《かお》りとしてしか分類できないのです。

どこまでも［B］的で具体的なものに即《そく》していて、［C］的にはなり得ない点を、都甲《とこう》は「匂《にお》いの言葉が対象物の名前を使って表現されること」と関連づけています。「甘《あま》い」香《かお》りというときの、その「甘《あま》い」は単に味覚からの比喩《ひゆ》表現であって、実際には、［D］的にバニラや沈丁花《ジンチョウゲ》や乳の香《かお》りがするのであって、それらをまとめて一言で表現しても意味がないのです。

これは、味との比較《ひかく》でいえば、料理では塩や砂糖のような調味料があります。海水からできた塩と岩から掘《ほ》られた塩は、厳密には違《ちが》うのでしょうが、それぞれ精製して塩という要素ができています。その調味料を配分して美味《おい》しさを構成するのですが、香《かお》りにはそのような調香料《ちょうこうりょう》というものができにくい。いくら精製しても、それはやはりどこまでも薔《ば》薇《ら》の香《かお》りであり、麝香鹿《ジャコウジカ》の香《かお》りであり続けるのです。

この普遍化《ふへんか》になじまない性質、抽象化《ちゅうしょうか》できにくい在り方のせいで、嗅《きゅう》覚《かく》は数値化してデータにすることが困難であり、そのことが、いつまでたっても香《かお》りが電波に乗らない理由でしょう。言葉に変換《へんかん》して伝えるしかないわけです。香《かお》りが具体的な物から離《はな》れて抽象化《ちゅうしょうか》できにくい情報であることは、*バーチャル世界へと突《つ》き進《すす》む近代社会とは相いれない、

トイレの無臭化《むしゅうか》について、すでに昭和初期に谷崎潤一郎《たにざきじゅんいちろう》（一八八六～一九六五）が「厠《かわや》のいろいろ」（『陰影礼讃《いんえいらいさん》』一九三三）という文章を書いています。

「便所の匂《におい》には一種なつかしい甘《あま》い思い出が伴《ともな》うものである。たとえば久しく故郷を離《はな》れていた者が何年ぶりかで我《わ》が家《や》へ帰って来た場合、何よりも便所へ這入《はい》って昔嗅《か》ぎ慣れた匂《におい》を嗅《か》ぐときに、幼児の記憶《きおく》が*こもごもよみがえって来て、ほんとうに『我《わ》が家《や》へ戻《もど》って来たなあ』と云《い》う親しみが湧《わ》く」

このように谷崎《たにざき》は、便所の臭《にお》いにも風流を感じています。そして既《すで》に、そんな匂《にお》いが失われつつあることに気づいていました。

谷崎《たにざき》は、ある友人が名古屋のお屋敷《やしき》から、ふと漂《ただよ》ってきた便所の匂《にお》いが誠《まこと》に雅《みや》びであったと感心した話を聞いて、便所の匂《にお》いの効用を説くのです。しかし同時に、そういう経験も次第《しだい》に減ってきてしまうだろうと嘆《なげ》きます。「他《ほか》にもいろいろの原因があるに違《ちが》いないが、水洗式だと、清潔一方になってしまって」（前掲《ぜんけい》書）つまらないというのです。

かつて風雅《ふうが》な人は微細《びさい》な匂《にお》いの差異に気づき、そこから多彩《たさい》な文化の風合いを感じ取っていました。ところが、清潔だけを目指して画一化してしまうことを、既《すで》に昭和初期の谷崎《たにざき》は惜《お》しみ憂《うれ》いていたのです。

今の子どもたちは、初めて本物の花の香《かお》りを嗅《か》いだときに、トイレの芳香剤《ほうこうざい》の匂《にお》いがすると言うそうです。実は私も、薔薇《ばら》の香《かお》りは合成のほうを先に知りました。幼い頃《ころ》に、薔薇《ばら》の香《かお》りの消しゴムをスースーと嗅《か》いで、良い匂《にお》いだと感じていたのだと思います。そして、今までに本物の薔薇《ばら》の香《かお》りに包まれた経験など一度もないのに、日常では化学的に合成された薔薇《ばら》の香《かお》りを楽しんでいます。もしかしたら私も、本物の薔薇《ばら》の香《かお》りを嗅《か》いでも、日頃《ひごろ》の答え合わせができたとしか思えないのかもしれません。ああ、やはりこういう匂《にお》いだったのか、ローズの香《かお》りの入浴《にゅうよく》剤《ざい》は正解だったのだな、と。

人様のお宅を訪問すると、その家の独特の匂《にお》いに誰《だれ》しも気づくものですが、数年前からスプレー式の消臭剤《しょうしゅうざい》が普及《ふきゅう》して、お客さまが見える前にはシュッシュッとスプレーして、室内の空気やカーテンの臭《にお》いを消すことが習慣化しているようです。なにも匂《にお》わないのが良いおもてなしであり、エチケットであるということになっています。家族だけの空間でも、夕飯の匂《にお》いが次の朝に残らないように夜のうちに、カーテンやソファにスプレーしておくと良いようです。現代では、強い生活臭《しゅう》を根絶することが、素敵《すてき》な生活を意味しているのです。

近代化の過程で、このように人々が人工の香《かお》りを駆使《くし》したり、無臭化《むしゅうか》したりして自然な匂《にお》いや生活臭《しゅう》を消そうとしてきたのは、なぜなのでしょうか。なぜ、生き物本来の匂《にお》いを遠ざけようとしてきたのか、ここ数百年の間に、人々は何の香《かお》りを嫌《きら》い、何を嗅《か》ぎたいと願ってきたのでしょうか。

二十世紀は視覚中心の時代であり、メディアの発展を*牽引《けんいん》してきたのは映像技術です。並んで聴覚《ちょうかく》においてもまた音響《おんきょう》技術が発達して、いまや映像と音声はかなり高い水準で、電気さえあれば、いつでもどこでも手軽に楽しめるメディアとなっています。

しかし、嗅覚《きゅうかく》となると、かなり以前からテレビの料理番組で「香《かお》りをお伝えできないのが残念です」といいながら、まだいっこうに匂《にお》いは電波に乗りません。言葉やイメージという、間接的なメディアで比喩的《ひゆてき》に

【国　語】（五〇分）〈満点：一〇〇点〉

一　次の文章は『五感の哲学《てつがく》』という本の一部です。これを読んであとの質問に答えなさい。

俗《ぞく》に「鼻が利《き》く」という言い方があります。それは、嗅覚《きゅうかく》が敏感《びんかん》で、わずかな徴候《ちょうこう》から何か重要なことや利益になることを嗅《か》ぎ当てる能力に長《た》けている性質を示します。それも、他《ほか》の人よりも素早《すばや》く、そして密《ひそ》かに気配を察知して行動することができること、そんな様子を「鼻が利《き》く」と表現します。

また嗅覚《きゅうかく》の特徴《とくちょう》のひとつに、一時的には、そのセンサーがなくてもそれほど不便ではないという点があります。実際、私たちは風邪《かぜ》をひいてまったく匂《にお》いが感じられなくなっても、呼吸さえできていれば、直ちに生活に困るということは普通《ふつう》はありません。映画のように匂《にお》いの感じられない疑似《ぎじ》体験であっても、私たちは充分《じゅうぶん》に感動したり泣いたりすることができますし、そこに匂《にお》いが欠落しているということに気づきもしないほどです。

しかし逆に、やはり息をしなければ生きていられませんから、漂《ただよ》う匂《にお》いをまったく嗅《か》がずに長く留《とど》まり続けることはできません。強い悪臭《あくしゅう》ならば、すぐに避《さ》けて、遠く距離《きょり》を置かねば命にかかわるのです。

このように、一時的にはなくてもさほど困らないけれども、しかし完全に遮断《しゃだん》し続けることは難しいという特徴《とくちょう》をもつ嗅覚《きゅうかく》は、私たちに何を与《あた》えてくれているのでしょうか。

嗅覚《きゅうかく》から得られる体験は、それが化学的な反応だとは分かっていても、視覚や聴覚《ちょうかく》のようには明解にデータ化することができず、そこに何か割り切れないものが匂《にお》うのです。

こんなふうにぼんやりした印象から、本章の考察を始めてみましょう。なにせ、私たちの嗅覚《きゅうかく》は犬よりも猫《ねこ》よりもはるかに鈍《にぶ》く、そして次節で見るように、おそらくは父母や祖父母の時代よりもさらに鈍《にぶ》ってしまっているらしいのですから。

かつて日本には、「田舎《いなか》の香水《こうすい》」という言葉がありました。農村地帯に入って堆肥《たいひ》や肥《こ》やしの臭《にお》いがプーンと漂《ただよ》ってくると、つい、その言葉を呟《つぶや》いてしまったものですが、そんな言葉はもう最近はまったく使われなくなりました。

昔は田舎《いなか》に限らず、どこでも今よりも何かと臭《くさ》かったように思います。映画館は換気《かんき》が悪くて、お煎餅《せんべい》とキャラメルの香《かお》りや＊ご不浄《ふじょう》の臭《にお》いが強く立ちこめて、映画を見終わる頃《ころ》には頭痛がしたものでした。あるいは冬のスキー場のトイレも、蒸《む》れた尿《にょう》の悪臭《あくしゅう》で息もできないほど臭《くさ》かった記憶《きおく》があります。「田舎《いなか》の香水《こうすい》」という言葉が消えたのは、それが田舎《いなか》への差別表現だからという理由だけではなさそうです。

現代の日常生活では、田舎《いなか》でも都会でも、もはや強い生活臭《しゅう》など嗅《か》ぐことはほとんどありません。生活水準が向上してゆく中で、臭《くさ》いことは撲滅《ぼくめつ》すべき悪となり、無臭《むしゅう》と芳香《ほうこう》とが求められてきたのです。生きている限りは必然的に発生するはずの体臭《たいしゅう》も敵視されてきました。そして本来の臭《くさ》い匂《にお》いは「元から断《た》たなきゃダメ」なものであり、合成された芳《かんば》しい香《かお》りで防ぎ、誤魔化《ごまか》すことが一般化《いっぱんか》しました。とにかく嫌《いや》な臭《にお》いを封《ふう》じる、ということに私たちは＊邁進《まいしん》し、無臭《むしゅう》と芳香《ほうこう》にすっかり慣れてきてしまったのです。

2021年度

解　答　と　解　説

《2021年度の配点は解答欄に掲載してあります。》

＜算数解答＞ ≪学校からの正答の発表はありません。≫

[1]　(1)　$\frac{634}{2021}$　(2)　(ア)　52分　(イ)　毎分105L

[2]　(1)　12時15分　(2)　時速1.2km　(3)　30分間　(4)　14時9分

[3]　(1)　$6\frac{2}{3}\text{cm}^2$　(2)　$\frac{4}{9}\text{cm}^2$　(3)　$2\frac{1}{4}\text{cm}^2$

[4]　(1)　②・④・⑤・⑥　(2)　(ア)　解説参照　(イ)　10通り

(ウ)　(1，2，6，10，11，15)

○推定配点○

[4](2)　各8点×2　他　各7点×12（[4](1)・(2)(ア)・(ウ)各完答）　計100点

＜算数解説＞

[1]　**(四則計算，割合と比，仕事算，差集め算)**

(1)　$1\div\frac{43}{8}+0.25\div\frac{47}{24}=\frac{8}{43}+\frac{6}{47}=\frac{634}{2021}$

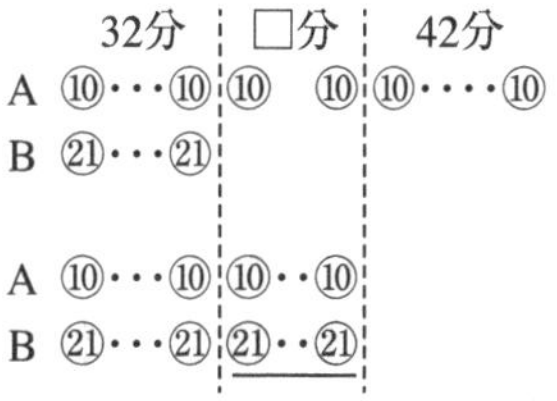

重要　(2)　(ア)　AとBの1分の給水量の比は2.1：1＝21：10である。右図において，下線部の量がそれぞれ等しくA・Bで給水すると，32＋10×42÷21＝52(分)で満水になる。

(イ)　(ア)により，8060÷52÷(10＋21)×21＝105(L)

[2]　**(速さの三公式と比，旅人算，割合と比，消去算，単位の換算)**

やや難　(1)　Aさんの登り・下りの時間…14時45分－9時－1時間＝4時間45分つまり$4\frac{3}{4}$時間

Bさんの登り・下りの時間　…14時55分－9時30分－1時間＝4時間25分つまり$4\frac{5}{12}$時間

Aさんの登りの時間を③，下りの時間を[2]とすると，Bさんの登りの時間は[3]，下りの時間は②であり，これらの合計⑤＋[5]が$4\frac{3}{4}+4\frac{5}{12}=9\frac{1}{6}$(時間)であるから，①＋[1]は$\frac{55}{6}\div5=\frac{11}{6}$(時間)…ア

また，③＋2－(3＋②)＝①－1は$4\frac{3}{4}-4\frac{5}{12}=\frac{1}{3}$(時間)　…イ　　ア＋イより，②が$\frac{11}{6}+\frac{1}{3}=\frac{13}{6}$(時間)

したがって，Aさんが山頂に着いたのは$\frac{13}{6}\div2\times3=\frac{39}{12}=3\frac{1}{4}$(時間後)の12時15分

(2)　(1)より，Aさんの下りの時間は$4\frac{3}{4}-3\frac{1}{4}=1\frac{1}{2}$(時間)，登りの時間と下りの時間の比は$3\frac{1}{4}$：$1\frac{1}{2}$＝13：6であり，Pから登る距離とQへ下る距離の比は(2×13)：(3×6)＝13：9である。

したがって，登りの時速は6.6÷(13＋9)×13÷$3\frac{1}{4}$＝3.9÷$3\frac{1}{4}$＝1.2(km)

(3)　(2)より，Bさんが山頂に着いたのは(6.6－3.9)÷1.2＝$2\frac{1}{4}$(時間後)すなわち2時間15分後の11時45分である。したがって，2人が共に山頂にいたのは12時15分から12時45分までの30分間。

(4)　(2)・(3)より，13時にBさんは山頂から$1.2\times\frac{3}{2}\times\frac{15}{60}=0.45$(km)下っている。
したがって，BさんとCさんが出会うのは$(3.9-0.45)\div(1.8+1.2)=1.15$(時間後)の14時9分

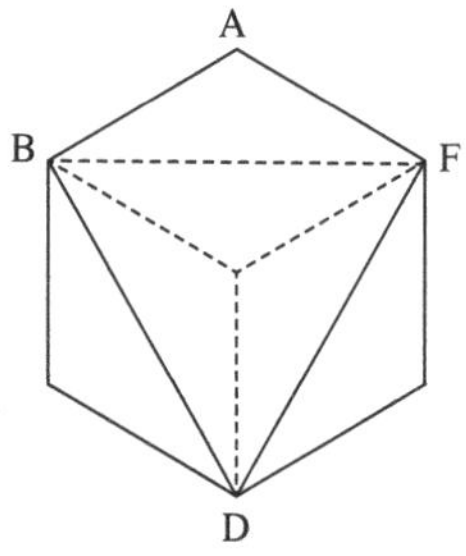

＋α　3　(平面図形，相似，割合と比)

基本　(1)　右図より，$10\div6\times4=\frac{20}{3}$(cm^2)

重要　(2)　図1において，三角形BGIとDOIは相似であり，BI：IDは2：3　また，BG：GCは2：1である。したがって，三角形BGIは$10\div6\div(2+3)\times2\div(2+1)\times2=\frac{4}{9}$(cm^2)

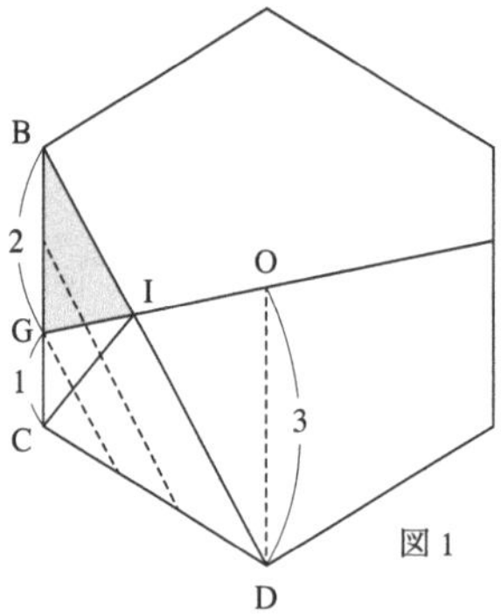

図 1

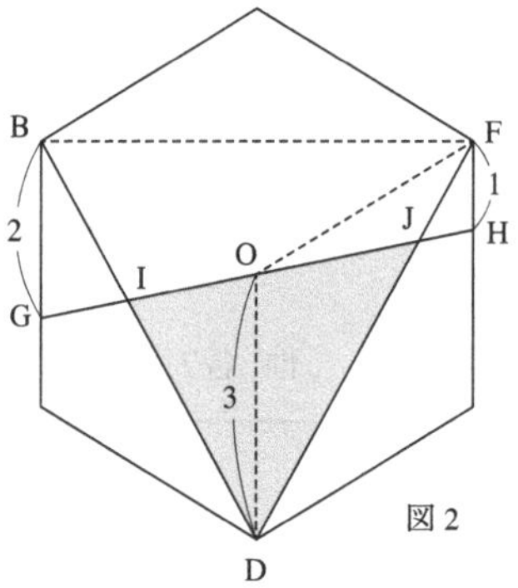

図 2

(3)　三角形IOD…(2)より，三角形BGIとDOIの面積比は4：9であり，$\frac{4}{9}\times\frac{9}{4}=1$(cm^2)
三角形JOD…相似な三角形JHFとJODの対応する辺の比は1:3であり，$10\div6\div(1+3)\times3=1.25$(cm^2)
したがって，三角形IDJは$1+1.25=2.25$(cm^2)

【別解】　三角形BDFに対する三角形IDJの辺の比による体積比より，$10\div2\times\frac{3}{5}\times\frac{3}{4}=\frac{9}{4}$(cm^2)

4　(平面図形，立体図形)

基本　(1)　右図より，①，③は色がついた面がそれぞれ重なるので不適。したがって，②・④・⑤・⑥があてはまる。

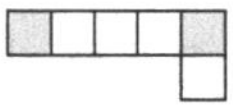
①

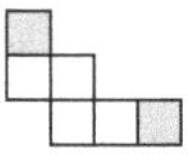
③

(2)　(ア)　以下の例から3つ答える。

(1, 2, 6, 10, 11, 14)

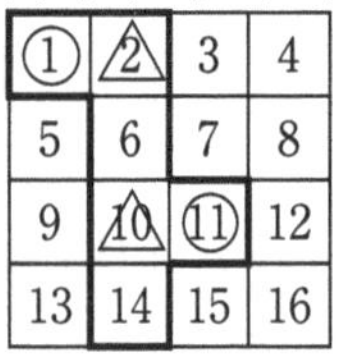

(1, 2, 6, 10, 11, 15)

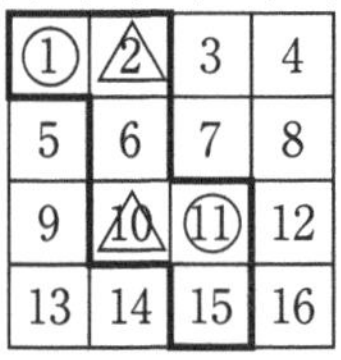

(1, 5, 6, 7, 8, 11)

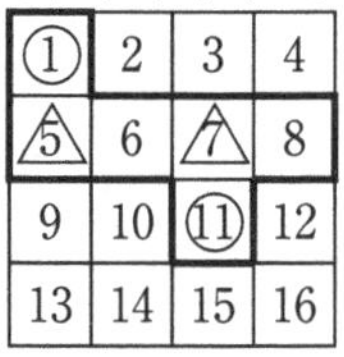

(1, 5, 6, 7, 11, 12)

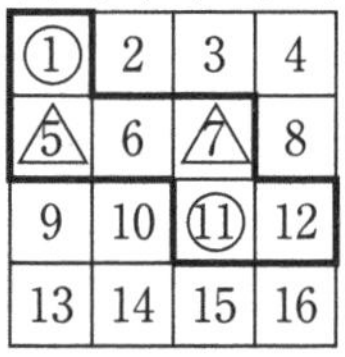

(2, 3, 6, 9, 10, 13)

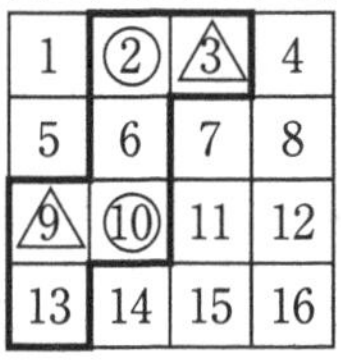

(2, 3, 6, 9, 10, 14)

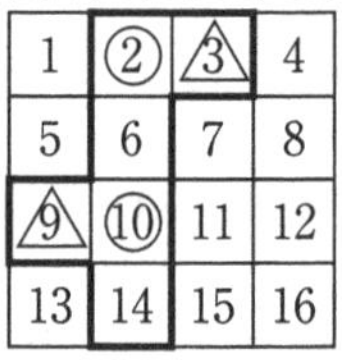

(2, 5, 6, 7, 10, 14)

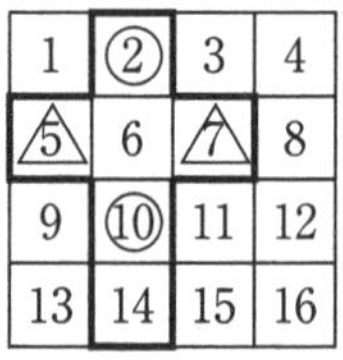

やや難

（イ）　以上の図より，問題の図を含めて10通りある。
（ウ）　（ア）より，（1，2，6，10，11，15）

(3，4，5，6，7，9)

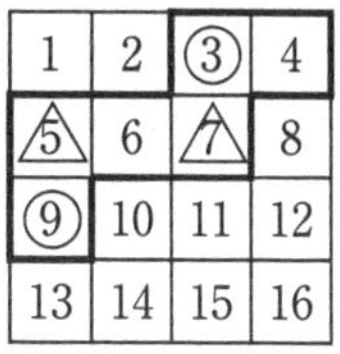

(3，5，6，7，8，9)

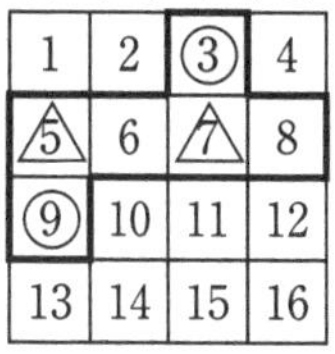

★ワンポイントアドバイス★

1(2)「満水時間」は，差集め算の図を利用すると難しくない。2(1)「山頂についた時刻」は簡単そうで難しく，3(2)「面積」は「相似」に気づくことがポイント。4(2)(イ)は，すべての場合を描き出すことが難しい。

＋α は弊社HP商品詳細ページ(トビラのQRコードからアクセス可)参照。

<社会解答> ≪学校からの正答の発表はありません。≫

問1　（種類）（例）　政治的なニュース
　　（理由）（例）　幕府の政治に口出しをすることは厳しく禁止されており，これに反すると瓦版の販売が禁止されたり，出版の責任者が逮捕されたりしたから。

問2　オランダ，中国[清]

問3　（例）　新聞が伝えていることが，詳しく正確なだけでなく，昨日のことを次の朝には記事にしているなど速報性にも優れている。また，記者が堂々と議論し遠慮なく意見を言うことができ，内閣が批判される記事を掲載することも可能である。新聞の力によって，政治についての世論を左右することができるなど，社会の中で大きな役割を果たしている。

問4　（あ）　自由民権運動　　（い）　ア・ウ

問5　（例）　国民の戦意高揚を図るため，日本にとって不利な戦況，政府や軍部に対する批判などを報じることは禁じられた。そして，そのために検閲が行われた。また，戦争に関する報道は大本営の発表に限られ，報道は国によって完全に統制されていた。

問6　（あ）（例）　戦後の復興により，国民に経済的な余裕が生まれ，お金を払ってでも様々な情報を得ようとする機運が高まった。また，表現の自由が保障されたことで，自由な報道が可能になり，新聞の中身が充実してきたから。
　　（い）（例）・日本の総人口が減少局面に入り，新聞を講読する人が減ったから。
　　・紙の新聞ではなく，電子版の新聞を講読する人が増えたから。
　　・新聞でなくても，インターネットを利用して情報を得ることができるようになったから。
　　・新聞販売店の高齢化が進み，過疎地を中心に宅配制度を維持することが難しくなったから。

問7　（例）　新聞は，テレビ，ラジオ，インターネットに比べると速報性には欠けるが，詳しく，掘り下げた報道が可能である。また，テレビ，ラジオ，インターネットに比べると，報道の内容は正確といえる。インターネットが拡散する情報の正確さが問われる中で，新聞の情報源としての信頼性の高さが最も重要な価値と考える。

○推定配点○
問1　各5点×2　　問2・問4　各2点×5　　問3・問5～問7　各8点×5　　計60点

＜社会解説＞

(総合－新聞をテーマにした日本の地理，歴史など)

問1　瓦版は，江戸時代，ニュース速報のため，木版一枚摺りにして発行された出版物。絵を中心にそのまわりに説明を配している。幕府の禁制のため，政治的なニュースを扱うことはまれで，天変地異，仇討ち，孝子忠僕の表彰などのほか，俗謡，戯文なども扱い，街頭で売られた。最古の瓦版は大阪夏の陣(1615年)を報じたものとされ，江戸の大火，八百屋お七事件の瓦版が大流行したと文献にみえる。江戸幕府は，政治的なニュースのほか，民心掌握のため，心中や放火事件などの報道も禁止，これに関する瓦版も出版できなくなった。江戸時代中期には，1772年(明和9年)の江戸大火，1783年(天明3年)の浅間山大噴火など災害瓦版が多く現れ，打ちこわしを報じたものもあったが，寛政の改革(1787～1793年)以後，取り締まりが一層厳しくなった。

基本　問2「風説書」は，江戸時代，幕府に提出された，長崎貿易を通じて得られた海外情報などの報告書。オランダ商館長からのものを「オランダ風説書」，中国(清)船からの情報は「唐船風説書」とよばれた。「オランダ風説書」は，オランダ通詞が訳し，長崎奉行を経て幕府に提出。幕府関係者のみが見た。キリスト教対策から始まり，のちに範囲が拡大した。世界情勢を知る唯一の資料となったが，オランダに不利な情報を知らされなかった。「唐船風説書」は，唐通詞を通して，長崎奉行が聴取し，幕府にもたらされた中国情報。1644～1724年までの81年間の約2300通が林家の『華夷変態』などに収められている。

問3　文章中の「どうやって新聞記者はわれわれのことを詳しく知ることができたのか，それだけでなく，昨日のことを今朝記事にできるのは何という速さなのか，驚いたものでした。」，「記者が堂々と議論し遠慮なく意見を言うことにうらやましさを感じたのでした。」，「政治についての世論を左右するのは新聞の力だと聞き，…。」などに注目して考える。

基本　問4　(あ)　自由民権運動は，明治時代前期の1870～80年代，政府に対し，民主的改革を要求した政治運動。1874年，板垣退助，江藤新平，副島種臣，後藤象二郎が愛国公党を結成して，民撰議院設立建白書を左院に提出したことをきっかけに，各地に自由民権を求める政治結社や出版社が生まれた。　(い)　自由民権運動は，国会開設，憲法制定，地租軽減，地方自治，不平等条約撤廃という五大要求を掲げ，明治政府が意図する絶対主義的天皇制国家に対し，民主主義的な立憲制国家をつくろうとした。五大要求の中心であった国会開設は，1881年に発布された国会開設の詔によって一応終結した。イ－大日本帝国憲法の発布は1889年。自由民権運動の高揚期よりも後のできごとである。エ－アメリカとの戦争は「太平洋戦争」。1941～1945年のできごとである。

重要　問5　第二次世界大戦中に新聞に求められた主な役割は，国民の戦意を高揚する宣伝報道を行うことであった。例えば，1941年12月の日米開戦を伝える新聞には，「米英の撃滅へ」など国民を戦争に駆り立てる見出しが踊っている。また，日本兵と交流するアジア諸国の子どもの写真を掲載するなど，欧米諸国の植民地支配からアジアを解放するという「大東亜共栄圏」構想を宣伝する記事も多数掲載されている。一方で，1942年6月のミッドウェー海戦についての報道では，日本側の損害を隠し，アメリカ側の損害を水増しした大本営(旧日本軍において，戦時にあたって大元帥である天皇のもとに設置された最高統帥機関)の発表を，新聞はそのまま無批判に報道した。さらに，1943年には，ガダルカナル島から「撤退」は「転進」に，アッツ島の守備隊「全滅」は「玉砕」と言い換えられ，大本営の作戦や補給の失敗は不問とされた。軍の意向に逆らわず，むしろ積極的に空気を読んで戦争の片棒を担いだ新聞の責任は大きいと言える。

やや難 問6 (あ) 日本の新聞の発行部数は，戦中から終戦にかけて，情報統制や紙そのものの不足など減少したが，戦後は一転して順調な伸びを示した。これは，まず，朝鮮戦争によるアメリカ軍の膨大な特殊需要(特需)によって，特需景気がおこり，1950年代初めには鉱工業生産が戦前の水準に回復し，国民に経済的な余裕が生まれたからである。また，GHQ（連合国軍最高司令官総司令部）が主導した「民主化」政策，1946年に公布された日本国憲法などによって表現が自由が保障され，自由な報道が可能になり，新聞の中身が充実したことがあげられる。さらに，戸別の宅配制度が確立されたことにより，自宅に新聞が配達される便利さから，複数の新聞を講読する人が増えたことも理由の一つである。 (い) 総務省統計局の「家計調査」によると，2007年と2017年の10年間の比較で，新聞への支出額を最も減らしたのが30歳未満の世帯で77%の減，次に減らしたのが30歳代の世帯で60%の減である。一方，70歳以上の世帯では 3%の減で，これは若い世代における主な情報源が新聞からインターネットに移行していることを裏付けている。また，新聞の定期購読者の中で，従来の紙媒体の新聞から，検索機能が充実している電子版の新聞に乗り換える人も増加している。さらに，複数の新聞を購読する人が減り，ほとんどが 1紙のみになってきていること，高齢化や新聞購読者の減少によって新聞販売店の経営が成り立たなくなり，新聞の戸別宅配が困難になってきていることも背景としてあげられる。

重要 問7 新聞の価値は，インターネットと比較してみると分かりやすい。インターネットの情報は，確かに速報性に優れているが，情報の内容が薄く，間違った情報も多く含まれている。それに比べ，新聞の記事は，発行されるまでに多くの人の目や手が入っているため，正確さに優れている。比較的短時間で，多くの情報に網羅的にアクセスすることができ，紙面のレイアウトの工夫によって，記事の重要性の大・小などを視覚的に把握できるのも強みである。また，解説的な記事も多く，内容に深みがある。さらに，電子情報であるインターネットと比べ，保存性にも優れている。

★ワンポイントアドバイス★

記号選択問題や用語を答える問題はそれほど難易度は高くない。それだけに，全問正解を目標にする必要がある。

<理科解答> ≪学校からの正答の発表はありません。≫

[1] 問1 0.03(cm) 問2 水を冷やすと，0℃でこおってしまうから。水は4℃のとき，体積が最も小さいから。 問3 (1) 12(cm) (2) 液面の高さの変化が大きくなるから。 (3) 液だめに熱が伝わりやすいから。 (4) 液の量を多くすることにより，液の体積の変化を大きくすることができる。

[2] 問1 え 問2 う，お 問3 現象 あ 消えていた理由 B
問4 方角 い 見え方 C 問5 う 問6 足を前に動かすときは水かきを閉じているが，足を後ろに動かすときは水かきを開いている。 問7 (1) 水中の水草などを食べていたから。 (2) 水草が川下へ向くので，カモは川上を向いていた。
(3) 川の流れと同じ速さで，川上に向かって泳いでいる。

[3] 配られた紙とシートが公表されないため，解答省略

○推定配点○

[1] 各3点×7 [2] 各3点×9(問2～問4各完答) [3] 各4点×3 計60点

<理科解説>

1 (器具の使用法－温度計のしくみ)

問1　0℃の水1cm^3は，25℃のとき1.003cm^3になるので，1.003(cm^3)－1(cm^3)＝0.003(cm^3)増える。したがって，10cm^3の水の場合は，0.003(cm^3)×10＝0.03(cm^3)増えるので，水の高さは，0.03(cm^3)÷1(cm^2)＝0.03(cm)高くなる。

やや難　問2　水は0℃でこおると体積が約1.1倍になる。また，水は4℃のとき，体積が最も小さく，温度が4℃よりも下がっても，4℃よりも上がっても，体積が増えるので，液体温度計としては使うことができない。

やや難　問3　(1)　0℃の液体A1cm^3は，25℃のとき1.024cm^3になるので，1.024(cm^3)－1(cm^3)＝0.024(cm^3)増える。したがって，5cm^3の液体Aの場合は，0.024(cm^3)×5＝0.12(cm^3)増えるので，液体Aの高さは，0.12(cm^3)÷0.01(cm^2)＝12(cm)高くなる。　(2)　ガラス管の内側の断面積が小さくなるほど，ガラス管の中の液面の変化が大きくなる。　(3)　液だめのガラスが薄いほど，外部との熱の出入りがはやくなるので，気温の変化をより正確に測ることができる。　(4)　液だめがあることで，液の量が多くなり，液面の高さの変化も大きくすることができる。

2 (小問集合－川の水面の高さ，川幅と川の流れの速さ，もや，オリオン座，カモの泳ぎ)

問1　下流では，上流や中流で降った雨によって，雨が降り始めてから，しばらくしてから川の水が増え始める。

問2　川幅が広いところから狭いところに流れるとき，川の流れは速くなる。

重要　問3　もやは，水面から蒸発した水が水蒸気になり，まわりの空気によって冷やされて，水滴になり浮かんだものである。また，気温が上昇すると，水滴が水蒸気になることで，もやが消える。

重要　問4　星は1日に約1°ずつ，1ヵ月に約30°西に動く。(右図参考)したがって，100日前は約100°東にオリオン座が見える。

問5　右方向に流れる川の流れと直角に体を向けて泳ぐカモは，斜め右方向に進む。

やや難　問6　カモの足には水かきがついている。また，足を前に動かすときは水かきを閉じることで，水の抵抗を減らすことができる。また，足を後ろに動かすときは水かきを開くことで，水の抵抗を増やし，前に進む推進力を得ている。

やや難　問7　カモは，主に水草の葉や茎，植物の種子などを食べるが，それ以外に貝なども食べる。

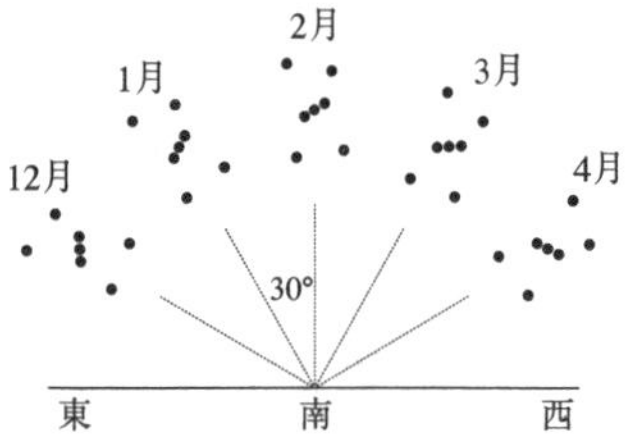

各月20日の午後9時の
オリオン座の位置

3 解説省略。

★ワンポイントアドバイス★

理科の基本的な問題を十分に理解しておくこと。また，各分野での思考力を試す問題や記述問題，作図問題にも十分に慣れておくこと。

＜国語解答＞ ≪学校からの正答の発表はありません。≫

一 問一 (例) 田舎への差別表現を避けたほか，生活水準が向上する中で，臭いことが撲滅すべき悪となり，無臭と芳香が一般化して慣れてしまったから。

問二 (例) 久しぶりに訪れた我が家の便所の匂いに幼児の記憶がよみがえり，本当に我が家へ戻ってきたという親しみが湧く，また，お屋敷から漂ってきた便所の匂いが雅びであったという例があるから。

問三 (例) 消しゴムの合成の薔薇の匂いを先に知っていて，日常では科学的に合成された薔薇の香を楽しんでおり，本当の薔薇の匂いに囲まれた経験が一度もないから。

問四 (例) 味覚と違って嗅覚は，具体的な物から離れて抽象化できにくい情報であり，数値化してデータにすることが困難だから。

問五 イ

問六 (例) 本来，具体的な物は必ず匂いを発散しており，生き物は強い香りを放っているので，嗅覚を取り除いて考えるということは，生き物のリアルな本質を問う場面では，大事な要素を欠くことになるから。

二 ① 取捨 ② 看護 ③ 無下 ④ 街路樹 ⑤ あ ⑥ 粉

○推定配点○

一 問五 13点 他 各15点×5 二 各2点×6 計100点

＜国語解説＞

一 (論説文―内容理解，空欄補充)

問一 あとの二つの段落に注目。「『田舎の香水』という言葉が消えたのは，それが田舎への差別表現だからという理由だけではなさそうです」「生活水準が向上してゆく中で，臭いことは撲滅すべき悪となり，無臭と芳香とが求められてきたのです」「とにかく嫌な臭いを封じる，ということに私たちは邁進し，無臭と芳香にすっかり慣れてきてしまったのです」とある。

問二 二つ前の段落の「たとえば久しく故郷を離れていた者が……」のエピソードや，傍線部直前の「ある友人が名古屋のお屋敷から……」の部分の内容をふまえて答える。

問三 傍線部直前の「実は私も……薔薇の香りを楽しんでいます」の部分に注目して，解答をまとめる。

重要 問四 味覚と比較しながら，嗅覚の特性を述べているのは，傍線部のあとの六つの段落である。この部分の内容をとらえる。

基本 問五 味(味覚)と違って匂い(嗅覚)は，個別的・具体的なものであり，抽象的・包括的に表現することができないということである。

やや難 問六 傍線部に関係する内容を探すと，三つ前の段落に「嗅覚を取り除いて考えるということは，生き物のリアルな本質を問う場面では，大事な要素を欠くことになります」とある。また，傍線部の直前に「具体的な物は，必ず匂いを発散しています。生き物は強い香りを放っている」とあるので，これらの内容をまとめる。

二 (漢字の読み書き)

① 「取捨選択」は，悪いものや不用なものを捨て，良いものや入用なものだけを選び取ること。
② 「護」の右側を「隻」としないように注意。 ③ 「無下に」は，通りいっぺんに，という意味。
④ 「街路樹」は，市街の美観や環境保全のために道路に沿って植える樹木のこと。 ⑤ 「編集」の「編」である。 ⑥ 「身を粉にする」は，労苦をいとわず尽力する，という意味。

★ワンポイントアドバイス★

読解問題では，文章が長いうえに細かい読み取りが必要となる。字数の多い記述問題が中心であり，ふだんからいろいろな論説文や小説にふれ，文章を要約する練習をしておくことが大切！　漢字や，慣用句などの語句の基礎知識も必須だ。

2020年度
★★★★★★★★★★★★★★★★★★★★★★★★

入　試　問　題

2020年度

武蔵中学校入試問題

【算　数】（50分）　＜満点：100点＞

1　次の各問に答えなさい。（式や考え方も書きなさい。）

(1)　2を634個かけた数 $\underbrace{2\times 2\times 2\times \cdots \times 2}_{\text{634個}}$ の一の位の数を求めなさい。

(2)　ある食堂には2種類のランチセットA，Bがあり，Aは800円，Bは1000円です。また，どちらかのセットを1割引で注文できるクーポン券があります。ある日，Aが35個，Bが42個注文され，クーポン券が32枚使われました。この日の売り上げが67100円であったとき，クーポン券を使って注文されたAの個数を求めなさい。ただし，クーポン券を使って注文できるセットは，クーポン券1枚あたり1個だけです。

2　図のように，角Aと角Bが直角の台形ABCDがあり，AD：BC＝3：8 です。
また，三角形ABEの面積と台形ABCDの面積の比は 5：11 です。次の各問に答えなさい。
（式や考え方も書きなさい。）

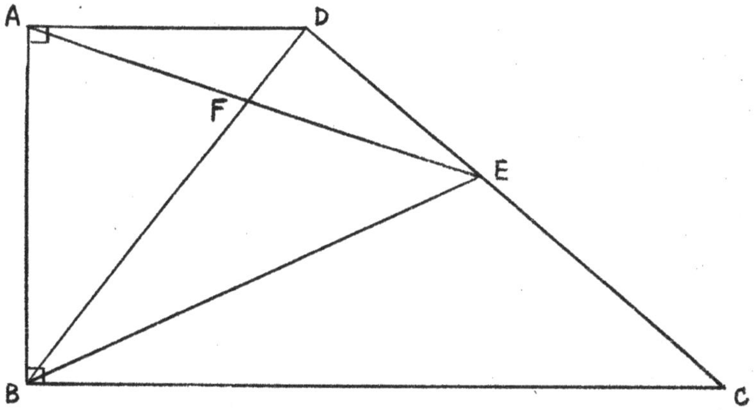

(1)　DE：EC を求めなさい。

(2)　DF：FB を求めなさい。

3 5種類の球①，②，③，④，⑤が2個ずつあります。このうち5個をAの箱に，残りの5個をBの箱に入れます。ここで，箱の中に入っている球に書かれた数の積の一の位の数を，その箱の点数とします。例えば，図1の場合の点数は，Aが0点，Bが6点です。次の各問に答えなさい。

図1

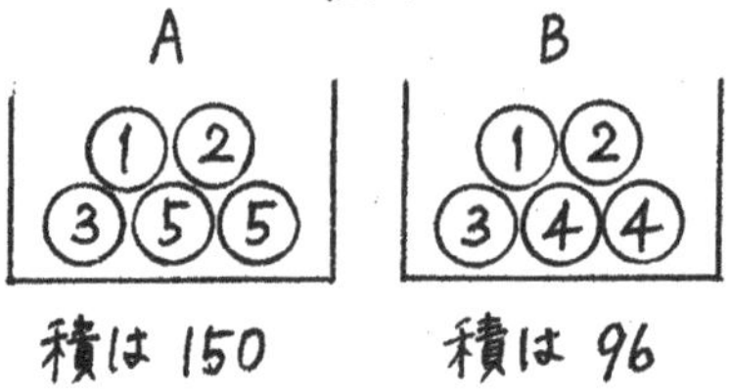

(1) A，Bのどちらにも⑤が入っているとき，少なくとも1つの箱の点数は0点となります。その理由を答えなさい。

(2) AはBより点数が大きく，Bが0点でないとき，A，Bそれぞれの点数として，考えられるすべての場合を答えなさい。

(3) 最初，Aが5点だったそうです。次にそれぞれの箱から1個ずつ球をとり出し，箱の中に残った4個の球で同じように点数を考えます。

(ア) Aの点数が5点より大きくなったとき，最初にAに入っていた5個の球とそこからとり出した1個の球を解答欄《らん》に書きなさい。

(イ) BがAより点数が大きくなったとき，最初にBに入っていた5個の球とそこからとり出した1個の球として，考えられるすべての場合を解答欄に書きなさい。（解答欄は必要なだけ使いなさい。）

<解答欄>

(ア)

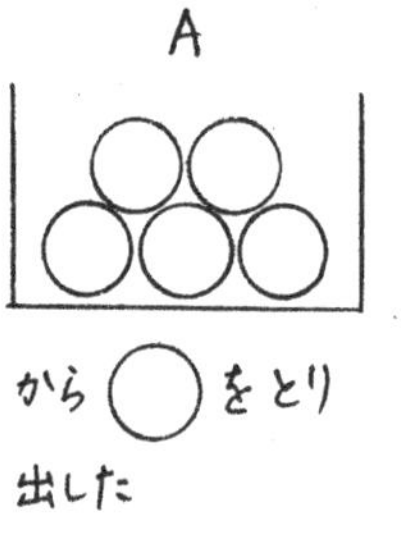

(イ)

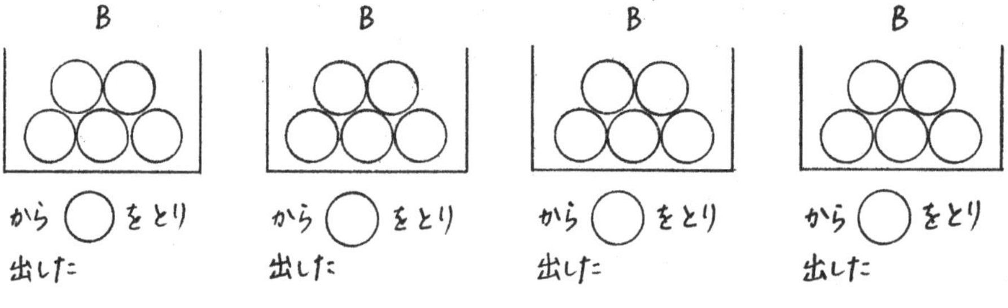

4　選挙では，各候補者の得票数に小数点以下の数がついている場合があります。この仕組みを例 1 を用いて説明します。①～④の 4 人の候補者について，投票用紙に姓《せい》名とも書かれている票の数を正規の得票数と言います。投票用紙に「田中」とだけ書かれていると①と③のどちらに投票したか不明です。また,「ともこ」とだけ書かれていると②，③，④の誰《だれ》に投票したか不明です。そこで,「田中」だけの票が 3 票あったので，これを①と③の正規の得票数の比に分けて分配し，正規の得票数に足します。この操作を「按分《あんぶん》」と言います。ただし，按分する票数は小数第 2 位を切り捨てます。①については，$3\times\dfrac{5}{5+6}=1.36\cdots$ なので，1.3票を足して，按分後の得票数は6.3票になります。③についても，同様に計算して，「田中」の分で1.6票を足しますが，③は「ともこ」だけの 3 票についても按分しないといけません。つまり，$3\times\dfrac{6}{7+6+8}=0.85\cdots$ なので，さらに0.8票を足して，按分後の得票数は8.4票となります。次の問に答えなさい。(式や考え方も書きなさい。)

例 1

	姓	名	正規の得票数	按分後の得票数
①	田中	こうじ	5	6.3
②	上田	ともこ	7	8
③	田中	ともこ	6	8.4
④	山下	ともこ	8	(ア)

「田中」とだけ書かれた票	3
「ともこ」とだけ書かれた票	3

例 2

	姓	名	正規の得票数	按分後の得票数
①	田中	こうじ	21	22.6
②	上田	ともこ	20	21.5
③	田中	ともこ	(イ)	(ウ)
④	山下	ともこ	17	18.2

「田中」とだけ書かれた票	(エ)
「ともこ」とだけ書かれた票	5

(1)　例 1 について，(ア)に入る数を求めなさい。

(2)　例 2 について，(イ)に入る数を求めなさい。

(3)　例 2 について，(ウ)，(エ)に入る数をそれぞれ求めなさい。

【社　会】（40分）　＜満点：60点＞

「母なる川」という言葉をみなさんは聞いたことがありますか。この言葉が示すように，私たちは川からさまざまな恩恵《おんけい》を受けてきました。山地の割合が高い日本では，生活しやすい平野部がわずかしかありませんが，その平野の大部分を作り出したのは川の流れです。河川が自然現象として氾濫《はんらん》を繰《く》り返すなかで，数千年以上かけて土砂を堆積《たいせき》させて平野を形作ったのです。その一方，氾濫は人びとの生活をおびやかすものでもあります。氾濫により被害《ひがい》が生じると，人びとは災害として認識し，被害を抑《おさ》えるために河川を管理しようとします。これを治水といいます。ただし，自然のしくみは複雑なため治水は一筋縄《ひとすじなわ》ではいきませんでした。河川は上流から下流まで流域全体を通して一つの流れとなっており，どこか一部を工事して制御《せいぎょ》できたと思っても，他の場所でほころびが生じてしまうことが分かってきました。また，河川の流れを制御し過ぎることによって生じる弊害《へいがい》も分かってきました。そこで，今日は，日本のいくつかの河川の事例を通して，治水のあり方について学んでみましょう。

日本で大規模な治水が行われるようになったのは，土木技術の発達した戦国時代からで，甲府盆地《こうふぼんち》を流れる釜無川《かまなしがわ》の霞堤《かすみてい》は川の性質をうまく利用した画期的な治水方法としてよく知られています。また，江戸《えど》時代になると各地で大規模な工事が行われるようになり，濃尾《のうび》平野では木曽三川《きそさんせん》の宝暦《ほうれき》治水が，関東平野では利根川の流路変更《へんこう》などが例として挙げられます。人びとは長い間，試行錯誤《さくご》を重ねつつ治水を続けてきましたが，治水は今でも重要な課題の１つであることから，いかにそれが困難なものか理解できるのではないでしょうか。

まず，流域全体を考える事例として，出雲《いずも》平野を流れる斐伊川《ひいかわ》について見ていきましょう（図１）。出雲平野の歴史は古く，1300年前に書かれた，『日本書紀』には出雲の地が重要な場所として記されています。ヤマタノオロチ伝説を知っている人も多いのではないかと思いますが，斐伊川がモデルとなったとされています。崩《くず》れやすい地質の中国山地から流れ出す斐伊川は，昔から下流へ多くの土砂を運び，しばしば氾濫を起こし，何度も自然と流路を変え，被害を生じさせました。このことがヤマタノオロチを想像させた理由と考えられます。かつてこの川は出雲平野を西流し，日本海に注いでいたのですが，1630年代の氾濫をきっかけに流れの向きを東に変え，反対側の宍道湖《しんじこ》に注ぐようになりました。当時，中国山地はこの地域特有の理由もあって，木がほとんど見られない禿《は》げ山が広がっていました。製鉄がさかんであったこの地域では，広範囲《こうはんい》で「かんな流し」という砂鉄採取法が行われていました。その方法は山を削《けず》るため，削った後の土砂が大量に下流へと運ばれ，その結果，河床《かしょう》が周囲より高くなり氾濫が起きやすくなっていました。こうした状況《じょうきょう》から，下流部では氾濫を防ぐために約50年ごとに人工的に流路を移し替《か》える「川違《かわたが》え」という工事を行い，流路変更《へんこう》した川の跡《あと》を新田として開発していきました。このように上流の条件や開発が下流部に影響《えいきょう》を及《およ》ぼすため，流域全体を通した治水が重要であることが分かるのではないでしょうか。現在，斐伊川の流域内には50万人以上が生活しています。以前と比べると上流部の森林は回復し，ダムを造るなど治水工事が進んだため，斐伊川の氾濫は減少しました。しかし，1972年に約２万5000戸の家屋が浸水《しんすい》する大水害が起きたこともあり，下流部では増水時に斐伊川の西側を流れる神戸川へ分流させる放水路を2013年に完成させるなど最近でも治水事業が続いています。

次に近代における治水の事例として，信濃川《しなのがわ》について見てみましょう（図２）。江戸時代から穀倉地帯だった越後《えちご》平野は，大規模な氾濫に幾度《いくど》も悩《なや》まされてきました。江戸時代中期から幕府に陳情《ちんじょう》が繰り返された結果，明治時代に入って放水路工事が開始されることになりました。川の水を日本海に逃《に》がすため，海側を南北に伸《の》びる山地を削る難工事を経て，1931年ついに全長約10㎞の放水路となる大《おお》河津分水《こうづぶんすい》が完成しました。長い間しばしば氾濫が起き，湿地帯《しっちたい》が広がっていた越後平野は，この工事のおかげで排水《はいすい》が容易になり，耕地の拡大につながりました。この工事は，河口より約50㎞上流の地点で川の水を日本海へ直接放流することができるという点では，有効な治水となりました。しかし，後に信濃川本流や放水路の河口で問題が生じていたことが分かってきました。また，下流部での氾濫は減少したものの，昨年のように上流部の千曲川では氾濫による大きな被害が発生することもあり，流域を通しての治水には課題が残っていることが分かります。

戦後，各地の河川で上流部のダム建設や下流部の大規模な堤防《ていぼう》建設などの流域全体の治水事業がさらにすすめられました。人口増加とも相まって，かつて水田の多かった川沿いの低地も新たに宅地や商業地などとして利用されるようになっていきました。一方，ダム建設の影響で日本各地の海岸が侵《しん》食《しょく》されたり，大規模堤防建設の影響で周辺よりも河床が上昇したりと，弊害も生じています。

この30年間の政府発表の統計では，日本における大雨の年間回数が増加傾向《けいこう》にあります。今後も同様の状況が続くとなると，氾濫の危険性が高まることになります。また，堤防やダムなど治水の基盤《きばん》が造られた時期から約50年が経過し，老朽化《ろうきゅうか》していく設備や施設《しせつ》の維持《いじ》管理，更新《こうしん》に関する問題も指《し》摘《てき》されています。

このような課題が新たに生じてきていることを考えると，私たちはこれまでの治水の方法を見直しつつ，今後の状況に応じて新たな方法を模索《もさく》する必要があります。その際，これまでの経験を活《い》かしながら，自然の複雑さを念頭に置き，流域全体を通した治水を目指すことが重要です。例えば，霞堤の効果の１つのように，不連続な堤防の間に流れをあえてあふれさせ，決壊《けっかい》の危険性を減らすことなど，川の性質をうまく利用し，被害を抑えていくという方法は今後も参考になりそうです。また，2000年に法律で自治体による水害関連のハザードマップの作成と周知の義務化が行われたことなどを踏《ふ》まえ，日頃の防災訓練や防災教育などを通して防災意識を高めて生活することが，災害と向き合う上で必要になっています。変化する環境《かんきょう》の中で持続可能な社会をつくっていくために，これからも河川との付き合い方を考え続けていきましょう。

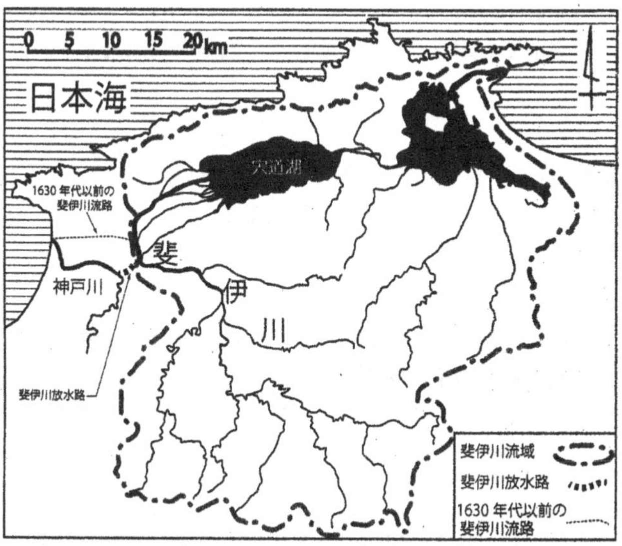

図１　出雲平野と斐伊川

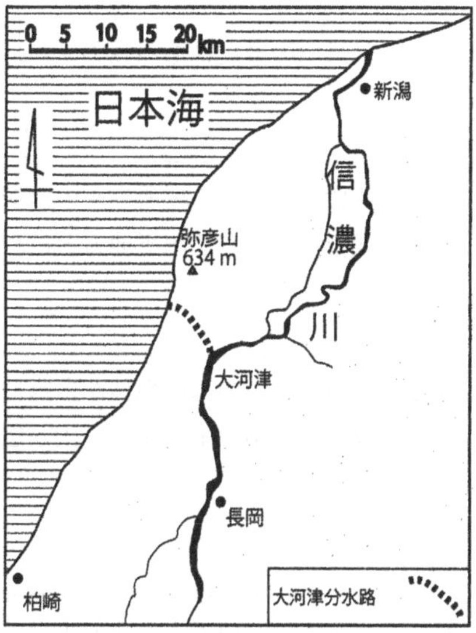

図２　信濃川と大河津分水

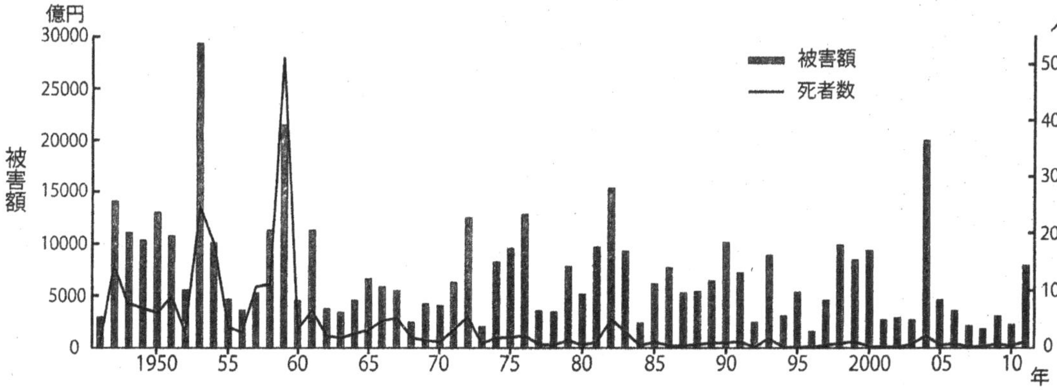

図３　水害による死者数と被害額の変化
（国土交通省『平成 23 年水害統計調査』より作成）

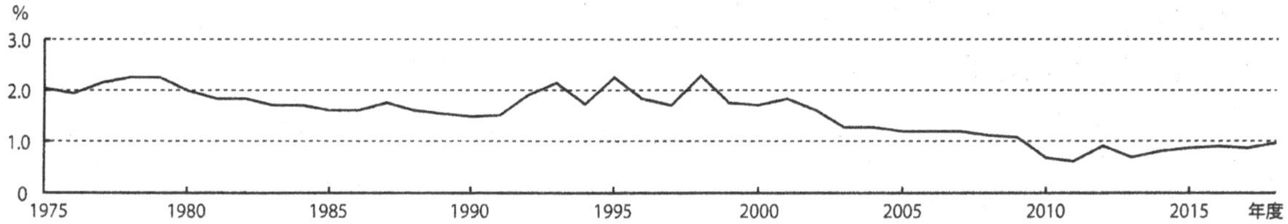

図４　政府財政の歳出《さいしゅつ》総額に占める治水関係費の割合の推移
（国土交通省『河川データブック 2019』、財務省『日本の財務関係資料』より作成）

問１　日本の水害の多くは，梅雨前線や秋雨前線，台風の影響による大雨が原因で，その発生時期は一般《いっぱん》に６月下旬《げじゅん》から９月下旬になります。しかし日本海側の河川や，本州で背骨のように連なる山脈に源を持つ河川は，それ以外の時期にも洪水《こうずい》を起こしてきました。その原因を説明しなさい。

問２　釜無川の霞堤はある戦国大名にちなんだ名前でも知られています。その戦国大名は誰《だれ》ですか。

問３　斐伊川が流れる場所やその流域の自然環境について，以下の問いに答えなさい。

(1)　斐伊川が流れる出雲地方とは現在の何県にあたりますか。県名を答えなさい。

(2)　現在の日本の山は森林が豊富ですが，20世紀より前はそうではありませんでした。斐伊川の上流部を含《ふく》む中国山地で禿げ山が広がっていた特有の理由を答えなさい。

問４　信濃川において大河津分水ができたことにより，分水の河口付近と信濃川の河口付近の海岸線でどのような変化が起こりましたか。それぞれの河口で生じている現象を関連づけて説明しなさい。

問５　第二次世界大戦後の日本における水害被害の状況について，本文と図３を参考にして，変化を説明しなさい。

問６　治水は，国や地方自治体が政策として行っている公共事業の中でも代表的なものの１つです。

⑴　21世紀に入ってからの国の歳出《さいしゅつ》総額に占《し》める治水関係費の割合は，それ以前に比べてどのようになりましたか。図４から分かることを書きなさい。

⑵　国や地方自治体の政策としての治水をめぐる現状には，どのような課題がありますか。近年の水害状況のあり方もふまえて説明しなさい。

問７　今後，人びとが災害と向き合い，持続可能な社会をつくっていくために必要な対策や課題について，以下の問いに答えなさい。

⑴　洪水および浸水ハザードマップに掲載《けいさい》されている情報で，重視されるものは何ですか。

⑵　洪水に限らず，ハザードマップを１つ取り上げ，有効な使い方を説明しなさい。

【理　科】（40分）　＜満点：60点＞

1　次の各組のア～エの４つのうち，３つには共通点があります。その共通点と，残りの１つの記号を，下の解答欄《らん》に書きなさい。

(1)	ア．稲妻《いなずま》の青白い光	イ．ホタルの緑色の光
	ウ．ルビーの赤い光	エ．ろうそくの橙《だいだい》色の光
(2)	ア．アンモニア水	イ．塩酸
	ウ．炭酸水	エ．水酸化ナトリウム水溶液《すいようえき》
(3)	ア．リコーダーの音が出る	イ．琴《こと》の音が出る
	ウ．太鼓《たいこ》の音が出る	エ．トライアングルの音が出る
(4)	ア．ツバキが実をつける	イ．ヘチマが実をつける
	ウ．リンゴが実をつける	エ．トウモロコシが実をつける
(5)	ア．竹ぼうきで掃《は》く	イ．ピンセットで挟《はさ》む
	ウ．釘《くぎ》抜《ぬ》きで抜《ぬ》く	エ．糸切りばさみで切る
(6)	ア．上皿天秤《てんびん》を使う	イ．温度計を使う
	ウ．試験管を使う	エ．物差し（定規）を使う
(7)	ア．手のひらに息をはきかけるとあたたかい	イ．風呂《ふろ》に入るとあたたかい
	ウ．懐《ふところ》にカイロを入れておくとあたたかい	エ．日光に当たるとあたたかい

〔解答欄〕

(1)	共通点		記号	
(2)	共通点		記号	
(3)	共通点		記号	
(4)	共通点		記号	
(5)	共通点		記号	
(6)	共通点		記号	
(7)	共通点		記号	

2　ヒマラヤ山脈の最高峰《さいこうほう》エベレストは標高8848mに達し，その頂きは薄《うす》い空気の中に突《つ》き出しています。この薄い空気の中で，酸素ボンベを持たずに踏破《とうは》できる登山家はほとんどいません。しかし，その遥《はる》か上空をインドガン（渡《わた》り鳥）の群れはわずか８時間でヒマラヤ山脈を自力で飛び越《こ》えるといわれています。鳥が空気の薄い上空でも飛べるのはなぜなのか，生物の呼吸の仕組みについて考えてみましょう。

問１　エベレスト山頂がどれだけ過酷《かこく》な環境《かんきょう》なのか計算してみましょう。気温は100m上昇するごとに0.65℃ 下がります。山頂の気温は標高０ｍの地表と比べて何℃ 下がりますか。また，山頂の空気の量は，地表のわずか３分の１です。地表の空気の量を１としたとき，山頂の酸素の量は地表の空気の量に対して何％になりますか。答が小数になるときは，小数点以下を四捨五入しなさい。

℃　　％

問２　ヒマラヤ山脈の地層からはアンモナイトの化石が見つかります。このことから，ヒマラヤ山脈の地層はどのようなことが起きて現在の姿になりましたか。ふさわしいものをア～カの中から１つ選び，記号で答えなさい。

ア．陸地でできた地層が，大きな地震《じしん》によって盛り上がった。

イ．海の中にできた海底火山が，海水面が下がることによって現れた。

ウ．暖かくて浅い海でできた地層が，海水面が下がることによって現れた。

エ．火山が噴火《ふんか》を繰《く》り返して，大量の火山灰が高さ8000mまで降り積もった。

オ．海の底でできた地層が，高さ8000mまで押し上げられた。

カ．高さ8000mにあった地層が，氷河によって削《けず》られた。

問３　水中でも，酸素の量は空気中に比べてごくわずかしかありません。そのような環境で，魚は「えら」を使い効率よく酸素を体内に取り入れることができます。下の図の矢印は，メダカの血液が流れる向きを表しています。アとイのどちらが正しい図か記号で答え，酸素を多く含《ふく》む血液が流れる血管はその図の灰色と黒色のどちらかを答えなさい。

ア．

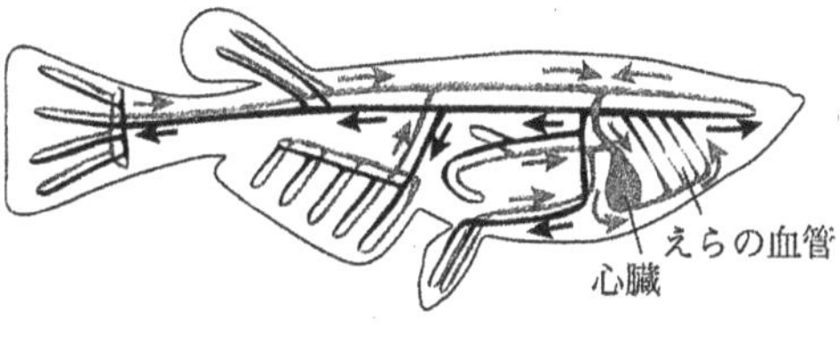

イ．

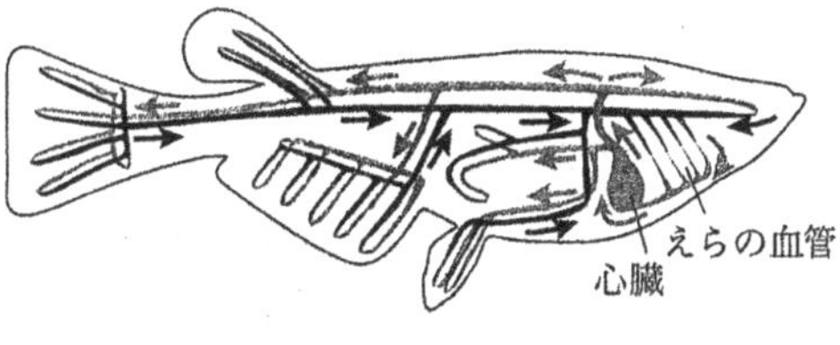

正しい図　　酸素を多く含む血液が流れる血管　　色

問４　次の文の空欄《らん》①～③に当てはまる言葉を，④はふさわしいものを選んで書きなさい。

ヒトは肺を大きく膨《ふく》らませたり，縮めたりして呼吸をしています。空気が通る［　①　］は，肺の中では細かく枝分かれしています。その先は，球形の袋《ふくろ》のようになっていて，この袋では空気と［　②　］の間で，酸素と二酸化炭素が交換《こうかん》されます。はく息には二酸化炭素の他に，吸い込《こ》んだ空気よりも［　③　］が多く含まれています。ヒトの肺は，息をはいたときに完全に空にならず，一部の空気が残ってしまいます。そのため，吸い込んだ新鮮《しんせん》な空気と残った空気が肺の中で混ざりあってしまい，肺の中の酸素の割合は外の空気と比べて［④大きく・小さく・同じに］なります。

①　　②

③　　④

鳥の肺は，たくさんの細い管の集まりになっています。空気が通過するときに酸素と二酸化炭素の交換《こうかん》を行いますが，肺そのものは膨《ふく》らんだり縮んだりしません。

右の図のように，肺の前後には，「気嚢《きのう》」という空気の入る２種類の袋《ふくろ》Ａと袋Ｂがあり，両方の袋を同時に膨らませたり縮めたりすることで，肺の中を空気が通り抜けていきます。

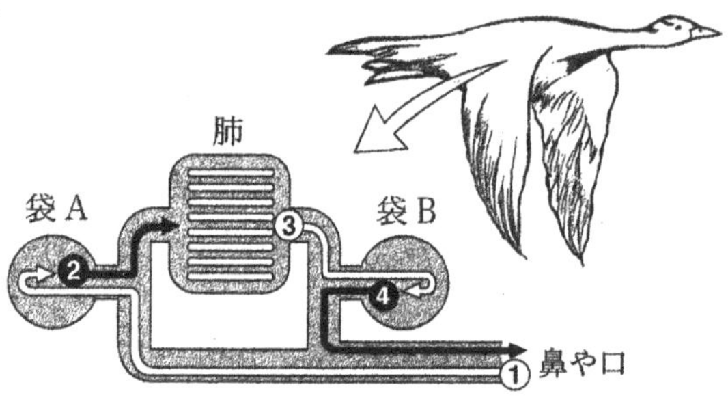

鳥の呼吸による空気の流れ

両方の袋が膨らむとき，袋Ａは鼻や口から空気を取り込《こ》み（矢印①），袋Ｂは肺を通った空気を引き込みます（矢印③）。次に両方の袋が縮むとき，袋Ａは肺に空気を送り込み（矢印❷），袋Ｂは肺から来た空気を体の外へはき出します（矢印❹）。

問５　鼻や口から空気を取り込む動作と，空気を体の外にはき出す動作を１度ずつ行うことを１回の呼吸と数えることにします。鳥は，鼻や口から取り込んだその空気を，肺を通過させて再び体の外にはき出すまでに，何回の呼吸をしますか。

□回

問６　ヒトと鳥の肺について，⑴～⑶の特徴《とくちょう》として最もふさわしいものをア～ウの記号で答えなさい。

⑴　酸素を交換する場所の形
　ア．環《かん》状　　イ．管状　　ウ．袋状
⑵　肺の中の空気の流れ方
　ア．一方向　　イ．双《そう》方向　　ウ．不規則
⑶　肺に新鮮《しんせん》な空気が入るときに必要な動作
　ア．膨らませて引き込む　　イ．縮ませて送り込む
　ウ．縮ませて引き込む

	ヒトの肺	鳥の肺
⑴		
⑵		
⑶		

問７　ヒトと鳥の肺を比較《ひかく》しながら，鳥の肺が優れている点を説明しなさい。

[3] 袋《ふくろ》の中に，リング状の磁石が２つ入っています。２つの磁石は，引き離《はな》しやすくするために糸で結んであり，どちらもＮ極に黒いシールが貼《は》ってあります。２つの磁石をつけたり離したりしてみると，つき方が何種類かあることに気づくでしょう。すべての種類について，次のページの表にＮ極とＳ極の区別ができる図をかいて説明しなさい。ただし，磁石がついているときに，全体を裏返

したり回したりすると同じつき方になるものは１種類と考えます。
（試験が終わったら，磁石は袋に入れて持ち帰りなさい）

つき方がわかる図（糸をかいてはいけません）	つき方の説明

問八　文章中のカタカナを漢字に直しなさい。

スむ	む
マイバン	
キタイ	
ハブいて	いて
キョウミ	
タイソウ	
スイソク	

その夜、僕《ぼく》はぼんやりと考えた。もしかしたら、彼女《かのじょ》は遠距離《えんきょり》通学をしている高校生なのかもしれない。ほとんど根拠《こんきょ》はないが、そうスイソクして結論づけることにした。もしも彼女《かのじょ》が何らかの理由で自分の学校の制服を着ているのではないのだとしても、その理由はわからなかった。考えてもしかたがない。それよりも、彼女《かのじょ》のすすめてくれた本はどれもおもしろかった。そのことが大事なんだと思った。思おうとした。寝《ね》る前に蒲団《ふとん》の中で読む本は僕《ぼく》を遠いところへ連れていってくれる。バレーボールは飛んでこなかったし、青々と晴《は》れ渡《わた》る空も出てこなかったし、中村《なかむら》さんも姿を現さなかった。

本を閉じた。バレーボールも青い空もどうでもいいけれど、彼女《かのじょ》には登場してほしい。彼女《かのじょ》に会いたい、と思った。

（宮下奈都《みやしたなつ》の文章による。なお、本文には一部略したところがある）

＊嗚咽《おえつ》……声をつまらせて泣くこと。

問一　「僕《ぼく》は本が好きで、『前』はよく本屋に行ったのだ」とあるが、どうして今はそうではないのですか。

問二　「僕《ぼく》が持っているところを見られるのはとてつもなくはずかしい」とあるが、なぜ「はずかしい」のですか。

問三　「やっぱり。面倒《めんどう》くさいことになった」とあるが、どういうことですか。

問四　「堂々としていなければ、彼女《かのじょ》に悪いような気がした」とあるが、それはどうしてですか。

問五　「鼻の頭に皺《しわ》を寄せた」とあるが、「鼻」をつかった次の①～⑤の慣用表現を、カッコ内の意味になるように完成させなさい。ただし、一マスにひらがな一字が入ります。

① 鼻が□□□。（誇《ほこ》らしい）

② 鼻に□□。（嫌気《いやけ》がさす）

③ 鼻で□□□□。（冷たく扱《あつか》う）

④ 鼻を□□□。（相手を出《だ》し抜《ぬ》く）

⑤ 鼻息が□□□。（意気込《いきご》みが激しい）

問六　「なんだかくすぐったい気分だった」とあるが、これはどのような気持ちですか。

問七　「それよりも、彼女《かのじょ》のすすめてくれた本はどれもおもしろかった」とあるが、「彼女《かのじょ》のすすめてくれた本」は「僕《ぼく》」にどのような変化をもたらしましたか。本文全体をふまえて説明しなさい。

ンは、上別府《かみべっぷ》だった。

上別府《かみべっぷ》は、運動神経がよかった。同じコートの中にいると、それがよくわかった。リーダーシップもあった。彼《かれ》の指示で、僕《ぼく》たちは動いた。もっとも、動いているつもりで身体は全然ついていけなかったのだけど。

僕《ぼく》がボールを拾えなくても、サーブをネットに引っかけてしまっても、上別府《かみべっぷ》は怒《おこ》らなかった。疲《つか》れてぼんやりしていたときだけ、ボール見ようぜ、と声をかけられたくらいだ。

「セッターに向いてるんじゃないか」

大会の後で上別府《かみべっぷ》にいわれたときは、何の話かわからなかった。

「手首がやわらかいから、コントロールがいい」

上別府《かみべっぷ》がほめるものだから、まわりのやつも同調した。園田《そのだ》の上げたボールは打ちやすいとか、頭がいいから指示役のセッターにはちょうど向いているのだとか。

もちろん、真に受けたわけではない。驚《おどろ》いたし、そんなはずはないとも思った。けれど、なんだかくすぐったい気分だった。ほんとうにセッターに向いているかどうかは別として、同級生たちとの距離《きょり》が一気に縮まった感じがした。

本屋にはなかなか行けなかった。

本を読む以外にもやることがある。それは、新鮮《しんせん》な驚《おどろ》きだった。登下校のときに誘《さそ》われたり、休み時間に話しかけられたり、他愛《たあい》もないことばかりだったけれど。

「重松《しげまつ》　清《きよし》、読んだよ」

上別府《かみべっぷ》がいった。

「え、もう？」

「兄貴が文庫で一冊持ってた。『その日のまえに』っていうんだ。すげえよかった」

僕《ぼく》は黙《だま》ってうなずいた。その本は内容紹介《しょうかい》を読んだだけで棚《たな》に戻《もど》した。「その日」を過ぎてきた僕《ぼく》には、その本は読めない。きっと死ぬまで読めないだろう。

「しっかし、渋《しぶ》いよな。親父《おやじ》の趣味《しゅみ》か？」

いや、と僕《ぼく》は首を振《ふ》った。父さんは小説を読まない。

「こないだ、本屋の前で会ったときに一緒《いっしょ》にいた子。あの子に教えてもらった」

なにげなさそうに話したけれど、ほんとうは思い切って告白したつもりだった。しかし上別府《かみべっぷ》は首を傾《かし》げた。

「一緒《いっしょ》にいた子？　誰《だれ》だそれ」

僕《ぼく》は上別府《かみべっぷ》の日に焼けた顔をしげしげと見た。わざと話をはぐらかしているのだろうか。

「ほら、黒いセーラー服の、同じ歳《とし》くらいの子」

「黒いセーラー服って、今どきないだろ。どこの古めかしい学校だよ」

今度は僕《ぼく》がきょとんとする番だった。そういわれてみれば、セーラー服を着ている子自体を見かけない。うちの学校も白いシャツにグレーのスカートだ。もう少し寒くなれば、その上にブレザー。

「じゃあ、あれはどこの制服なんだろう」

僕《ぼく》がいうと

「何いってんだおまえ」

上別府《かみべっぷ》は声を上げて笑い、鞄《かばん》を肩《かた》にかけて部活に行ってしまった。

放っておいてくれ。そういいたかったけれど、いわなかった。

「いたよ」

いたのは事実だ。本屋の前で、中村《なかむら》さんと話していた。それをひやかしたり、からかったりされるのはいやだ。だけど、堂々としていようと思った。堂々としていなければ、彼女《かのじょ》に悪いような気がした。

「店から出てきたところを見てた」

「そうか」

それは僕《ぼく》も知っていた。僕《ぼく》たちのほうをちらちら見ていたじゃないか。

「何を買ったんだ」

「なんでもいいだろ」

愛想《あいそ》のない口調だったと自分でも思う。上別府《かみべっぷ》は鼻の頭に皺《しわ》を寄せた。

「そりゃ、なんでもいいけど。おもしろい本があったら、普通《ふつう》に教えてくれたっていいんじゃね」

そういうと、教室へ入っていってしまった。

彼女《かのじょ》のことはいわれなかった。てっきり何かいわれるだろうと思っていたから、拍子《ひょうし》抜《ぬ》けした気分だった。

廊下《ろうか》を戻《もど》り、教室へ入った。真田《さなだ》や中村《なかむら》たちと話している上別府《かみべっぷ》に、後ろから声をかけた。

「重松《しげまつ》　清《きよし》」

「え」

上別府《かみべっぷ》はふしぎそうに僕《ぼく》を見た。

「おもしろい本」

僕《ぼく》がいうと、ああ、と表情を崩《くず》した。

「わかった。読んでみる」

そういってうなずいた。

放課後、にぎやかな生徒玄関《げんかん》で靴《くつ》を履《は》き替《か》えていたところに、白い**タイソウ**服の上別府《かみべっぷ》たちが来た。これから部活でランニングでもするのだろう。下駄箱《げたばこ》に伸ばしかけていた手を引いて先を譲《ゆず》ると、小さく、サンキュ、といって笑った。

たったそれだけのことだ。だけど、びっくりした。サンキュといって笑うだけで、上別府《かみべっぷ》が僕《ぼく》を嘲《あざわら》おうとはしていないことがいっぺんにわかった。

僕《ぼく》はゆっくりと歩きながら、走っていく上別府《かみべっぷ》たちの後姿を見た。

その週はいろいろ忙《いそが》しかった。

まず、中間テストがあった。答案はすぐに採点されて戻《もど》ってきた。学年で一番の成績だったけれど、達成感もよろこびもない。何の感慨《かんがい》もなく、僕《ぼく》は答案を鞄《かばん》にしまった。

テストが終わると球技大会だった。球技大会といっても、生徒数が少なくて、各学年でバレーとバスケットのチームをひとつずつつくったら、それでおしまい。公平のため、部活にない種目で競《きそ》うことになっているそうだけど、経験者がいないから試合らしい試合にもならなかった。

僕《ぼく》はバレーにもバスケットにも縁《えん》がなかった。それでも、前の中学にいた頃《ころ》、転校直前まで体育の授業はずっとバレーだった。どちらかには出なければならないというので、バレーを選択《せんたく》した。チームのキャプテ

つかしさを感じてしまったことに対する妙《みょう》な後ろめたさがあった。

名前を聞きたかった。彼女《かのじょ》のことを知りたかった。でも、聞いていいものかどうか、迷った。通りすがりなのだ。見たことのない制服を着ているから、きっとこの近くの学校ではないのだろう。

「どうもありがとう」

本屋を出たところで、僕《ぼく》はあらためて彼女《かのじょ》にお礼をいった。昼間でも薄暗《うすぐら》いアーケード街には、歌詞のない歌が流れていた。

君は、といいそうになったのを飲《の》み込《こ》んだ。なんと呼べばいいのかわからなかった。

「……買わなくてよかったの？」

主語を**ハブ**いて聞くと、彼女《かのじょ》は穏《おだ》やかにうなずいた。

「ええと、名前、なんていうの？」

思い切って聞くと、ほんの少し間が空いた。

「平凡《へいぼん》な名前。つまんないよ。中村《なかむら》っていうの」

中村《なかむら》さん。すごく平凡《へいぼん》だというわけでもないけれど、たしかにこの町には中村《なかむら》さんが多いようだった。クラスにも中村《なかむら》がいて、先生の中にも中村《なかむら》はいた。

そのとき、歩道の向こう側を、こちらをちらちら見ながら歩いてくる学生服姿が見えた。がっしりしていて、髪《かみ》がくろぐろと多い。そうだ、たしか上別府《かみべっぷ》というやつだ。同じクラスにいながら口をきいたこともない。日焼けした顔に太い眉毛《まゆげ》、声が野太くて、豪快《ごうかい》に笑う。いかにも運動部の人間らしく、いつも友達に囲まれてクラスの中心にいた。

「どうかした？」

彼女《かのじょ》が僕《ぼく》の視線を追って振《ふ》り返《かえ》る。

「なんでもないよ」

ぶっきらぼうないい方になった。女の子といるところを見られるのは決まりが悪い。いろいろとまずい、と直感がささやいていた。中二の秋になって転校してきて、東京の言葉を使い、馴染《なじ》もうともしない、ひょろっとした転校生。僕《ぼく》になど、いま通っていった上別府《かみべっぷ》は**キョウミ**もないだろう。しかし、放課後、商店街を女の子と歩いているとなれば、好《こう》奇心《きしん》を刺激《しげき》されたとしてもおかしくない。

「急に黙《だま》っちゃったね」

中村《なかむら》さんがいった。

「そんなことないって」

まだ声に変な力が入っていた。

「誰《だれ》？」

「え？」

「さっき通っていったの、知ってる子なんでしょ。同じクラスのひと？」

どうしてそんなことを聞くんだろう。誰《だれ》だっていいのに。少し、面倒《めんどう》だった。黙《だま》ってうなずいた。

「じゃあ、どうもありがとう」

僕《ぼく》は話を打ち切るようにして、手を振《ふ》って別れた。

翌日、昼休みに図書室へ行こうと廊下《ろうか》へ出たところで、上別府《かみべっぷ》に呼び止められた。

「園田《そのだ》、昨日本屋の前にいたろ」

やっぱり。面倒《めんどう》くさいことになった。

いた本を棚《たな》に戻《もど》すと、最後に一度こちらを振《ふ》り返《かえ》ってから、その場を離《はな》れた。

　彼女《かのじょ》が見ていた棚《たな》のところに行ってみる。どの本を見ていたのか探してみる。これかな、と手に取って、戻《もど》して、もう一度手に取って、それから考え直す。もしかしてあの子がここに戻《もど》ってきたら、僕《ぼく》が持っているところを見られるのはとてつもなくはずかしい。

　やっぱり戻《もど》そう。そう思った瞬間《しゅんかん》、彼女《かのじょ》がそこに立っていた。

「それ、おもしろいよ」

　何もいえずに突《つ》っ立《た》っている間に、彼女《かのじょ》はにっこり笑って、今度こそほんとうに店を出ていってしまった。

　僕《ぼく》はその本を買った。

　それが火曜日だった。金曜に、また本屋へ行った。**キタイ**せずに店に入ると、こないだと同じ場所に彼女《かのじょ》が立っていた。

「こないだは、ありがとう」

　僕《ぼく》は勇気を振《ふ》り絞《しぼ》ってお礼をいった。

「本を読んだのは、すごく久しぶりだった」

　口にすると、それがどんなに大きなことかがわかった。本が好きだったのに、そんなことすら忘れていた。

「もしも、あの本が気に入ったのなら」

　彼女《かのじょ》は棚《たな》のほうを向き、ちょっと時間をかけて何冊か選んだ。それを僕《ぼく》に手渡《てわた》すと、しっかりと目を見て微笑《ほほえ》んだ。笑顔《えがお》の意味はわからない。でも、心臓が早鐘《はやがね》を打っていた。彼女《かのじょ》が店を出ていくと、僕《ぼく》はお小《こ》遣《づか》いをはたいて、四冊全部を買った。

　次に会ったのは、翌週の月曜だった。

「もう全部読んだの？」

　彼女《かのじょ》はうれしそうに笑った。うーん、じゃあ、今度はどうしようかなあ、などといいながら棚《たな》の間をまわってゆく。僕《ぼく》も一緒《いっしょ》に歩いた。どんな本が好きかぽつぽつと話しながら店内を一周すると、彼女《かのじょ》の腕《うで》には何冊かの本が抱《かか》えられていた。文庫が三冊にハードカバーが一冊。ハードカバーか。お年玉からお金を持ってきたから、買えないわけじゃない。だけど、ちょっと困った。

「これ、女ものじゃない？」

「女ものって」

　彼女《かのじょ》は首を振《ふ》って笑った。ふと、どこかでこんな笑い方をするひとを見たことがある、という思いが頭をかすめた。

「洋服じゃないんだから、本に男ものも女ものもないと思うよ。でも、もしも気に入らなかったら、妹さんにでもあげて」

　そうか、妹にか、と思うのとほぼ同時に疑問が浮《う》かんだ。妹がいることを話したっけ。話していない、と瞬時《しゅんじ》に思う。妹のことを話す暇《ひま》はなかった。妹に限らず、家族のことは話していなかった。だって家族の話をしたら、母さんのことを話さなければならなくなってしまう。

　でも、目の前にいる彼女《かのじょ》が弾《はず》んだ声で話すので、僕《ぼく》の心は浮《う》き立《た》った。浮《う》かんだ疑問はゆらゆらとどこかへ消えてしまった。

　どうして彼女《かのじょ》からはこんなになつかしい匂《にお》いがするんだろう。彼女《かのじょ》の横顔をこっそりと盗《ぬす》み見《み》ながら考えた。なつかしさがどんな成分でできているのか知らないけれど、うれしいとか、よろこばしい、たのしい、肯定的《こうていてき》な気持ちに、せつない、はずかしい、といった身を縮めたくなるような感情も混じっているのだと思う。少なくとも、僕《ぼく》には、彼女《かのじょ》にな

【国　語】（五〇分）〈満点：一〇〇点〉

次の文章を読んであとの質問に答えなさい。

（注）母を亡《な》くした中学二年生の「僕《ぼく》」と四つ下の妹「菜月《なつき》」は、父と共に、家族で暮らしていた東京から、九州の小さな町にある母の実家（中村《なかむら》家）の祖父母に呼ばれて、一緒《いっしょ》に暮らすことになった。

学校から帰ってからも、僕《ぼく》はよく外を歩いた。前はどうやって時間を過ごしていたのだったか、もう思い出せなかった。ふらふらと歩いていくと、アーケードのついた商店街があった。人通りはあまり多くない。雑貨屋があり、花屋があり、クリーニング屋があり、その向こうに本屋があった。

少し、思い出した。「前」のこと。僕《ぼく》は本が好きで、「前」はよく本屋に行ったのだ。父さんが家で本を読むのを見たことがないから、僕《ぼく》はきっと母さんに似たんだろう。そう思ったら、もう駄目《だめ》だった。せっかく入った本屋で、本の背表紙がちかちかしてうまく読み取ることができない。雑誌のコーナーをまわり、新刊の台を通り過ぎ、「当店のおすすめ」となっている棚《たな》から一冊、二冊、手に取って、また戻《もど》す。読みたい本がない。何を読んでいいのかわからない。

母さんのせいだというのはわかっていた。母さんが亡《な》くなって、世界は色を失った。匂《にお》いが消え、音が遠くに聞こえ、何かが手に触《ふ》れる感覚も鈍《にぶ》った。読みたい本など見つからなくて当然だった。

だけど、僕《ぼく》は思いのほか困っていた。シーソーに乗っていて、相手が下へ、僕《ぼく》が空中へ上ったときに、急に相手が下りてしまったみたいな、このままだと急降下して尾《び》てい骨《こつ》をシーソー越《ご》しにずがんと地面に打ちつけることになるとわかっていて、それでも手も足も出せない。ほんとうは、両足をシーソーより先に下ろして踏《ふ》ん張《ば》れば、体重を支えることができる。痛い目に遭《あ》わずに**ス**む。そうわかっていて、手も足も出せずにいる。いや、出さないでいるのだ。僕《ぼく》の意思にかかわらず、僕《ぼく》の身体は動くことを拒否《きょひ》する。うまくやらなければ、無駄《むだ》な痛みは避《さ》けなければ、と思っているのに、身体がいうことを聞いてくれない。

店の奥《おく》は、児童書のコーナーだった。菜月《なつき》に何か買って帰ってあげよう。「前」には、彼女《かのじょ》はよく児童書のコーナーで目を輝《かがや》かせてあれこれ手を伸《の》ばしていた。今はきっとそんな力もない。僕《ぼく》は知っている。彼女《かのじょ》が**マイバン**蒲団《ふとん》の中で泣いて、声を殺して泣いて、やがて泣《な》き疲《つか》れて眠《ねむ》るのを。菜月《なつき》のくぐもった＊嗚咽《おえつ》が聞こえてくると、僕《ぼく》はやりきれない気持ちになる。かわいそうだと思うし、自分のことがかわいそうにも思えるし、何より母さんのことがかわいそうにも思えてきて、もう何をかわいそうがっていいのかさえわからなくなった。

ふと顔を上げると、棚《たな》の向こうから、女の子がこちらを覗《のぞ》いていた。目が合って、あわてて逸《そ》らした。なつかしいような顔だった。心臓がどくどく音を立てていた。同じ学校の子だろうか、と思ったけれど、すぐに違《ちが》うと気づいた。制服が違《ちが》う。でも、同じ歳《とし》くらいだと思う。もう一度、そっと顔を上げると、彼女《かのじょ》もこちらを見た。またすぐに視線を落とす。目が合うのがはずかしくて、彼女《かのじょ》を見ていることが知られるだけでもはずかしくて、それなのに気になってまた見てしまう。

この感情が何なのか、僕《ぼく》にはわからなかった。彼女《かのじょ》の姿を見たくて、本を選んでいるふりをしながら何度も様子を窺《うかが》った。彼女《かのじょ》は手に持って

2020年度

解　答　と　解　説

《2020年度の配点は解答欄に掲載してあります。》

＜算数解答＞ ≪学校からの正答の発表はありません。≫

1　(1)　4　　(2)　15個　　2　(1)　2：3　　(2)　6：25

3　(1)　解説参照　　(2)　A5点・B2点　　A5点・B4点　　(3)　(ア)・(イ)　解説参照

4　(1)　9.1　　(2)　29　　(3)　(ウ)　33.4　　(エ)　4

○推定配点○

1, 2, 3　(1)各6点×5　　他　各7点×10　　計100点

＜算数解説＞

1　(規則性，数の性質)

基本　(1)　積の一の位は2，4，8，6が反復されるので634÷4＝158…2より，求める数は2番目の4

重要　(2)　Aのクーポン券：800×0.9＝720(円)　Bのクーポン券：1000×0.9＝900(円)

売上げが67100円で100円の倍数のとき，クーポン券で買われAの個数は5，10，15，20，25，30のどれかである。

右表において，①の場合，720×5＋900×27の百の位は9

②の場合，720×10＋900×22の百の位は0

③の場合，720×15＋900×17の百の位は1

したがって，クーポン券で買われたAの個数は15

	A クーポン	A	B クーポン	B	
①	5	30	27	15	個
②	10	25	22	20	
③	15	20	17	25	
④	20	15	12	30	
⑤	25	10	7	35	
⑥	30	5	2	40	

＋α　2　(平面図形，相似)

(1)　図1において，台形ABCDの面積が11のとき，三角形ABEの高さHEは5×2÷2＝5である。

したがって，図2において，三角形DKEとDGCは相似であり，DE：ECは2：(5－2)＝2：3

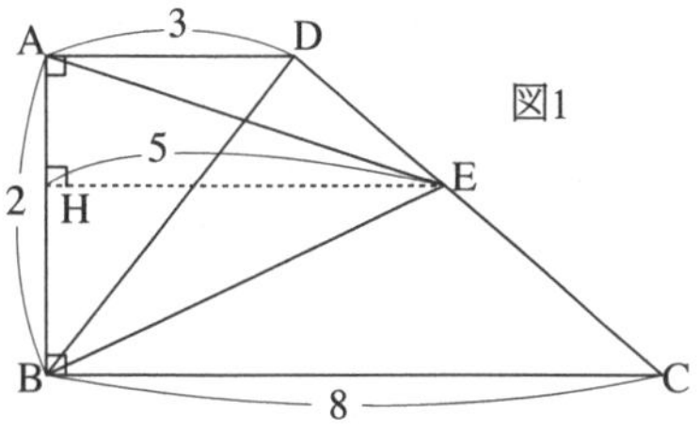

図1

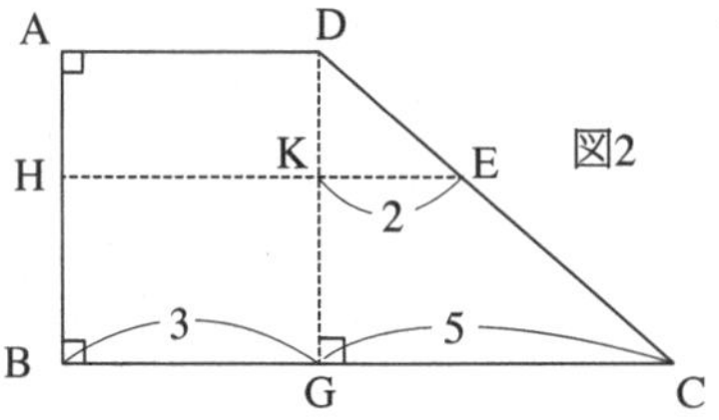

図2

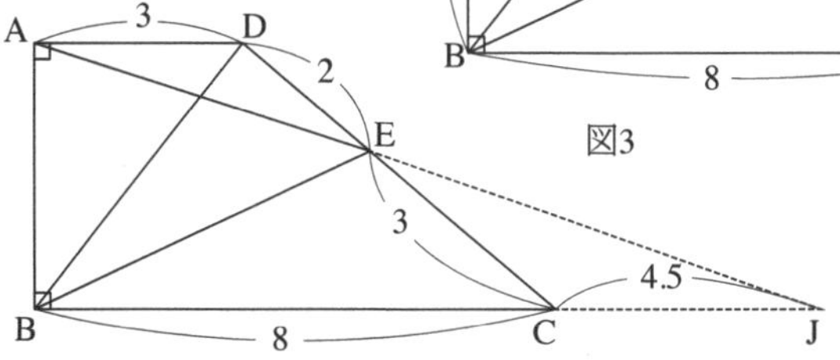

図3

(2)　図3において，三角形AEDとJECは相似であり，(1)より，CJは3÷2×3＝4.5

したがって，相似である三角形AFDとJFBにおいて，対応する辺の比は3：(8＋4.5)＝6：25

3　(数の性質，推理，場合の数)

基本　(1)　(例)　5×偶数の点数は0であり，A，Bのどちらにも偶数が書かれた球がない，という場合はないから。

重要　(2)　Bは0点ではないので，次の2通りがある。
一方の箱にはア(⑤，⑤，①，①，③)，他方の箱にはイ(②，②，③，④，④)があり，
アの点数は5，イの点数は2
一方の箱にはウ(⑤，⑤，①，③，③)，他方の箱にはイ(①，②，②，④，④)があり，
ウの点数は5，エの点数は4
したがって，(A5点，B2点)，(A5点，B4点)の場合がある。

(3)　(ア)　点数は最初5点で，球を1個，取り出した後に，6点以上になったので，最初のAには⑤が1個しかなく，他もすべて奇数の球，つまり，(⑤，①，①，③，③)であった。そして，⑤を取り出した。

(イ)　(ア)の場合，A(⑤，①，①，③，③)，B(⑤，②，②，④，④)であり，AよりBの点数が大きくなるためにはBから⑤を取り出すことになるが，この結果，Bの点数は4になり，Aより大きくはならない。

A(⑤，⑤，①，③，③)の場合，B(①，②，②，④，④)であり，Bから④を取り出すと，Bの点数は6になる。

A(⑤，⑤，①，①，③)の場合，B(③，②，②，④，④)であり，Bから②を取り出すと，Bの点数は6になる。また，Bから④を取り出すと，Bの点数は8になる。

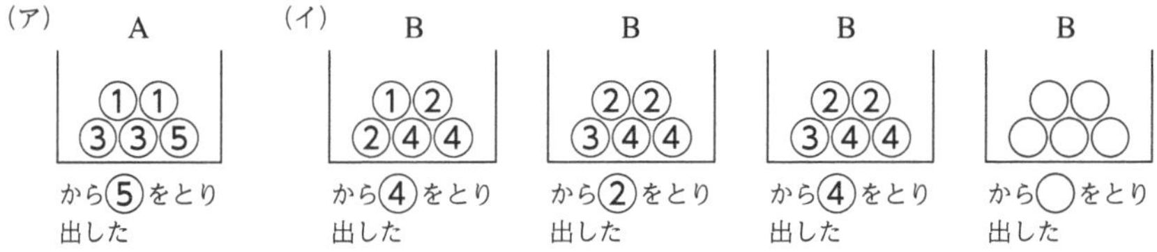

4　(統計と表，割合と比，概数)

基本　(1)　$8+3\div(7+6+8)\times 8=8+\frac{8}{7}$より，9.1

重要　(2)　例2の②について，$20+5\div(20+イ+17)\times 20=21.5$であり
(イ)は$100\div(21.5-20)-(20+17)$より，$66-37=29$

(3)　例2の①について，(2)より，$21+エ\div(21+29)\times 21=22.6$であり，
(エ)は$(22.6-21)\div 21\times 50$より，約3.8すなわち4
したがって，(ウ)は$29+4\div 50\times 29+5\div 66\times 29$より，$29+2.3+2.1$
$=33.4$

例1

	姓	名	正規の得票数	按分後の得票数
①	田中	こうじ	5	6.3
②	上田	ともこ	7	8
③	田中	ともこ	6	8.4
④	山下	ともこ	8	(ア)

「田中」とだけ書かれた票	3
「ともこ」とだけ書かれた票	3

例2

	姓	名	正規の得票数	按分後の得票数
①	田中	こうじ	21	22.6
②	上田	ともこ	20	21.5
③	田中	ともこ	(イ)	(ウ)
④	山下	ともこ	17	18.2

「田中」とだけ書かれた票	(エ)
「ともこ」とだけ書かれた票	5

★ワンポイントアドバイス★

1(2)「クーポンのAの個数」は，あわてずに数を整理する。2「面積比・相似」は難しくなく，3「5種類の球」も，問題自体は難しくない。4(3)(ウ)は，「田中・ともこ」という名前の2要素に気づかないとミスする。

＋α は弊社HP商品詳細ページ(トビラのQRコードからアクセス可)参照。

＜社会解答＞ ≪学校からの正答の発表はありません。≫

問1 （例） 春になると，山などに積もった雪がとけて，それが河川に流入するから。

問2 武田信玄

問3 （1） 島根県

（2）（例） 製鉄用の燃料として大量の木炭が必要だったため，中国山地の多くの山で木材の伐採が進められたから。

問4 （例） 分水の河口付近では，河川が上流から運んできた土砂が海岸線に堆積し，陸地が広がった。一方，信濃川の河口付近では，土砂の供給が減り，海岸線の侵食が進んだ。

問5 （例） 第二次世界大戦後，各地の河川でダム建設や堤防建設などの治水事業が進められ，水害による死者数は確実に減少した。一方で，人口増加などによって，川沿いの低地なども宅地や商業地などとして開発が進められ，水害による被害額は高止まりの状況にある。

問6 （1）（例） 21世紀に入ってしばらくの間，国の歳出総額に占める治水関係費の割合は低下したが，2010年ごろから上昇に転じた。

（2）（例） 洪水を完全に封じ込めることを目標に，主要な河川には大規模な堤防が建設されてきた。しかし，この結果，川床が上昇するなどして，洪水の被害がかえって大きくなることがみられるようになった。また，堤防やダムなどが造られた時期から約50年が経過し，このような施設の維持管理，更新も大きな課題となっている。

問7 （1）（例） 浸水の程度とその範囲

（2）（例） 地震についてのハザードマップで，まず重要なのは，津波による被害を軽減することである。ハザードマップには，津波が発生したときの避難場所や避難場所までの避難経路が示されているので，それに従って一秒でも早く避難することが肝要である。また，地震により崖崩れや液状化現象が起こりやすい場所も示されているので，このような場所には近づかないことも大切である。日常的には，このような場所に住宅を建てたりしないことも必要だろう。

○推定配点○

問1，問6（1） 各4点×2　　問2，問3（1），問7（1） 各2点×3

問3（2），問4 各6点×2　　問5・問6（2） 各10点×2

問7（2） 14点　　計60点

＜社会解説＞

（総合－治水をテーマにした日本の地理，歴史など）

重要 問1 日本海側の河川や，本州で背骨のように連なる山脈に源を持つ河川は，春になると，冬の間に山地などに積もった雪がとけて流れ込み，流量が急増する。河川水が溢れ，洪水が発生することがある（雪どけ洪水）。

基本 問2 釜無川の霞堤は，「信玄堤」ともよばれる。「信玄堤」の「信玄」は，武田信玄の「信玄」である。武田信玄は戦国時代の武将で，1541年，父である信虎を追放して，甲斐（現在の山梨県）の国主となった。民政・領国開発に力を入れるとともに，近隣諸国を攻略し，上杉謙信と川中島で数回戦った。1573年，織田信長との戦いの途中，病没した。

問3 （1） 出雲は現在の島根県東部の旧国名。なお，島根県西部の旧国名は石見。 （2） 中国地方では，古代から中世にかけて「たたら製鉄」がさかんだった。「たたら」は足踏み式の送風装置のある炉のことで，これに砂鉄，木炭を交互に入れて燃焼させ，鋼を得た。大量の木炭が必要なため，中国山地では木材の伐採が進められ，その結果，禿げ山が広がったのである。

重要 問4　大河津分水路が完成し，分水路の河口付近は，河川が上流から運搬してきた土砂が堆積しやすくなった。このため，分水路の河口付近では海岸線の前進がみられた。一方，信濃川の河口付近は，上流からの土砂の運搬量が減少した。このため，信濃川の河口付近は，土砂の堆積が少なくなり，海岸線の侵食が進んだ。この結果，海岸線が後退するようになった。

問5　図3から，戦後，水害による死者数は確実に減少していることが読み取れる。これは，本文にもあるように「戦後，各地の河川で上流部のダム建設や下流部の堤防建設などの流域全体の治水事業がさらにすすめられ」たことが背景にあると考えられる。一方，水害による被害額は，多少減少はしているものの，全体的には高止まりしていることが読み取れる。これは，本文にもあるように「人口増加とも相まって，かつて水田が多かった川沿いの低地も新たに宅地や商業地などとして利用されるようになって」きたことが背景にあると考えられる。

問6　(1)　図4から，21世紀に入ってからしばらくの間は，国の歳出総額に占める治水関係費の割合は低下傾向にあったことが読み取れる。しかし，2010年ごろから反転し，上昇傾向にあることが読み取れる。　(2)　本文の「大規模堤防建設の影響で周辺より河床が上昇したりと，弊害も生じています。」，「堤防やダムなど治水の基盤が造られた時期から約50年が経過し，老朽化していく設備や施設の維持管理，更新に関する問題も指摘されています。」などに注目して考える。

やや難 問7　(1)　洪水および浸水ハザードマップに掲載されている情報で最も重視されているものは，洪水によって起こる浸水の予想範囲とその程度(浸水の深さ)である。　(2)　火山の噴火によるハザードマップであれば，溶岩，火砕流などの到達範囲やそのスピード(どのくらいの時間でその場所に到達するか)が最も重要な情報で，それを踏まえて，避難場所や避難経路を考える必要がある。また，火山灰については，その日の風向きも重要な要素として考える必要がある。

★ワンポイントアドバイス★

本年は出題がなかったが，地図など用いた作図問題が出題されることがある。このような問題に対応できるような練習も必要である。

＜理科解答＞ ≪学校からの正答の発表はありません。≫

1　(1)　(共通点)　自ら光を出している。　(記号)　ウ
(2)　(共通点)　気体がとけた水溶液である。　(記号)　エ
(3)　(共通点)　楽器自体が振動して音が出る。　(記号)　ア
(4)　(共通点)　動物が受粉を助ける。　(記号)　エ
(5)　(共通点)　力点が支点と作用点の間にあるてこである。　(記号)　ウ
(6)　(共通点)　物質の量を測る道具である。　(記号)　ウ
(7)　(共通点)　伝導により熱が伝わる。　(記号)　エ

2　問1　58(℃)　7(%)　問2　オ
問3　(正しい図)　ア　(酸素を多く含む血液が流れる血管)　黒(色)
問4　①　気管　②　血液　③　水蒸気　④　小さく　問5　2(回)
問6　(1)　(ヒトの肺)　ウ　(鳥の肺)　イ　(2)　(ヒトの肺)　イ　(鳥の肺)　ア
(3)　(ヒトの肺)　ア　(鳥の肺)　イ
問7　ヒトの肺は，はいたときに一部の空気が残るので，吸いこんだ新鮮な空気とまじ

りあうが，鳥の肺は，空気の流れが一方向なので，肺には新鮮な空気だけが通り，酸素と二酸化炭素の交換を効率よく行われる。

[3] 配られた磁石が公表されないため，解答省略

○推定配点○

[1] 各3点×7(各完答)　[2] 問1・問7　各3点×3　問2～問5　各2点×8
問6　各1点×6　[3] 8点　計60点

＜理科解説＞

[1] （総合問題）

(1) 稲妻・ホタル・ろうそくは自ら光を出すが，ルビーは外から入ってきた光が，内部で屈折したり反射したりなどすることで光って見える。

重要 (2) アンモニア水は気体のアンモニア，塩酸は気体の塩化水素，炭酸水は気体の二酸化炭素がとけている水溶液であり，水酸化ナトリウム水溶液は固体の水酸化ナトリウムがとけている水溶液である。

やや難 (3) 琴は弦，太鼓は皮，トライアングルは金属がそれぞれ振動することで音が出るが，リコーダーは中の空気が振動することで音が出る。

(4) ツバキは鳥，ヘチマやリンゴは昆虫がそれぞれ花粉を運ぶが，トウモロコシは風が花粉を運ぶ。

(5) 竹ぼうき・ピンセット・糸切りばさみは力点が間にあるてこであるが，釘抜きは支点が間にあるてこである。

(6) 上皿天秤・温度計・物差し(定規)は，重さ・温度・長さなど，物質の量を量る道具であるが，試験管は，液体などを入れる道具である。

(7) 「手のひらに息をはきかけるとあたたかい」「風呂に入るとあたたかい」「懐《ふところ》にカイロを入れておくとあたたかい」は，伝導により熱が伝わっているが，「日光に当たるとあたたかい」は，放射により熱が伝わっている。

[2] （小問集合－山頂の酸素の量，ヒマラヤ山脈，メダカの血液，ヒトの肺と鳥の肺）

やや難 問1　気温は100m上昇するごとに0.65℃下がるので，標高8848mでは，$0.65(℃)\times\frac{8848(m)}{100(m)}=57.512$より，57.5℃下がる。また，地表では酸素は21％なので，山頂の酸素の量は地表の空気の量に対して，21(％)÷3＝7(％)になる。

重要 問2　ヒマラヤ山脈は、5000万年前から4000万年前の間に，インド大陸が北上してユーラシア大陸にぶつかることで，その間にあった海底の地層が押し上げられた。

問3　魚の血液は，「全身→(酸素が少ない血液)→心臓→えら→(酸素が多い血液)→全身」の順に流れている。

重要 問4　空気は，「口や鼻→気管→気管支→肺胞」の順に吸いこまれて，肺胞で空気中の酸素と血液中の二酸化炭素が交換される。

やや難 問5　両方の袋が膨らむとき，袋Aは鼻や口から空気を取り込み，袋Bは肺を通った空気を引き込むことで1回目の呼吸をする。また，両方の袋が縮むとき，袋Aは肺に空気を送り込み，袋Bは肺から来た空気を体の外へはき出すことで2回目の呼吸をする。

やや難 問6　(1)　ヒトの肺は袋状の肺胞が集まっている。また，鳥の肺は管状の小さな部屋がたくさん集まっててできている。　(2)　ヒトの肺では，呼う息とはく息の通り道が同じなので，空気の流れが双方向であるが，鳥の肺では，一方向である。　(3)　ヒトの肺では，横隔膜が下がることで，

肺が膨らみ，空気が吸いこまれる。一方，鳥の肺では，2種類の袋が縮むときに，肺に空気が送りこまれる。

やや難 問7　ヒトの肺は，空気の流れが双方向であり，はいたときに一部の空気が残り，吸いこんだ新鮮な空気とまじりあってしまい，酸素と二酸化炭素の交換の効率が悪いが，鳥の肺は，空気の流れが一方向であり，肺には新鮮な空気だけが通り，酸素と二酸化炭素の交換を効率よく行うことができる。

3　解説省略。

★ワンポイントアドバイス★

理科の基本的な問題を十分に理解しておくこと。また，各分野での思考力を試す問題や記述問題，作図問題にも十分に慣れておくこと。

＜国語解答＞ ≪学校からの正答の発表はありません。≫

問一　（例）　母が亡くなったことで心がショックを受けて，いろいろなことに実感がわかなくなり，積極的に何かをすることができなくなっているから。

問二　（例）　彼女が見ていた本をつきとめて手に取っているところを見られると，「僕」が彼女に興味をもっていることがばれてしまうから。

問三　（例）　中村さんと一緒にいたことを，上別府からひやかされたりからかわれたりするかもしれないということ。

問四　（例）　中村さんと一緒にいたことを隠したりごまかしたりすることは，彼女のよさや人間性を認めていないことになるから。

問五　①　たかい　　②　つく　　③　あしらう　　④　あかす　　⑤　あらい

問六　（例）　上別府からもまわりの人達からもほめられ，親しく話しかけられて，てれくさくなる気持ち。

問七　（例）　母が亡くなったショックで豊かな感情を失い，消極的になっていたが，「彼女のすすめてくれた本」により，本を読む楽しさを思い出し，生活に新鮮な驚きを感じ，友達とも自然につき合えるようになった。

問八　済　　毎晩　　期待　　省　　興味　　体操　　推測

○推定配点○

問五　各1点×5　　問八　各5点×7　　他　各10点×6　　計100点

＜国語解説＞

（小説一内容理解，心情理解，慣用句，表現理解，主題，漢字の書き）

重要 問一　直後の段落に「母さんのせいだというのはわかっていた。母さんが亡くなって，世界は色を失った。匂いが消え，音が遠くに聞こえ，何かが手に触れる感覚も鈍った。読みたい本など見つからなくて当然だった」とあることに注目。

問二　「僕」は，「彼女」が持っていた本を，「彼女」がいなくなったあとに探し，手に取っている。もし，この様子を「彼女」が見たら，「僕」が彼女に興味をもっていることがわかってしまうと思い，「僕」は「はずかしい」と思ったのである。

問三　「僕」は，本屋の前で中村さんと話していたとき，上別府が自分の方を見ていることに気づいた。そして，「女の子といるところを見られるのは決まりが悪い。いろいろとまずい」と考えている。これをもとに解答をまとめる。

問四　「僕」は彼女の人柄がよいと思い，一緒にいることが楽しいと思っている。そこには何ら後ろめたいものはないはずなので，「堂々と」すべきだと考えている。

基本　問五　それぞれ漢字を使って書くと，①「高い」，②「付く」，④「明かす」，⑤「荒い」となる。③「あしらう」は普通，平仮名で書く。

問六　直前の段落の「上別府がほめるものだから，まわりのやつも同調した。園田の上げたボールは打ちやすいとか，……ちょうど向いているのだとか」に注目。また，傍線部のあとに「同級生たちとの距離が一気に縮まった感じがした」とあることにも注目。上別府からもまわりの人達からもほめられ，親しく話しかけられたことで，「僕」はてれくさくなっているのである。

やや難　問七　問一で考えたように，「僕」は初め，母が亡くなったことで心にショックを受けて，いろいろなことに実感がわかなくなり，積極的に何かをすることができなくなっていた。しかし，中村さんに出会い，「彼女のすすめてくれた本」を買い，読むことをするうちに，中村さんと打ち解けていき，問六で見たように学校の友達とも普通に交流できるように変化している。

問八　「済む」は，事が終わる，という意味。

「晩」の「免」の部分の形に注意。

「期待」の「期」と「希望」の「希」を区別しておくこと。

「省」の「目」の部分を「日」としないように注意する。

「興」の字形に注意する。

「体操」の「操」と「繰り返し」の「繰」を区別しておくこと。

「推測」は，ある事柄に基づいておしはかること。

★ワンポイントアドバイス★

読解問題で，字数の多い記述問題が中心。文章が長いうえに細かい読み取りが必要となる。ふだんからいろいろな小説や論説文にふれることや，文章を要約する練習をしておくことが大切！　漢字や，慣用句などの語句の基礎知識も必須だ。

MEMO

大切なことはメモしておこうネ！

2019年度

入　試　問　題

2019年度

2019年度

武蔵中学校入試問題

【算　数】（50分）　＜満点：100点＞

1　次の各問に答えなさい。

(1)　次の ㋐ から ㋓ にあてはまる数を書き入れなさい。

31は小さい方から数えて ㋐ 番目の素数であり，１以上31以下のすべての素数の和は ㋑ です。

㋑の約数は全部で ㋒ 個あり，その㋒個の約数すべての逆数の和は ㋓ です。ただし，素数とは１とその数以外に約数をもたない数です。また，１は素数ではありません。　（この下に計算などを書いてもかまいません）

(2)　１以上10000以下の整数をすべてかけ合わせた数 $1\times2\times3\times\cdots\cdots\times9999\times10000$ を31で割り続けたとき，初めて割り切れなくなるのは何回目ですか。

（式や考え方も書きなさい）

2　右の図で，四角形ABCDは長方形で，AE＝６cm，ED＝８cm，DG：GC＝２：５，角DEH＝角GFC，三角形GFCの面積は10cm²です。次の問に答えなさい。

（式や考え方も書きなさい）

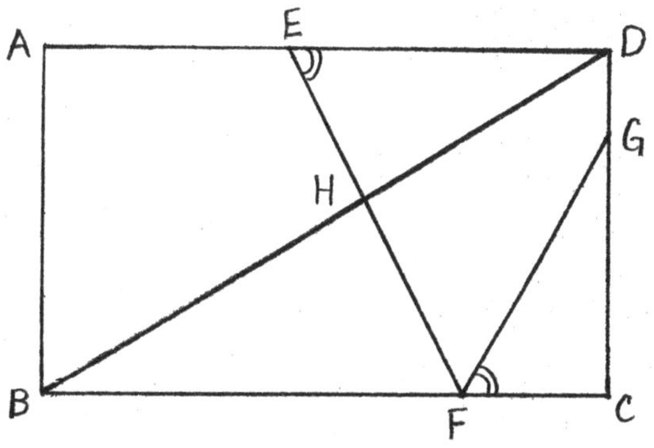

(1)　CFの長さを求めなさい。

(2)　ABの長さを求めなさい。

(3)　三角形BFHの面積を求めなさい。

3 右の図で，四角形ABCDは AB＝30cm，CD＝40cm の台形です。点Ｐは辺AB上を，点Ｑは辺CD上を動く点です。Ｐは最初Ａの位置にいて，ＡとＢの間を毎秒３cmの速さで往復します。Ｑは最初Ｃの位置にいて，ＣとＤの間を毎秒２cmの速さで往復します。

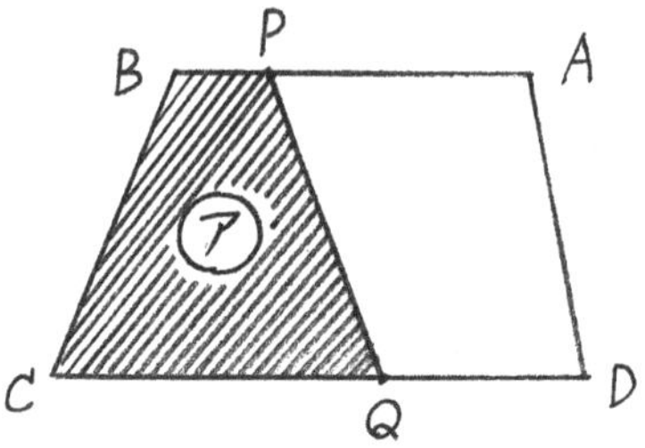

台形ABCDを直線PQで２つの図形に分け，辺BCをふくむ方の図形を㋐とします。

いま点Ｐが動き始めてから５秒後に点Ｑが動き始めるとき，次の問に答えなさい。

（式や考え方も書きなさい）

(1) ㋐が初めて平行四辺形になるのは点Ｐが動き始めてから何秒後ですか。また，２回目に平行四辺形になるのは点Ｐが動き始めてから何秒後ですか。

(2) (1)で，㋐が初めて平行四辺形になったときの面積は75cm^{2}でした。２回目に平行四辺形になったときの㋐の面積は何cm^{2}ですか。

(3) 点Ｐが動き始めてから１分間の間に㋐の面積が最も小さくなるのは，点Ｐが動き始めてから何秒後ですか。またそのときの㋐の面積は何cm^{2}ですか。

4 〈図１〉のように，たて３cm，横６cmの長方形があります。これを１cmごとに区切ってできる18個のます目に，次の［ルール］で色をぬります。

［ルール］ ・それぞれの列について，３つのます目のうち少なくとも１つはぬる。

・色をぬったます目の真下のます目はすべてぬる。

例えば，〈図２〉の場合，ぬった部分の面積は13cm^2，まわりの長さは20cmとなります。次の問に答えなさい。

（次のページの〈調べる欄《らん》〉は自由に使ってかまいません）

〈図１〉

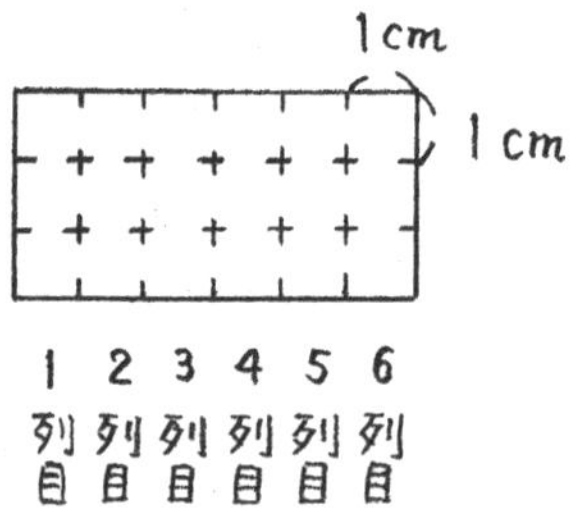

〈図２〉

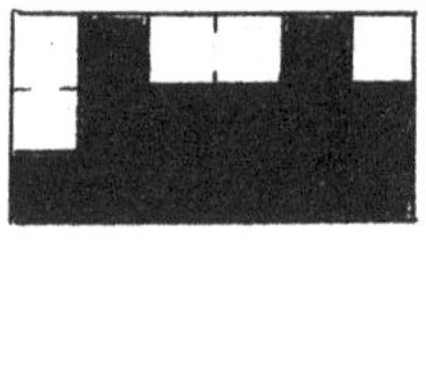

(1) 面積が17cm^{2}となったとき，まわりの長さとして考えられる長さをすべて求めなさい。

⑵　面積が15㎝^{2}となったとき，

㈠　まわりの長さとして考えられる長さをすべて求めなさい。

㈡　まわりの長さが最も長くなるようなぬり方は何通りありますか。

⑶　まわりの長さが最も長くなったとき，

㈠　面積が最も大きくなる場合と最も小さくなる場合の例を１つずつ，右のます目にぬりなさい。

㈡　ます目のぬり方は㈠の２通りもふくめて，全部で何通りありますか。

最も大きくなる場合

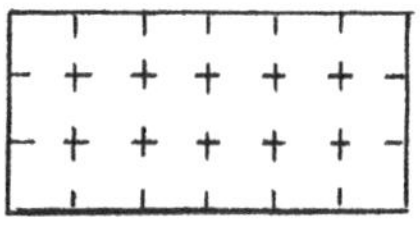

最も小さくなる場合

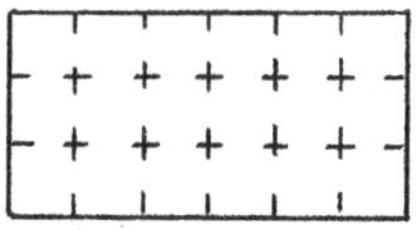

〈調べる欄〉

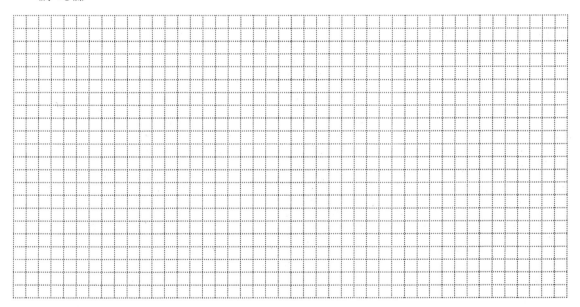

【社　会】（40分）　＜満点：60点＞

みなさんは，日本国外に出たことはありますか。現在，国外への移動手段というと多くは飛行機ですが，以前は船でした。周囲を海に囲まれた日本列島の人びとは，昔から船に乗って周囲の国・地域と盛《さか》んに交流し，発展してきたのです。一方で，江戸時代にはいわゆる「鎖国《さこく》」政策によって外国との交流が制限され，図《はか》らずも国外に出てしまった人びとには，厳しい運命が待ち受けていました。今日は，江戸時代に起きた漂流《ひょうりゅう》の事例を一つ紹介《しょうかい》します。これを通して，「国外に出る」「戻《もど》る」ということの意味について探求してみましょう。

1832年10月，鳥羽《とば》の港から江戸を目指して出発した一艘《そう》の船がありました。宝順《ほうじゅん》丸という尾張《おわり》国（現在の愛知県）の廻船《かいせん》※で，乗組員《のりくみいん》は14人，積み荷は米や陶器《とうき》などでした。江戸時代には，日本の津々浦々《つつうらうら》をこうした廻船が盛んに行き来し，大量の物資《ぶっし》が運ばれていました。宝順丸は，順調にいけば２週間ほどで江戸に到着《とうちゃく》するはずでした。しかし，鳥羽を出発した後，宝順丸は行方《いくえ》が分からなくなってしまいました。当時，船の遭難《そうなん》は珍《めずら》しいことではなかったため，宝順丸も難破し，乗組員は亡《な》くなったと考えられました。ふるさとの村には彼《かれ》らの墓が建《た》てられました。

ところが現在では，外国に残る記録によって，乗組員たちのその後が分かっています。船は現在の静岡《しずおか》県沖《おき》で嵐《あらし》に遭《あ》って，帆《ほ》や舵《かじ》を失い，14ヶ月も漂流した後，陸地に着きました。生き残っていたのはわずか３人，全員10代20代の若者で，最年少の音吉《おときち》はまだ16才でした。彼らには，漂着《ひょうちゃく》した場所がどこか，全く分かりませんでした。それは現在のアメリカ合衆国《がっしゅうこく》の西海岸，カナダとの国境近くでした。３人は，周辺地域を実質的に支配していたイギリスの人びとに保護されます。その後，音吉たちが日本人と判明したので，イギリス本国経由《けいゆ》で中国南部のマカオに送られることになりました。1835年12月，３人はマカオに到着しました。当時のマカオは，貿易拠点《きょてん》として欧米《おうべい》の商船が出入りしており，音吉たちの後にも，同じように漂流して保護された日本人が次つぎと送られてきました。他の日本人漂流民４人が，尾張の３人に加わり，以後７人は行動をともにするようになりました。

はじめ，イギリスには，こうした漂流民を政治的に利用しようという意図がありました。しかし，さまざまな事情から，イギリスではなく，中国への進出をはかっていたアメリカが音吉たちを日本に届けることになりました。

1837年７月，アメリカ船モリソン号は，音吉ら７人の漂流民をのせて，江戸に向かいました。漂流民たちは，とうとう日本に帰ることができると，たいへん喜んでいました。ところが，船が三浦《みうら》半島の浦賀《うらが》に近づくと，突然砲声《とつぜんほうせい》が聞こえだしました。砲声は止むことなく，モリソン号が砲撃《ほうげき》されていることは明らかでした。モリソン号は，江戸湾《わん》に入ることをあきらめ，最終的に鹿児島《かごしま》に向かいました。ところがここでも同じように砲撃を受けて，マカオに引き返したのです。

モリソン号事件の５年後，オランダを介《かい》して長崎《ながさき》に，漂流民からの手紙が届きました。この手紙は今も残っています。内容は，＜私は漂流して外国に行くことを望んだわけではないし，自分のことを悪人とも思いません。しかし，役人の方がたや親兄弟，親戚《しんせき》に迷惑《めいわく》をかけてしまいました。だから，帰国したい気持ちはとても大きいのですが，あきらめます。お許し下さい。私たちは無事だとみなさまに伝えて下さい。＞というようなものでした。漂流民たちの落胆《らくたん》の大きさと望郷《ぼうきょう》の思いの深さをうかがい知ることができます。この手紙は，その後の幕府の政策に影響《えいきょう》を与えたと言われています。

その後，７人の漂流民たちは異国《いこく》でそれぞれの生き方を模索《もさく》することになりました。尾張の音吉は，オトソンと名乗り，上海《シャンハイ》でイギリスの商社に勤めました。そのかたわらで日本からの漂流民たちの帰国に力を尽《つ》くしました。音吉の助けを得て，長崎から日本に帰ることができた人たちの記録がたくさん残っています。また音吉は，イギリスの通訳官として，2回の日英交渉《こうしょう》の場に立っています。1849年の最初の交渉時には，自らを中国人と偽《いつわ》りましたが，1854年には自らの素性《すじょう》を明らかにしました。幕末の遣欧《けんおう》使節団の一行は，1862年にシンガポールで音吉に出会っています。当時シンガポールに移住していた音吉は，日本の使節団を訪ね，現地案内をしました。このように，漂流民・音吉は，海外在住の事情通として，情報を提供し，日本人を助け続けました。生まれ故郷や日本という国への愛着を持ち続けながらも，日本に戻《もど》れなかった音吉は，自分が何者であるのか，深く考えざるを得なかったことでしょう。

明治時代に入り，1879年，ジョン・ウィリアム・オトソンという人物が来日しました。彼は漂流民・音吉の息子だと名乗り，父はシンガポールで亡くなったこと，そして息子が国籍《こくせき》を得て日本人になることを望んでいたと伝え，日本人となることを願いました。そして，多くの人の尽力《じんりょく》を得て無事に認められ，父の名を継《つ》いで神戸《こうべ》などで暮らしました。

江戸時代末期に開国されてからは，国外への渡航《とこう》が厳しく禁じられることはなくなり，逆に日本からの移民が奨励《しょうれい》される場合もありました。現在では，海外旅行のように国外へ行って戻ることは容易になりましたが，一方で，国境を越《こ》える移動は，各国の制度により，厳格に管理されるようになっています。図らずも国境を越えてしまった音吉の一生から，私たちは多くのことを学べるのではないでしょうか。

※廻船：国内沿岸の物資輸送に従事する船。

参考図１　音吉の肖像《しょうぞう》画

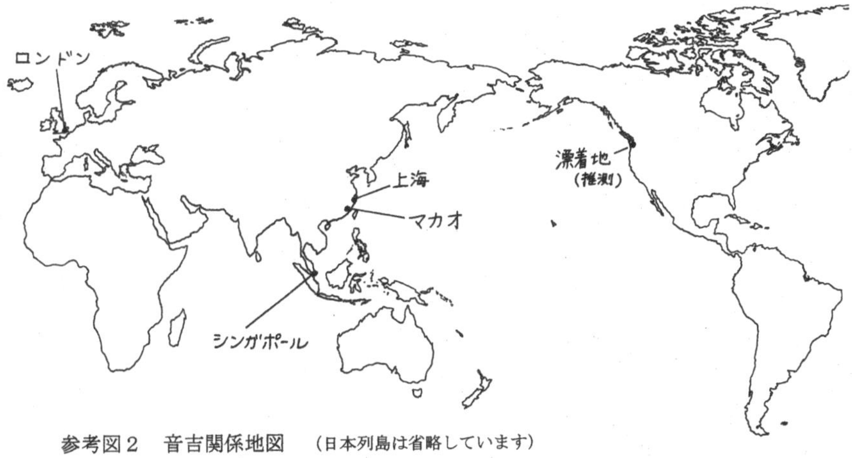

参考図２　音吉関係地図　（日本列島は省略しています）

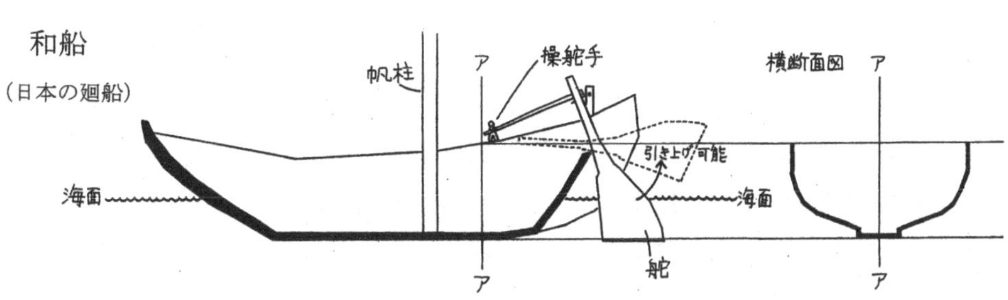

洋船

（ヨーロッパの外洋航海用の船）

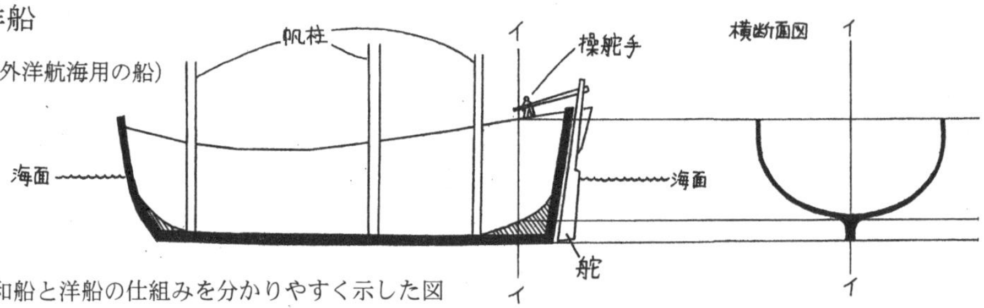

図１　和船と洋船の仕組みを分かりやすく示した図

図の和船，洋船は，ともに長さ30mくらい。

舵：船の後ろに付いていて，船の進む方向を決める

操舵手《そうだしゅ》：舵を操作して，船を一定の方向に進ませる人

問１　廻船の航路に関する問いに答えなさい。

(1)　御前崎《おまえざき》から江戸までの海岸線を描《か》きなさい。

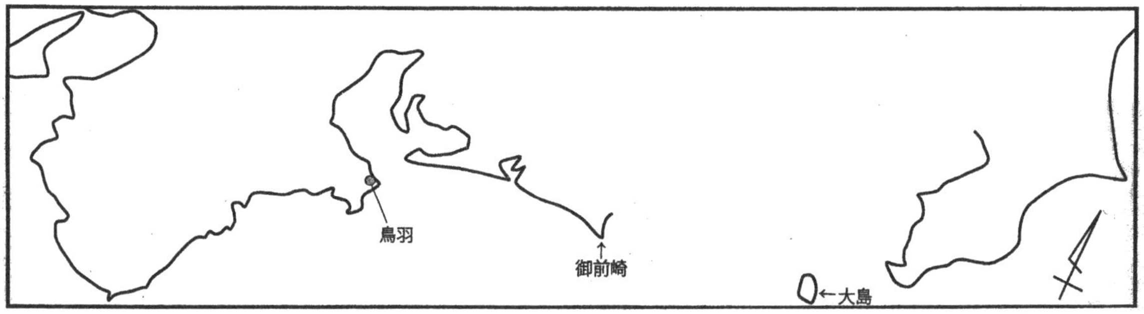

(2)　廻船が難破する場所は，静岡県沖付近が多く，季節は冬が多かったようです。なぜでしょうか。

問２　日本と中国の交易《こうえき》は，日本が他の国・地域との間で行っていた交流の中でも，大変重要なものでした。

(1)　平安時代の12世紀後半に中国（宋《そう》）との交易を主導《しゅどう》し，政治的にも勢力を持っていた武将はだれですか。

(2)　室町時代の15世紀はじめに中国（明《みん》）と国交を結び，両国の交易も積極的に推進した将軍はだれですか。

(1)

(2)

問３　日本の廻船は，国内流通向きのいろいろな特徴《とくちょう》を持っていました。図１で，日本の廻船とヨーロッパの外洋航海用の船を比較《ひかく》して，日本の廻船の構造上の特徴を指摘《してき》し，それが国内流通向きと考えられる理由を説明しなさい。

問４　19世紀の日本とイギリスやアメリカとの関係に関する以下の問いに答えなさい。

⑴　日本からの漂流民を政治的に利用しようというイギリスやアメリカの意図は，どのようなものだったと考えられますか。

⑵　19世紀半ばにおける度重《たびかさ》なる交渉の結果，1858年に日本がイギリスやアメリカなど欧米５か国との間に結んだ条約は何ですか。

問５　モリソン号事件に関する問いに答えなさい。

⑴　なぜモリソン号は砲撃されたのでしょうか。

⑵　漂流民からの手紙がオランダを介して届けられたのはなぜでしょうか。

問６　19世紀後半から20世紀前半にかけて，日本から国外にかなりの数の移民が行われました。南アメリカ諸国のなかで，日本人が最も多く移民した国を答えなさい。

問７　第２次世界大戦後の日本からの出国者数は，1970年代以降にそれまで以上のペースで増加するようになりました。それはなぜか，考えられる理由を１つあげ，簡単に説明しなさい。

問８　短期的な旅行ではない，国境を越える人間の移動は，近年も世界の各地で発生し，議論を引き起こす場合があります。あなたの知っている例を紹介《しょうかい》し，説明しなさい。

【理　科】（40分）　＜満点：60点＞

1　すべての生物には，養分や空気を通したつながりがあります。植物は光を利用して養分を作り，動物は植物や他の生物を食べ，カビやキノコは落ち葉や動物の死体・糞《ふん》などを利用して生きています。ここでは空気を通した生物どうしのつながりを，ムラサキキャベツの液を用いた簡単な実験を通して考えてみましょう。ムラサキキャベツの液は，図１のように，水溶液《すいようえき》の性質によって色が変わります。

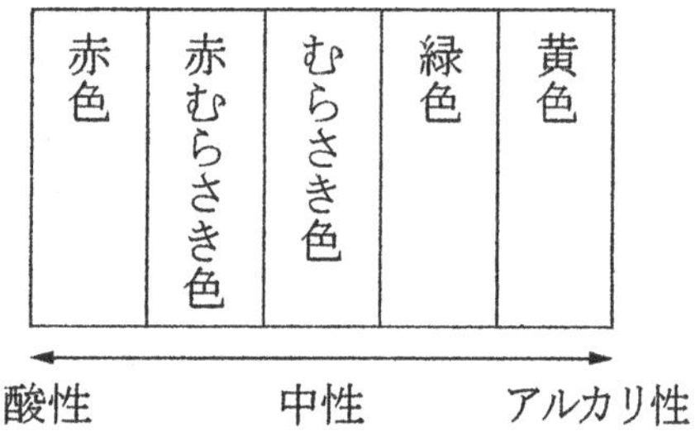

図１

【実験の手順】

① 試験管Ａ～Ｆの６本を用意し，ＡとＢにはニラを，ＣとＤにはエノキダケを，それぞれ10cmの長さに切って詰《つ》めた。ＥとＦには何も入れなかった。

② 試験管Ａ，Ｃ，Ｅの３本の試験管のまわりをアルミニウム箔《はく》で覆《おお》い，試験管の中に光が入らないようにした。

③ ろ紙を２cm四方に切り，ムラサキキャベツの液を加えた石灰水を染《し》み込《こ》ませて緑色にしたものを，試験管Ａ～Ｆの口に乗せて蓋《ふた》にした。

④ 試験管Ａ～Ｆ全体に十分な光を当て続け，15分後にろ紙の色を観察した。

【実験の結果】　試験管Ａ，Ｃ，Ｄのろ紙は同じような色に変化していたが，試験管Ｂ，Ｅ，Ｆのろ紙の色は変化していなかった。

問１　石灰水にストローで息を吹《ふ》き込むと白くにごります。この性質についてまとめた次の文章の［１］～［３］に適切な用語を，［４］には適切なひらがなを入れなさい。

『石灰水は消石灰が水に溶《と》けたもので［１］性を示す。息の中の［２］は水に溶けて弱い［３］性を示し，消石灰と反応して白い物質ができる。この白い物質は水に溶け［４］。』

1［　　　］性　2［　　　］　3［　　　］性　4［　　　］

問２　試験管Ａのろ紙は，どのような色に変わったと思いますか。図１から色を選び，その理由も説明しなさい。

［　　　　　　　　　　］

問３　試験管ＥとＦは，他の試験管と比べるために用意しています。ＦとＤの結果を比べて分かるＦの役割を書きなさい。

［　　　　　　　　　　］

問４　実験の結果から，エノキダケのどのような特徴《とくちょう》が分かりますか。ニラとの違《ちが》いが分かるように書きなさい。

問５　図２は，生物どうしの関係をまとめたもので，太い矢印（⇨）は養分の移動を，実線（⟶）と点線（--->）の矢印は空気を通したそれぞれ異なる気体の移動を表しています。今回の実験で注目していた気体は，図２の［１］，［２］のどちらですか。

また，試験管Ａ～Ｄの実験結果を表している矢印は図２のア～カのどれですか。それぞれ１つ選び，当てはまるものがない場合は×と答えなさい。答はすべて解答欄《らん》に書きなさい。

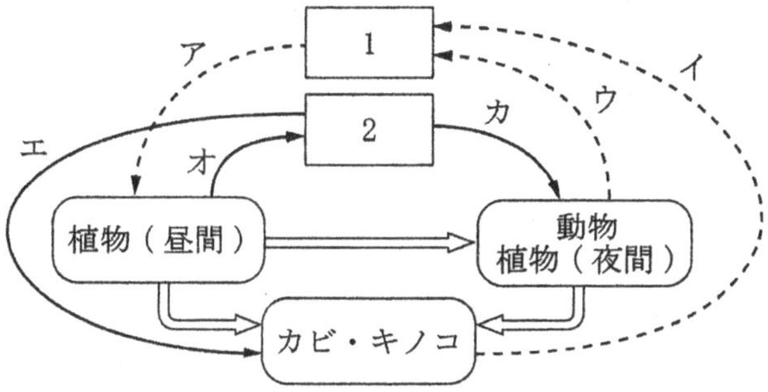

図２

注目していた気体［　］　試験管Ａ［　］　試験管Ｂ［　］

試験管Ｃ［　］　試験管Ｄ［　］

［２］　太郎《たろう》くんは，千葉の海岸へ磯《いそ》の生き物を観察しに行きました。磯の観察をするときは，潮の満ちひきを考えて行動しなければなりません。海水面の高さは１日に２回，緩《ゆる》やかに高くなったり低くなったりしていて，一番高くなることを満潮，一番低くなることを干潮といいます。地球では，潮の満ちひきは主に月の影響《えいきょう》によって起こり，月に面した側とその反対側で海水面を高くする作用が強くなります。

問１　月は24時間50分経《た》つと空の同じ位置に見えます。同じ海岸では，満潮から次の満潮まで何時間何分かかりますか。

［　　］**時間**［　　］**分**

問２　磯で観察するには，干潮の前後の時間帯が適しています。太郎くんが磯に行った日の干潮時刻は11時45分でした。３日後の日中に再び同じ磯へ行くとすれば，その日の干潮時刻は何時何分ですか。時刻は０～24時で答えなさい。

［　　］**時**［　　］**分**

問３　太郎くんが磯の観察に行った日は満月でした。この日から一週間後のおよその月の位置は次の図１のア～クのどれですか。また，その位置にある月が南の空にきたときに見える形は図２の①～⑧のどれですか。それぞれ記号で答えなさい。

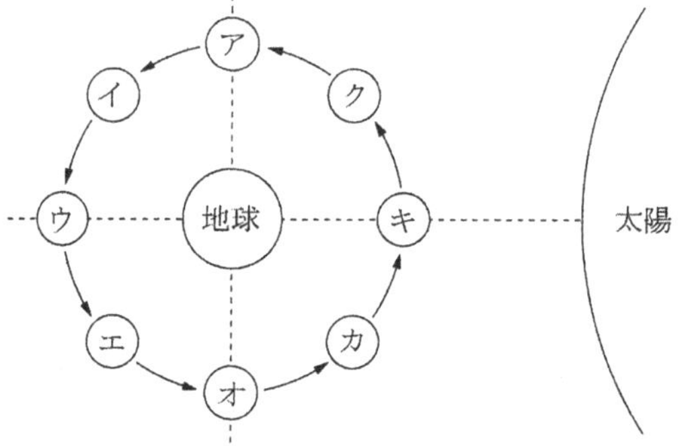

図１　地球と太陽に対する月の位置
（矢印は月が移動する向き）

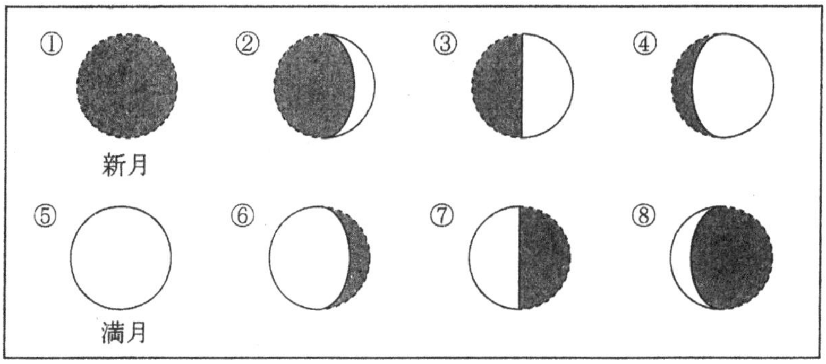

図２　月が南の空にきたときに見える形

月の位置　　見える形

磯《いそ》には，海藻《かいそう》，カニ，貝，魚などの様々な生き物がすんでおり，とくに海水がわずかに残った潮だまりでは，生き物がたくさん観察できます。太郎《たろう》くんは，潮がひいたときの磯で観察したことを，次のページの図３のようにまとめました。

問４　磯では，図３のように高さによって生き物の種類が大きく違《ちが》います。これはなぜですか。

問５　図３のＡのような場所にいる生き物の中で，硬《かた》い殻《から》をもつフジツボのように，岩にはりついてじっとしている生き物に必要な体の特徴《とくちょう》は何ですか。Ｂのような場所にいる生き物と比べて考えたとき，ア～キの中からふさわしいものを２つ選び，記号で答えなさい。

ア　太陽の光を効率よく受けるために，黒っぽい色の体をしている。

イ　太陽の光で高温になるため，乾燥《かんそう》に耐《た》えられる体のつくりをしている。

ウ　海水に浸《ひた》っている時間が短いため，肺で呼吸をしている。

エ　岩の隙間《すきま》で生活するために，柔《やわ》らかい体のつくりをしている。

オ　外敵から身を守るために，トゲがある。

カ　エサを海水中からとる時間が短いため，少ない栄養で生きていける。

キ　激しい温度の変化に耐えられるように，体温を調節できる。

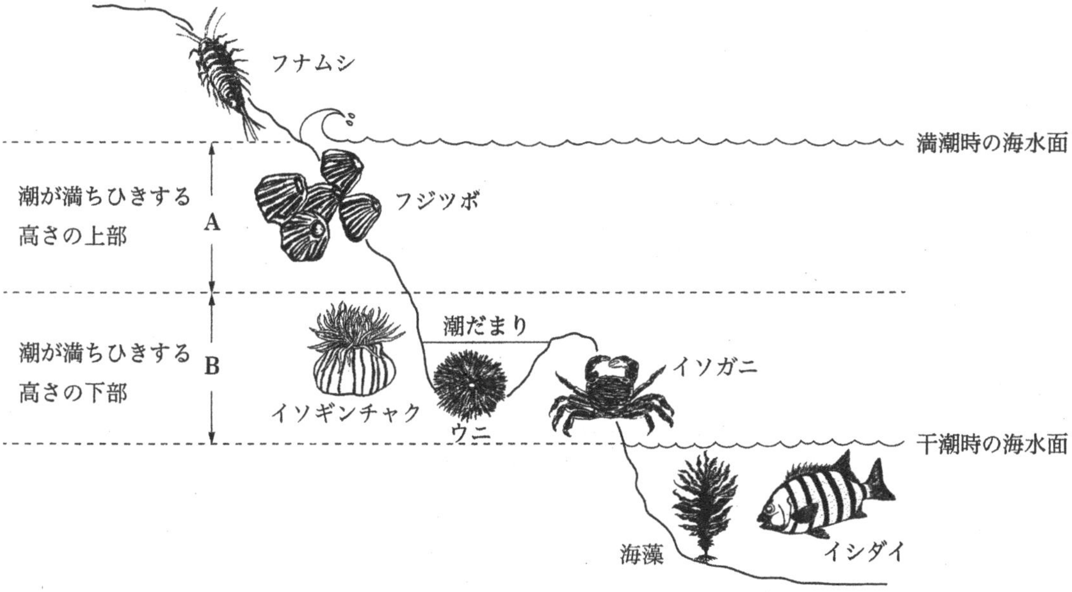

図３　磯の観察記録（生き物の大きさは、実際には同じではありません。）

問６　図３のＡのような場所よりＢのような場所の方が，多くの種類の生き物がいます。それは，Ａに比べてＢの方が生き物にとって過ごしやすい環境《かんきょう》だからです。しかし，ここで生き残るには大変なこともあります。それはどのようなことですか。考えられることを２つ書きなさい。

3　袋《ふくろ》の中に，図１のような形の，１本の紙テープを折って作った栞《しおり》が２つ入っています（１つは予備です）。まず，栞の片面だけに，図２のような「中心を通る太い線」を書き入れなさい。この栞をほどいたり，折り直したりして，次のページの問いに答えなさい。（試験が終ったら栞は袋に入れて持ち帰りなさい。）

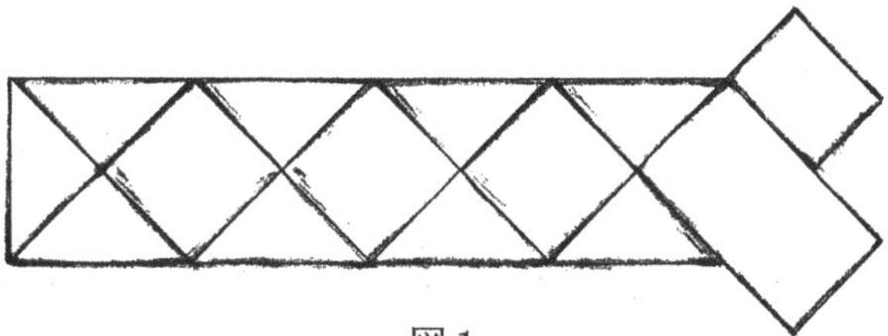

図１

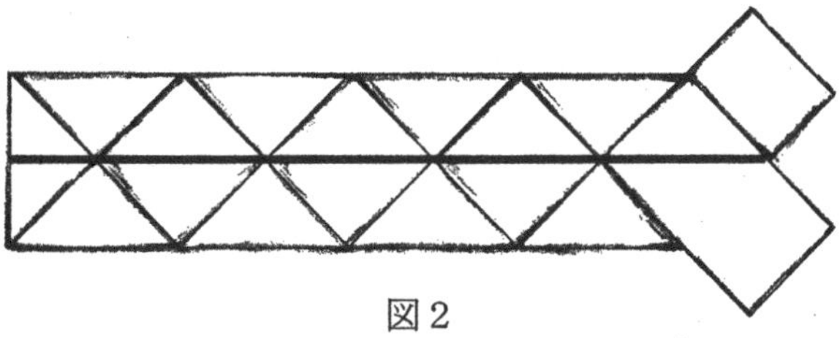

図２

問1　下の図3は，前のページの図2の栞をほどいたときの紙テープを表していて，図中の二重線（═══）は山折りの線を示しています。

⑴　この図に，谷折りの線を点線（‐‐‐）で，栞に書いた太い線を実線（――）で書き入れ，図3を完成させなさい。

⑵　栞をほどいたときの太い線が，ほどく前に，どことどこがつながっていたのか分かるように，図3の紙テープの外側で線を結びなさい。

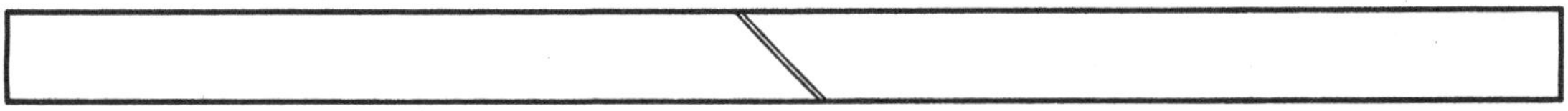

図3　栞をほどいたときの紙テープ

問2　問1の結果から，栞をほどいたときの太い線の現れ方やつながり方が規則的であることがわかります。それがどのようなものか説明しなさい。図をかいてはいけません。

ぼくたちも黙《だま》りこんだ。

波の音と鳥の鳴き声が沈黙《ちんもく》を埋《う》めていく。

「ここにいれば？」

カミがぽつりと言った。伍長《ごちょう》ははっと顔を上げた。

「もうヤマトゥ《（本土）》に戻《もど》らないで、ずっとここにいれば？　戦争が終わるまで隠《かく》れていれば？」

思いきった言葉に、ぼくはまじまじとカミを見た。カミを見る伍長《ごちょう》の顔はわからない。

いきなり伍長《ごちょう》はわらいだした。

「きみはお母さんにそっくりだね。きっときみはいいお母さんになるよ」

わらって、わらって、目尻《めじり》から流れた涙《なみだ》を拭《ぬぐ》った。

「生きててよかった」

わらいながら、そうつぶやいた伍長《ごちょう》は、もう、神さまじゃなかった。

（中脇初枝《なかわきはつえ》の文章による）

＊伍長……軍隊での階級の一つ。

＊ユニみー……「ぼく」の兄。島の守備隊に召集《しょうしゅう》されている。

＊イチみー……「カミ」の兄。特攻隊《とっこうたい》として戦死した。

＊グラマン……アメリカの戦闘機《せんとうき》。

＊挺身隊……戦争中に編成された勤労奉仕《ほうし》団体。若い女性が多かった。

＊シコルスキー……アメリカの戦闘機《せんとうき》。

問一　①「おまえたちは三万円の棺桶《かんおけ》で葬《ほうむ》られるんだからありがたく思え」とあるが、「三万円の棺桶《かんおけ》」とは何を指していますか。

②　上官はどうして「棺桶《かんおけ》」という言葉をつかっているのですか。

問二　「まるで自分に言いきかせているようだった」とあるが、「カミのあま《（おかあさん）》」が「自分に言いきかせている」のはどうしてですか。

問三　「戦争だから、しかたがないよー。アガリヌヤー《（東の家）》のおじいさんも許してくれるよー」とあるが、「ぼく」はどんなことを「しかたがない」と思っていますか。

問四　「これは、呪《のろ》いだと思ってる」とあるが、それはどうしてですか。

問五　「伍長《ごちょう》の言葉の意味がわかるまで、ちょっと時間がかかった」とあるが、「伍長《ごちょう》の言葉」によって、「ぼく」はどのようなことがわかったのですか。

問六　「わらいながら、そうつぶやいた伍長《ごちょう》は、もう、神さまじゃなかった」とあるが、「ぼく」がそう思った理由を説明しなさい。

問七　文章中の**カタカナ**を漢字に直しなさい。

タガヤされた	**ヒダネ**	**オサナく**
された		く
カコむ	**カガミ**	**ミジュク**
む		

履《は》いていた。島で靴《くつ》を履《は》いているのは、学校の先生と、守備隊の兵隊さんだけだった。

ぼくとカミは、ぼくたちのはだしの足にはさまれた、伍長《ごちょう》の長靴《ちょうか》をみつめた。鈍《にぶ》く光る黒い革《かわ》の長靴《ちょうか》。亀岩《かめいわ》の兵隊さんが履《は》いていたのと同じ靴《くつ》。

「伍長《ごちょう》さん」

ぼくが声をかけると、伍長《ごちょう》はぼくを見た。

「ぼくは、もしいつか、特攻隊《とっこうたい》の人に会えたら、お礼を言いたいってずっと思ってたんだ。ぼくたちの島を守ってくれているお礼を」

「お礼？」

「この前、この沖《おき》に特攻機《とっこうき》が三機落ちたんだ」

ぼくは珊瑚礁《さんごしょう》のむこうを指さした。

「島の上を飛んできたんだよ。それで南から来たシコルスキー＊にみつかって、追いかけられた。そうしたら、どの飛行機も沖《おき》へ飛んでいって、撃墜《げきつい》された。ぼくたちが地上にいたから、島に被害《ひがい》を与《あた》えないようにしてくれたんだ。だから」

「それはちょっとちがうかもしれない」

伍長《ごちょう》はぼくの言葉をさえぎった。

「敵機に発見されたら、海上へ飛んだほうが、敵機には見えにくくなるんだよ。緑色に塗《ぬ》ってある翼《つばさ》が、海の色と重なって見えるからね」

伍長《ごちょう》の言葉の意味がわかるまで、ちょっと時間がかかった。なんとかのみこめると、ぼくは続けた。

「でも、だって、特攻機《とっこうき》はいつも島の上を通らないで、海の上を通っていくよー。もし撃墜《げきつい》されても、島に被害《ひがい》を与《あた》えないようにしてくれてるんでしょー。越山《こしやま》の兵隊さんが言ってたって」

「レーダーに捕捉《ほそく》されないよう、低空で飛ぶからね、障害物のない海上のほうが安全なんだよ。もちろん、島に被害《ひがい》を与《あた》えたくないというのは事実だけど、不時着する場合は島に降りるしかないしね」

伍長《ごちょう》はこともなげに言った。

「そもそもぼくたちは**ミジュク**だからね、正直言って、そんな余裕《よゆう》はないんだよ。みんな晴れた日にしか飛べないし、ぼくは今回の出撃《しゅつげき》が初めての長距離《ちょうきょり》飛行だった」

そういえば、特攻機《とっこうき》は、晴れた日にしか飛んでこない。

神さまは島を守っていたわけじゃなかった。

「最初で、それで最後の長距離《ちょうきょり》飛行になるはずだったのに」

伍長《ごちょう》は珊瑚礁《さんごしょう》のむこうを見た。

「ぼくはこんなところで生きている」

伍長《ごちょう》はそうつぶやくと、ぼくたちをかわるがわる見た。

「ごめんよ。ぼくがすみませんって謝《あやま》ってたのは、芋《いも》畑を荒《あ》らしたことじゃないんだ」

ぼくは、雨戸の上でうめいていた伍長《ごちょう》の姿を思いだした。

「貴重な飛行機を失って、ぼくだけ生き残ってしまった」

伍長《ごちょう》はまた海を見た。

「昨日、一緒《いっしょ》に出撃《しゅつげき》したみんなは沖縄《おきなわ》に辿《たど》りついて突入《とつにゅう》している。ぼくも昨日、みんなと一緒《いっしょ》に死ぬはずだったのに。死んで神になるはずだったのに」

伍長《ごちょう》は叫《さけ》ぶようにそう言うと、頭を抱《かか》えた。

胸で人形が大きく揺《ゆ》れた。

カミは伍長《ごちょう》の胸に下がる女の子の人形を指差した。

伍長《ごちょう》は我に返ったようで、カミの人差し指の先を見下ろした。

「ああ」

伍長《ごちょう》は人形のひとつを胸から外した。

「あげるよ」

伍長《ごちょう》は人形をカミに差しだした。人形はきちんと白い開衿《かいきん》シャツを着て、絣《かすり》のもんぺを穿《は》き、頭には日の丸の鉢巻《はちま》きを締《し》めている。

「いいの?」

伍長《ごちょう》は頷《うなず》いて、砂浜《すなはま》に腰《こし》を下ろした。ぼくたちも伍長《ごちょう》をはさんで横にすわった。カミは人形を両手でそっと包んだ。

「ゆうべは君たちもびっくりしたろう。こっちは生きてるのに、神さま扱《あつか》いされる。ずっとなんだ。もう慣れた」

伍長《ごちょう》は胸に揺《ゆ》れる人形にそっと触《ふ》れた。まだ二つの人形が下がっている。

「これは、呪《のろ》いだと思ってる」

ぼくは聞きまちがえたと思った。聞き返す間もなく、伍長《ごちょう》は続けた。

「基地のまわりの挺身隊《ていしんたい》*の女学生たちがね、作ってくれたんだ。特攻《とっこう》の成功を祈《いの》ってね。ひと針、ひと針」

ぼくとカミはカミの手の中の人形を見た。縫《ぬ》い目《め》は見えないほどに細かかった。目と口は墨《すみ》で描《えが》かれている。

「成功って、死ねっていうこと。死ねという呪《のろ》いなんだよ。こわかったよ。ぼくたちが通ると、女学生たちが近づいてきてはね、手渡《てわた》してくれる。みんな花のようにきれいな顔をしてね。みんなわらっていたなあ」

日の丸の鉢巻《はちま》きをしたおさげ髪《がみ》の人形は、たしかにわらっていた。

「彼女《かのじょ》たちだけじゃない。みんなね、成功を祈《いの》ってくれる。上官も、整備兵も、取材に来た新聞記者も、みんな。ぼくが本当に神になれるように。死んで神になれるように」

伍長《ごちょう》は海をみつめてつぶやいた。

「本当に、みんな、きれいだったなあ」

カミは手の中でわらう人形を見下ろしたまま、どうしたらいいかわからず、固まっていた。

「ごめんごめん」

伍長《ごちょう》はカミの様子に気づいて、その手から人形を取りあげた。

「やっぱりあげられないよ。これはぼくへの呪《のろ》いだから」

伍長《ごちょう》はまた人形を胸に下げた。

カミはほっとため息をついて、からっぽになった手を砂の中につっこんだ。手を汚《よご》してしまったとき、ぼくたちがいつもするように。

「きみたち、靴《くつ》は?」

伍長《ごちょう》は砂の上のぼくたちのつま先を見て言った。さっきウム《(イモ)》畑の中に入ったから、指の間に湿《しめ》った泥《どろ》が茶色く残っている。

「みんなはだしだよね。痛くないの」

「痛くないよー」

「戦争だから、靴《くつ》がなくなったの」

「ちがうよー。もともとみんなはだしだよー」

島では大人もこどももみんなはだしが普通《ふつう》だった。よそへ出かけるときだけ、わら草履《ぞうり》を履《は》く。それでも、なるだけ長持ちするように、町まではだしで歩いていって、町に入るときだけわら草履《ぞうり》を履《は》いた。そういえば、ゆうべうちに来たまわりのシマ《(集落)》のおばさんたちは、わら草履《ぞうり》を

「空を飛ぶって、どんな感じ？　この島って、どんなふうに見えるの？」
「小さな島だよ」
伍長《ごちょう》はカミにわらいかえした。
「手のひらで包めるくらい」
「そんなわけないでしょー」
カミはちょっとにらんだ。伍長《ごちょう》はまたわらった。わらうとますます**オサナ**く見える。
「空を飛ぶのは気持がいいよ。初めて単独飛行をしたときは最高だった。家族に見せたかったよ。ぼくは空を飛んでるんだぞーって」
伍長《ごちょう》の言葉に、カミは嬉《うれ》しそうに頷《うなず》いた。きっと、イチみー《（兄さん）》のことを思っているんだろう。
「世界は果てしなく広いよ。空を飛べばわかる。それで海があんまりどこまでも広がっているものだから、ずっと飛んでると、心細くなってくる。そんなときに島を見るとね、ほっとするんだよ。島って本当にふしぎだと思う。海の中にぽつんぽつんと、まるで、だれかが落としていったみたいに見えるんだ。ずっと、沖縄《おきなわ》まで」
伍長《ごちょう》は目を細めた。
「海に手が届きそうだ」
「海に行く？」
カミがわらいながら訊《たず》ねた。
「連れていってあげる」
カミは伍長《ごちょう》の背中を押《お》した。伍長《ごちょう》は、うしろからカミに押《お》されながら、歩きだした。
そんな甘《あま》えたカミを見るのは久しぶりだった。カミはお兄ちゃん子だった。ものごころついたときにはあちゃ《（父）》が出征《しゅっせい》しておらず、イチみー《（兄さん）》がずっと父がわりだった。イチみー《（兄さん）》が島にいたころ、いつもカミはイチみー《（兄さん）》にまとわりついて甘《あま》えていた。
砂浜《すなはま》に降りると、なぜかぼくはいつも波《なみ》打《う》ち際《ぎわ》に向かって駆《か》けだしてしまう。
思わず五、六歩駆《か》けたあとで、はっとしてふりかえると、伍長《ごちょう》はカミと砂浜《すなはま》に立ちつくしていた。
「きれいだね」
伍長《ごちょう》はウム《（イモ）》畑で口にしたことをまた言った。それでも、海をみつめたまま、動かない。
「どうしたのー」
ぼくは伍長《ごちょう》のそばまで引き返してたずねた。
「まだ生きているのが信じられないんだよ」
伍長《ごちょう》はぼくを見もせずに言った。
「すべてが夢なんじゃないか。ここは天国のようだ」
ぼくとカミは目を見合わせた。それから、伍長《ごちょう》が身じろぎもせずみつめている海に目をやった。
最近は浮遊物《ふゆうぶつ》がないせいか、今朝は砂浜《すなはま》にはだれもいない。朝日を浴びた波は、きらきら光りながら、真っ白な砂浜《すなはま》に寄せてくる。島をぐるりと**カコ**む珊瑚礁《さんごしょう》は、どんな荒波《あらなみ》も打ち消して、おしとどめてくれる。水平線は真っ平らで、いつも通りの海だ。青い空にぽっかり浮《う》かんだ雲が、**カガミ**のような海面に浮《う》かんでいる。
「それなに？」

痛くてたまらないという。戦争なんだからしかたがないと、髭《ひげ》をのばす人が多くなった。あちゃ《（おとうさん）》もカミのじゃーじゃ《（おじいさん）》も髭《ひげ》をのばしていた。

戦争なんだからしかたがない。

しかたがない。

イチみー《（兄さん）》＊の葬式《そうしき》のときに、カミのあま《（おかあさん）》は、トーグラ《（台所）》でそう言った。うつむいて、炊《た》いているたくさんのウム《（イモ）》をみつめながら。まるで自分に言いきかせているようだった。

そう言って、ぼくたちはどれだけたくさんのものをあきらめているんだろう。

カミが、足許《あしもと》に転がるウム《（イモ）》のかけらを拾いあげた。白い根をのばし、これから太ろうとしていた。

戦争なんだから、しかたがない。

それはぼくたちだけじゃなかった。

神さまだと思っていた特攻隊《とっこうたい》の兵隊さんも同じだった。

「すみませんって、謝《あやま》ってたねー」

ぼくは伍長《ごちょう》に言った。伍長《ごちょう》は驚《おどろ》いた顔でぼくをふりかえった。

「ぼくが？　いつ？」

「運ばれてるとき。なんべんも謝《あやま》ってたよ」

ぼくは、伍長《ごちょう》をなぐさめるように言い足した。

「戦争だから、しかたがないよー。アガリヌヤー《（東の家）》のおじいさんも許してくれるよー」

「そうだね」

伍長《ごちょう》は考えこむように、荒《あ》れた畑を見た。

「飛行機で飛んでるとき、下の声も聞こえるのー」

ぼくは昨日から訊《き》きたかったことを訊《たず》ねてみた。

「下の声って？」

「空襲《くうしゅう》で防空壕《ぼうくうごう》に入ったときに、泣くとグラマン＊に聞こえるって言われたんだよー」

「地上にいる人の声ってこと？」

ぼくは頷《うなず》いて続けた。

「和泊《わどまり》で泣いた子の家に爆弾《ばくだん》が落とされて、おばあさんが死んだんだってー」

伍長《ごちょう》は驚《おどろ》いた顔をした。

「それは偶然《ぐうぜん》だよ」

「地上ではそんなことを言うんだね。飛行機のエンジン音はものすごいからね。空中で編隊を組んでいる機同士でも、声は絶対に届かないから、手で合図《あいず》するもんだよ。まして地上の声が飛行機まで届くわけがないよ」

ぼくはカミをふりかえって、わらいかけた。カミもほっとしたようにわらった。

今朝のカミはよくわらう。

「きれいだね」

伍長《ごちょう》が飛行機を背にして、海のほうを見た。朝日を浴びて輝《かがや》く、とりどりの葉っぱの波は、海まで続く。

まだ夜が明けたばかりだというのに、その波間のあちこちから、朝の食事の準備をする白い煙《けむり》が立つ。砂糖小屋のとがった茅《かや》屋根の下では、どの家でも働きもののあま《（おかあさん）》が、ウム《（イモ）》かヤラブケー《（ソテツの実のかゆ）》を炊《た》いているのだろう。

カミはまた伍長《ごちょう》にわらいかけた。

【国　語】〈五〇分〉〈満点：一〇〇点〉

次の文章を読んであとの質問に答えなさい。

（注）太平洋戦争末期、沖縄《おきなわ》のそばにある沖永良部《おきのえらぶ》島に特攻隊《とっこうたい》の飛行機が不時着した。搭乗員《とうじょういん》の西島伍長《ごちょう》＊は、「カミ」（「ぼく」と同級生で十歳《さい》の女の子）の家に泊《と》まることとなった。翌朝、「ぼく」と「カミ」は伍長《ごちょう》と一緒《いっしょ》にその飛行機を見に行った。

アガリヌヤー《(東の家)》のウム《(イモ)》畑のはずれに、飛行機がそのままあった。あたりはまだ焦《こ》げくさい匂《にお》いにつつまれていた。

西島伍長《ごちょう》は翼《つばさ》に足をかけ、左側からぽんと、傾《かたむ》いた操縦席に乗りこんだ。

伍長《ごちょう》はユニみー《(兄さん)》＊よりも小柄《こがら》だった。歳《とし》もユニみー《(兄さん)》とかわらないくらいに見える。こんな人がこんなに大きな戦闘機《せんとうき》を飛ばしてきたとは信じられない。

「直せる？」

操縦席から下りてきた伍長《ごちょう》に、カミはたずねた。伍長《ごちょう》は首を振《ふ》った。

「無理だね。もう解体するしかない」

その返事に、カミは嬉《うれ》しそうにほほえんだ。ぼくも同じ気持だった。

飛行機が飛べないということは、伍長《ごちょう》は島にいるしかない。三月に疎開《そかい》船《せん》が鹿児島《かごしま》に行ったのを最後に、ヤマトゥ《(本土)》への交通は途絶《とだ》えていた。ぼくたちは、親しげにぼくたちの名前を訊《き》いてくれた伍長《ごちょう》を、すっかりすきになっていた。

「三万円の棺桶《かんおけ》を壊《こわ》しちゃったよ」

伍長《ごちょう》は肩《かた》をすくめて見せた。

「上官からよく、おまえたちは三万円の棺桶《かんおけ》で葬《ほうむ》られるんだからありがたく思えと言われたんだけどね」

伍長《ごちょう》は飛行機の落ちた畑をながめた。

「畑をこんなに荒《あ》らして……申し訳ないね」

アガリヌヤー《(東の家)》のウム《(イモ)》畑は見る影《かげ》もなかった。柔《やわ》らかに**タガヤ**された畑は飛行機の機体に沿って押《お》しつぶされ、夜ごとに手探《てさぐ》りで植えつけたつるから実をつけ、太りはじめたばかりのウム《(イモ)》は粉々に砕《くだ》かれて、白く散らばっていた。

このウム《(イモ)》畑は、もともとは百合《ゆり》畑だった。

暑くなると、島中で真っ白な百合《ゆり》の花が咲《さ》いた。そのころ、えらぶ《(沖永良部島)》は百合《ゆり》の島と呼ばれていた。アメリカが一番のお得意先だった。戦争が始まってからは、アメリカに輸出できなくなり、食糧《しょくりょう》増産の掛《か》け声《ごえ》のもと、みんなして百合《ゆり》を引き抜《ぬ》いては、ウム《(イモ)》を植えた。なおも畑の隅《すみ》などで百合《ゆり》を育てていた人は、国賊《こくぞく》とかスパイとか言われた。

それでも、ぼくは戦争なんだからしかたがないと思った。あちゃ《(おとうさん)》が徴用《ちょうよう》されたことも、ユニみー《(兄さん)》が召集《しょうしゅう》されたことも、ウム《(イモ)》やウム《(イモ)》のつるを供出することも、一番のお得意先だったアメリカと戦うことも。

ヤマトゥ《(本土)》と船の行き来ができなくなってからは、はじめにマッチがなくなった。**ヒダネ**に灰をかぶせて絶やさないよう、あま《(おかあさん)》もあや《(姉さん)》もいつも気をつけていた。

それから、石鹸《せっけん》がなくなった。ハイビスカスの葉を叩《たた》いて出したぬるぬるした汁《しる》や赤土で髪《かみ》は洗ったが、あちゃ《(おとうさん)》たちの髭剃《ひげそ》りはどうしようもなかった。ハイビスカスの葉でいくら顔をなすっても、剃刀《かみそり》をあてると

2019年度

解　答　と　解　説

《2019年度の配点は解答欄に掲載してあります。》

＜算数解答＞ 《学校からの正答の発表はありません。》

1　(1)　㋐　11　㋑　160　㋒　12　㋓　$2\frac{29}{80}$　(2)　333回

2　(1)　$3\frac{1}{3}$cm　(2)　8.4cm　(3)　25.6cm^2

3　(1)　(初めて)8秒後，(2回目)20秒後　(2)　375cm^2

(3)　10秒後，50秒後　62.5cm^2

4　(1)　18cm，20cm　(2)　(ア)　18cm，20cm，22cm，24cm　(イ)　6通り

(3)　(ア)　解説参照　(イ)　13通り

○推定配点○

4　各6点×5(4(1)，(2)(ア)各完答)　他　各5点×14　計100点

＜算数解説＞

1　(数の性質)

基本　(1)　㋐　素数は2，3，5，7，11，13，17，19，23，29，31と続くので，31は11番目である。

㋑　㋐の素数の和は10＋7＋13＋30＋40＋60＝160である。

㋒　160＝2×2×2×2×2×5であり，2×2×2×2×2の約数が5＋1＝6(個)，5の約数が1＋1＝2(個)あるので，160の約数は6×2＝12(個)ある。

㋓　$1+\frac{1}{160}+\frac{1}{2}+\frac{1}{80}+\frac{1}{4}+\frac{1}{40}+\frac{1}{5}+\frac{1}{32}+\frac{1}{8}+\frac{1}{20}+\frac{1}{10}+\frac{1}{16}=1+(1+80+2+40+4+32+5+20+8+16+10)\div160=1+(150+68)\div160=2\frac{29}{80}$

重要　(2)　10000÷31の商は322，10000÷(31×31)の商は10，10000÷(31×31×31)の商は0であり，322＋10＋1＝333(回目)に割り切れない。

重要　2　(平面図形，相似)

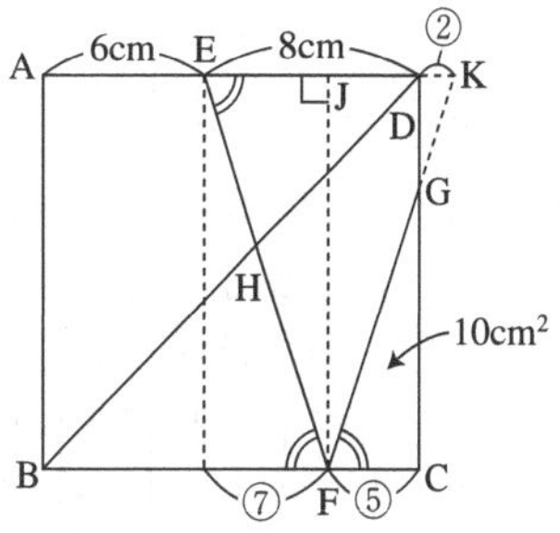

(1)　右図において，直角三角形EFJとKFJは合同，直角三角形FCGとKDGは相似であり，FC：KDはCG：GDに等しく2：5である。したがって，CFは8÷(2＋5×2)×5＝$\frac{10}{3}$(cm)

(2)　(1)より，GCは10×2÷$\frac{10}{3}$＝6(cm)，ABは6÷5×(2＋5)＝8.4(cm)である。

(3)　(1)より，BFは6＋8－$\frac{10}{3}$＝$\frac{32}{3}$(cm)であり，三角形EHDとFHBは相似で，これらの高さの比はED：BFに等しく8：$\frac{32}{3}$＝3：4である。したがって，(2)より，三角形BFHは$\frac{32}{3}$×8.4÷(3＋4)×4÷2＝25.6(cm^2)

重要 **3** (平面図形，速さの三公式と比，旅人算，割合と比)

(1)　図1において，平行四辺形が1回目にできるのは，5＋(30－3×5)÷(2＋3)＝8(秒後)　図2において，平行四辺形が2回目にできるのは，Pが30÷3＝10(秒後)にBに達したとき，Qは2×(10－5)＝10(cm)進んでいるので，10＋10÷(3－2)＝20(秒後)

図1

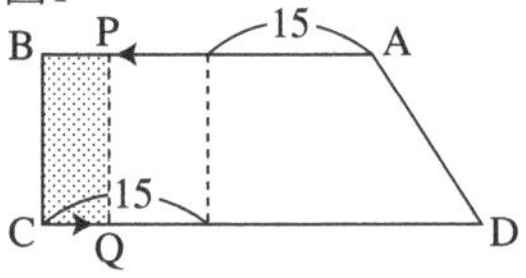

図2

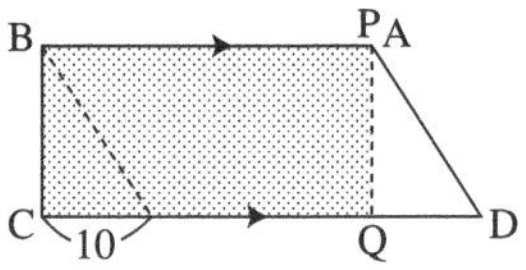

(2)　図1において，CQは2×(8－5)＝6(cm)，図2において，CQは2×(20－5)＝30(cm)であり，6：30＝1：5であるから，2回目の平行四辺形の面積は75×5＝375(cm^2)である。

(3)　PはQより速さが速いので8秒後から図形の面積は小さくなり始め，図3において，Pが30÷3＝10(秒後)にBに達したとき，CQは2×(10－5)＝10(cm)であり，(2)より，辺の比は6：(10÷2)＝6：5であるから，三角形の面積は75÷6×5＝62.5(cm^2)　(1)より，Pが10×2＝20(秒後)にAに達した後，図形の面積はまた小さくなり始め，図4において，Pが20＋10＝30(秒後)に再びBに達したとき，QはDを折り返しており，CQは40×2－2×(30－5)＝30(cm)　図5において，Qが5＋40×2÷2＝45(秒後)にCに戻ったとき，PはAを折り返しており，BPは30×5－3×45＝15(cm)　図6において，Pが45＋15÷3＝50(秒後)に3回目にBに達したとき，CQは2×(50－45)＝10(cm)であり，三角形の面積は再び最小の62.5cm^{2}になる。

図3

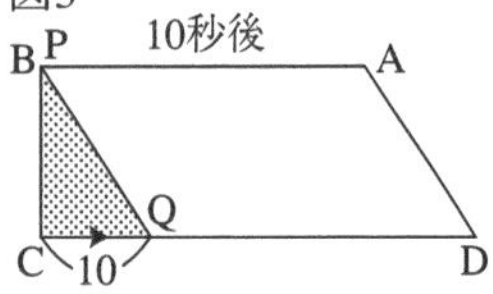

図4

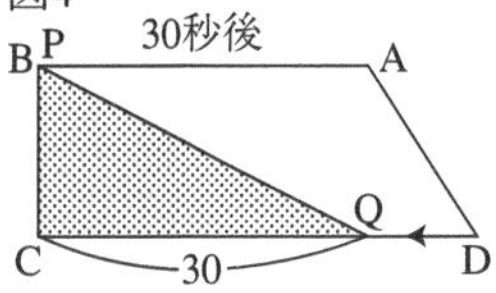

図5

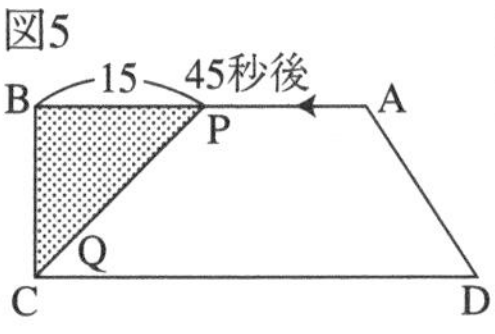

図6

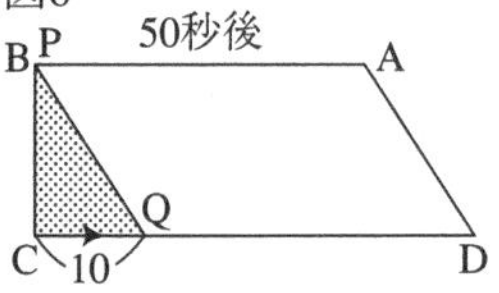

4 (平面図形，場合の数)

基本 (1)　ます目を3×6－17＝1(ます)消す場合，右図の例より，周は(3＋6)×2＝18(cm)または18＋1×2＝20(cm)

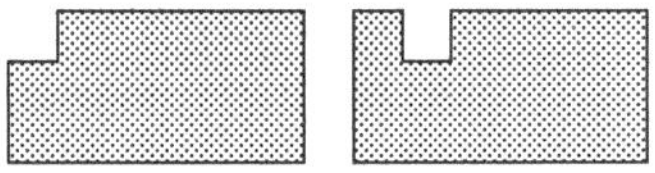

重要 (2)　(ア)　ます目を3×6－15＝3(ます)消す場合，下図の例より，周は18cm，18＋1×2＝20(cm)，18＋1×2×2＝22(cm)，18＋(1＋2)×2＝24(cm)

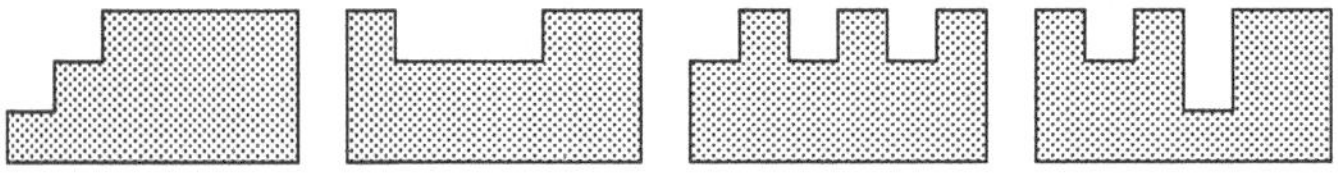

(イ)　(ア)より，周が24cmになる場合は，下図の3×2＝6(通り)がある。

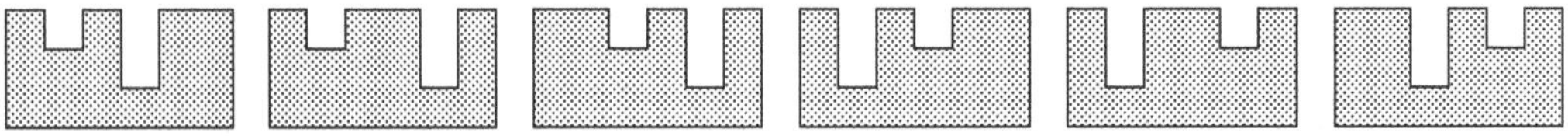

やや難 (3)　(ア)　図Aは，面積が最大になる場合の例，図Bは，最小になる場合の例である。

図A

図B

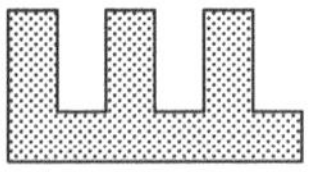

(イ)　(ア)以外に，以下の11通りがある。

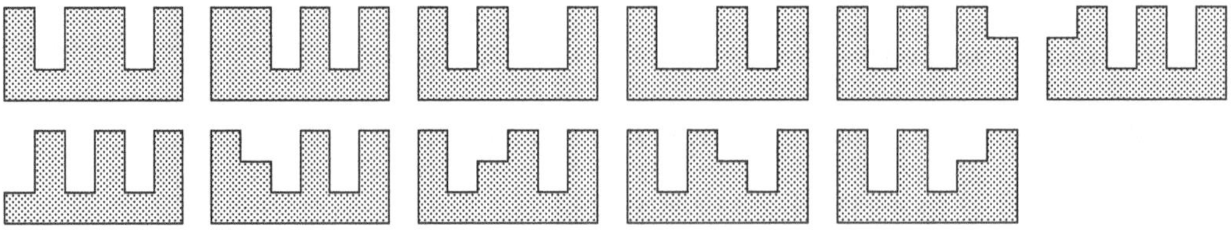

★ワンポイントアドバイス★

[4](3)「周が最長になる場合の数」を除くと，それほど難しい問題がないが，[3](3)「面積が最小になる時刻」も，慎重に考えないとミスしやすい。[1](1)「31以下」は，31を含めるという意味であるから注意しよう。

＜社会解答＞ 《学校からの正答の発表はありません。》

問1　(1)

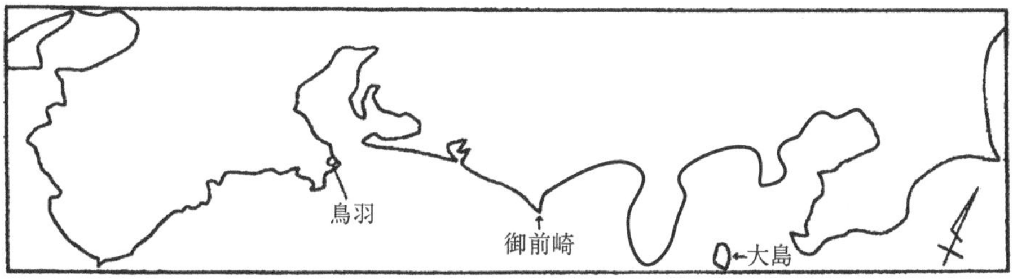

(2)　(例)　静岡県沖は波が荒く，また伊豆半島が太平洋に突出しているため，冬の北西の季節風によって廻船が流され，岩礁などに激突することが多かったから。

問2　(1)　平清盛　　(2)　足利義満

問3　(例)　海面より下に沈む部分が少なく船底が平らで，舵も海面より上に引き上げることが可能となっている。これは，水深の浅い瀬戸内海のような海域や河川を航行することが多かったからだと考えられる。また，帆柱が1本しかないのは，外洋を長距離にわたり航行することがあまりなかったからだと考えられる。

問4　(1)　(例)　開国，貿易の開始などを江戸幕府に要求する際，日本人の漂流民を日本に送り届けた方が交渉を有利に進めることができるから。　(2)　安政の五か国条約

問5　(1)　(例)　江戸幕府は異国船打払令を発し，日本に近づく外国船に対し，砲撃を加えて撃退することを命じていたから。　(2)　(例)　鎖国中も，オランダは，長崎の出島で幕府と貿易を行っていたから。

問6　ブラジル

問7　(例)　1970年代に日本は固定相場制から変動相場制に移行し，急速に円高が進んだ。このため，安価な費用で海外旅行をすることができるようになったから。

問8　(例)　ドイツのメルケル政権は，内戦が続くシリアから多くの難民を受け入れている。このような政策に対し，人道的な観点から評価する声がある一方で，難民の増加による治安の悪化を不安視する声や，自分たちの税金が難民のために投入されることに対する不満の声も大きい。

○推定配点○

問1(1)・問5　各4点×3　　問1(2)・問4(1)　各6点×2

問2・問4(2)・問6　各2点×4　　問3・問7　各8点×2　　問8　12点　　計60点

＜社会解説＞

（総合ー国境を越えた移動をテーマにした日本の地理，歴史など）

問1 (1) 静岡県の御前崎から順に，駿河湾，伊豆半島，相模湾，三浦半島，東京湾が適切に書ければ正解である。 (2) 静岡県沖の遠州灘は波が荒く，航行が困難な海の難所として知られる。さらに，伊豆半島が太平洋に大きく突出しているため，これが障害物になっている。冬季は，北西の季節風が吹くので，これによって廻船が流され，岩礁などに激突することが多かった。

基本 問2 (1) 平清盛は平安時代末期の武将。保元の乱(1156年)，平治の乱(1159年)に勝利し，朝廷に進出。1167年，武士として初めて太政大臣となった。また，大輪田泊(現在の神戸港)を修築し，宋との貿易を行った。 (2) 足利義満は室町幕府第3代将軍。1392年，南北朝を合一し，幕府の全盛期を築いた。また，1404年，中国の明との貿易(勘合貿易)を開始した。

問3 図1から和船は，洋船に比べて，海面下に沈む部分が少ないこと，船底は平らなこと，また舵の引き上げが可能なことが読み取れる。これは，瀬戸内海のような水深の浅い海や河川などを航行するためだと考えられる。また，帆柱の数が，洋船が3本であるのに対し，和船は1本である。これは，和船は，長距離，長時間にわたって外洋を航海することがあまりなかったためだと考えられる。

問4 (1) 19世紀，イギリスやアメリカ合衆国は，日本の港への寄港や日本との貿易を望んでいた。これは，中国との貿易における中継基地として，また捕鯨船への物資の補給基地として，日本の港は利用価値が高かったからである。しかし，当時，江戸幕府は鎖国政策をとっていたので，交渉は困難が予想された。イギリスやアメリカ合衆国に，日本人の漂流民を日本に送り届ければ，交渉が
重要 スムーズに進むのではないか，という思惑があったと考えられる。 (2) 安政の五か国条約は，1858年，江戸幕府がアメリカ合衆国，イギリス，フランス，ロシア，オランダの五か国と結んだ修好通商条約の総称。これらの条約は，朝廷の許可なく大老井伊直弼によって調印されたため，仮条約とよばれ，安政の大獄，桜田門外の変などの政変を生んだ。また，外国に治外法権を認め，日本に関税自主権のない，日本に一方的に不利な不平等条約であった。

問5 (1) 異国船打払令は，1825年，江戸幕府が発布した外国船取扱令で，日本の沿岸に近づく外国船に対し，無差別に砲撃を加えて撃退することを命じた。19世紀以降，フェートン号事件など，イギリス，ロシアなどの外国船の来航が増加したのに対する海防策として発布された。モリソン号が
基本 浦賀，鹿児島で砲撃を受けたのは，この命令によるものである。 (2) オランダは，スペインやポルトガルと異なり，日本国内でのキリスト教の布教活動を行わず，貿易のみに専念することを約束した。このため，ヨーロッパ諸国では唯一，幕府との貿易が認められた。オランダとの貿易は，長崎港内に築かれた出島のみで行われ，オランダ人と日本人との交流はきびしく制限された。

重要 問6 南アメリカ諸国のなかで，日本人が最も多く移民した国はブラジルで，最初の移民船の笠戸丸が1908年4月に神戸港を出航して以来，多くの日本人がブラジルに移住した。ブラジルでは，コーヒー，綿花，野菜栽培などで成功した人もみられ，その子孫は医師や弁護士，政治家をはじめ，さまざまな分野で活躍している。現在，ブラジルの日系移民(移民やその子孫)は約140万人を超えているといわれる。

やや難 問7 第二次世界大戦後，各国の外国為替相場制度は，米ドルを基準に一定比率に固定する固定相場制がとられていた。この時代，日本の為替相場は，1ドル＝360円であり，外国に行くのは経済的にかなり困難であった。しかし，1970年代前半から日本を含む主要国が一斉に変動相場制に移行し，この結果，日本では急激に円高が進んだ。このため，外国旅行や海外留学も一般庶民の手が届くようになったのである。

問8 解答例のほか，「中米から多くの人々が仕事を求め，アメリカ合衆国をめざしている。しかし，トランプ大統領は，アメリカ国民の雇用を守り，治安の悪化を防ぐなどを理由として，移民の受け

入れを制限する政策をとり，メキシコとの国境に壁をつくるという公約を果たそうとしている。」などが解答として考えられる。

★ワンポイントアドバイス★

御前崎～房総半島の海岸線を描くという作図問題が出題された。日頃から地図に親しんでいるかどうかが問われている。

＜理科解答＞ 《学校からの正答の発表はありません。》

1 問1　1　アルカリ(性)　　2　二酸化炭素　　3　酸　　4　ない　　問2　ニラに光を当てなかったので，ニラは呼吸のみを行い，放出された二酸化炭素と石灰水が反応することで，ろ紙はむらさき色になる。　問3　エノキダケを入れたDと入れなかったFを比べることで，ろ紙の色が変化したのは，エノキダケのはたらきであることがわかる。　問4　ニラを入れて光を当てたBでは，ニラが光合成を行い，二酸化炭素を吸収するので，ろ紙の色は変化しないが，エノキダケを入れて，光を当てなかったCと光を当てたDでは，どちらも呼吸のみを行い，二酸化炭素を放出して，ろ紙の色が変化したことがわかる。

問5　(注目していた気体)　1　　(試験管A)　ウ　　(試験管B)　ア　　(試験管C)　イ　(試験管D)　イ

2 問1　12(時間)25(分)　　問2　14(時)15(分)　　問3　(月の位置)　オ　　(見える形)　⑦

問4　磯の高さによって，海水の量や温度変化などの環境が大きく異なるから。

問5　イ，カ　　問6　雨水や日光などによって，海水の塩分濃度が変化すること。　生き物どうしのすみかを奪い合うこと。

3 配られた栞が公表されないため，解答省略

○推定配点○

1　問1・問5　各2点×9　　問2～問4　各4点×3

2　問1・問2　各3点×2　　問3・問5　各2点×3(問5は完答)　　問4・問6　各4点×3

3　各2点×3　　計60点

＜理科解説＞

1 (水溶液の性質，植物のはたらき，生態系ー石灰水と二酸化炭素の反応，光合成と呼吸，生物どうしの関係)

問1　石灰水は，消石灰(水酸化カルシウム)が水に溶けたアルカリ性の水溶液であり，二酸化炭素を通すと，炭酸カルシウムが生じて，白くにごり，中性の液になる。

問2～問4　ニラは，ネギの仲間であり，光を当てると光合成を行うが，光を当てないときは，光合成は行わず，呼吸のみを行うので，酸素を吸収して二酸化炭素を放出する。したがって，ニラを入れて，光を当てなかった試験管Aでは，放出された二酸化炭素と石灰水が反応するので，石灰水がなくなり，中性になり，ムラサキキャベツ液はむらさき色になる。キノコの仲間であるエノキダケは，光合成を行わず，呼吸のみを行う。したがって，エノキダケを入れた試験管Dに光を当てても，呼吸のみを行うので，二酸化炭素が増えて，ムラサキキャベツ液はむらさき色になる。

なお，何も入れなかった試験管EとFを用意することで，ムラサキキャベツ液の色の変化が，ニラやエノキダケのはたらきによるものであることがわかる。このような実験を対照実験という。

問5　気体1は，動物や夜間の植物から排出され，昼間の植物に吸収されているので，二酸化炭素である。また，気体2は，昼間の植物によってつくられ，動物や夜間の植物に吸収されているので，酸素である。試験管Aでは，植物のニラに光を当てなかったので，呼吸を行い，二酸化炭素を放出する。試験管Bでは，植物のニラに光を当てるので，光合成を行い，二酸化炭素を吸収する。試験管CとDでは，カビ・キノコの仲間であるエノキダケが呼吸を行い，二酸化炭素を放出する。

2　**（太陽と月，生態系－潮の満ち引き，月の満ち欠け，磯の生態系）**

問1　月は地球のまわりを24時間50分かけて回っていて，海水面の高さは1日に2回，緩やかに高くなったり低くなったりするので，満潮から満潮になる時間は，24:50÷2＝12:25より，12時間25分である。

問2　問1より，月の南中時刻は，1日に50分ずつ遅れるので，3日後には，50×3＝150(分)遅れる。したがって，干潮時刻は，11時45分の150分後の14時15分である。

問3　右の図のように，満月から一週間後は，下弦の月である。

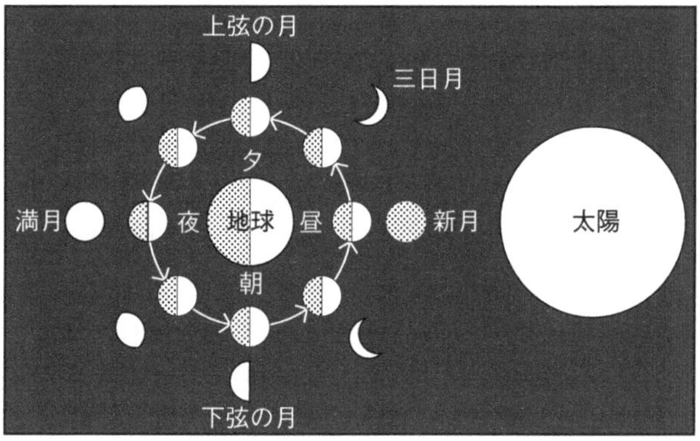

問4　磯の高い所では，海水の量が少なかったり，昼間や夜間での温度変化が大きい。

問5　フジツボは硬い殻を持っていて，乾燥に強いので，水分が少なくても生活できる。また，海水中のプランクトンを食べる。

問6　磯の低い部分では，大型の魚などから隠れる場所も多く，多くの生き物のすみかとなっているが，生き物どうしがすみかを奪い合うことになる。また，雨が続いたときは塩分濃度が小さくなり，反対に，雨が降らず高温の日が続くときは，塩分濃度が大きくなる。

3　解説省略。

★ワンポイントアドバイス★

理科の基本的な問題を十分に理解しておくこと。また，各分野での思考力を試す問題や記述問題，作図問題にも十分に慣れておくこと。

＜国語解答＞《学校からの正答の発表はありません。》

問一　①（例）西島伍長の飛行機。　②（例）伍長は特攻隊員であり，飛行機に乗ったまま死んでしまうから。

問二　（例）戦争だからしかたないと考えることで，自分の子どもを失った悲しさやつらさをまぎらわせるため。

問三　（例）伍長の飛行機が落ちたために，アガリヌヤーのウム畑が押しつぶされ，ウムが粉々になってしまったこと。

問四　(例)　特攻の成功は死ぬことなので，特攻の成功を祈って渡される人形は，特攻隊員の死を祈っているということになるから。
問五　(例)　特攻機が海の上を通っていくのは，島に被害を与えないようにするためではなく，特攻機の安全のためだったということ。
問六　(例)　死んで神にならずに生き残った伍長が，生きていることに感謝して涙を流す姿に，人間らしさを感じたから。
問七　耕(された)　　火種　　幼(く)　　囲(む)　　鏡　　未熟

○推定配点○

問一～問六　各10点×7　　問七　各5点×6　　　計100点

＜国語解説＞

(小説一表現理解，内容理解，心情理解，主題，漢字の書き)

問一　①　伍長が壊れた飛行機について，「三万円の棺桶を壊しちゃったよ」と言っていることから，「三万円の棺桶」とは飛行機のことであるとわかる。　②「棺桶」とは，亡くなった人を入れるいれもののことである。特攻隊員は飛行機に乗ったまま死ぬため，飛行機が棺桶となるということ。

問二　イチみーは，カミのあまの息子である。自分の息子であるイチみーが死んでしまったのは，カミのあまにとって悲しくつらいことである。その気持ちをまぎらわせようと，カミのあまは「戦争なんだからしかたがない。しかたがない」と自分に言い聞かせているのである。

問三　「アガリヌヤーのウム畑は見る影もなかった。……畑は飛行機の機体に沿って押しつぶされ，……ウムは粉々に砕かれて，白く散らばっていた」とあることに注目。

重要　問四　「呪い」とは，人に悪いことが起こるように祈ることである。人形は特攻隊員の「成功」を祈って渡されたものだが，特攻隊員の「成功」は死であるため，その「成功＝死」を祈る人形は，死を祈る呪いと同じだということ。

問五　「ぼく」は，特攻隊が「島に被害を与えないように」海の上を飛んでいると考えていた。しかし，伍長の「障害物のない海上のほうが安全なんだよ」という話を聞いて，「神さま(＝特攻隊)は島を守っていたわけじゃなかった」ということを知ったのである。

やや難　問六　伍長は「ぼくだけ生き残ってしまった」「死んで神になるはずだったのに」と言っている。そして，「目尻から流れた涙を拭っ」て，「生きててよかった」と言っている。この姿を見て「ぼく」は，伍長に人間らしさを感じている。人間であるということは，「神さま」ではないということである。

基本　問七　「耕」の音読み「コウ」も覚えておく。熟語に「耕作」「農耕」など。「火種」は，火をおこすもとにする少しの火，という意味。「幼」の右側を「刀」「刃」などとしないように注意。「囲」の音読み「イ」も覚えておく。熟語に「周囲」「包囲」など。「鏡」の音読み「キョウ」も覚えておく。熟語に「鏡台」「望遠鏡」など。「未熟」は，経験・修練がまだ十分でないこと。

★ワンポイントアドバイス★

読解問題で，字数の多い記述問題が中心である。文章が長いうえに細かい読み取りが必要となる。読解力を養うには，ふだんからいろいろな論説文や小説にふれることや，文章の要約する練習をしておくことが大切！　漢字も必須である。

MEMO

大切なことはメモしておこうネ！

平成30年度

入　試　問　題

平成30年度

武蔵中学校入試問題

【算　数】（50分）　＜満点：100点＞

1　次の □ にあてはまる数を書き入れなさい。

(1)　ビーカーの中に３％の食塩水が入っています。これを熱して，濃《のう》度が９％になるまで水分を蒸発させました。次に，５％の食塩水を200ｇ加えたところ，濃度が5.8％になりました。最初にビーカーの中に入っていた食塩水は □ ｇです。

(2)　下の図の四角形ABCDはADとBCが平行で，角Ａ＝120°，角Ｃ＝60°の台形です。また，AB：BC＝３：５，AE：EB＝３：５です。このとき，三角形CDFの面積は，台形ABCDの面積の □ 倍です。

（この下に計算などを書いてもかまいません）

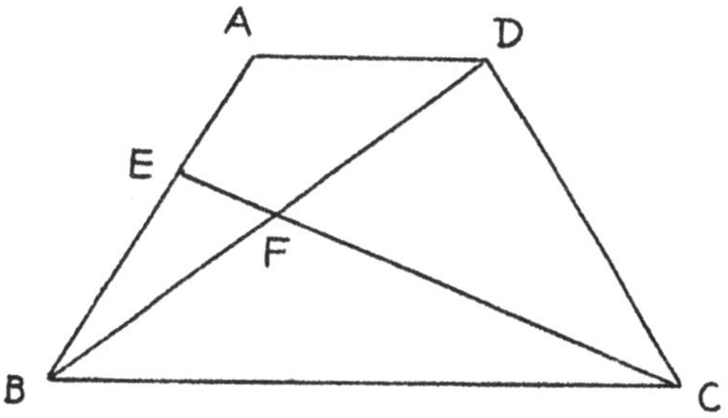

2　おもちゃの列車を走らせる円形のコースがあります。ただし，コースの一部は長さ69㎝のトンネルになっています。同じ長さの列車を何両かつなげて，このコースを走らせるときに，列車の一部または全部が見えている時間を「見える時間」と呼び，列車がトンネル内にあって，まったく見えない時間を「見えない時間」と呼ぶことにします。

列車を３両つなげて走らせると，見える時間41秒と見えない時間７秒をくり返します。また，列車を５両つなげて走らせると，見える時間は44秒になります。列車の速さは一定で，何両つなげても速さは変わりません。列車の速さは毎秒何㎝ですか。また，列車１両の長さとコースの全長はそれぞれ何㎝ですか。（式や考え方も書きなさい）

3　ある店では，２種類のボールペンA，Ｂを売っています。Aには原価の15%，Ｂには原価の12%の利益を見込《こ》んで定価をつけてあります。１本あたりの原価と定価はともに整数になっています。

ある日，Aが14本，Ｂが６本売れ，利益は合わせて198円でした。このとき，次の問に答えなさい。（式や考え方も書きなさい）

(1)　AとBの１本あたりの原価をそれぞれ求めなさい。

(2)　次の日，Aを３本とBを３本の合計６本を１セットとした福袋《ふくぶくろ》を作り，原価の５％の利益を見込んだ値段で売りました。この日は，１本ずつ定価どおり売れたものと福袋で売れたものを合わせてAが47本，Bが44本売れ，利益は639円でした。福袋は何個売れましたか。

4　１以上の整教Aについて，次のような規則で整数Bを決めます。これを以下「操作」と呼びます。

㋐	Aを３で割ったときの余りが２のとき……	Aに１をたした数を３で割ったときの商をBとする。
㋑	それ以外のとき………………………………	Aに１をたした数をBとする。

このとき，A→Bのように表します。例えば，35→12となります。また操作をくり返すときは，46→47→16→17のように表します。次の問に答えなさい。

(1)　次の □ にあてはまる数を書き入れなさい。

119 → □ → □ → □ → □

(2)　P→ □ → □ →４となるとき，Pにあてはまる数を小さい方から順にすべて答えなさい。

(3)　４→５→２→１のように，整数４は３回の操作で初めて１になります。

①　10以下の整数のうち，初めて１になるまでの操作の回数が最も多いのは何ですか。また，操作は何回必要ですか。

②　①の「10以下」を「50以下」に変えると答はどうなりますか。

【社　会】（40分）　＜満点：60点＞

次の問題文を読んで，後の問いに答えなさい。

みなさんが買い物をする時，硬《こう》貨を使うと思います。１円を除くと硬貨はいずれも同じ金属が主成分で，それは銅です。銅は，硬貨以外にも，その加工の容易さ，熱や電気をよく伝える性質などから，さまざまなものに使われています。日本は，現在でこそ必要な銅の全てを輸入に頼《たよ》っていますが，過去を振《ふ》り返れば，長期にわたって主要な輸出品の一つでした。銅は，わたしたちの生活にとても深くかかわっています。今日は，銅を中心に，日本の歴史や社会について学んでみましょう。

鎌倉時代，室町時代の中国との貿易においても，銅は主要な輸出品の一つに数えられますが，輸出品としての銅の重要性がとても高まったのが，17世紀後半でした。16世紀から17世紀前半にかけて，日本では銀が大量に生産され，それを目指して外国の船が数多く来航するのですが，17世紀後半には銀の生産量が激減したのです。そのとき，銀に代わる輸出品として注目されたのが，銅でした。日本の銅は貨幣《へい》の材料として，多くの国でとても重要だったからです。この頃《ころ》，日本の貿易相手国は中国，朝鮮《ちょうせん》，オランダなどでした。オランダの場合は，日本で得た銅の多くを，貨幣の材料としての需《じゅ》要があったインドに持ち込《こ》み，綿織物を入手しました。この綿織物は，直接オランダ本国に送られたほか，東南アジアで香辛《こうしん》料と交換《かん》され，大きな利益をオランダにもたらしました。このように，オランダがつくりあげた世界的な貿易網《もう》において，日本の銅は極めて重要な商品の一つでした。そして日本にとっても，ヨーロッパの文化や情報の入手経路として，オランダとの貿易は，重要な意味を持っていました。

この頃の有力な銅山の一つに，伊予《いよ》国の別子《べっし》銅山があります。江戸時代の鉱山の多くは幕府や藩が経営していましたが，別子は1691年の開発当初から住友（泉屋）により運営されていました。住友は，別子を経営の中心としながら，他地域の銅山運営も行う大商人でした。他にも幕府が直接に経営する足尾《あしお》銅山や，秋田藩による阿仁《あに》銅山など，大規模な銅山が各地に存在していました。

ただし銅も充《じゅう》分な生産量があったわけではありません。国内でも銅は必要なため，幕府は輸出量を制限し，その代わりに干した海産物の輸出を増やして，貿易額を維《い》持しようとしました。太平洋に面した鵜原《うばら》村（現在の千葉県勝浦《かつうら》市鵜原）は，アワビが獲《と》れる漁村でしたが，幕府から干しアワビの生産・納入を求められたことが知られています。村の有力者は，幕府の権威《い》を背景に村内での自身の立場を強め，多くのアワビを集荷《か》しました。銅の生産減少は，貿易とは直接に関係がない村の暮らしにも影響《えいきょう》を与えていたことがわかります。

ところで，日本の銅を世界貿易の重要な商品としていたオランダは，銅の輸出制限に不満でした。オランダは，銅の輸出の拡大を求めますが，18世紀末に幕府の指導者だった松平定信は，次のように述べています。

　世間の人はオランダ船の来航数を減らすことを問題視するが，反論の必要もない。今は年１艘《そう》になったが，１艘に渡《わた》すほどの銅もない。貿易額を半減させる政策を実施しなかったならば，どのようになるだろうか。恐ろしいことである。

（『宇下人言《うげのひとこと》』より。わかりやすい言葉になおしてあります。）

幕府の指導者がこのような考えだったため，オランダの要望はすぐには認められませんが，結局ほぼ同じ頃に幕府は銅輸出の制限を大幅に緩《かん》和することになりました。

このように最も重要な輸出品だった銅の生産は，銅山がある地域に活気をもたらしました。銅の生産には，多くの人手が必要だったからです。その数は，例えば1769年の別子では約四千人にものぼっています。この人々は採掘《くつ》，トンネルの整備，排《はい》水，銅鉱石を細かく砕《くだ》く作業，銅の製錬《れん》などいろいろな業務に従事しました。しかし活気をもたらす一方で，銅山は公害も生み出しました。小浜《おばま》藩が経営していた野尻《のじり》銅山では，煙《えん》害と銅山の廃《はい》水の影響で作物の生育不良や漁業の不漁がおきたこともあり，採掘を中止しました。やがて，別子銅山を経営していた住友が小浜藩の代わりとして再開を目指すのですが，地域の人びとの反応はさまざまでした。広い土地を持つ農民の反発が特に強かったといわれますが，土地をほとんど持たない農民やその他の人びとなど，銅山の再開を歓迎《かんげい》する人も少なくありませんでした。

幕末近くには，銅生産はさらに大きく落ち込みます。採掘をすすめるにつれさまざまな困難が浮《ふ》上し，当時の低い技術力では採掘できない状態になってきたからです。また次第に緊迫《きんぱく》する国内外の政治情勢の影響で，幕府や藩の関心が鉄に移った点も，要因として指摘されています。

しかし明治時代になると，貿易赤字に苦しむ新政府が鉱山の経営に力を入れたため，銅山は息を吹《ふ》き返します。政府は江戸幕府などから没《ぼっ》収して直接に経営していた鉱山に新技術を導入し，銅の増産を目指しました。その技術が1880年代に民間の鉱山にも広まって，銅の生産は急拡大します。一例をあげると，政府が経営していた阿仁銅山は，1885年に民間人に払い下げられましたが，これにより阿仁銅山の技術が，同じ人物が経営する足尾銅山にも導入され，大きな成果をあげました。具体的には岩を砕く「さく岩機」などがあります。増産された銅は，世界的に銅の需要が急増していたこともあり，重要な輸出品となりました。近代の大規模産業といえば綿紡《ぼう》績業ですが，銅は生糸や石炭と並んで，ある意味で，綿以上に重要な輸出品だったといえます。

第一次世界大戦頃には，国内の銅の需要も急増します。1909年からの10年間で，国内の銅需要は５倍になった一方で，17年からの５年間で，銅の生産は半減し，日本は銅の輸入国となりました。この頃は，世界的にも銅の生産が低迷した時期でしたが，銅の主要な生産国であるアメリカ合衆国は，より安価な銅の生産に努めます。やや遅《おく》れながらも，日本の銅山の経営者も銅を安く生産できるように努力しましたが，賃金の上昇《しょう》などによりその効果は限られ，国際的な競争力を回復することはできませんでした。国は，重要な物資である銅の国内生産を守るため，輸入する銅にかかる関税を引き上げて，日本の銅を生産する企《き》業が存続できるようにしました。

第二次世界大戦後も銅の生産は継《けい》続しますが，日本の銅生産を支えてきた別子銅山や足尾銅山も1973年には閉山を迎《むか》え，現在では商業的採掘を行っている銅山は国内にはありません。こんにち，銅製品の原料である銅鉱はもっぱら輸入に依《い》存しており，長い歴史を持つ日本国内の銅鉱業もその役割を終えていますが，私たちにとって銅というものはあいかわらず重要であり続けています。こうした銅の重要性についてあらためて考えることで，私たちの生活などを見つめ直すことも必要ではないでしょうか。

図　別子銅山の坑《こう》内（トンネル内）の様子（江戸時代後期）（別子銅山記念出版会編『別子銅山図録』より）

黒丸の中と同じ道具です。
（『日本山海名物図会』より）

問１　別子，足尾，阿仁は，それぞれどこに位置しますか。下の地図から選び記号で答えなさい。

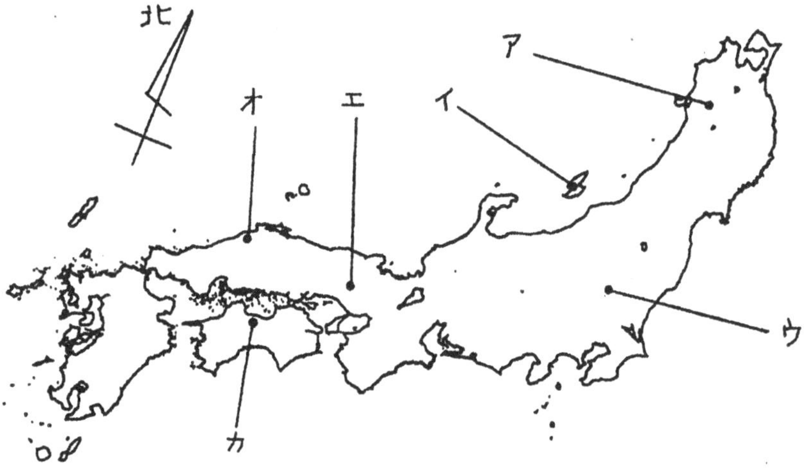

別子

足尾

阿仁

問２　干した海産物には，干しアワビ，フカヒレなどがありますが，輸出先の国を答えなさい。

問３　江戸時代の銅輸出について，以下の問いに答えなさい。

(あ)　松平定信は，貿易額を半減させなければどうなると心配していましたか。

(い)　18世紀末に，幕府がオランダの要望にそうかたちで銅輸出の拡大を認めたのは，なぜでしょうか。当時の日本に近づこうとしていたヨーロッパの国の名前をあげて答えなさい。

問４　銅山の再開について，以下の問いに答えなさい。　　　　　　※受験者全員を満点とする。

(あ)　広い土地をもつ農民の反発が特に強かったのはなぜでしょうか。公害以外に理由として考えられることを書きなさい。

(い)　銅山の再開を「歓迎」した人びとが期待したのはどんなことでしょうか。

問５　銅山をほりすすめていく上で，どのような技術的困難があったことが図からうかがえますか，問題文もよく読んで説明しなさい。　※受験者全員を満点とする。

問６　下の表は主要品目の輸出入額順位を示したものです。それを見て，輸出品の「銅・石炭・生糸」に共通し，「綿糸・綿織物」にはない利点とは何か，答えなさい。

表　主要輸出入品の上位６品目

輸出品上位6品目

	1位	2位	3位	4位	5位	6位
1898(明治31)年	生糸	綿糸	石炭	絹織物	茶	銅
1903(明治36)年	生糸	綿糸	絹織物	石炭	銅	茶
1908(明治41)年	生糸	絹織物	銅	綿糸	石炭	綿織物
1913(大正2)年	生糸	綿糸	絹織物	綿織物	銅	石炭
1918(大正7)年	生糸	綿織物	綿糸	絹織物	銅	石炭
1923(大正12)年	生糸	綿織物	絹織物	綿糸	石炭	茶

東洋経済新報社編 『日本貿易精覧』(増補復刻版)より作成

輸入品上位6品目

	1位	2位	3位	4位	5位	6位
1898(明治31)年	米・籾《もみ》	綿花	砂糖	機械類	鉄類	綿布
1903(明治36)年	綿花	米・籾	砂糖	鉄類	石油等	綿布
1908(明治41)年	綿花	機械類	鉄類	油かす	米・籾	砂糖
1913(大正2)年	綿花	鉄類	米・籾	油かす	機械類	砂糖
1918(大正7)年	綿花	鉄類	油かす	米・籾	機械類	砂糖
1923(大正12)年	綿花	鉄類	油かす	機械類	砂糖	小麦

[注]油かす……植物の種子から油をしぼったかすのこと。肥料に用いる。

問７　19世紀末から20世紀前半にかけて日本や世界各地で銅の需要が増大したのは銅線が大量に必要になったからですが，その背景には私たちの日常生活をふくめた社会や経済を大きく変化させることになった技術の普《ふ》及がありました。

(あ)　その技術とは何ですか。いくつかあるうちの１つを選んで書きなさい。

(い)　(あ)で解答した技術の普及によって，社会または経済がどのように変化したのかを説明しなさい。

【理　科】（40分）　＜満点：60点＞

1　２本の試験管を図のように組み立てて，水溶《よう》液の性質を調べます。

試験管Ａに水溶液を入れ，ガラス管を通したゴム栓《せん》をして穏《おだ》やかに加熱します。試験管Ｂに液体を入れておき，試験管Ａで発生した気体を通します。試験管Ａ・Ｂに入れる液体を表のような①～⑤の組み合わせで実験をします。以下の問いに答えなさい。

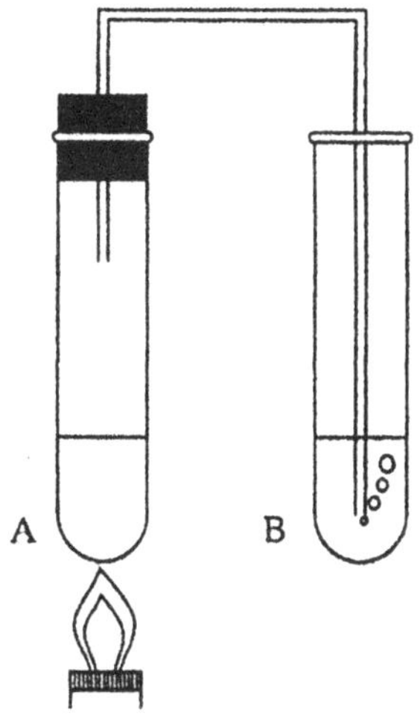

	液体の組み合わせ		解答欄《らん》	
	試験管Ａ	試験管Ｂ	問１	問２
①	アンモニア水	水		ア　イ　ウ　エ　オ　カ　キ
②	塩酸	食塩水		ア　イ　ウ　エ　オ　カ　キ
③	石灰水	炭酸水		ア　イ　ウ　エ　オ　カ　キ
④	食塩水	石灰水		ア　イ　ウ　エ　オ　カ　キ
⑤	炭酸水	塩酸		ア　イ　ウ　エ　オ　カ　キ

問１　液体がすべて蒸発するまで試験管Ａを穏やかに加熱し，試験管が冷めた後で，ゴム栓をはずして水を入れました。加熱する前の水溶液を青色リトマス紙につけても色が変わらず，蒸発させた後に水を入れてできた液体を赤色リトマス紙につけても色が変わらないものはどれですか。表の①～⑤からすべて選び，解答欄《らん》に○をかき入れなさい。

問２　下のア～キは，試験管Ａから発生した気体を通じた試験管Ｂの液体について述べたものです。表の①～⑤のそれぞれについて，当てはまるものをすべて選び，解答欄の記号を○で囲みなさい。

ア．Ｂの液体が白く濁《にご》った　　　　イ．Ｂの液体の色に変化はなかった

ウ．Ｂの液体を赤色リトマス紙につけると青くなった

エ．Ｂの液体を青色リトマス紙につけると赤くなった

オ．Ｂの液体を赤色リトマス紙につけても青色リトマス紙につけても色は変わらなかった

カ．Ｂの液体をすべて蒸発させると白い粒《つぶ》が残った

キ．Ｂの液体をすべて蒸発させると何も残らなかった

2 右図のような空気でっぽうを作って，いろいろ試してみました。空気でっぽうから空気は漏《も》れないこととします。

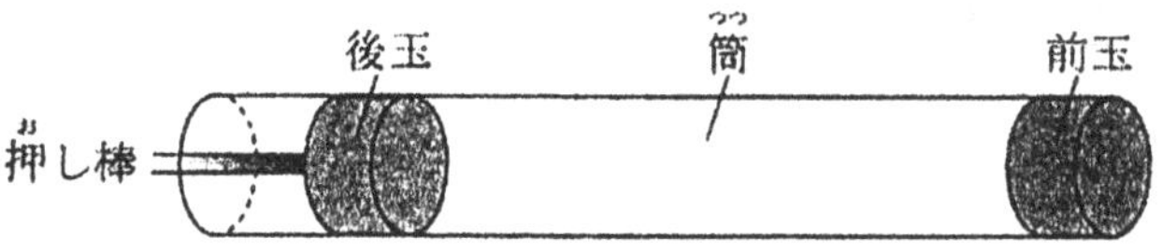

問1　押《お》し棒を押す速さを変えて試したところ，速く押すほど手応《ごた》えが大きくなって前玉がよく飛びました。そうなる理由を説明した下の文章の空欄《らん》に，ア～ケからふさわしいものを選び記号を書きなさい。同じ記号を選んではいけません。

『手応えが大きいほど □ 。その結果，空気が □ ，前玉が飛び出した後に □ ，という２つの理由でよく飛んだ。』

ア．押し棒を押す力が強い　　イ．筒《つつ》から出る空気の量が多い
ウ．後玉が前玉を押す　　エ．押し棒の力が直接前玉に伝わる
オ．空気がより縮まない　　カ．押し棒を速く押す
キ．後玉よりも前玉を強く押す　　ク．空気がより縮む
ケ．前玉を押す力が大きい

問2　空気で膨《ふく》らませた小さなゴム風船を空気でっぽうの中に入れ，前玉を押さえて飛ばないようにして，押し棒をゆっくり押しました。このときの風船の様子をア～オ，そうなる理由をカ～シからそれぞれ選び，記号を○で囲みなさい。

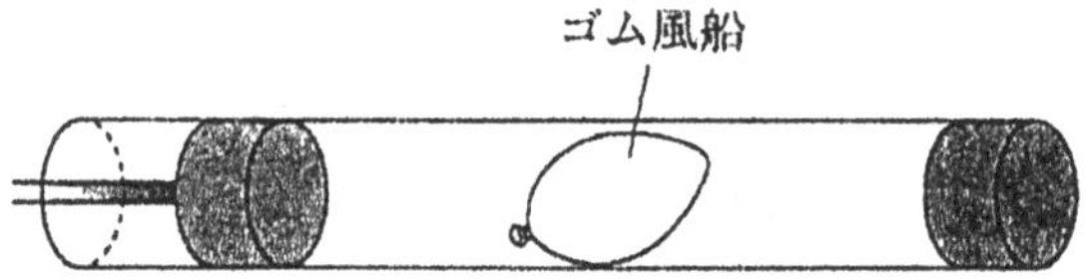

風船の様子　ア．すばやく小さくなる　　イ．徐々《じょじょ》に小さくなる
ウ．そのまま変わらない　　エ．徐々に大きくなる
オ．すばやく大きくなる

理由　カ．風船の中の空気が徐々に少なくなるから
キ．風船の中の空気がすぐに多くなるから
ク．風船の中の空気の温度が徐々に下がるから
ケ．風船の中の空気の温度が徐々に上がるから
コ．風船の中の空気が徐々に縮むから
サ．風船の中の空気がすぐに膨らむから
シ．風船の中の空気は影響《えいきょう》を受けないから

問3　前玉と後玉の真ん中にスムーズに動く中玉を入れ，玉の間の一方を水で満たします。右のＡとＢとでは，同じように押し棒を押しても前玉の動き方に違《ちが》いが現れます。この違いと，そうなる理由を書きなさい。

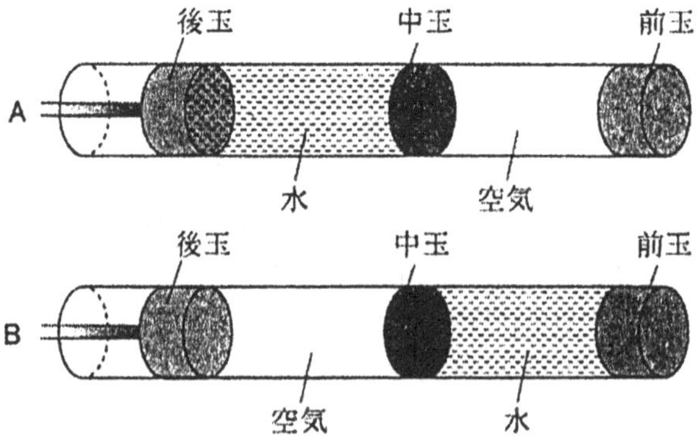

違い

理由

3　花を咲《さ》かせる植物は現在地球上に26万種が知られ，植物の中で最も繁《はん》栄しています。花を咲かせる植物がこのように多様化したのは，動物，特に昆《こん》虫のおかげといわれています。花の形・色・においは，その花を訪れる動物と密接な関係があるのです。これらについて考えてみましょう。

語群：身近な動物たち

あ．アキアカネ	い．ナメクジ	う．ナナホシテントウ
え．シマハナアブ	お．ショウリョウバッタ	か．ジョロウグモ
き．メジロ	く．コクワガタ	け．アブラゼミ
こ．モンシロチョウ	さ．ダンゴムシ	し．オオカマキリ
す．トラマルハナバチ		

問1　花に蜜《みつ》を求めてよくやってくる動物を上の語群の中から４つ選び，下の解答欄《らん》にある記号を○で囲みなさい。

あ　い　う　え　お　か　き　く　け　こ　さ　し　す

問2　上の語群の中で昆虫ではないものをすべて選び，下の解答欄にある記号を○で囲みなさい。

あ　い　う　え　お　か　き　く　け　こ　さ　し　す

問3　ツリフネソウ（ホウセンカの仲間）の花は袋《ふくろ》状でその名の通り吊《つ》り下がって咲きます(図１)。このためチョウの仲間はこの花に止まりにくく，ほとんど来ません。しかし，チョウのように巻いた口を持つホシホウジャク（スズメガの仲間）は，ホバリング（空中静止）ができるため，ツリフネソウにとって都合のよい訪問者ではありません。次のページの図２を見ながら，その理由を答えなさい。

図１　ツリフネソウ

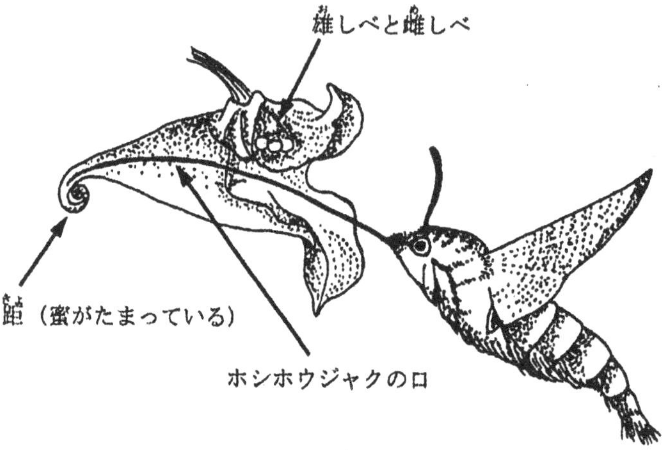

図２　ホバリングするホシホウジャクと
ツリフネソウの花の中の様子

問４　下の図は「レーダーチャート」というグラフです。５種類の昆《こん》虫について，どのような色の花を好むか調べた結果をまとめています。たとえば，コアオハナムグリ（コガネムシの仲間）は，黄や紫《むらさき》の花に比べて，白，緑，赤の花を好み，特に白い花を好む傾《けい》向があることが読み取れます。これらのグラフをよく見て，以下の問いに答えなさい。

軸《じく》の説明

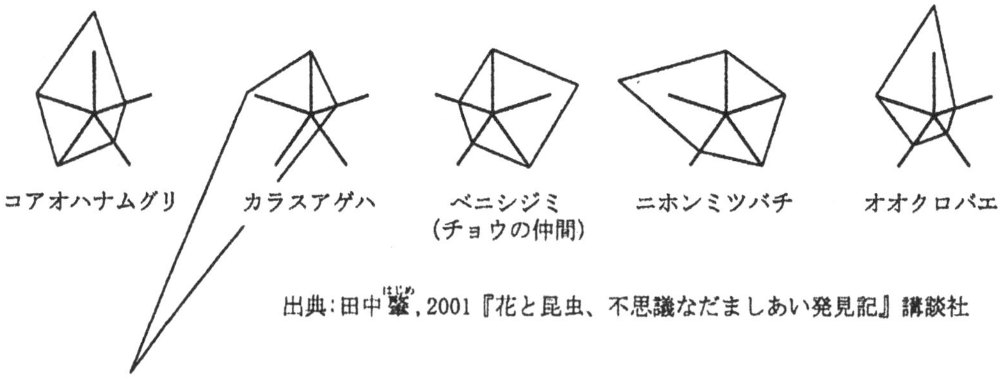

出典：田中肇《はじめ》，2001『花と昆虫、不思議なだましあい発見記』講談社

(1)　冬から早春に飛び回る昆虫に小さなアブやハエの仲間が知られ，陽《ひ》の当たる場所に止まっているのをよく見かけます。冬から早春に花をつけるとしたら，どのような形と色の組み合わせが植物にとって都合がよいでしょうか。次のページのＡ～Ｄに示す花の形と，花の色の組合せの中から，最も良いものを１つ選び○で囲みなさい。

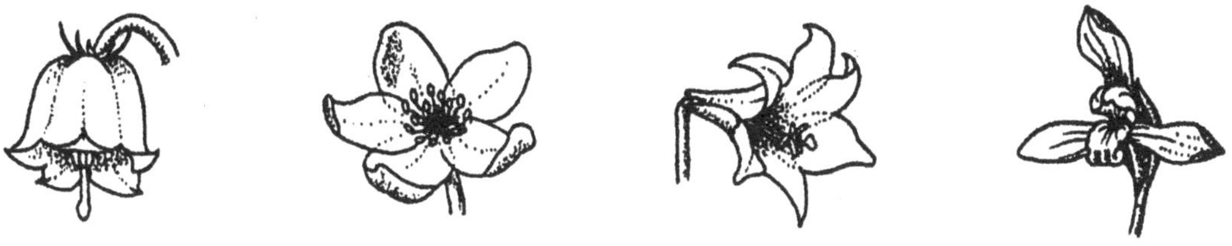

A　　　B　　　C　　　D

花の形と色の組合せ

A－黄	A－紫	A－緑	B－白	B－黄	B－赤
C－白	C－黄	C－紫	D－白	D－赤	D－緑

(2)　多くの昆虫は赤い色が見えないことが知られていますが，アゲハの仲間は違《ちが》うことがわかってきました。次のあ～かのうち，アゲハの仲間が赤い色を好んでいると言えるものをすべて選び，記号を○で囲みなさい。

あ．同じ形の黄色い造花と赤い造花を用意すると，アゲハは赤い造花に集まることが多い。

い．黄色い台紙と赤い造花を用意すると，アゲハは赤い造花に集まることが多い。

う．蜜《みつ》をしみこませた赤い台紙と，何もしみこませていない白い台紙を用意すると，アゲハは赤い台紙に集まることが多い。

え．蜜をしみこませた白い台紙と，何もしみこませていない赤い台紙を用意すると，アゲハは赤い台紙に集まることが多い。

お．花の香《かお》りのする水をしみこませた黄色の台紙と，何もしみこませていない赤い台紙を用意すると，アゲハは赤い台紙に集まることが多い。

か．花の香りのする水をしみこませた赤い台紙と，何もしみこませていない紫の台紙を用意すると，アゲハは赤い台紙に集まることが多い。

4　封筒《ふうとう》の中に，チャックの付いた透《とう》明な袋《ふくろ》，袋から切り出したチャック，虫眼鏡《めがね》が入っています。まず，透明な袋に空気を少し入れて，チャックをしっかりと閉じなさい。そして，その袋を机の上に置き，手のひらで軽く押《お》してみなさい。

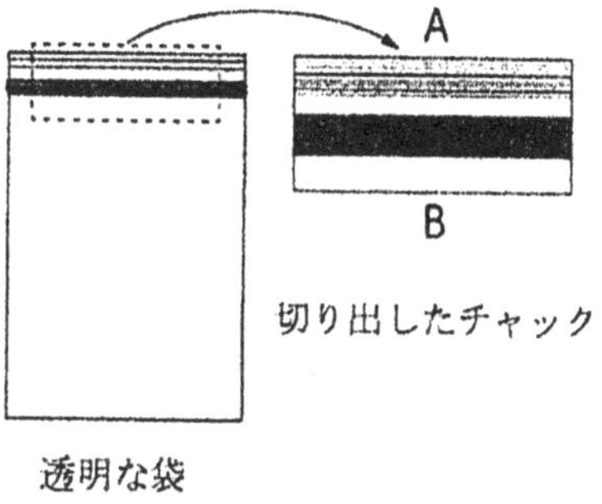

チャックがしっかりと閉じていれば，空気が出てくることはありません。このことから，袋の内側からチャックは開かないことが分かります。チャックを開けたり閉じたりして，チャックの仕組みについて考えてみましょう。虫眼鏡で観察してもかまいません。

（試験が終わったら，すべて封筒に入れて持ち帰りなさい。）

問１　開いているチャックが，どのような仕組みで閉じるのかを説明しなさい。図をかいてはいけません。ただし，チャックが自然に開かない理由を説明する必要はありません。

問２　切り出したチャック（図の点線部分）を使って，袋の内側からは開けにくいのに，外側からは簡単に開くことを確かめなさい。図のＡ側（袋の外側）から開けるときと，Ｂ側（袋の内側）から開けるときとで，開けやすさに違《ちが》いがあるのはなぜですか。その理由を仕組みが分かるように説明しなさい。図をかいてもかまいません。

【国　語】（五〇分）〈満点：一〇〇点〉

MEMO

大切なことはメモしておこうネ！

平成30年度

解答と解説

《平成30年度の配点は解答用紙に掲載してあります。》

＜算数解答＞ 《学校からの正答の発表はありません。》

1 （1） 150　（2） $\frac{5}{14}$　2 （速さ） 毎秒6cm　（1両） 9cm　（コース） 288cm

3 （1） A 60円　B 100円　（2） 8個

4 （1） 40→41→14→5　（2） 7，9，23，29，31，95

（3） ①（整数） 6　7回　②（整数） 42　13回

＜算数解説＞

重要 1 （濃度，平面図形，相似）

（1） 蒸発後の食塩水の量…200×(5.8－5)÷(9－5.8)＝50(g)

蒸発前の食塩水の量…50×(9÷3)＝150(g)

（2） 右図において，四角形KBCDは平行四辺形であり三角形KBAは正三角形である。したがって，ABとBCの長さがそれぞれ3，5ののとき，平行四辺形KBCDと台形ABCDの面積比は(5×2)：(5×2－3)＝10：7＝20：14であり，三角形CDFの面積は台形の20÷4÷14＝$\frac{5}{14}$(倍)である。

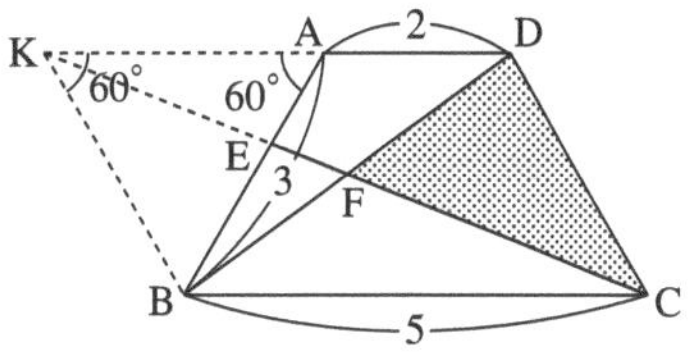

重要 2 （速さの三公式と比，通過算，消去算）

69cmと列車3両の長さの差…7秒に相当する

69cmと列車5両の長さの差…7＋41－44＝48－44＝4(秒)に相当する

したがって，列車5－3＝2(両)の長さが7－4＝3(秒)に相当するので，69cmを進む時間は7＋3÷2×3＝11.5(秒)，列車の秒速は69÷11.5＝6(cm)である。

列車1両の長さ…6×3÷2＝9(cm)

コースの全長…6×(41＋7)＝288(cm)

重要 3 （割合と比，数の性質，鶴カメ算）

（1） A，B1本ずつの利益をそれぞれア，イで表すと，ア×14＋イ×6が198円，ア×7＋イ×3が198÷2＝99(円)であり，ア×7が99－イ×3＝3×(33－イ)であるから，イが5のとき，アは12，以下，イとアの組は12と9，19と6，26と3であり(33－イが7の倍数)，これらの組のうち，ア÷0.15もイ÷0.12も整数になるアとイの組は，9と12である。したがって，A，Bの原価はそれぞれ，9÷0.15＝60(円)，12÷0.12＝100(円)である。

（2） 福袋のA・B1本ずつの利益の和…(1)より，(60＋100)×0.05＝8(円)

A・B1本ずつの利益の和…(1)より，9＋12＝21(円)

したがって，福袋のA・Bの本数は{21×44－639－9×(47－44)}÷(21－8)＝312÷13＝24(本)ずつであり，福袋は24÷3＝8(個)である。

[4] （数の性質，規則性）

基本 (1) 119に1を加えて3で割ると[40]，40に1を加えると[41]，41に1を加えて3で割ると[14]，14に1を加えて3で割ると[5]である。

重要 (2) 逆算していくと，次の6個の数，7，9，23，29，31，95が求められる。

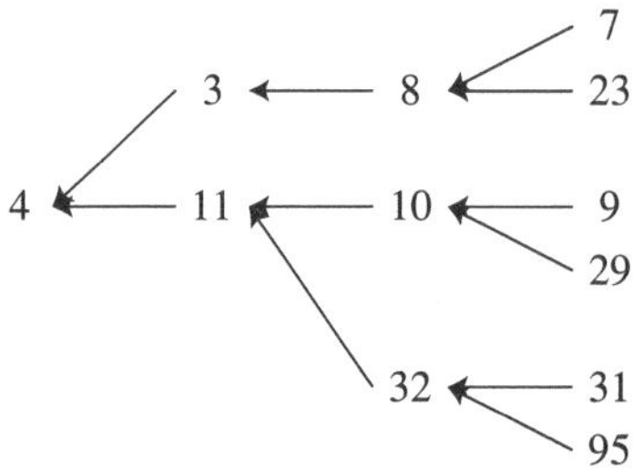

やや難 (3) ① 問題に4→5→2→1と書いてあり，(2)には，3，7，8，9，10が現れている。したがって，6について操作すると，6→「7→8→3→4→5→2→1」のように最多の7回になる。

② 11～50の範囲で，(1)・(2)に現れた数は11，14，23，29，31，32，40，41であり，これらのうち操作が最多になるのは，23，29，31の6回である。その他の数について操作すると，以下のようになる。

12→13→「14→5→2→1」
15→16→17→「6→7→8→3→4→5→2→1」
18→19→20→「7→8→3→4→5→2→1」
21→22→「23→8→3→4→5→2→1」
24→25→26→「9→10→11→4→5→2→1」
27→28→29→「10→11→4→5→2→1」
30→「31→32→11→4→5→2→1」
33→34→35→「12→13→14→5→2→1」
36→37→38→「13→14→5→2→1」
39→40→41→「14→5→2→1」
42→43→44→「15→16→17→6→7→8→3→4→5→2→1」…42が最多の13回
45→46→47→「16→17→6→7→8→3→4→5→2→1」
48→49→50→「17→6→7→8→3→4→5→2→1」

↑ この列に注目

★ワンポイントアドバイス★

[4](1)「数の性質，規則性」を除くと，単純な問題がない。そのかわり難度の高い問題もない。まず，[1]「濃度，平面図形，相似」でしっかり得点しよう。[3](2)「福袋の個数」は，「鶴カメ算」に気づくことがポイントである。

＜社会解答＞ 《学校からの正答の発表はありません。》

問1 （別子） カ　（足尾） ウ　（阿仁） ア　問2 清
問3 （あ） （例） 日本国内の銅の需要を満たすことができず，銅の不足が深刻化する。

（い）（例）ロシアのラックスマンが根室に来航し，日本と貿易をすることを求めてきた。幕府はこの要求をことわったが，これからの外国船の来航に備えるため，オランダから世界の情勢や各国の情報などを得る必要があったから。

問4 （あ）（例）広い土地をもつ農民は，土地を持たない農民に土地を貸して，耕作をさせていた。もし，土地を持たない農民が銅山で働くことになると，土地を耕作する人が不足してしまうから。　（い）（例）土地を持たない農民は，土地を借りて耕作するより，銅山で働いた方が収入が増えるのではないかと期待した。また，銅山の再開により人口が増えると，商品の売れ行きがよくなり，商売が繁盛するのではないかと期待する人もいた。

問5 （例）深い坑道を掘ったり，落盤事故が起こらないように坑道を整備するのには高い技術が必要である。さらに，坑道内に湧きだした地下水を排出する必要があり，坑道の深い場所から水を汲み上げるのは困難を極めたと思われる。

問6 （例）綿糸，綿織物の生産は，原料の綿花を外国から輸入する必要がある。つまり，外国にお金を支払わなくてはいけない。一方，銅，石炭，生糸の生産は，外国から原料を輸入する必要はなく，日本国内だけで生産することができる。

問7 （あ）（例）電話の普及　（い）（例）電話の普及によって，情報を瞬時に遠い場所に伝えることができるようになった。このことにより，世界の社会や経済の一体化が進み，特に経済の発展に大きく貢献した。また，現在の情報・通信の技術の基礎には，電話で培ったさまざまな技術が応用されている。

＜社会解説＞

（総合－銅をテーマにした日本の地理，歴史など）

基本 問1 別子銅山は，愛媛県新居浜市の南部，四国山地の山中にあった日本の代表的な銅山。1687年に発見され，1691年に開坑。大阪の泉屋（住友）が経営して，江戸時代に最高の産銅額を記録した。明治維新後も西洋技術が導入され，住友財閥を形成するもととなった。1973年閉山。足尾銅山は，栃木県足尾町（現在は日光市の一部）にあった銅山。1610年に発見され，江戸幕府の御用銅山として17世紀後半に最盛期を迎えた。1871年，民間に払い下げられ，1877年，古河市兵衛によって買収された。最新の鉱山技術を導入し，全国一の銅山となった。一方，他方で鉱毒事件や労働争議など大きな社会問題を起こした。1973年閉山。阿仁銅山は，秋田県北秋田郡阿仁町（現在の北秋田市の一部）にあった銅山。初めは金，銀を生産し，17世紀末に銅鉱が発見され，別子などと並ぶ大銅山となった。秋田藩の経営であったが，明治維新後に官営となり，1885年，古河市兵衛に払い下げられ，隆盛期を迎えた。第二次世界大戦後，盛衰を繰り返し，1970年に閉山。

基本 問2 干しアワビ，フカヒレなどは高級な中華料理の食材として珍重され，江戸時代は長崎から大量に輸出された。これらの乾物は俵につめて輸出されたため，俵物と総称され，幕府の重要な収入源となった。田沼意次は，1785年，長崎俵物役所を組織させて清に輸出し，貿易振興を図った。

重要 問3 （あ）松平定信の発言の一つ前の段落の冒頭に，「ただし銅も充分な生産量があったわけではありません。国内でも銅は必要なため，幕府は輸出量を制限し，その代わりに干した海産物の輸出を

やや難 増やして，貿易量を維持しようとしました。」とあることに注目する。　（い）1792年，ロシアの使節ラックスマンが根室に来航し，漂流民を届けるとともに通商を求めた。幕府はこの要求をことわったが，このとき，江戸湾入港を求められたことが契機となって，幕府は江戸湾，蝦夷地の海防の強化を諸藩に命じた。同時に，世界の情勢や各国の情報をオランダから得る必要性が高まり，幕府はオランダの要望にそうかたちで銅輸出の拡大を認めた。なお，オランダからの情報は，オラン

ダ商館長が定期的に提出する「オランダ風説書」によって得ることが多かった。

問4　(あ)　江戸時代の村にはいくつかの階層があり，村内には田や畑を持たず，地主のもとで小作を営んだり，日用(日雇)仕事に従事する水呑(無高)とよばれる農民も存在した。かれらは，地主から土地を借りて，田畑を耕作したりしたが，生活は決して楽ではなく，もし，銅鉱山で働いた方が収入が増えるとしたら，ここで働くことを選ぶであろう。すると，耕作地は放棄され，地主は，貴重な収入源を失うことになる。よって，地主は，銅山の再開には反対の立場だったのである。

(い)　前述の水呑(無高)とよばれる土地を持たない農民は，銅山で働くことにより収入が増えることを期待した。また，銅山が再開されると，多くの人が銅山周辺に集まるので，金回りがよくなり，商品の売れ行きもよくなるのでないかと，商売繁盛を期待する人もいた。

問5　図から，地中のかなり深い地点まで，坑道を掘り進めていることが読み取れる。深く坑道を掘ることはもちろん，この坑道を維持・管理するためには，高い技術が必要である。万一，坑道で落盤事故が起こると，多くの人命が失われることになる。また，銅の生産もストップしてしまう。また，図から読み取れる通り，坑道内に湧きだした地下水を外部に排出する必要がある。これを怠ると坑道内が水で満たされ，これによっても多くの人名が失われることになる。深くまで掘り進めているので，深い地点から地上まで水を汲み上げるためには，図に見えるような手作業によるリレー方式の排水が必要で，作業は困難を極めたと思われる。

重要　問6　輸入品上位6品目の上位に綿花が入っていることに注目。綿糸，綿織物を生産するには大量の綿花の輸入が必須であったのである。

やや難　問7　銅を大量に使用するのは電気関係(電線，電話線，電気製品など)である。これらの中から，何か一つ選び，それが日常生活や社会・経済をどのように変化させたのかを説明すればよい。

★ワンポイントアドバイス★

多くの論述問題は，文章，図，表の中に手がかりがある。この手がかりを見逃さないようにすることが最大のポイントである。

＜理科解答＞《学校からの正答の発表はありません。》

1　問1　①，④　　問2　①　イ，ウ，キ　　②　イ，エ，カ　　③　イ，エ，キ　　④　イ，ウ，カ　　⑤　イ，エ，キ

2　問1　ク，ケ，イ　　問2　(風船の様子)　イ　　(理由)　コ　　問3　(違い)　Aの方が前玉が大きくとぶ。　(理由)　Aでは中玉と前玉の間にある空気が縮み，前玉を強く押すので，前玉が大きく飛ぶが，Bでは，後玉と中玉の間にある空気が縮み，前玉と一緒に水を押すので，前玉はあまり飛ばない。

3　問1　え，き，こ，す　　問2　い，か，き，さ　　問3　ホシホウジャクの口は，ツリフネソウのおしべやめしべにふれることなく，みつを吸うので，受粉の助けにならないから。　問4　(1)　B－白　　(2)　あ・え・お

4　配られた袋・チャック・虫眼鏡が公表されないため，解答省略。

＜理科解説＞

1 （水溶液の性質－水溶液の判別）

問1　加熱する前の試験管Aに入っている水溶液に青色リトマス紙につけても色が変化しなかったので，アルカリ性か中性の水溶液であることがわかる。ただし，蒸発させた後に水を入れてできた液体を赤色リトマス紙につけても色が変化しなかったので，アルカリ性の場合は，固体ではなく，気体か液体が溶けた水溶液である。したがって，気体が溶けて，水溶液がアルカリ性のアンモニア水と固体が溶けていて中性の食塩水が当てはまる。

問2　①　試験管Aにはアンモニア水が入っているので，加熱すると，アンモニアが出てきて試験管Bに入っている水に溶けてアンモニア水になる。したがって，アルカリ性の液であり，加熱して液をすべて蒸発させても何も残らない。　②　試験管Aには塩酸が入っているので，加熱すると，塩化水素が出てきて試験管Bに入っている食塩水に溶けて食塩水と塩酸の混ざった液になる。したがって，酸性の液であるが，加熱して液をすべて蒸発させると食塩の白色の固体が残る。

③　試験管Aには石灰水が入っているので，加熱しても消石灰は出てこず，試験管Bは炭酸水のままである。したがって，酸性の液であり，加熱して液をすべて蒸発させても何も残らない。

④　試験管Aには食塩水が入っているので，加熱しても食塩は出てこず，試験管Bは石灰水のままである。したがって，アルカリ性の液であり，加熱して液をすべて蒸発させると消石灰の白色の固体が残る。　⑤　試験管Aには炭酸水が入っているので，加熱すると二酸化炭素が出てくるが，試験管Bには塩酸が入っているので，二酸化炭素は溶けずに塩酸のままである。したがって，酸性の液であり，加熱して液をすべて蒸発させても何も残らない。

2 （力のはたらき－空気でっぽう）

問1　押し棒を速く押すと，空気に大きな力が加わり，空気が大きく縮むので，前玉に大きな力が加わり，勢いよく飛び出す。

問2　押し棒をゆっくり押すと，空気に加わる力が少しずつ大きくなり，空気が少しずつ縮むので，ゴム風船も少しずつ小さくなる。

問3　水に力を加えても縮まず，空気だけが縮む。したがって，Aでは，中玉と前玉の間にある空気が縮むことで，前玉に力が加わり，前玉が大きく飛ぶ。一方，Bでは，後玉と中玉の間にある空気が縮むことで，水も一緒に押すことになるので，前玉はあまり飛ばない。

3 （昆虫・動物－昆虫と受粉）

問1　昆虫類のシマハナアブ，モンシロチョウ，トラマルハナバチと鳥類のメジロは花の蜜《みつ》を吸うために花にやってくる。

問2　ナメクジは軟体動物，ジョロウグモは節足動物のクモ形類，ダンゴムシは節足動物の甲殻《こうかく》類である。

問3　ホシホウジャクは細い口をのばして花の蜜を吸うので，ツリフネソウの花の受粉には役立たない。

問4　(1)　レーダーチャートから，オオクロバエが白色の花を好むことがわかる。また，冬から早春にかけてアブやハエが日の当たる場所に止まっているのを見かける。したがって，Bの花のように，上向きに咲いている方が日に当たることができる。　(2)　レーダーチャートから，カラスアゲハは赤色の花をとても好むことがわかる。したがって，赤い花と他の色の花を比べたり，他の色の花に蜜や花の香りなどをしみこませて比べる実験を行う。

4 解説省略。

★ワンポイントアドバイス★

理科の基本的な問題を十分に理解しておくこと。また，各分野での思考力を試す問題や記述問題，作図問題にも十分に慣れておくこと。

＜国語解答＞ 《学校からの正答の発表はありません。》

問一　(1)　(例)　人間の能力から発想を得てつくられており，人間のしてきた仕事を置き換えているところ。　(2)　(例)　自動車や電化製品は人間の役割を置き換えてしまうものには見えにくいが，アンドロイドは人間と姿かたちが近いゆえに，人間に置き換わってしまうことを連想させるところ。[自動車や電化製品は人間の姿かたちをしていないのに対して，アンドロイドは人間と姿かたちが近いところ。]

問二　ⓐ　間接　ⓑ　相対　ⓒ　下降

問三　(例)　人間の命も動物の命も，命であることは同じなのに，人間の命のほうが尊いと考えて区別していること。

問四　(例)　遺伝子を変化させるのではなく機械や道具を用いることで，生物としての肉体の限界をのりこえ，情報処理やコミュニケーション能力を進化させるという方法。

問五　A　オ　B　エ　C　ウ　D　イ　E　ア

問六　(1)　人間こそが最高の存在である　(2)　(例)　本来人間とは，自らがつくったロボットも含めて人間なのであり，両者の優劣にこだわらずに考えることが，より高度の技術を生むことにつながるから。

問七　発揮　裏腹　とうと[たっと]　縮　愛着　営

＜国語解説＞

(論説文一内容理解，対義語，空欄補充，接続語，要旨，漢字の書き取り)

問一　(1)　「それらの技術」とは，「自動車やスマートフォン」など，人間が発達させた技術のことである。「人間の能力から発想を得て技術や機械はつくられている」「それらが人間のしてきた仕事を置き換えていることには違いない」とあることに注目。　(2)　傍線部の直後に注目。

問二　ⓐ　「直接的」は，じかに接していること。「間接的」は，じかの関係ではないこと。　ⓑ　「絶対的」は，何物とも比較したり置き換えたりできず，他からどんな制約もうけない様子。「相対的」は，ものごとが他との比較において，そうである様子。　ⓒ　「上昇」は，のぼること。「下降」は，下の方におりること。

問三　傍線部の前後に「人間の命を何よりも尊いものだとする理由はなんだろうか」「人間とそれ以外の動物，あるいはそういったものを区別する理由はどこにあるのか」と疑問が述べられていることに注目。筆者は，人間の命と動物の命を区別して人間の命のほうが尊いと考えることを，「命に色をつけ」ることだと考えている。

重要　問四　直前の段落に「技術とは，動物と人間との違いである」とあり，傍線部の直後には，動物とは違って人間だけが「技術」によって進化してきたことが述べられている。この内容をふまえて解答をまとめる。

基本　問五　A　空欄の前で述べた事柄の具体例を空欄の後で述べているので，「たとえば」が入る。

B　空欄の前の内容とあとの事柄のどちらかを選ぶことを表す対比・選択の接続語が入る。

C　空欄の前が原因・理由となり，空欄のあとが結果になっているので，順接の接続語が入る。

D　空欄の前後が逆の内容になっているので，逆接の接続語が入る。　E　空欄の前とあとで話題を変えているので，転換の接続語が入る。

やや難 問六　(1)「退路を断つ」とは，逃げ道を断つ，ということ。ここでは，ロボットより人間のほうが尊い，優れているという思い込みを断つということである。人間だけが特権(ロイヤリティ)を持つという考え方を捨てることである。　(2)　直前の段落に「本来，人間とは，自らがつくってきた機械やロボットも含めて人間なのだ」とあり，傍線部の直前には，人間とロボットの「区別がなくなればなくなるほどに」とあることに注目。筆者は，本来人間とは，自らがつくったロボットも含めて人間なのであり，両者の優劣にこだわらずに考えることが，より高度の技術を生むことにつながる，と考えているのである。

問七 「発揮」は，持っている実力や特性をあらわしだすこと。「裏腹」は，あべこべ，という意味。「尊い」はここでは，高い価値がある，という意味。「縮まる」は，間隔などが短くなること。「愛着」は，慣れ親しんだものに深く心が引かれること。「営み」は，おこたることなくはげんできたこと。

★ワンポイントアドバイス★

読解問題で，字数の多い記述問題が中心である。文章が長いうえに細かい読み取りが必要となる。読解力を養うには，ふだんからいろいろな論説文や小説にふれることや，文章の要約する練習をしておくことが大切！

MEMO

大切なことはメモしておこうネ！

平成29年度

★★★★★★★★★★★★★★★★★★★★★★★

入　試　問　題

平成29年度

武蔵中学校入試問題

【算　数】（50分）　＜満点：100点＞

1　3つのやぎ牧場A，B，Cがあり，AにはBの$\frac{2}{5}$倍より10匹《びき》多いやぎがいて，CにはBの$1\frac{1}{3}$倍より17匹《ひき》少ないやぎがいます。また，Bにいるやぎが最も多いそうです。A，B，Cにいるやぎは合計何匹ですか。考えられるものをすべて答えなさい。（式や考え方も書きなさい）

2　〈図1〉において，2つの四角形ABCDと四角形EFGHはどちらも正方形で，AE＝6㎝，AF＝10㎝です。次の問に答えなさい。（式や考え方も書きなさい）

(1)　〈図1〉に正方形PQRDをかき加えてできたのが〈図2〉です。SQは何㎝ですか。

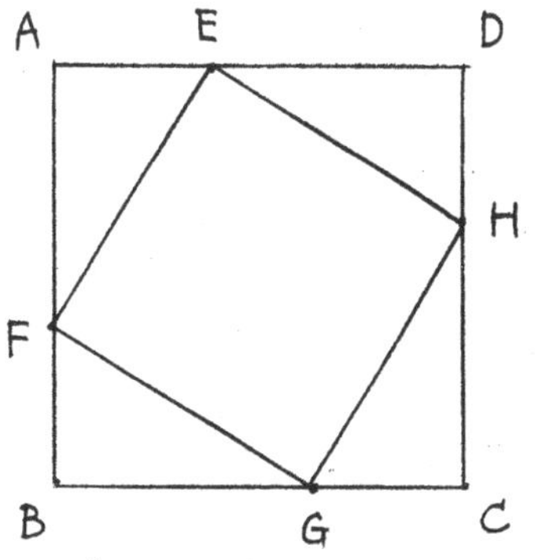

〈図1〉

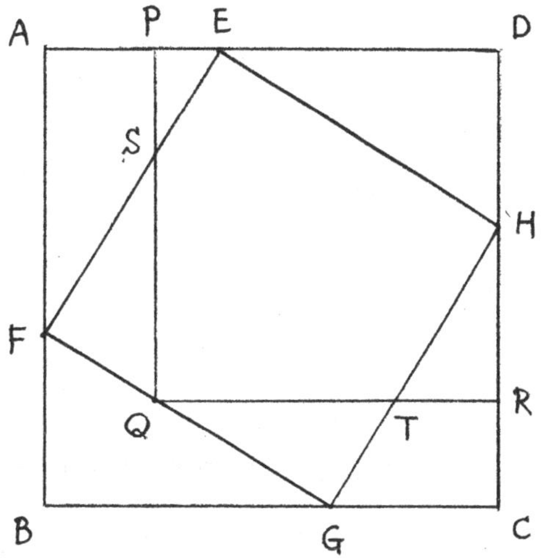

〈図2〉

⑵　〈図１〉に，正方形EFGHと同じ大きさの正方形IJKLをかき加えてできたのが〈図３〉です。

図のア，イ，ウ，エ，オ，カ，キ，クの８つの点を頂点とする八角形の面積は何cm^{2}ですか。

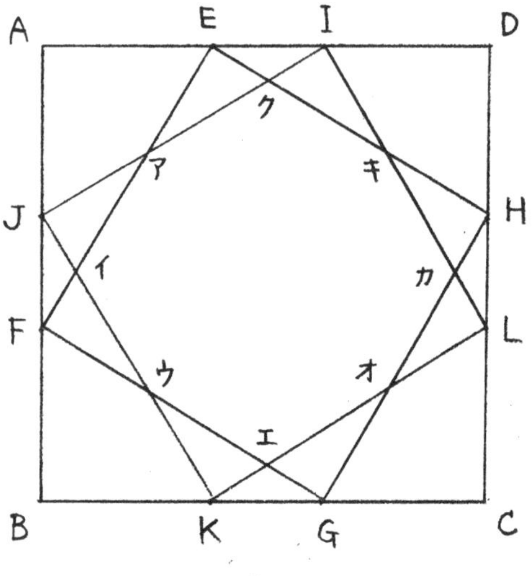

〈図3〉

3　公園の周りに１周7200mのコースがあり，コース上に1800m離《はな》れたＰ地点とＱ地点があります。Ａ，Ｂ，Ｃの３人は初めＡはＰ地点，ＢとＣはＱ地点にいて，3人は同時に出発しました。

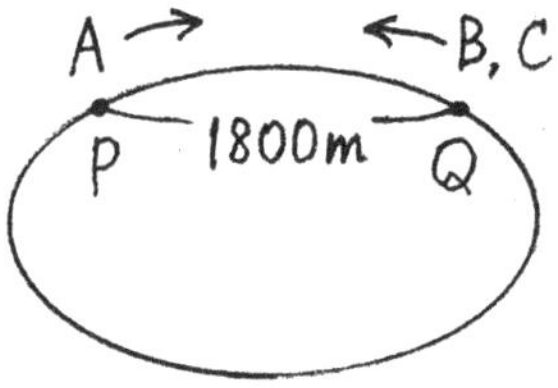

図のようにＡは出発時は他の２人と反対向きに進みます。ＡはＢかＣと出会ったり，ＢかＣに追いついたり，追いぬかれたりするたびに向きを変えて進みました。Ａが最初に向きを変えたのは，出発から５分後にＢと出会ったときでした。Ａ，Ｂ，Ｃはそれぞれ一定の速さで進み，それらの比は３：６：２です。次の問に答えなさい。（式や考え方も書きなさい）

⑴　Ａの速さは分速何ｍですか。

⑵　Ａが最初にＢと出会って向きを変えたあと，次に向きを変えるのはＢとＣのどちらと同じ位置にいるときですか。また，それは出発から何分後ですか。

⑶　Ａが３回目にＱ地点を通過するのは出発から何分後ですか。

$\boxed{4}$ 50枚のカード$\boxed{1}$，$\boxed{2}$，$\boxed{3}$，…，$\boxed{50}$があります。この50枚のカードから同時に２枚を取り出して，次の［ルール］によって得点を決めます。

［ルール］

(ア) ２枚に書かれた数のうち，大きい方をＡ，小さい方をＢとする。

(イ) Ａとの差がＢ以下である整数をすべてかけ合わせた数をＣとする。

（例えば$\boxed{2}$と$\boxed{49}$を取り出した場合，49との差が２以下である整数をかけ合わせて
Ｃ＝47×48×49×50×51　となる。）

(ウ) Ｃが３で割り切れる回数を得点とする。

（例えばＣ＝720 の場合，720÷３＝240，240÷３＝80，80÷３ は割り切れないので，
得点は２点となる。）

次の問に答えなさい。

(1) $\boxed{2}$，$\boxed{38}$ を取り出したときの得点は何点ですか。

(2) 得点が０点になることはありません。その理由を説明しなさい。

(3) 取り出した２枚のうち１枚が$\boxed{50}$で，得点は７点でした。もう１枚のカードに書かれた数として考えられるものをすべて答えなさい。

(4) 取り出した２枚のうち１枚が$\boxed{11}$で，得点は９点でした。もう１枚のカードに書かれた数として考えられるものをすべて答えなさい。

【社　会】（40分）　＜満点：60点＞

次の問題文を読んで，後の問いに答えなさい。

私たちが生きていくためには空気や水が必要であるのと同じように，塩も重要です。人間も動物も，体調を整えるために適度に塩を取る必要があり，全く取らずに生きてはいけません。また，食物をおいしく食べるための味付けや食品の生産・保存にも，塩は欠かせない物質です。今日は，塩づくりを中心として，わたしたちにとって重要な塩について考えてみましょう。

塩というと海の印象があるかもしれません。しかし，世界で生産されている塩の約３分の２は内陸で取れる岩塩を原料とし，海水を原料とするのは約３分の１です。岩塩は地殻《ちかく》変動によって海水が陸地に閉じ込められてできたものです。海水を原料とする塩のほとんどは，降水量が少なく高温で乾燥《かんそう》した気候や広大な土地に恵まれた地域でつくられます。日本は岩塩に恵まれず，海水から塩をつくっていましたが，その地形や気候の特徴《とくちょう》から，簡単には製塩ができませんでした。そこで，人びとは工夫を重ねて製塩方法を改良してきました。内陸に住む人々にとっても塩は必需品《ひつじゅひん》であるため，海沿いから運ばれました。塩や海産物を内陸に運ぶのに使われた道は「塩の道」と呼ばれ，日本各地にありました。特に新潟《にいがた》県糸魚川《いといがわ》市と長野県松本市を結ぶ塩の道が有名です。

古代日本では，「藻塩焼《もしおや》き」という方法で塩をつくっていたことが知られています。海藻《かいそう》についた塩の結晶《けっしょう》を利用して濃《こ》い塩水（かん水）をつくり，それを煮《に》つめて塩を取り出したといわれています。宮城県塩竈《しおがま》市にある鹽竈《しおがま》神社では，製塩方法を人間に伝えたという神様がまつられ，神聖な儀式《ぎしき》として藻塩焼きが今も行われています。

やがて，海藻のかわりに砂を使ってかん水をつくるようになり，揚浜式《あげはましき》塩田(1)などの製塩法が行われるようになりました。揚浜式塩田では，人力で海水をくみ上げて塩田の砂にかけ，太陽熱と風力で水分を蒸発させた砂を集めます。次にその砂を海水で洗ってかん水をつくり，かん水を煮つめて塩を取り出します。しかし，海水の塩分は約３％で，塩１kgをつくるには約40ℓの海水が必要です。海水をくみ上げる作業は大変な重労働で，人手をたくさん必要としました。

江戸時代には瀬戸内海《せとないかい》沿岸で入浜式《いりはましき》塩田が考案されました。入浜式は，遠浅《とおあさ》の海に堤《つつみ》を築いて塩田をつくり，潮の満ち引きを利用して海水を入れ，塩田の砂に海水をしみわたらせる方法です。揚浜式よりも少ない労力で大量に生産できる入浜式塩田は日本各地に広まり，揚浜式塩田は少なくなっていきました。瀬戸内海沿岸は，古くから日本の塩の一大産地で，入浜式塩田の普及《ふきゅう》にともない日本各地に瀬戸内《せとうち》の塩が供給されました。また，関東では千葉県市川市の東京湾《わん》沿いに，徳川氏が重要視して保護した行徳《ぎょうとく》塩田がありました。ここで取れる塩は「行徳塩」として江戸のほか，関東・東北地方にも供給されましたが，塩田は入浜式に変更されていきます。

日本の製塩業では，かん水を煮つめるために大量の燃料を必要としたので，燃料の確保も重要な課題でした。製塩には松葉や薪《まき》などが燃料として用いられましたが，燃料の需要《じゅよう》増加と価格上昇《じょうしょう》などがおこると，江戸時代後半には，塩田で石炭も燃料に使うようになります。当時の塩田の経営費は約半分が燃料費であり，石炭は松葉や薪などに比べて60～70％の費用におさえられるため，石炭を導入する塩田が増えたのです。

明治時代になると，政府は，塩が食用だけでなく化学工業に必要な材料だと考え，日本の製塩業の保護・育成をはかりました。1905年には，政府は戦争の費用を集める必要もあり，塩の専売制を実施《じっし》しました。塩の生産には許可が必要になり，生産された全ての塩はいったん買い取りされ，指定を受けた者だけが販売《はんばい》できる制度になったのです。しかし，太平洋戦争の末期に労働力や資材が不足したため，日本は深刻な塩不足を経験しました。戦後の政府は，塩の安定確保をめざし，技術改良につとめました。1950年代には，塩田での製塩法がさらに改良され，塩の生産量が増えました。1970年代に電気を利用して化学的にかん水をつくるイオン交換膜《こうかんまく》方式が導入されると，燃料面でも効率《こうりつ》が良いこともあって，日本の製塩業の主流となりました。一方で，第二次世界大戦前から行われていた塩の輸入は，戦後に増加し，現在では塩の需要の大部分を輸入に頼《たよ》っています。効率的な製塩法が追求され，かつての塩田は住宅地や工業用地などに変わっていきました。しかし，近年，塩田を含む沿岸地域が里海《さとうみ》として再評価されたり，ユネスコエコパーク⑵として認定されたりして保全の対象になりつつあります。単に産業としてだけではなく，さまざまな面から塩づくりや塩田について考えてみる必要があるでしょう。

⑴塩田…海水から塩をとるために砂浜を田のように区切ったところ

⑵ユネスコエコパーク…ユネスコが自然と人間の共生をめざして指定した保護地区

写真１　讃岐《さぬき》平野の塩田

（『岩波写真文庫 193 塩の話』より）

写真２　塩田での作業

砂をかきならし蒸発をたすける
（『岩波写真文庫 193 塩の話』より）

図１　塩の需要量の推移(1926～2015年)　[塩事業センターホームページより作成]

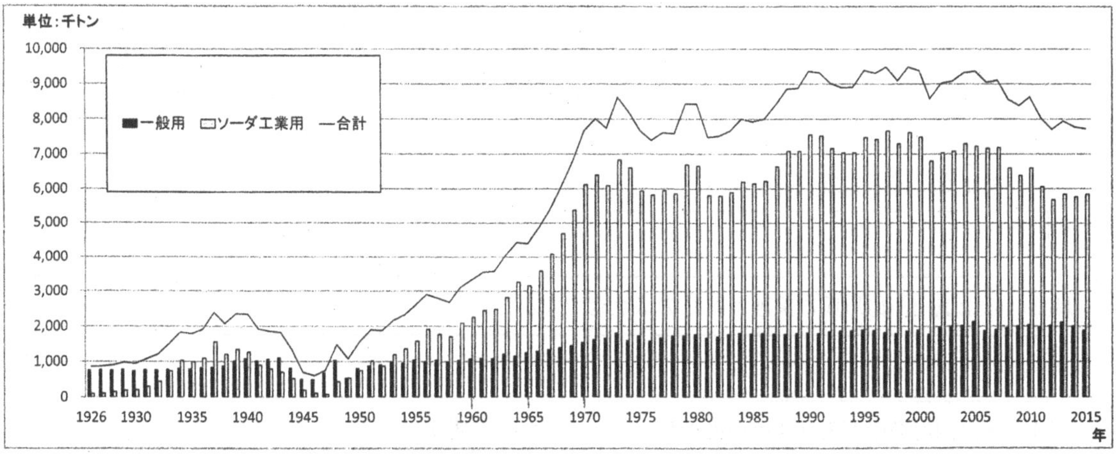

図２ 塩の供給量の推移(1926～2015年) [塩事業センターホームページより作成]

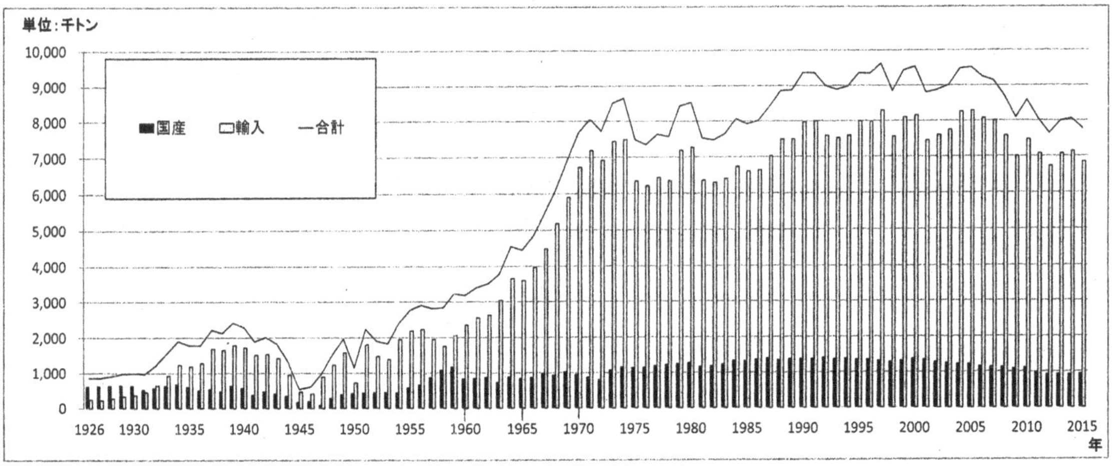

表 塩の使われ方

ソーダ工業用	石けん、パルプ、アルミ製品、塩化ビニル製品、ガラス製品　など
一般用	調味、脱水《だっすい》・防腐《ぼうふ》、発酵《はっこう》を助ける、道路の凍結《とうけつ》防止、家畜《かちく》用　など

問１　問題文中の糸魚川市，松本市，塩竈市はそれぞれどこに位置しますか，右の図の中から記号で答えなさい。

糸魚川市

松本市

塩竈市

問２　海水をそのまま煮つめるより，かん水をつくってから煮つめる方がよいのはなぜですか。

問３　行徳塩田が徳川氏に保護されたのはなぜですか。

問４　瀬戸内海沿岸が入浜式塩田に適していたのはなぜですか。

問５　日本で1905年に塩の専売制が始まった理由の一つは戦争の費用を調達することですが，この戦争とは何ですか。

問６　イオン交換膜方式がそれ以前の製塩法よりも有利であった点を燃料面以外に２つ挙げなさい。

問７

⑴　1960年代から1970年代にかけて塩の輸入が増えているのはなぜですか。

⑵　イオン交換膜方式の導入によって生産効率が高まったにもかかわらず，塩の国内生産量はその後もそれほど増えてはおらず，塩の多くを外国からの輸入にたよってきました。その理由として考えられることを１つあげて説明しなさい。

問８　昔ながらの塩づくりは経済的に割に合わないということで行われなくなりましたが，国内や世界の一部の地域ではそれを保存させようという努力がなされています。このように昔ながらの塩づくりや塩田を残していくことには，社会的にどのような意義があるでしょうか。

【理　科】（40分）　＜満点：60点＞

1　水の温度の上がり方，下がり方について実験を行いました。

【実験１】　右図のような装置を用いて，一定の強さの炎《ほのお》でビーカーに入れた水を加熱しながら，水温を測り続けました。部屋《へや》の温度（室温）は30℃または10℃に保ち，室温以外の条件はすべて同じにしました。下の表はその結果で，グラフは加熱を始めてからの時間と水温の関係を表しています。グラフの点は室温30℃のときの結果で，点線（-----）はそれらをなめらかにつないだものです。

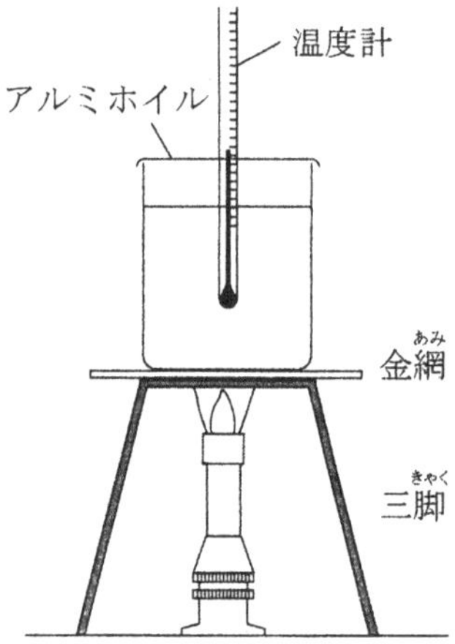

加熱を始めてからの時間(分)	0	2	4	6	8	10	12	14	16
室温 30 ℃ のときの水温(℃)	20	32	54	74	88	95	98	98	98
室温 10 ℃ のときの水温(℃)	20	28	48	68	84	92	96	98	98

問１　室温30℃のときのグラフにならって，室温10℃のときの結果を右のグラフにかき入れなさい。ただし，点をはっきりと打ち，それらの点を実線（――）でなめらかにつなぐこと。

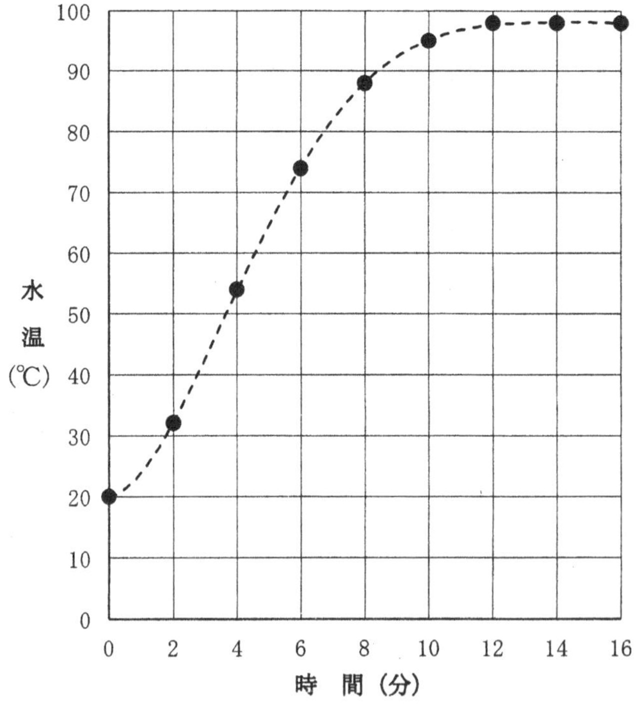

問２　加熱を始めてからの２分間は，その後の２分間よりも水温の上がり方がゆるやかなのはなぜですか。**あ**～**え**の中から最もふさわしいものを選び，記号を○で囲みなさい。

あ　水はほかのものより温まりにくいから

い　水は炎に近いところから順に温まるから

う　金網《あみ》やビーカーが熱くなるまでに時間がかかるから

え　熱くなった空気が水を温めるのに時間がかかるから

問３　同じ水温から加熱を始めても，水温の上がり方が室温の違《ちが》いによって変わるのはなぜですか。その理由を書きなさい。

問４　室温10℃のときに，水を98℃まで加熱した後，ビーカーを金網から下ろして１時間ほど水温を測り続けると，50分後に10℃になりました。水温の変化を表すグラフとして最もふさわしいものはどれですか。次の**あ**～**お**の中から選び，記号を○で囲みなさい。

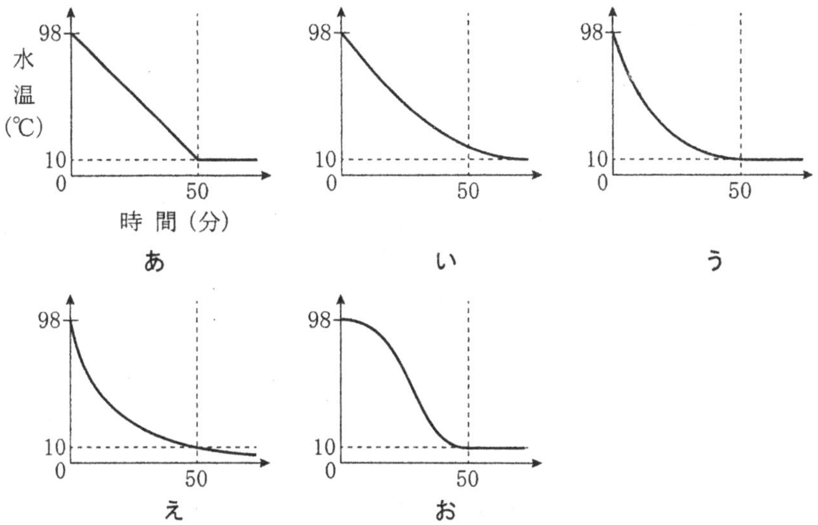

【実験２】　右図のように，水に少量の氷を入れた容器の中に，98℃の湯が入ったビーカーを入れ，水の温度を測り続けたところ，やがて一定の水温になりました。右のグラフは，ビーカーを入れてからの時間と水温の関係を表しています。グラフの点線は，水温が一定になった時間と，その水温を表しています。

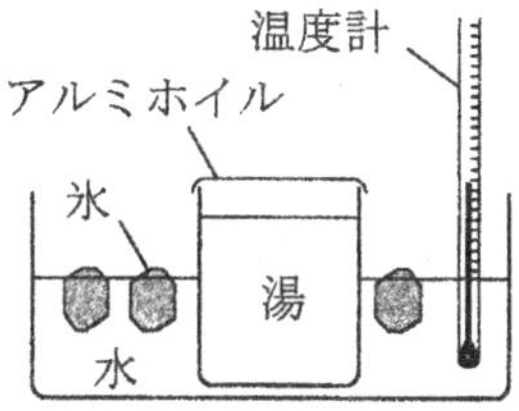

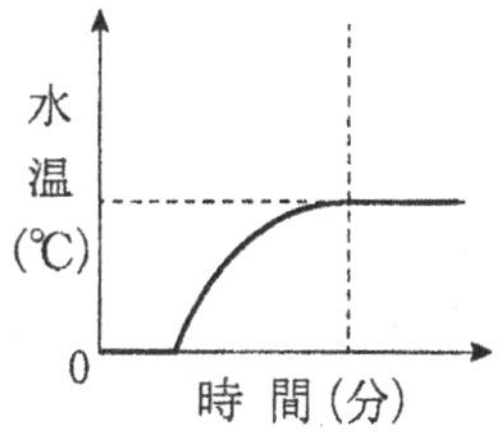

問５　氷の量だけを２倍にして同じ実験を行ったときの，水温の変化を表すグラフとして最もふさわしいものはどれですか。次の**あ**～**か**の中から選んで記号を○で囲み，そのように考えた理由を書きなさい。ただし，**あ**～**か**のグラフの点線は上のグラフの点線の時間と水温を表しています。

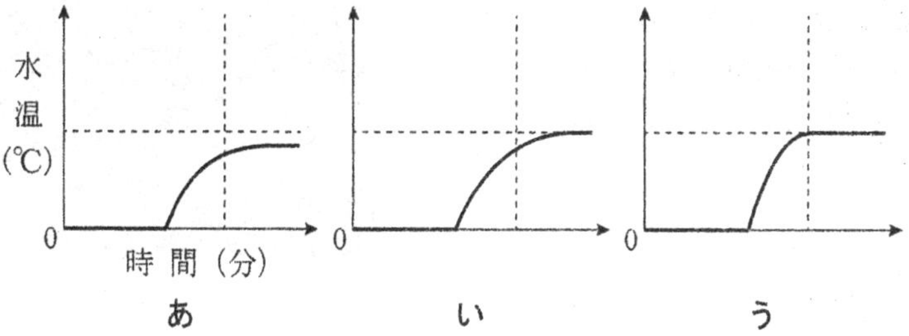

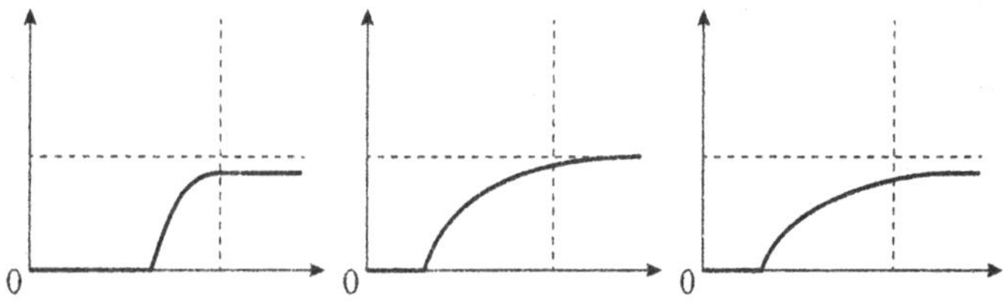

え　　　　　お　　　　　か

2　ある場所で，地下の様子を知るためにボーリング調査を行いました。ボーリング試料を観察したところ，右図のように下から**ア**～**オ**の地層があることが分かりました。地層**ア**は，泥《でい》岩でできていて深い海にいる生物の化石が含《ふく》まれていました。この地層には大きなずれがありました。地層**イ**は，れき岩，砂岩，泥岩の薄《うす》い層の繰《く》り返しが見られました。地層**ウ**は，砂の層でアサリの化石が含まれていました。。地層**エ**は，丸みを帯びているれきの層でした。地層**オ**は，地表に一番近く火山灰でできていました。観察の結果をもとにして，この地域の過去の様子を考えてみましょう。

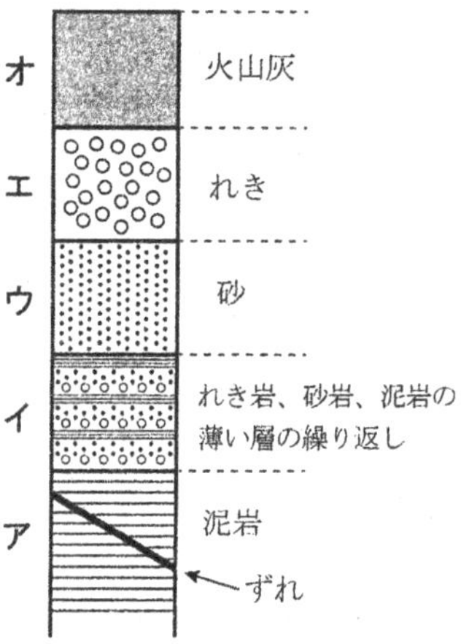

問1　地層**ア**に見られるような，地層の大きなずれを何といいますか。

問2　地層**イ**で，れき岩，砂岩，泥《でい》岩の層が繰《く》り返されているのはなぜだと思いますか。

問3　地層**ウ**がたい積したときに，この場所で生きていたと考えられる生物は何ですか。**あ**～**か**の中から最もふさわしいものを選び，記号を○で囲みなさい。

あ　クジラ　　**い**　コイ　　**う**　ザリガニ

え　ヒトデ　　**お**　サンショウウオ　　**か**　タニシ

問4　地層**エ**のれきは，川原のれきと並び方がよく似ていました。れきの並び方は水の流れと関係があります。右の写真は，川岸から撮《と》った，対岸の川原の様子です。この写真で，川の上流は**A**と**B**のどちらですか。記号を答え，そう考えた理由も書きなさい。

記号

理由

問５　地層**オ**の火山灰を水でよく洗い，地層**ウ**の砂粒《つぶ》と比べてみると，形に違《ちが》いが見られました。それはどのような違いだと思いますか。また，そのような違いができる理由を書きなさい。

違い

理由

問６　この地域の地層は，**ア**から**オ**の順番に，たい積した環《かん》境が変わってできたことが分かっています。この地域はどのように変わっていったと思いますか。それぞれの地層がたい積した環境について簡単に触《ふ》れながら説明しなさい。

③　袋《ふくろ》の中に，形の違《ちが》う２種類のネジが１本ずつ入っています。それぞれのネジについて，違いがわかるように図をかき，その違いを文章で説明しなさい。ただし，文字や印，傷などは考えないことにします。（試験が終わったら，ネジは袋に入れて持ち帰りなさい。）

（ア）腹　（イ）肩《かた》　（ウ）手　（エ）足
（オ）拳《こぶし》　（カ）胸　（キ）頭

問二　「おかあさんのきょうだい」を含む家系図を、左の空欄に名前を入れて完成させなさい。

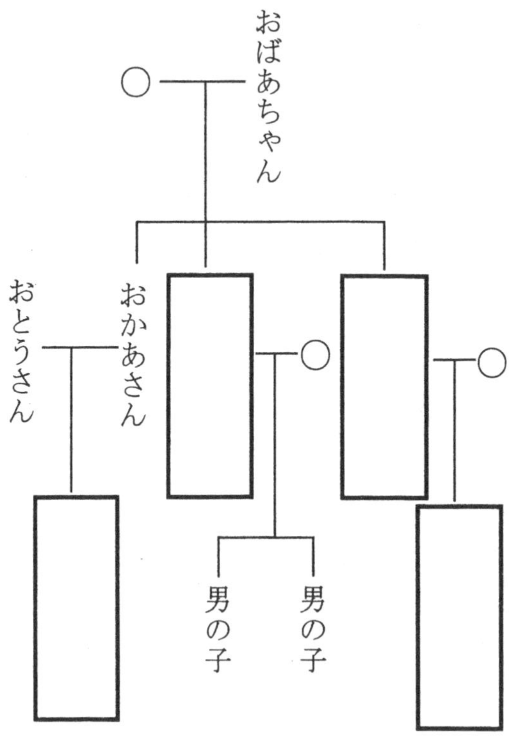

問三　「ぼくはウキウキしていた」とあるが、どうして「ウキウキ」していたのですか、説明しなさい。

問四　「健斗くんに、ちゃんと口どめしておきなさい」とあるが、どのようなことを口どめしておけというのですか、説明しなさい。

問五　「千夏おばさんがあわてて弁解した」とあるが、それはどうしてですか。三行以内で説明しなさい。ただし、一行の枠内《わくない》に二行以上書いたり、枠をはみ出して書いたりしてはいけません。

問六　「このごろ、やっぱりわたしたちはきょうだいなんだっておもうのよ」とあるが、おかあさんがこのように千夏さんを「きょうだい」と実感するようになったのはどうしてですか、説明しなさい。

問七　文章中の**カタカナ**を漢字に直しなさい。

ケントウ	**マコト**に	**ヘンシュウ**者
ショチ	**カイフク**	**オン**着せがましい

「それなら、点滴のパックを交換《こうかん》するまえにかえてしまいましょうか？床《とこ》ずれの様子も見たいので」

おとうさんに肩《かた》をたたかれて、ぼくたちは廊下に出た。

「悪かったな、健斗。いろいろ気をつかわせて」

「そんなことないよ。いそがしいのに、きてくれてありがとう」

「学校は、どうだった？」

おとうさんにきかれて、ぼくは昼休みにハリケーン・リレーの練習をしたことや、算数のテストがちゃんとできたことを話した。安心しておとうさんの顔を見るのは久しぶりだった。

「ありがとうございました」と、千夏おばさんとおかあさんがお礼を言う声がした。

「なにかありましたら、遠慮《えんりょ》せずにご連絡ください」

看護師さんが廊下に出てきて、「ありがとうございました」と、おとうさんが頭をさげた。ぼくも感謝のきもちをこめておじぎをした。

看護師さんにつづいて、おとうさんと千夏おばさんも帰っていった。おとうさんがおばあちゃんの家にもどってくるのは、夜の十時半すぎになるという。

「ほらね、やっぱりおとうさんはきてくれたでしょ」

ぼくはおかあさんに⑤をはった。

「ごめんなさい。本当にもうしわけありませんでした。だから、おとうさんには疑ったことは言わないでね」

ぼくがエラそうにうなずくと、おかあさんがぺこりと頭をさげた。

「おかあさんはね、小さいころ、千夏お姉ちゃんのことをおかあさんだとおもっていたの。やさしくて、いつも一緒にいてくれたから。小学生になるころには、お姉さんなんだってわかってたけど、十二も歳が離《はな》れているから、きょうだいだっていう気がしなくてね。でも、このごろ、やっぱりわたしたちはきょうだいなんだっておもうのよ」

そのあと、おかあさんは千夏おばさんが家を出ていったときの悲しさや、おばあちゃんがさみしそうにしていたので、お茶をおしえてもらうことにしたといった話をしてくれた。

おばあちゃんは点滴をうけながら静かにねむっていた。

「それで健ちゃんは、弟と妹のどっちがほしいの？」

とつぜんきかれて、ぼくはあせった。

「どっちでもいいよ。ぼくが決められることじゃないんだし」

「でも、弟だったら、一緒にサッカーができるし、妹だったらかわいいし」

「本当に、どっちでもだいじょうぶだよ。ちゃんと仲良くするから」

そう答えながら、ぼくはいつかその子に今日の出来事を話してあげたいとおもった。それはずっとずっと先のことだろうけれど、その日はきっとくる気がした。

（佐川光晴《さがわみつはる》の文による）

（注）＊お点前《てまえ》……作法にしたがってお茶を立てること。
＊ゲラ……文字の間違《まちが》いなどを直すための試し刷り。

問一　文中の二重線部の空欄《くうらん》①～⑤に入る語を後の（ア）～（キ）から選び、記号で答えなさい。（同じ記号を二度使ってはいけません）

①を握りしめて……□　②があがらない……□
③をすくめた……□　④がすいた……□
⑤をはった……□

「いまなら健斗とわたしがいるから、なにを話してもだいじょうぶよ」

「いいわよ。おかあさんへの文句なら、さっきも言ったから」

「おかあさん、聞こえますか？　こんなふうに悪態をついてばかりいますけど、千夏お姉ちゃんが一番よく看病をしているんですよ。おかあさんがこのうちに帰ってこられたのも、千夏お姉ちゃんのおかげですからね。感謝してくださいね」

「ちょっと、やめて。わたしはそんなオン着せがましいつもりでやってるんじゃないんだから」

千夏おばさんとおかあさんが言いあっていると、おばあちゃんが頭を動かした。なにかをさがすように、顔を左右にむけている。

「おかあさん、おばあちゃんが」

ぼくはおどろいて、おもわずあとずさりした。

「おかあさん」

千夏おばさんが、おばあちゃんの枕もとに正座をした。おかあさんも、千夏おばさんのとなりに正座をして、おばあちゃんに話しかけた。

「おかあさん、わかりますか？　千夏お姉ちゃんですよ。一生懸命《いっしょうけんめい》、おかあさんの看病をしているんですよ」

すると、おばあちゃんが顔をおかあさんたちのほうにかたむけた。でも、目はつむったままだし、意識があるようには見えなかった。

千夏おばさんは両手の指先を畳《たたみ》につけて、深々とおじぎをした。ぼくのおかあさんも、千夏おばさんと同じようにおじぎをした。その時間はとても長くかんじられた。

姿勢をもどした千夏おばさんが腕時計《うでどけい》を見て、「あら、もう六時になるわね」とつぶやいた。

そのことばを待っていたようにチャイムが鳴った。千夏おばさんを先頭に三人で玄関《げんかん》にむかうと、カバンを持った看護師さんと一緒におとうさんが立っていた。

「ちょっと ④ がすいたんで、きてみたんだ。十分くらいで、また会社にもどらなくちゃいけないんだが」

おどろいて返事のできないおかあさんにかわって、千夏おばさんがおとうさんにあいさつをした。

「まあまあ、田中さん。よくきてくださいました」

看護師の女性は急いでいるらしく、「すみません、おじゃまします」と言って、廊下を奥《おく》にむかった。ぼくたちもついていくと、おばあちゃんが苦しんでいた。声にならない声をだして、頭を左右にふっている。

「だいじょうぶですよ。すぐにタンを取りますからね」

やさしい声でおばあちゃんに話しかけると、看護師さんはカバンからとりだしたビニールの手袋《てぶくろ》をはめた。千夏おばさんが吸引器をセットして、看護師さんは右手に持った透明《とうめい》なチューブをおばあちゃんの鼻の穴に入れた。そのまま、どんどんチューブを奥に入れていく。

ぼくはこんな光景を見るのは初めてだった。おばあちゃんは痛がりもせず、タンが吸いあげられるにつれて苦しまなくなった。

「この方はすごいのよ。このあいだまでいた病院では、新人の看護師にタンの吸引をさせるものだから、おばあちゃんが痛がって見ていられなかったもの」

千夏おばさんが言って、おとうさんが感心したようにうなずいた。

「オムツは、かえましたか？」

看護師さんの質問に、千夏おばさんが首を横にふった。

た。

「ほら、がんばりなさい」

おばさんにはげまされると、おかあさんはこまったようにうつむいた。

それから千夏おばさんが、子どもだったころの話をしてくれた。まえにも少しだけ聞いたことがあったけれど、千夏おばさんとおばあちゃんはとても仲が悪かったそうだ。だから、お茶もおそわらなかったという。

「おかあさんは、とにかく行雄のことが大好きでね。わたしがいくら成績が良くても、ちっともほめてくれないの。高校生のときが一番険悪だったかしら。口をひらけば、女には勉強よりもたいせつなことがあるって言って、もう顔を見るのもイヤだったわね。おとうさんは、おかあさんに ② があがらないし。だから、大学に進むときに家を出たのよ。いっそのこと縁《えん》を切りたかったけど、そうもいかないとおもってたまに帰ってくれば、さんざん文句を言われてね。結婚《けっこん》にも、共働きで子育てをすることにも反対されて、もういいかげんにしてほしいってかんじだったわ」

そこまでをひと息に話すと、千夏おばさんはおばあちゃんを横目で見た。

「正直に言うとね、お医者さんから、もう意識はもどりそうにないって言われたときに、わたしはそれなら看病ができるっておもったの。薄情《はくじょう》なようだけど、おかあさんが意識があったらたいへんよ。ああでもない、こうでもないって、いちいち指図をされて。どんなに気をつかっても、文句を言われて」

「そんなこと言っても、お姉ちゃんはおかあさんにもう一度、お茶をたててもらいたいんじゃないの」

おばあちゃんの枕《まくら》もとには竹の筒《つつ》がおいてあった。抹茶《まっちゃ》をすくう茶しゃくを入れておくもので、おばあちゃんはとてもたいせつにしていた。

「ああ、あれね。あれは看護師さんが、手にものを持たせると刺激《しげき》になって、意識が**カイフク**するキッカケになるかもしれませんって言うからよ。『ふだんよく手にしていたものはありませんか?』ってきかれたから、てきとうに選んだだけ」

千夏おばさんがあわてて弁解したので、ぼくはおかしかった。

「話しかけるのも大切なんですって。きのうの夕方おみまいにきてくれた茶道部の生徒さんたちにお願いしたら、ひとりひとり感謝のことばをかたりかけてくれたんだけど、おかあさんはなんの反応もなし。もっとも、行雄がいくら呼んでもぴくりとも動かなかったんだから、お医者さんの言うとおりで、意識がもどる見こみはないんでしょ」

「お姉ちゃんは、おかあさんにどんなことを話してるの?」

ぼくのおかあさんがきくと、千夏おばさんが ③ をすくめた。

「なにも話してないわ。だって、おかあさんへの文句ばかりになっちゃうもの。この家でも原稿《げんこう》を読んだり、*ゲラのチェックをするくらいならできるけど、不便であることにかわりはないし。明るいうちならまだしも、夜になってから長年にわたるうらみつらみを話していたら、とりかえしのつかないことをしでかしちゃうかもしれないじゃない」

千夏おばさんはにこやかな顔で話したが、ぼくはどう反応すればいいのかわからなかった。

「こんなときだから、お仏壇《ぶつだん》にお線香《せんこう》はあげなくていいからね」

おばさんが冗談《じょうだん》めかして言って、「もう、お姉ちゃんたら。へんなことを言わないでよ」と、おかあさんが笑顔になった。

千夏おばさんは**ヘンシュウ**者をしていて、そのせいか話がとてもおもしろい。歳《とし》はおかあさんより十二も上で、二人のあいだに行雄《ゆきお》おじさんがいる。千夏おばさんの子どもは奈緒《なお》さんひとりで、もう大学生だ。行雄おじさんのところには高校生と中学生の男の子がいる。

「おばあちゃんに会うまえに、うがいと手洗いをしてきてね」

千夏おばさんに言われて、おかあさんとぼくは洗面所に行った。古い木造住宅なので、廊下《ろうか》を歩くと板がきしんだ。洗面台も小さくて、気をつけて手を洗わないと、はねた水が床《ゆか》をぬらしてしまう。

おばあちゃんはお茶の＊お点前《てまえ》をする部屋でねていた。寝室は二階だけど、介護をするのには不便なので、一階の和室にふとんをしいたという。

おばあちゃんは静かに寝息《ねいき》を立てていた。点滴《てんてき》をしているので病院とかわらないかんじだけど、顔色はまえよりもよかった。やっぱり、おばあちゃんにはこの部屋があっている。

それから、千夏おばさんがおばあちゃんの介護について説明をしてくれた。このあと午後六時に、近くの病院の看護師さんが訪問看護にきてくれる。点滴のパックをとりかえて、のどについたタンも吸引器で取ってくれる。家族がしてもいいのだが、いまのところ看護師さんにお願いしている。ただし、オムツはこっちがかえる。

千夏おばさんは看護師さんの**ショチ**がすむまで一緒にいてくれるというので、ぼくはホッとした。おかあさんも安心したみたいで、おばあちゃんのそばにすわり、おでこや髪《かみ》をなでている。時計を見ると、六時まで二十分くらいあった。

「ぼく、トイレに行ってくる」

ところが、おとうさんがきてくれるかどうかが心配で、なかなかオシッコが出ない。たぶん、ぼくは五分以上もトイレにいたとおもう。

ようやくすませて、お点前をする部屋の手前までくると、千夏おばさんの笑い声が聞こえた。

「まったく、もう。あんたは小さいころから疑《うたぐ》りぶかかったのよね。田中さんが聞いたらおこるわよ。健斗くんに、ちゃんと口どめしておきなさい」

「だいじょうぶだよ。ぼくは口がかたいから」

ふすまを開けるなりそう言うと、千夏おばさんが手をたたいて笑った。

「ひとりっ子はたいへんよね。自分ひとりで両親のあいだをとりもたなくちゃいけないんだから。うちの奈緒も、わたしが知らないところで、ずいぶん気をつかってたみたい」

本当にそのとおりなのだというきもちをこめて、ぼくは大きくうなずいた。そのとき、おばあちゃんがセキこんだ。千夏おばさんがそばによって胸をさすると、おばあちゃんは静かになった。

「奈緒はね、自分と同じ苦労はさせたくないから、子どもを産むなら二人以上にするんですって。そうよ、あんたはまだ若いんだし、もうひとりつくればいいじゃない。健斗くんなら、やさしいお兄ちゃんになるわよね」

千夏おばさんに言われて、ぼくはさっきよりもさらに大きくうなずい

「おとうさんは？」

「もう会社に行ったわ」

おかあさんの声は明るかった。

「金曜日のことは、どうなったの？」

「すぐには返事ができないって。でも、まえむきにケントウしてみるって」

「なんだか、会社のひとどうしの話しあいみたいだね」

ぼくが言うと、おかあさんがふきだした。そのあと食べた朝ごはんがおいしくて、ぼくはおかわりをした。

金曜日の朝がきた。おとうさんが会社からまっすぐおばあちゃんの家にきてくれるというので、おかあさんはすごくよろこんでいた。ぼくもうれしかったけど、緊張《きんちょう》もしていた。今夜、おばあちゃんが死んでしまうんじゃないかと心配だったからだ。

——カゼをひいたら、おばあちゃんのうちに行かなくてすむよな。

ぼくはひそかにぐあいが悪くなることを期待しながら授業をうけた。でも、セキも出なければ、おなかも痛くならなかった。

五時間目がおわり、ぼくは家に帰った。ひと休みしてから、おかあさんとぼくはバスで駅にむかった。おばあちゃんの家まではＪＲの電車と地下鉄で一時間くらいかかる。

電車のシートにならんですわっていると、おかあさんの携帯《けいたい》電話にメールがとどいた。

「おとうさんだわ」

そうつぶやいてメールを読みだしたおかあさんは、「もう、どうして」と、くやしそうに言って、携帯電話をぼくに見せた。

〈急な仕事が入って、何時に会社を出られるかわからない。しかし、真夜中になってもそっちに向かうつもりでいる。マコトに申し訳ない。取り急ぎ連絡《れんらく》まで。〉

おとうさんからのメールを読んで、ぼくはホッとした。何時になったとしても、おとうさんはおばあちゃんの家にきてくれるのだ。ところが、おかあさんはおとうさんを疑っていた。

「本当なのかしらね。つぎには、仕事がおわらなくて徹夜《てつや》になりそうだなんてメールを送ってくるかもしれないわ」

「それじゃあ、おとうさんは初めからおばあちゃんの家にくるつもりはなくて、おかあさんやぼくにウソをついてたってこと？　それは絶対にないって」

そんなふうにおとうさんを疑うおかあさんが情けなくて、ぼくの目から涙がこぼれた。

「ごめんなさい、健ちゃん。おかあさんが悪かったわ」

電車のなかなので、おかあさんの声は小さかった。

「おとうさんは、かならずくるよ」

そう言いながら、もしもおとうさんがおばあちゃんの家にこなかったらどうなってしまうのだろうと、ぼくは不安になった。

「くるから。おとうさんは絶対にくるから」

ぼくは ① を握《にぎ》りしめて、じっと目をつむった。

「こんにちは、健斗《けんと》くん。今日はごくろうさま」

おばあちゃんの家に着くと、千夏おばさんがむかえてくれた。

【国　語】（五〇分）〈満点：一〇〇点〉

次の文章を読んであとの質問に答えなさい。

（注）小学校三年生の「ぼく」のおばあちゃんは急に倒《たお》れ、入院した。おかあさんは付《つ》き添《そ》いのため病院に泊《と》まり込《こ》むことがつづき、そのことが原因でおとうさんと不仲になっていた。

おばあちゃんが退院したのは、つぎの週の火曜日だった。元気になったからではなくて、これ以上は病院にいても治療《ちりょう》のしようがないからだ。それなら自宅で介護《かいご》をしようと、おかあさんのきょうだいで話しあって決めたという。

千夏《ちなつ》おばさんがおばあちゃんの家でくらして、みんなもできるはんいで手助けをする。ヘルパーさんの手も借りるし、近くのお医者さんも協力してくれて、おばあちゃんの様子が急変したときには夜中でも診察《しんさつ》にきてくれるとのことだった。

「健ちゃん。そういうわけだから、今度の金曜日はおばあちゃんのうちに泊まらない？」

おかあさんにさそわれて、ぼくの胸がドキンと鳴った。

――その夜に、おばあちゃんが死んだらどうしよう。

考えただけで、ぼくはこわかった。

「おとうさんも一緒《いっしょ》ならいいよ」

とっさに答えると、おかあさんが目をそらした。

「だって、ほら。おばあちゃんにもしものことがあったら、おかあさんひとりじゃたいへんでしょ。ぼくじゃあ、たよりにならないし」

せっかくいいアイディアをおもいついたのに、おかあさんは目をそらしたままだった。

おとうさんとケンカをしてから、おかあさんはおばあちゃんの病室に泊まっていなかった。だからといって仲なおりをしたわけではなくて、土日のあいだも、おとうさんとおかあさんはほとんど口をきいていなかった。運動会が行われる来週の土曜までには、なんとかして仲なおりをしてほしい。

「ぼくがおとうさんにお願いしてみようか？　おそい時間になってもいいから、おばあちゃんのうちにきてくださいって。それで三人で泊まろうって」

おかあさんとは反対に、ぼくはウキウキしていた。たしか、おとうさんの会社からおばあちゃんのうちまでは地下鉄一本で行けたはずだ。

「わかったわ。今夜、おかあさんからおとうさんにお願いしてみる。でも、もしもおとうさんが無理だって言っても、おとうさんをきらいになっちゃダメよ」

おかあさんは、自分に言いきかせているようだった。

その晩、ぼくはなかなかねむれなかった。おとうさんとおかあさんがまたケンカをはじめたら、ぼくはすぐに部屋《へや》をとびだして、おとうさんにあやまるつもりだった。

十時まではおきていたけど、ぼくはいつのまにかねむってしまったらしい。

「健ちゃん、もう七時になるわよ」

おかあさんの声がして、ぼくは目をさました。おかあさんがドアのところからこっちを見ている。

平成29年度

解答と解説

《平成29年度の配点は解答用紙に掲載してあります。》

＜算数解答＞《学校からの正答の発表はありません。》

1　75匹・116匹　　2　(1)　8.5cm　　(2)　115.6cm^2
3　(1)　分速120m　　(2)　B(と同じ位置)　65分後　　(3)　87分後
4　(1)　3点　　(2)　解説参照　　(3)　5，6　　(4)　10，12，15，39，42

＜算数解説＞

基本　1　(割合と比)

Bのヤギの数を3，5の最小公倍数⑮にすると，Aのヤギの数は⑮÷5×2＋10＝⑥＋10，Cのヤギの数は⑮÷3×4－17＝⑳－17である。

B⑮が15匹のとき…Aが6＋10＝16(匹)になるので不適。
B⑮が30匹のとき…A12＋10＝22(匹)，C40－17＝23(匹)であり，合計22＋30＋23＝75(匹)
B⑮が45匹のとき…A18＋10＝28(匹)，C60－17＝43(匹)であり，合計28＋45＋43＝116(匹)
B⑮が60匹のとき…Cの数が最多になるので不適。
以下，同様である。

2　(平面図形，相似)

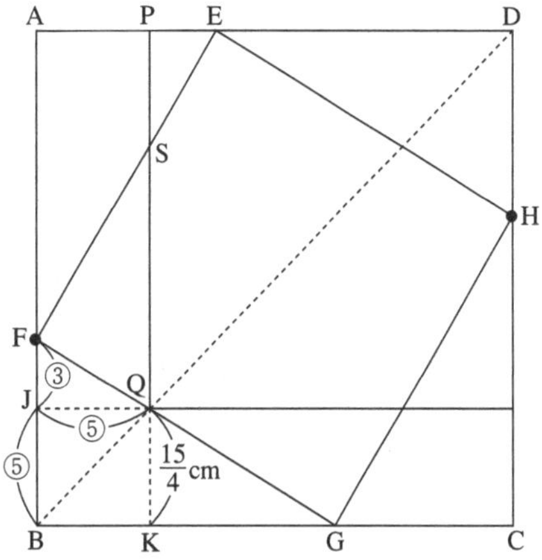

重要　(1)　右図において，直角三角形FJQとFBQは相似であり，FJ：JQは6：10＝3：5に等しい。FJの長さが③のとき，正方形の一辺JBの長さが⑤であり，③＋⑤＝⑧が6cmに相当するのでQKは6÷8×5＝$\frac{15}{4}$(cm)である。また，EP＝FJであり，直角三角形FJQとEPSは合同であるからPSも$\frac{15}{4}$(cm)である。したがって，SQは16－$\frac{15}{4}$×2＝8.5(cm)である。

やや難　(2)　図①の直角三角形JBKにつき，図②において，JMは(10－6)÷2＝2(cm)であり，直角三角形JMイのJM：Mイも5：3であるからMイは2÷5×3＝1.2(cm)である。また，(1)の点Qとウは一致するので直角三角形イFウの面積は6×10÷3－2×1.2－6×$\frac{15}{4}$＝30－24.9＝5.1(cm^2)である。したがって，正方形EFGHの面積16×16－6×10×2＝136(cm^2)から5.1×4＝20.4(cm^2)を引くと136－20.4＝115.6(cm^2)

図①

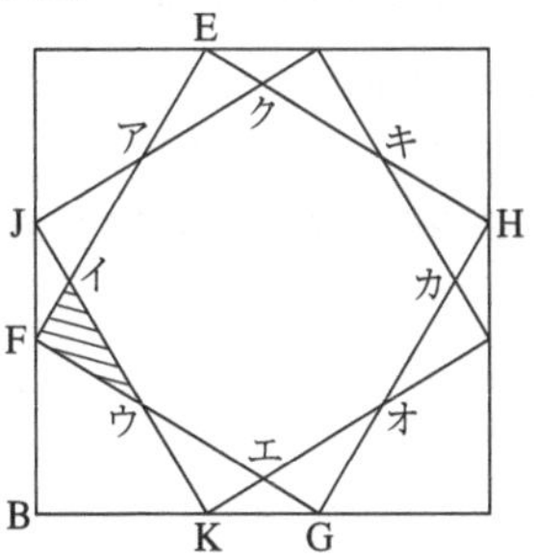

図②

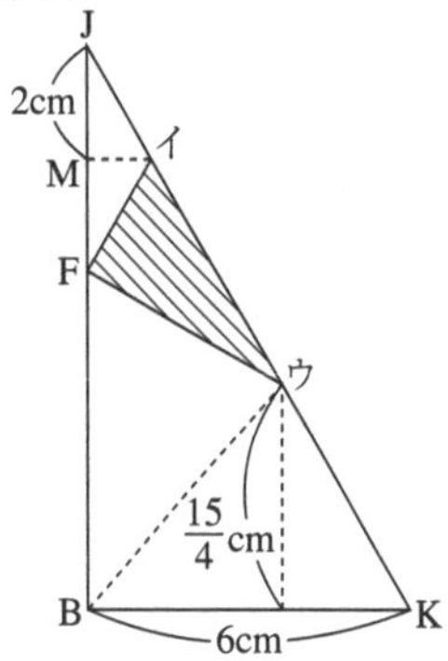

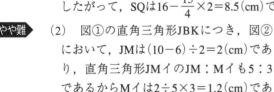

3 （速さの三公式と比，旅人算，割合と比）

基本　(1)　AとBの分速の和は1800÷5＝360(m)であり，2人の速さの比は3：6＝1：2である。したがって，Aの分速は360÷(1＋2)＝120(m)

重要　(2)　(1)より，Bの分速は240m，Cの分速は240÷3＝80(m)である。下のグラフにおいて，Aは，1800÷(120＋240)＝5(分後)にBと出会い，反対方向に進むと5＋7200÷(240－120)＝65(分後)にBに追いつかれる。

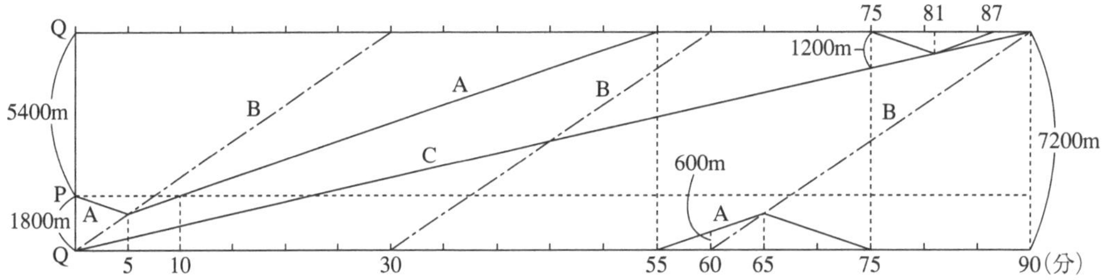

やや難　(3)　上のグラフから計算する。

1回目…(7200－120×5)÷120＝55(分後)にQ地点を通過する。

2回目…(2)より，65＋65－55＝75(分後)にQ地点を通過する。

3回目…75＋(7200－80×75)÷(120＋80)＝75＋6＝81(分後)にCと出会い，さらに6分後の81＋6＝87(分後)にQ地点を通過する。

4 （数の性質）

基本　(1)　38との差が2以下の整数は36・37・38・39・40であり，36＝3×3×4，39＝3×13であるから得点は2＋1＝3(点)である。

重要　(2)　Bは1以上であり，Bが1の場合でもAとの差が1以下の整数はAを含めて連続する3個になり，必ず3の倍数を含むから。

重要　(3)　50の前後の3の倍数は51＝3×17，48＝3×16，54＝3×3×3×2，45＝3×3×5と続き，ここまでの得点が1＋1＋3＋2＝7(点)になるので，Bは50－45＝5か6である。

やや難　(4)　11がAのとき…Bが10なら，11－10＝1から11＋10＝21までの整数について3，6，12，15，21で5点，9，18で2×2＝4(点)となり合計5＋4＝9(点)になる。

11がBのとき…Aが12なら，12－11＝1から12＋11＝23までの整数について同様に9点になる。
Aが15なら，15－11＝4から15＋11＝26まで整数について9点になる。
Aが39なら，39－11＝28から39＋11＝50までの整数について9点になる。
Aが42なら，42－11＝31から42＋11＝53までの整数について9点になる。

★ワンポイントアドバイス★

2(2)「八角形の面積」，3(3)「旅人算」は，容易ではなく，4(4)「数の性質」も安易に処理するとミスが出やすい。したがって，これらの問題は後に回し，自分にとって得意な問題から優先して解くことが重要である。

＜社会解答＞ 《学校からの正答の発表はありません。》

問1　(糸魚川市)　ウ　　(松本市)　エ　　(塩竈市)　ア

問2　(例)　少ない燃料で塩を生産できるから。

問3　(例)　大都市である江戸の塩の需要にこたえる必要があったから。

問4　(例)　晴れの日が多い瀬戸内の気候が製塩に適しており，さらに遠浅で干満の差の大きな瀬戸内海は海水を取り入れるのに都合がよかったから。

問5　日露戦争

問6　(例)　塩田のような広い土地を必要としない。　(例)　天候の影響を受けにくい。　(例)　多くの人手を必要としない。　などから2つ挙げる。

問7　(1)　(例)　重化学工業を中心に日本の工業が発展し，工業原料，特にソーダ工業用の塩の需要が高まったから。　(2)　(例)　イオン交換膜方式は電気を利用して化学的にかん水をつくるが，電気代の高い日本ではコストが高くなってしまう。この方式に比べ，岩塩を外国から輸入した方が安く塩を生産できるから。

問8　(例)　昔ながらの塩づくりでは，きれいな海水や広い砂浜が必要である。そのため，塩田を保存することは沿岸地域の環境を保全することにつながる。また，昔ながらの塩づくりの作業工程を残していくことは，日本の伝統的な文化を後世の人々に伝える上でも意義のあることと考えられる。

＜社会解説＞

(総合一塩をテーマにした日本の歴史，政治など)

基本　問1　糸魚川市は，新潟県南西部，日本海に面する市。南で長野県，西で富山県に接する。市内を流れる姫川の谷をフォッサマグナ西縁の糸魚川＝静岡構造線が走る地質学上重要な地域である。松本市は，長野県中西部，松本盆地の中心部と飛驒山脈の東斜面をしめる市。松本城の天守閣は国宝に指定されている。上高地，乗鞍高原，美ヶ原などの観光地への基地でもある。塩竈市は，宮城県中部，松島湾にのぞむ市。明治時代以降は，三陸沿岸の漁業基地となり，近年は貿易港としての機能ももつ。缶詰，冷凍食品などの水産加工業が盛ん。松島観光の基地でもある。

問2　「海藻についた塩の結晶を利用して濃い塩水(かん水)をつくり，それを煮つめて塩を取り出したといわれています。」，「揚浜式塩田では，人力で海水をくみ上げて塩田の砂にかけ，太陽熱と風力で水分を蒸発させた砂を集めます。」などの記述に注目する。このような方法では，かん水をつくるのに燃料が必要ない。したがって，海水をそのまま煮つめるより，かん水をつくってから煮つめる方が，より少ない燃料で塩を生産することができる。

重要　問3　江戸時代，日本の政治の中心となった江戸には，幕府の諸施設や全国の大名の屋敷をはじめ，旗本・御家人の屋敷が集中し，その家臣や奉公人をふくめ多数の武家が居住した。また，町人地には約1700余りの町が密集し，さまざまな種類の商人・職人などが集まった。このため，18世紀前半には人口100万人を超え，日本最大の消費都市となった。この大消費地の需要を満たすため，将軍家である徳川氏は江戸に隣接する行徳塩田を手厚く保護したのである。

重要　問4　瀬戸内海沿岸は晴れの日が多く，降水量が少ない。このため，太陽熱と風力で水分を蒸発させてかん水を得る製塩法に適している。また，瀬戸内海は，遠浅で，干満の差が大きなため，大量の海水を塩田に取り入れることができる。この意味でも，「遠浅の海に堤を築いて塩田をつくり，潮の満ち引きを利用して海水を入れ，塩田の砂に海水をしみわたらせる方法」である入浜式塩田に最適である。

基本 問5　日露戦争は，1904～05年，朝鮮および満州(中国東北地方)の支配権をめぐる対立から発展した日本・ロシア間の軍事衝突。1905年，アメリカ合衆国大統領セオドア＝ルーズベルトの仲介によってポーツマス条約に調印し，戦争は集結した。

やや難 問6　イオン交換膜方式は，海水中の塩分をイオン交換膜を用いて電気エネルギーにより濃縮する製塩法。両端に電極を入れた水槽の中に，陽イオン交換膜と陰イオン交換膜を相互に配置して海水を流し，直流電圧をかけると，イオン状に存在する塩分が交換膜の間に集まって濃縮される。それを蒸発釜で煮つめて製塩を行う。完全に工業化された方法なので，これ以前の製塩法(揚浜式，入浜式など)にくらべて，①塩田のような広い土地が不要，②天候の影響を受けない，③多くの労働力を必要としないなどの長所がある。

問7　(1)　図1から，1960年代から1970年代にかけてソーダ工業用の塩の需要が急増していることが読み取れる(一般用はそれほど増えていない)。これは，この時期，日本は高度経済成長期にあたり，重化学工業を中心に工業が大きく発達し，工業用の塩の使用量が増加したことによるものと考えられる。　(2)「電気を利用して化学的にかん水をつくるイオン交換膜方式」という記述に注目する。問6でも述べたように，イオン交換膜方式は大量の電気を必要とする。国際的にみて電気代の高い日本では，この方式で塩をつくることは不利となる。岩塩そのものを外国から輸入した方が安上がりである。

やや難 問8「近年，塩田を含む沿岸地域が里海として再評価されたり，ユネスコエコパークとして認定されたりして保全の対象になりつつあります。」という記述に注目。塩田を残していくことは，沿岸地域の環境を保全するという意義がある。さらに，昔ながらの塩づくりの方法を残していくことは，昔の人々の知恵の素晴らしさを後世に伝えるという意味でも意義があるといえる。

★ワンポイントアドバイス★

単純な知識問題の出題は少ないが，いずれも基本問題である。確実に得点することが求められる。論述問題だけに目を奪われてはいけない。

＜理科解答＞《学校からの正答の発表はありません。》

1　問1　右図　　問2　う　　問3　室温が低くなると，まわりの空気によって熱がうばわれるので，水温が上がりにくくなる。　問4　う

問5　あ　　氷の量を2倍にしたので，氷がすべてとけ終わるまでの時間が長くなる。また，氷がとけ終わると，水の量が増えるので，水温が上昇する割合が小さくなり，水温が一定になるまでの時間は長くなり，一定になる水温は低くなる。

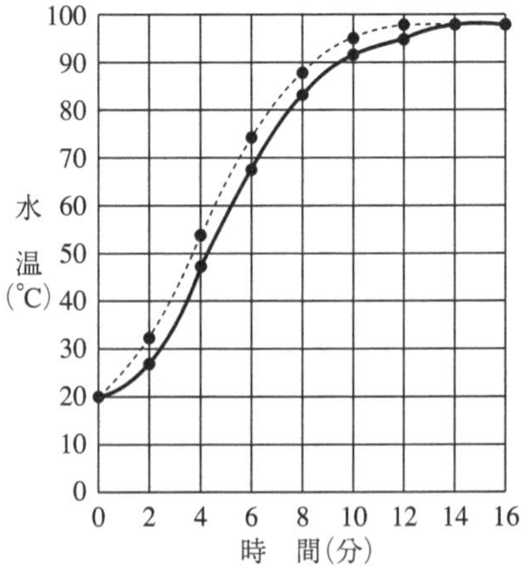

2　問1　断層　　問2　海の深さが浅い海から深い海へと，数回くり返されたから。　問3　え

問4　(記号)　B　　(理由)　水は上流から下流に向かって流れていて，れきは下流側に傾くように

重なっているから。　問5　（違い）　火山灰は粒が角ばっているが，砂は粒が丸味を帯びている。　（理由）　火山灰は流水の働きを受けていないが，砂は流水の働きを受けているから。　問6　地層アのときは深い海であったが，地層イのときに，浅い海から深い海へと，数回くり返された。その後，地層ウのとき，比較的浅い海となり，地層エのときに，さらに浅い海となった。最後に，近くで火山のふん火が起きたので，地層オができた。

3　配られたネジを入れた袋が公表されないため，解答省略。

＜理科解説＞

1　（状態変化－水の温度変化）

問1～問3　室温が30℃のときと比べて，室温が10℃のときは，最初の2分間は，ビーカーや金網などの実験器具が冷やされているので，あたたまるのに時間がかかる。その後は，まわりの冷たい空気によって熱をうばわれるので，温度が上がりにくくなる。

問4　98℃の湯と10℃の室温の差が大きいので，はじめのうちは，出ていく水蒸気が多く，湯の熱も空気に多く移動するので，湯の温度が急に下がる。その後，水温が10℃に近づくと，出ていく水蒸気が少なくなり，湯から空気に移動する熱も少なくなるので，湯の温度はゆっくり下がり，最終的には，水温は室温と同じ10℃になる。（図a）

やや難　問5　氷の量を2倍にしたので，氷をとかすのに使われる熱の量が2倍になり，氷がすべてとけ終わるまでの時間が2倍近くになる。また，氷がとけ終わると，水の量が，増やした氷の分だけ増えるので，水温が上昇する割合が小さくなり，水温が一定になるまでの時間は長くなり，一定になる水温は低くなる。（図b）

図a

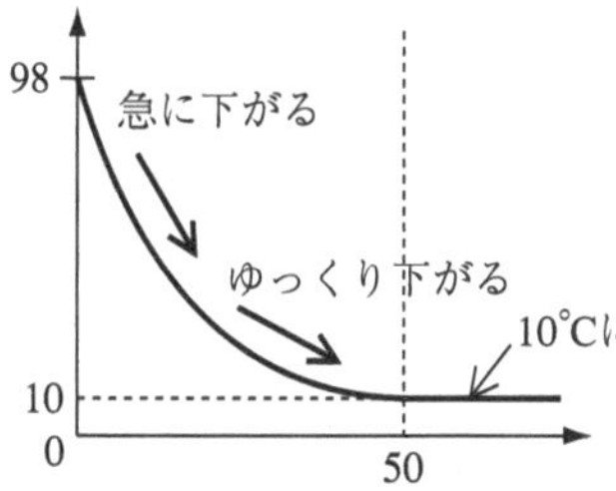

図b

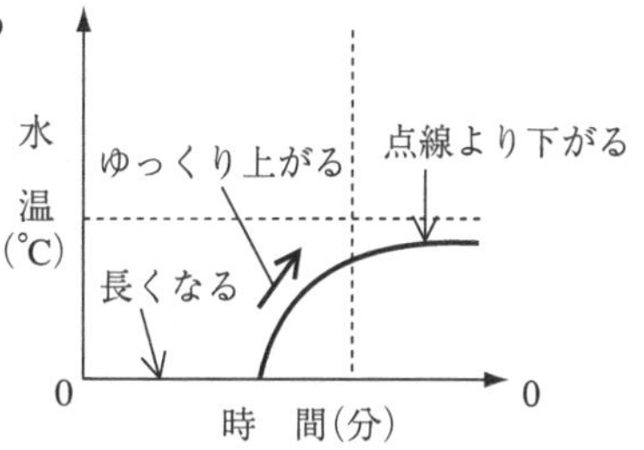

2　（地層と岩石－地層）

重要　問1　断層は，地震などのように，大きな力が急激に加わったときに生じる地層のずれである。

問2　小石がたい積した当時はこの場所は浅い海であったが，海の深さがしだいに深くなるにつれて，砂がたい積するようになり，さらに海の深さが深くなることでねん土がたい積するようになる。これが数回くり返されたので，下から順に，れき岩，砂岩，泥岩の順にたい積したものがくり返されている。

問3　地層ウは，砂の層でアサリの化石が含まれていたので，当時は浅い海であったことがわかる。したがって，この場所には，他にヒトデなどの生き物が生きていたと考えられる。

やや難　問4　川原の石も，川の流れによって，下流側に倒れるように重なっている。

問5　小石や砂，ねん土などの粒は，川を流れる間に川底にぶつかったり，お互いにぶつかり合うことで，粒の角が取れて丸味を帯びるようになる。一方，火山灰は，流水の働きを受けてないので，粒が角ばったままである。

問6　地層は，下から上にたい積するので，地層の逆転がない限り，下の方が古くて上の方が新しい。また，同じ場所でも，海の深さなどの環境が変わることで，たい積物も変化するので，しまもようの地層ができる。

3 解説省略。

★ワンポイントアドバイス★

理科の基本的な問題を十分に理解しておくこと。また，各分野での計算問題や記述問題，作図問題にも十分に慣れておくこと。

＜国語解答＞《学校からの正答の発表はありません。》

問一 ① オ　② キ　③ イ　④ ウ　⑤ カ

問二 (右から)奈緒・千夏・行雄・健斗

問三 (例) 金曜日におとうさんがおばあちゃんの家に来れば，ケンカをしているおとうさんとおかあさんが仲なおりできるのではないかと期待しているから。

問四 (例) おとうさんはおばあちゃんの家に来るつもりがないのではないかと，おかあさんが疑ったこと。

問五 (例) 千夏おばさんは，おばあちゃんにもう一度お茶をたててもらいたい気持ちもあって枕もとに茶しゃくを置いたのだが，その気持ちを妹に見通されて，照れくさく感じたから。

問六 (例) おばあちゃんの介護をするようになって，昔はおばあちゃんと仲が悪かった姉のおばあちゃんに対する愛情がわかり，自分も姉も，母親であるおばあちゃんとかかわりながら生きているのだと感じるようになったから。

問七 検討　誠　編集　処置　回復　恩

＜国語解説＞

(小説一慣用句，登場人物，内容理解，心情理解，漢字の書き)

基本 問一 ① あくまでおとうさんを信じようとする健斗の動作である。 ② 「頭があがらない」は，相手の力に圧倒されたり負い目があったりして，対等にふるまえない様子を表す。 ③ 「肩をすくめる」は，肩をちぢませることで，やれやれという気持ちや，どうしようもないという気持ちを表す。 ④ 「手がすく」は，仕事が少なくて暇ができる，という意味。「手があく」とも言う。 ⑤ 「胸をはる」は，胸をそらせて，自信のある様子をすること。

問二 千夏おばさんは「歳はおかあさんより十二も上で，二人のあいだに行雄おじさんがいる。千夏おばさんの子どもは奈緒さんひとりで，もう大学生だ。行雄おじさんのところには高校生と中学生の男の子がいる」とあるので，これをもとに家系図をまとめる。

問三 おとうさんとおかあさんが「ケンカ」をしていることに注目。「仲なおりをしたわけではなくて，土日のあいだも，おとうさんとおかあさんはほとんど口をきいていなかった」とある。「運動会が行われる来週の土曜までには，なんとかして仲なおりをしてほしい」と思う健斗は，金曜日におとうさんがおばあちゃんの家に来ることを提案したのである。

問四 電車の中でおかあさんが「本当なのかしらね。つぎには，仕事がおわらなくて徹夜になりそうだなんてメールを送ってくるかもしれないわ」と言っている。このようにおかあさんが，おとうさんを疑ったことについて，千夏おばさんが「あんたは小さいころから疑りぶかかったのよね。……

健斗くんに，ちゃんと口どめしておきなさい」と言ったのである。

重要 問五　千夏おばさんは，おばあちゃんの枕もとに，茶しゃくを入れる竹の筒を置いていた。これはおばあちゃんの回復を期待してのことだが，妹(おかあさん)から「お姉ちゃんはおかあさんにもう一度，お茶をたててもらいたいんじゃないの」と指摘されて，照れくさくなったために，「弁解」をしたのである。

やや難 問六　おかあさんがおばあちゃんに対して，「おかあさん，聞こえますか？　……千夏お姉ちゃんが一番よく看病をしているんですよ，……感謝してくださいね」「おかあさん，わかりますか？　千夏お姉ちゃんですよ。一生懸命，おかあさんの看病をしているんですよ」と言っていることから，おかあさんは，千夏おばさんのおばあちゃんに対する愛情を確信していることがわかる。昔はおばあちゃんと仲が悪かった姉の，おばあちゃんに対する愛情がわかり，自分も姉も，共通の母親であるおばあちゃんとの関係を通して生きているのだ，と感じるようになったのである。

問七　「検討」は，よいかどうかを調べ考えるここと。「誠に」は，ほんとうに，という意味。「編集」は，資料を集めて書物・雑誌・新聞などの形に整えること。「編集者」はそれを仕事とする人。「処置」は，病気や傷などの手当をすること。「回復」は，一度失ったものをとりもどすこと。「恩着せがましい」は，恩に着せて相手に感謝を強いる様子であることや，いかにも感謝しろと言わんばかりの態度であること。

★ワンポイントアドバイス★

字数の多い記述問題が中心である。文章も長いので，内容をしっかりおさえたうえで，自分の言葉で説明する力が求められる。読書を含め，ふだんからいろいろなジャンルの文章にふれることや，文章を要約する練習をしておくことが大切！

MEMO

大切なことはメモしておこうネ！

収録から外れてしまった年度の
問題・解答解説・解答用紙を弊社ホームページで公開しております。
巻頭ページ＜収録内容＞下方のQRコードからアクセス可。

※都合によりホームページでの公開ができない内容については，
次ページ以降に収録しております。

問一　「ぼくも時間の檻《おり》の中から急に外へ連れ出され戸惑っていたのだ」とあるが、「時間の檻」とは何を表していますか。二十五字以内で書きなさい（句読点も字数に含む）。

問二　「弟は孤児院の箍《たが》を外せないで困っているようだった」とあるが、「孤児院の箍を外せないで困っている」とは、ここではどういうことですか。

問三　「弟の素速い手の動きを見ていた祖母が悲しそうな声で言った」とあるが、「悲しそうな声で言った」のはなぜですか。

問四　「持ってきた本を机に並べて、座敷を自分の部屋らしくしようと思ったのだ」とあるが、「ぼく」がこのように思ったのはなぜですか。

問五　文中には三か所「蛍」が登場します（□で囲ってある）。この「蛍」の、現れて消える描《えが》かれ方には、時間の経過を表すほかに、どのようなことが暗示されていると考えられますか。

問六　「……ぼくたちは孤児院に慣れてるけど、ばっちゃは養老院は初めてだよね」「そんなら慣れてる方が孤児院に戻ったほうがいいよ」とあるが、このときの「ばっちゃ」に対する「弟」の気持ちを説明しなさい。

問七　「ぼくは祖母あてに書き置きを記した」とあるが、この「書き置き」の内容は事実ではないと思われます。なぜこのような書き置きを記したのか、理由を説明しなさい。

問八　文章中の**カタカナ**を漢字に直しなさい。

ホウチョウ	ハンダン	キソク
クレ	エンソウ	

父を許さないのなら、そのことを今度はおれが許さない。おれはいやだよ。あの女の子どもの面倒《めんどう》など死んでも見ないよ」

「でもあの子たちはおまえの甥《おい》だろうが……」

箱膳のひっくり返る音がした。

「そんなにいうんなら、なにもかも叩き売って借金を払《はら》い、余った金で母さんが養老院にでも入って、そこへあの二人を引き取ればいいんだ。おれはおれでひとりで勉強をやり直す」

叔父の廊下《ろうか》を蹴《け》る音が近づき、座敷の前を通ってその足音は店の二階へ消えた。叔父は赤松が目の前に見える、店の二階の一番端《はし》の部屋で寝起きしているのだろう。

いまの話を弟が聞いていなければいいな、と思いながら、弟の様子を窺《うかが》うと、彼は大きく目を見開いて天井《てんじょう》を睨《にら》んでいた。

「……ぼくたちは孤児院に慣れてるけど、ばっちゃは養老院は初めてだよね」

弟はぼそぼそと口を動かした。

「そんなら慣れてる方が孤児院に戻ったほうがいいよ」

「そうだな」

とぼくも答えた。

「他に行くあてがないとわかれば、あそこはいいところなんだ」

蚊帳に貼《は》りついていた蛍はいつの間にか見えなくなっていた。つい今し方の叔父の荒い足音に驚いて逃げだしたのだろうとぼくは思った。

ぼくはそれから朝方まで天井を眺めて過した。これからは祖母がきっと一番辛《つら》いだろう。「じつはそろそろ帰ってもらわなくちゃ……」といういやな言葉をいつ口に出したらいいかとそればかり考えていなくてはならないからだ。店の大時計が五時を打つのをしおに起き上って、ぼくは祖母あてに書き置きを記した。ごく簡単な文面だった。

「大事なことを忘れていました。今夜、ぼくら孤児院のハーモニカ・バンドは米軍キャンプで慰問《いもん》**エンソウ**をしなくてはならないのです。そのために急いで出発することになりました。ばっちゃ、お元気で」

書き置きを机の上にのせてから、ぼくは弟を揺り起した。

「これから孤児院に帰るんだ」

弟は頷《うなず》いた。

「ばっちゃや叔父さんが目を覚ますとまずい。どんなことがあっても大声を出すなよ」

「いいよ」

弟は小声で言って起き上った。

ぼくらはトランクとボストンバッグを持って裏口から外へ出た。裏の畑にはもう朝日がかっと照りつけていた。足音を忍《しの》ばせて庭先へ廻った。

(井上《いのうえ》ひさしの文による)

(注) ＊蚊やり……煙《けむり》で蚊を追い払うために燃やすもの。

＊箱膳……一人分の食器を入れておく箱。食事の時は料理をのせる台とする。

＊お櫃……めしびつ。ごはんを入れておく木製の器。おはち。

＊蚊帳……蚊を防ぐために四隅をつって寝床《ねどこ》をおおうもの。目のあらい布で作る。

＊ナフタリン……独特のにおいを持つ防虫・防臭剤《ぼうしゅうざい》。

＊薬九層倍……薬の値段というのは原価に比べて不当な利益を得るものだ、という世間の見方。

この話をいつ切り出そうかとじつはぼくは迷っていたのに、それが思いがけなくすらすらと口から出たので自分でも驚《おどろ》いてしまったのだ。気が軽くなって、ひとりで笑い出したくなった。ぼくはその場に仰向《あおむ》けに寝転んで、ひょっとしたらぼくと弟が長い間寝起きすることになるかもしれない部屋をぐるりと眺め廻《まわ》した。そして何日ぐらいで、弟の孤児院流の茶碗の持ち方が直るだろうかと考えた。弟は蚊帳の中でキソク正しい寝息を立てている……。ぼくは蚊帳の中に這《は》っていって、出来るだけ大きく手足を伸《の》ばして、あくびをした。

縁側から小さな光がひとつ入ってきて、蚊帳の上に停《とま》った。それは蛍《ほたる》だった。

〽行手示す　明けの星
　船路《ふなじ》示す　愛の星
　　空の彼方《かなた》で　我等《われら》守る……

孤児院で習った聖歌を呟《つぶや》いているうちに、光が暗くなって行き、ぼくは眠ってしまった。

どれくらい経《た》ってからかわからないが、叔父の声で目を覚した。蛍がまだ蚊帳の上で光っていたから、どっちにしてもそう長い間ではなかったことはたしかだった。

「……いいかい、母さん、おれは母さんが、親父《おやじ》が借金を残して死んだから学資が送れない、と言うから学校を中途《ちゅうと》で止《よ》してここへ戻《もど》ってきたんだ……」

叔父の声は震えていた。

「店を継いでくれないと食べては行かれないと母さんが頼むから薬種業の試験を受けて店も継いだ。借金をどうにかしておくれと母さんが泣きつくから必死で働いている。これだけ言うことをきけば充分《じゅうぶん》じゃないか。これ以上おれにどうしろというんだよ」

「大きな声を出さないでおくれ。あの子たちに聞えるよ」

「とにかく母さんの頼みはもう願いさげだよ」

叔父の声がすこし低まった。

「今年のクレは裏の畑を手離さなくちゃ年が越せそうもないっていうのに、どうしてあの二人を引き取る余裕《よゆう》なんかあるんだ」

祖父はだいぶ大きな借金を残したらしかった。それにしても裏の畑を手離すことになったら祖母の冷し汁の味もずいぶん落ちるにちがいないと思った。冷し汁に入れる野菜はもぎたてでないと美味《おい》しくないからだ。

「子ども二人の喰《く》い扶持《ぶち》ぐらいどうにかなると思うんだけどねぇ」

「そんなことを言うんなら母さんが店をやるんだな。*薬九層倍《くすりくそうばい》なんていうけど、この商売、どれだけ儲《もう》けが薄《うす》いか母さんだって知ってるはずだよ。とくにこんな田舎じゃ売れるのはマーキュロか正露丸《せいろがん》だ。母さんと二人で喰って行くのがかっつかつだぜ」

「でも、長い間とはいわない。あの子たちの母親が立ち直るまででいいんだから」

「それがじつは一番腹が立つんだ」

叔父の声は前よりも高くなった。

「あの二人の母親は親父の、舅《しゅうと》の葬式《そうしき》にも顔を出さなかったような冷血じゃないか。そりゃあの二人の母親は親父や母さんに苛《いじ》められたかも知れない。でも相手がこの世から消えちまったんだ。それ以上恨《うら》んでもはじまらないだろ。線香《せんこう》の一本もあげにくればいいじゃないか。向うが親

したように、すぐ後を引き継《つ》いでドドンコドドンコドンと太鼓《たいこ》の音が聞えてきた。途中のどこかで風の渡るところがあるのか、太鼓の音はときどき震《ふる》えたり弱くなったりしていた。

　ぼくは座敷の隅の机の前にどっかりと坐ってトランクを縛《しば》っていた細《ほそ》紐《ひも》をほどいた。持ってきた本を机に並べて、座敷を自分の部屋らしくしようと思ったのだ。

「そのトランクは死んだ父さんのだろう」

　祖母がトランクの横に坐った。

「よく憶《おぼ》えているんだなあ」

「わたしが買ってやったんだもの」

　祖母はトランクを指で撫《な》でていた。

「死んだ父さんが東京の学校へ出かけて行ったときだから、三十年ぐらい前のことかしらね」

　トランクを撫でていた指を、祖母はこんどは折りはじめた。

「正しくは三十一年前だねえ」

「もうすぐお祭だね」

　ぼくは太鼓の聞えてくる方を指さした。

「あれは獅子《しし》舞《ま》いの太鼓だな」

「そう、あと七日でお祭」

「ぼくたち、祭まで居ていい？」

　ほんの僅《わず》かの間だが祖母は返事をためらっていた。

「駄目《だめ》かな、やっぱり」

「いいよ」

　返事をためらったことを恥《は》じているような強い口調だった。

「おまえたちはわたしの長男の子どもたちだもの、本当ならおまえがこの家を継ぐべきなのだよ。大威張《おおいば》りでいていいよ」

　この祖母の言葉で勇気がついて、当分言わないでおこうと思っていたあのことを口に出す決心が出た。

「ばっちゃ、お願いがあります」

　急にぼくが正坐《せいざ》したので祖母が愕《おどろ》いた眼をした。

「母が立ち直ってぼくと弟を引き取ることが出来るようになるまで、ぼくたちをここへ置いてください」

「……でも高校はどうするの」

「この町の農業高校でいいんだ。店の手伝いでもなんでもするから」

　祖母はぼくと弟をかわるがわる眺《なが》め、やがて膝《ひざ》に腕《うで》を乗せて前屈《まえかが》みになった。

「孤児院はいやなのかね、やはり」

「あそこに居るしかないと思えばちっともいやなところじゃないよ。先生もよくしてくれるし、学校へも行けるし、友だちもいるしね」

「そりゃそうだねぇ。文句を言ったら罰《ばち》が当るものねぇ」

「で、でも、他に行くあてが少しでもあったら一秒でも我慢《がまん》できるようなところでもないんだ。ばっちゃ、考えといてください。お願いします」

　店で戸締《とじま》りをする音がしはじめた。祖母はトランクの傍《かたわら》から腰《こし》を上げた。

「叔父さんの食事の支度をしなくっちゃ。今のおまえの話はよく考えておくよ」

　祖母が出て行った後、ぼくはしばらく机の前に、ぼんやり坐っていた。

「叔父さんは後でたべるっていっているから」

「どうかしたの？」

「どうもしないよ。店をいちいち閉めたりするのが面倒《めんどう》なんだろうねえ。それにいまはあんまりたべたくないそうだよ」

お菜《さい》は冷し汁《じる》だった。凍豆腐《こおりどうふ》や青豆や茄子《なす》などの澄《すま》し汁を常時穴倉に貯蔵してある氷で冷した食物で町の名物だった。

「おや、変な茶碗の持ち方だこと」

しばらく弟の手許《てもと》を見ていた祖母が言った。弟は茶碗を左手の親指、人さし指、中指の三本で摘《つま》むように持っていた。もっと詳《くわ》しくいうと、親指の先と中指の先で茶碗を挟《はさ》み、人さし指の先を茶碗の内側に引っかけて、内と外から茶碗を支えているわけである。

「それも孤児院流なんだ」

忙《いそが》しく口を動かしている弟に代ってぼくが説明した。

「孤児院では御飯茶碗もお汁茶碗も、それからお菜を盛る皿も、とにかく食器はみんな金物なんだ。だから熱い御飯やお汁を盛ると、食器も熱くなって持てなくなる。でも、弟のようにすればなんとか持てる。つまり生活の智恵……」

「どうして食器は金物なの？」

「瀬戸物《せともの》はこわれるからだよ」

祖母はしばらく箸《はし》を宙に止めたまま、なにか考えていた。それから溜《ため》息《いき》をひとつついて、

「孤児院の先生方もご苦労さまだけど、子どもたちも大変だねえ」

と漬物《つけもの》の小茄子を嚙《か》んだ。

「……ごちそうさま」

弟が＊お櫃《ひつ》を横目で睨《にら》みながら小声で箸を置いた。

「もうおしまい？　お腹がいっぱいになったの」

弟は黙《だま》ったままである。ぼくは時間の箍《たが》が外れたので面喰《めんくら》ったが、弟は孤児院の箍を外せないで困っているようだった。ぼくは弟に手本を示すつもりで大声で、おかわりと言い、茶碗を祖母に差し出した。弟は一度置いた箸をまた取って、小声で、ぼくもと言った。孤児院の飯は盛切りだった。弟はその流儀《りゅうぎ》が祖母のところでも行われていると考えて一膳だけで箸を置いたのにちがいなかった。食事の後に西瓜《すいか》が出た。そのときも弟は孤児院流を使った。どの一切れが最も容積のある一切れか、一《いっ》瞬《しゅん》のうちに見較《みくら》べハンダンしそれを手で摑《つか》むのがあそこでの流儀なのだ。

弟の素速い手の動きを見ていた祖母が悲しそうな声で言った。

「ばっちゃのところは薬屋さんなんだよ。腹痛《はらいた》の薬は山ほどある。だからお腹の痛くなるほどたべてごらん」

弟はその通りにした。そしてお腹が痛くなって仏間の隣りの座敷に横になった。祖母は弟に＊蚊帳《かや》をかぶせ、吊手《つりて》を四隅《よすみ》の鉤《かぎ》に掛けていった。ぼくは蚊帳をひろげるのを手伝った。蚊帳の、＊ナフタリンと線香と蚊やりの混ったような匂いを嗅いだとき、ぼくは不意に、ああ、これは孤児院にない匂いだ、これが家庭の匂いだったのだな、と思った。思ったときから、夕方以来の妙《みょう》にいらついていた気分が消え失せて、どこか知らないがおさまるべきところへ気持が無事におさまったという感じがした。

前の川の河鹿の啼き声がふっと跡切《とぎ》れた。夜突《よづ》きに出ている子どもがいるらしい。簎《やす》で眠っている魚を突いて獲《と》るのだ。河鹿と申し合せでも

【国　語】（五〇分）〈満点：一〇〇点〉

次の文章を読んであとの質問に答えなさい。

（注）高校一年生の「ぼく」と小学四年生の「弟」は、父の死後、旅館に住み込《こ》みで働き続ける母の稼《かせ》ぎだけでは暮らせないため、三年前からキリスト教系の孤児院《こじいん》（みよりのない子などを養育する施設《しせつ》）に預けられていました。夏休みに入り、「ぼく」と「弟」はふと思いついて、父が生まれ育った祖母の家に帰ってきました。

「さあ、夕餉《ゆうげ》の支度《したく》が出来るまで縁側《えんがわ》ででも涼《すず》んでいなさい」

祖母に背中を軽く叩《たた》かれて、ぼくと弟は縁側へ出た。

縁側に腰を下し、足をぶらぶらさせながらぼくと弟はいろんな音を聞いていた。表を通り過ぎて行く馬の蹄《ひづめ》の音、その馬の曳《ひ》く荷車の鉄輪が小石をきしきしと砕《くだ》く音、道の向うの川で啼《な》く河鹿《かじか》の声、軒《のき》に揺《ゆ》れる風《ふう》鈴《りん》の可憐《かれん》な音色、ときおり通り抜《ぬ》けて行く夕風にさやさやと鳴る松の枝、台所で祖母の使う**ホウチョウ**の音、それから、赤松の幹にしがみついてもの悲しく啼くカナカナ。

弟は庭下駄《げた》を突《つ》っかけて赤松の方へそっと近づいて行く。彼は昆虫《こんちゅう》を捕《つかま》えるのが好きなのだ。

（……いまごろ孤児院ではなにをしているだろう）

ぼくは縁側の板の間の上に寝《ね》そべって肘枕《ひじまくら》をついた。

（……六時。お聖堂《みどう》で夕べの祈《いの》りをしているころだな。お祈りは六時二十五分まで、六時半から六時四十五分までが夕食。七時から一時間はハーモニカ・バンドの練習。八時から四十五分間は公教要理。八時四十五分から十五分間は就寝《しゅうしん》のお祈り……）

孤児院の日課を暗誦《あんしょう》しているうちに、ぼくはだんだん落ち着かなくなっていった。しみじみとして優しい田舎《いなか》のさまざまな音に囲まれているのだからのんびりできそうなものなのに、かえっていらいらしてくるのだった。生れたときから檻《おり》の中で育ったライオンかなにかがいきなり外に放たれてかえってうろたえるように、ぼくも時間の檻の中から急に外へ連れ出され戸惑《とまど》っていたのだ。

立ってみたり坐《すわ》ってみたり、表へ出たり裏へまわったりしながら、夕餉の出来あがるのを待った。

店の網戸《あみど》を引く音がして、それと同時に＊蚊《か》やりの匂《にお》いが家中に漂《ただよ》いだした。

「さあ、台所のお膳《ぜん》の前に坐って」

祖母がぼくらに声をかけながら店の方へ歩いて行った。叔父《おじ》にも食事を知らせに行ったのだろう。店と台所はぼくの歩幅《ほはば》にしてたっぷり三十歩は離《はな》れている。しかも店と台所との間には、茶の間に仏間に座敷《ざしき》に納《なん》戸《ど》といくつも部屋があって台所から店を見通すことはできない。だから叔父は食事のときは一旦《いったん》店を閉めなければならなかった。

店を閉めるのに三分や四分はかかりそうだった。ぼくと弟は台所の囲《い》炉《ろ》裏《り》の横の板の間に並べられた＊箱膳《はこぜん》の前に坐って叔父のくるのを待っていた。蚊やりの匂いが強《きつ》くなった。見ると囲炉裏に蚊やりがくべてある。

すぐに祖母が戻《もど》ってきた。

「叔父さんを待たなくてもいいよ」

祖母が茶碗《ちゃわん》に御飯《ごはん》をよそいだした。

問五　「この和が誕生するためになくてはならない土台が間なのである」とは、どういうことですか、説明しなさい。

80字

問六　文章中の**漢字**をひらがなに、**カタカナ**を漢字に直しなさい。

委ねる	ねる	**ヒョウシキ**	
コウソウ		**ミッペイ**	
建具		**ジュウコウ**	

は、歌である。」

＊ダイナミック……力強く、生き生きとしているさま。
＊偶像《ぐうぞう》……ここでは「人々が由来や根拠《こんきょ》のわからぬまま、ただあこがれる
　対象」の意味。
＊変幻《へんげん》……姿かたちや状態がすばやく変わること。

問一　「和は倭と同じ音でありながら、倭とはまったく違《ちが》う誇り高い意味の漢字」について、次の問いに答えなさい。

（1）「和」を用いた次の四字熟語について、空欄《くうらん》部分にあてはまる漢字一字を記しなさい。

□和雷《らい》同　和魂《こん》洋□

和洋□衷《ちゅう》

（2）「倭」と「和」は、どのような意味の漢字ですか。文中よりそれぞれ十一字と十四字で抜き出しなさい。

「倭」＝□□□□□□□□□□□という意味

「和」＝□□□□□□□□□□□□□□という意味

（3）「和」は「倭」と比べて、どうして「誇り高い意味の漢字」だといえるのですか、説明しなさい。

問二　「この新しい意味の和は近代化が進むにつれて徐々《じょじょ》に幅《はば》を利かせ、今や本来の和は忘れられようとしている」とあるが、「この新しい意味の和」とは、どのようなものですか、説明しなさい。

問三　「それはひとえに花というもののもつ偶然の要素をかけがえのないものとしてどれだけ生かしているかどうかにかかっている」とあるが、「花というもののもつ偶然の要素をかけがえのないものとして」生かすとは、どういうことですか、説明しなさい。

問四　「芝居《しばい》や音楽では声や音のしない沈黙《ちんもく》の時間のことを間という」とあるが、音楽における「間」は、西洋と日本でどのように違うと筆者は考えていますか。八十字以内で説明しなさい。（句読点も文字数に含む）

を開くという段になると、すべてをつないで大広間にすることもできる。このように日本人は昔から自分たちの家の中の空間を自由自在につないだり切ったりして暮らしてきた。

次に時間的な間がある。「間がある」「間を置く」というように、こちらは何もない時間のことである。芝居《しばい》や音楽では声や音のしない沈黙《ちんもく》の時間のことを間という。

バッハにしてもモーツアルトにしても西洋のクラシック音楽は次から次に生まれては消えてゆくさまざまな音によって埋め尽くされている。たとえば、モーツアルトの「交響曲《こうきょうきょく》二十五番」などを聞いていると、息を継《つ》ぐ暇《ひま》もなく、ときには息苦しい。モーツアルトは沈黙を恐《おそ》れ、音楽家である以上、一瞬たりとも音のない時間を許すまいとする衝動《しょうどう》に駆《か》られているかのように思える。

それにひきかえ、日本古来の音曲は琴《こと》であれ笛《ふえ》であれ鼓《つづみ》であれ、音の絶え間というものがいたるところにあって長閑《のどか》なものだ。その音の絶え間では松林を吹く風の音がふとよぎることもあれば、谷川のせせらぎが聞こえてくることもあるだろう。ときには、この絶え間があまりにも長すぎて、一曲終わってしまったかと思っていると、やおら次の節がはじまるということも珍しくない。そんなふうに、いくつもの絶え間に断ち切られていても日本の音曲は成り立ってしまう。

空間的、時間的な間のほかにも、人やものごととのあいだにとる心理的な間というものもある。誰でも自分以外の人とのあいだに、たとえ相手が夫婦や家族や友人であっても長短さまざまな心理的な距離《きょり》、間をとって暮らしている。このような心理的な間があってはじめて日々の暮らしを円滑《えんかつ》に運ぶことができる。

こうして日本人は生活や文化のあらゆる分野で間を使いこなしながら暮らしている。それを上手に使えば「間に合う」「間がいい」ということになり、逆に使い方を誤れば「間違い」、間に締《し》まりがなければ「間延び」、間を読めなければ「間抜《まぬ》け」になってしまう。間の使い方はこの国のもっとも基本的な掟《おきて》であって、日本文化はまさに間の文化ということができるだろう。

では、この間は日本人の生活や文化の中でどのような働きをしているのだろうか。そのもっとも重要な働きは異質なもの同士の対立をやわらげ、調和させ、共存させること、つまり、和を実現させることである。早い話、互いに意見の異なる二人を狭《せま》い部屋に押しこめておけば喧嘩《けんか》になるだろう。しかし、二人のあいだに十分な間をとってやれば、互いに共存できるはずだ。狭い通路に一度に大勢の人々が殺到《さっとう》すれば、たちまち身動きがとれなくなってパニックに陥《おちい》ってしまうが、一人ずつ間遠に通してやれば何の問題も起こらない。

和とは異質のもの同士が調和し、共存することだった。この和が誕生するためになくてはならない土台が間なのである。和はこの間があってはじめて成り立つということになる。

（長谷川櫂《はせがわかい》の文による）

（注）＊やまとうたは、～慰《なぐさ》むるは歌なり。

…「和歌は、人の心を種として、多くの言葉となったものである。世の中に生きている人は、関わり合う事がらが多いので、心に思うことを、見るものや聞くものに託《たく》して、歌にするのである。花に鳴く鶯《うぐいす》や水に住む蛙《かえる》の声を聞くと、すべて命あるものは、歌を詠《よ》まないことなどあるだろうか。力を入れないで天地を動かし、目に見えない鬼神を感動させ、男女の仲を和らげて、荒々しい武士の心をも慰めるの

一方、福島の生け方を眺めていると、片時もとどまらない雲や水のように刻々と変幻する花をどう生かすか、どこをどう切り、どこにどう生ければ、その花がもっとも生きるかということだけを考えている。百人を超《こ》す観衆の目の前で自分の手にある一本の枝、一輪の花の今の姿を一《いっ》瞬《しゅん》にして見極めると、その花の姿に応じてまさに臨機応変《りんきおうへん》に鋏《はさみ》を入れ、生けてゆく。生け花の難しい約束事などもはや眼中になく、すべてを忘れて花のそのときの姿を生かすことに夢中になっている。

　ときには背丈《せたけ》より高い松や桜の枝を手にし、見上げ、まるで自分のいちばん好きな姿になりなさいと呼びかけるかのように揺《ゆ》らし、枝を広げてやる。ライブは**コウソウ**ビルの林立する東京の真ん中で開かれているのだが、その松の枝のあった空や桜の花を吹いていた風を感じているようでもある。まるで童女が広々とした野山で花と遊んでいるような自由自在さであって観客の目にはそれがすがすがしいものに映る。

　こうして生けられた花は枝の一本一本、花の一輪一輪がみなのびのびとしているばかりではなく、花の生けられた空間、東京のとあるホールの無機質な空間が、どこからか風が通い、命を宿したかのようにいきいきと輝《かがや》きはじめるのだ。

　生け花は花を生かすと書くのだから花を生かすのはいうまでもないが、「フラワーアレンジメントとどこが違うのか」という私の疑問に対する「花によって空間を生かす」という即答《そくとう》は花を生かすことによって空間を生かし、その花によって生かされた空間が今度は逆に花を生かすということなのだろう。

　このように日本の生け花では空間は花によって生かすべきものであって、フラワーアレンジメントのように花で埋め尽《つ》くすものではない。花とそのまわりの空間は敵対するものではなく、互いに引き立てあうものとしてある。その花の生けられる空間とはいうまでもなく私たちが呼吸をし、生活をしている空間である。それはそのまま、間《ま》といいかえていいものなのだ。

　日本語の間という言葉にはいくつかの意味がある。まずひとつは空間的な間である。「すき間」「間取り」というときの間であるが、基本的には物と物のあいだの何もない空間のことだ。絵画で何も描《えが》かれていない部分のことを余白《よはく》というが、これも空間的な間である。

　日本の家は本来、床《ゆか》と柱とそれをおおう屋根でできていて、壁《かべ》というものがない。これは部屋を細かく区分けし、壁で仕切り、そのうえ、鍵《かぎ》のかかる扉《とびら》で**ミッペイ**してしまう西洋の家とは異なる。西洋の個人主義はこのような個室で組み立てられた家に住んできたからこそ生まれたというのはよくわかる話である。

　それでは、壁や扉で仕切る代わりに日本の家はどうするかというと、障子《しょうじ》や襖《ふすま》や戸を立てる。「源氏物語絵巻」などに描かれた王朝時代の宮廷《きゅうてい》や貴族たちの屋敷《やしき》を見ると、その室内は板戸や蔀戸《しとみど》、襖や几帳《きちょう》などさまざまな間仕切りの**建具**で仕切られてはいるものの、いたるところすき間だらけである。西洋の**ジュウコウ**な石や煉瓦《れんが》や木の壁に比べると、何という軽やかさ、はかなさだろうか。

　しかも、このような建具はすべて季節のめぐりとともに入れたりはずしたりできる。冬になれば寒さを防ぐために立て、夏になれば涼《りょう》を得るためにとりはずす。それだけでなく、住人の必要に応じて、ふだんは座敷、次の間、居間と分けて使っていても、いざ、大勢の客を迎《むか》えて祝宴《しゅくえん》

ではない。

　畳の間や和服や和食そのものが和なのではなく、こうした異質のもののなごやかな共存こそが、この国で古くから和と呼ばれてきたものなのである。少し見方を変えるだけで、この国の生活や文化の中で今も活発に働く本来の和が次々にみえてくる。

二

　日本には昔から生け花がある。今では海外でもイケバナという日本語がそのまま通じるが、英語にしてフラワーアレンジメントということもある。しかし、日本の生け花と外国でフラワーアレンジメントと呼ばれるものは、どこか違うのではないかと前々から思っていた。そこで、いつだったか、福島光加《ふくしまこうか》という草月《そうげつ》流の花道家に会ったとき、「生け花とフラワーアレンジメントはどう違うのですか」と尋《たず》ねてみた。

　福島は日本在住の多くの外国人に生け花を教えているだけでなく、しばしば外国に出かけて指導もしている人なので、きっとこういうことに詳《くわ》しいだろうと思ったのだ。すると、たちどころに、

「フラワーアレンジメントは花によって空間を埋《う》めようとするのですが、生け花は花によって空間を生かそうとするのです」という明快な答えが返ってきた。

　そのとき、この答えは生け花とフラワーアレンジメントの違いをいいえているだけでなく、日本の文化と西洋の文化の違いにも触《ふ》れているのではないかと思ったことを今でも覚えている。

　福島は「花のライブ」というショーを開くことがあって、ときどき妻と見に出かけることがある。ふつう生け花といえば、すでに花瓶《かびん》に生けて飾《かざ》ってある花を眺《なが》めるものだが、このライブでは目の前のステージで花を生けて見せてくれるので、花がどのようにして生けられるのか、目の当たりにすることができて門外漢《もんがいかん》の私などにはおもしろい。

　ライブでは二、三人の弟子もステージに上がって生けることがある。それを見ていて師匠《ししょう》と弟子はこうも違うものかと思ったことがあった。というのは、師匠の福島の生ける花はどれも堂々として大きく見えるのに、弟子が生けた花は、たしかに上手にちがいないのだが、どこか小ぢんまりしてしまう。なぜ、師匠と弟子でこんな違いが出てしまうのか。それはひとえに花というもののもつ偶然の要素をかけがえのないものとしてどれだけ生かしているかどうかにかかっている。

　一口に松、一口に桜といっても一枝ごとに枝ぶりや花や葉のつき方、色合いがみな違っていて同じものなどひとつもない。もちろん本番の前に花材《かざい》を調べたり、リハーサルをしたりするのだろうが、ステージに上がって実際、その花を目の前にすると、リハーサルでは気づかなかったところが急に見えてきたり、あるいは、同じ枝かと思うほどまったく違うものに見えたりすることもあるにちがいない。

　弟子はステージの上でこの＊変幻《へんげん》する花を手にしたとき、もちろん緊《きん》張《ちょう》もあるだろうし、師匠から教わったいろいろの約束事に縛《しば》られることもあるだろうが、そのため花のそのときの姿が見えない。弟子が自分では見ていると思っている花はリハーサルのときに見た花であって、もはやそこにある花ではない。そうなると、目の前にある花の姿がほんとうは見えていないわけだから、花を生かそうとしても生かすことなどできないわけだ。その結果、生けられた花はどこかぎこちなく型にはめられているような窮屈《きゅうくつ》な感じがし、小ぢんまりしたものになってしまう。

「男女の中をも和らげ」というところに和の字が見えるが、それだけが和なのではない。「力をも入れずして天地を動かし、目に見えぬ鬼神をもあはれと思はせ、男女の中をも和らげ、猛き武士の心をも慰むる」というくだり全体が和歌の和の働きである。和とは天地、鬼神、男女、武士のように互いに異質なもの、対立するもの、荒々《あらあら》しいものを「力をも入れずして……動かし、……あはれと思はせ、……和らげ、……慰むる」、こうした働きをいうのである。これが本来の和の姿だった。

明治時代になって、西洋化が進むと江戸時代以前の日本の文化とその産物をさして和と呼ぶようになった。着物を和服といい、畳《たたみ》の間を和室というのがそれである。この新しい意味の和は進んだ西洋に対して遅《おく》れた日本という卑下《ひげ》の意味を含《ふく》んでいた。

歴史を振《ふ》り返ると、はるか昔、中国の人々が貢物《みつぎもの》を捧《ささ》げにきた日本人をからかいと侮蔑をこめて倭と呼んだ。それをある天才が一度は和という誇り高い言葉に書き替《か》えたにもかかわらず、その千年後、皮肉なことに今度は日本人みずから自分たちの築いてきた文化を和と呼んで卑下しはじめたことになる。この新しい意味の和は近代化が進むにつれて徐々《じょじょ》に幅《はば》を利かせ、今や本来の和は忘れられようとしている。

身のまわりを見わたせば、近代になってから私たちが和と呼んできたものはみな生活の隅《すみ》っこに押しこめられてしまっている。現代の日本人はふだん洋服を着て、洋風の食事をし、洋風の家に住んでいる。ふつうの人にとって和服は特別のときに引っ張り出して着るだけである。和食といえば、すぐ鮨《すし》や天ぷらを思い浮かべるが、鮨にしても天ぷらにしても、多くの人にとって、むしろ、ときどき食べにゆくものにすぎない。和室はどうかといえば、一戸建てにしろマンションにしろ一室でも畳の間があればいいほうである。こうして片隅《かたすみ》に押しこめられ、ふつうの日本人の生活からかけ離《はな》れてしまったものが和であるなら、私たち日本人はずいぶんあわれな人々であるといわなければならない。

ところが、この国には太古の昔から異質なものや対立するものを調和させるという、いわば*ダイナミックな運動体としての和があった。この本来の和からすれば、このような現代の生活の片隅に追いやられてしまっている和服や和食や和室などはほんとうの和とはいえない。たしかにそれは本来の和が生み出した産物にはちがいないが、不幸なことに近代以降、固定され、*偶像《ぐうぞう》とあがめられた和の化石であり、残骸《ざんがい》にすぎないということになる。

では、異質なもの、対立するものを調和させるという本来の和は現代において消滅《しょうめつ》してしまったか。決してそんなことはない。それは今も私たちの生活や文化の中に脈々と生きつづけているのだが、私たちは和の残骸を懐《なつ》かしがってばかりいるものだから、本来の和が目の前にあるのに気づかないだけなのだ。

近代化された西洋風のマンションの中に一室だけ残された畳の間。ふつうその畳の間だけを和の空間と呼ぶのだが、本来の和はそれとは別のものである。むしろ西洋化された住宅の中に畳の間が何の違和感《いわかん》もなく存在していること、これこそ本来の和の姿である。同じようにパーティで洋服の中に和服の人が立ち交じっていようと何の不思議もない。逆に結婚披露宴《ひろうえん》で和服の中に洋服の人がいても違和感はない。あるいは、西洋風の料理の中に日本料理が一皿あっても何の問題もない。白人の中に日本人がいても、あるいは逆に有色人の中に白人がいても少しも目障《めざわ》り

【国　語】（五〇分）〈満点：一〇〇点〉

次の一・二は、いずれも『和の思想』という文章の一部です。これらを読んであとの質問に答えなさい。

一

この国の人々ははるかな昔から自分のことを「わ」と呼んできた。ただ、それを書き記す文字がなかった。中国から漢字が伝わる以前のことである。これは今でも「われ」「わたくし」「わたし」という形で残っている。

日本がやがて中国の王朝と交渉《こうしょう》するようになったとき、日本の使節団は自分たちのことを「わ」と呼んだのだろう。中国側の官僚《かんりょう》たちはこれをおもしろがって「わ」に倭《わ》という漢字を当てて、この国を倭国、この国の人を倭人と呼ぶようになった。倭という字は人に**委**ねると書く。身を低くして相手に従うという意味である。中国文明を築いた漢民族は黄河の流れる世界の中心に住む自分たちこそ、もっとも優れた民族であるという誇《ほこ》りをもっていた。そこで周辺の国々をみな蔑《さげす》んでその国名に侮《ぶ》蔑《べつ》的な漢字を当てた。倭国も倭人もそうした蔑称《べっしょう》である。

ところが、あるとき、この国の誰かが倭国の倭を和と改めた。この人物が天才的であったのは和は倭と同じ音でありながら、倭とはまったく違《ちが》う誇り高い意味の漢字だからである。和の左側の禾は軍門に立てる**ヒョウシキ**、右の口は誓《ちか》いの文書を入れる箱をさしている。つまり、和は敵対するもの同士が和議を結ぶという意味になる。

この人物が天才的であったもうひとつの理由は、和という字はこの国の文化の特徴《とくちょう》をたった一字で表わしているからである。というのは、この国の生活と文化の根底には互《たが》いに対立するもの、相容《あいい》れないものを和解させ、調和させる力が働いているのだが、この字はその力を暗示しているからである。

和という言葉は本来、この互いに対立するものを調和させるという意味だった。そして、明治時代に国をあげて近代化という名の西洋化にとりかかるまで、長い間、この意味で使われてきた。和という字を「やわらぐ」「なごむ」「あえる」とも読むのはそのためである。「やわらぐ」とは互いの敵対心が解消すること。「なごむ」とは対立するもの同士が仲良くなること。「あえる」とは白和《しらあ》え、胡麻和《ごまあ》えのように料理でよく使う言葉だが、異なるものを混ぜ合わせてなじませること。

この国の歌を昔から和歌というのは、もともとは中国の漢詩に対して、和の国の歌、和の歌、自分たちの歌という意味だった。しかし、和歌の和は自分という古い意味を響《ひび》かせながらも、そこには対立するものを和ませるというもっと大きな別の意味をもっていた。九〇〇年代の初めに編纂《へんさん》された『古今和歌集《こきんわかしゅう》』の序に、編纂の中心にいた紀貫之《きのつらゆき》は次のように書いている。

＊やまとうたは、人の心を種として、万《よろず》の言《こと》の葉《は》とぞなれりける。世の中にある人、ことわざ繁《しげ》きものなれば、心に思ふ《う》ことを、見るもの聞くものにつけて、言ひ《い》出《いだ》せるなり。花に鳴く鶯《うぐいす》、水に住む蛙《かわず》の声を聞けば、生きとし生けるもの、いづ《ず》れか歌をよまざりける。力をも入れずして天地《あめつち》を動かし、目に見えぬ鬼神《おにがみ》をもあは《わ》れと思は《わ》せ、男女の中をも和らげ、猛《たけ》き武士《もののふ》の心をも慰《なぐさ》むるは歌なり。

問四　「あまりのばかばかしさに少し腹を立てていった」とあるが、なぜばかばかしいと思ったのですか。

問五　「見に行こう、ということにいっぺんで話がきまった」とあるが、「いっぺんで話がきまった」のはどうしてですか。

問六　「とんだことになってしまった」とあるが、それはどういうことですか。

問七　「人間はその根本《ねもと》のところではみんなよく分りあうのだ、ということが久助君には分ったのである」とあるが、久助君にとって「根本《ねもと》のところではみんなよく分りあう」とは具体的にどういうことですか。

問八　文章中の**カタカナ**を漢字に、**漢字**をひらがなに直しなさい。

ジシャク	セイゾウ	ハンシャ
分別	ヒロった	ウチョウテン
	った	

で、太郎左衛門をうたがっていた。しかしそこがほんとうに太郎左衛門の親戚の家だった！

　太郎左衛門からわけをきいて驚《おどろ》いた小母《おば》さんが、

「まあ、あんた達は……まあまあ！」

とあきれてみんなを見渡《みわた》したとき、久助君は救われた、と思った。するときゅうに足から力がぬけて、へたへたと閾《しきい》の上に坐《すわ》ってしまったのであった。

　それから五人は時計屋の小父《おじ》さんにつれられて、電車で岩滑《やなべ》まで帰って来たのであったが、電車の中では、お互《たが》いに体をすり寄せているばかりで、一言ものをいわなかった。安らかさと、疲れが、体も心も領していて、何も考えたくなく、何も言いたくなかったのである。

　嘘吐《つ》きの太郎左衛門も、こんどだけは嘘をいわなかった、と久助君は床《とこ》にはいったときはじめて思った。死ぬか生きるかというどたんばでは、あいつも嘘をいわなかった。そうしてみれば太郎左衛門も決して訳のわからぬやつではなかったのである。

　人間というものは、ふだんどんなに考え方が違っている、訳のわからないやつでも、最後のぎりぎりのところでは、誰も同じ考え方なのだ、つまり、人間はその根本《ねもと》のところではみんなよく分りあうのだ、ということが久助君には分ったのである。すると久助君はひどく安らかな心持になって、耳の底に残っている波の音をききながら、すっと眠ってしまった。

（新美南吉《にいみなんきち》の文による）

（注）　＊憤慨《ふんがい》……ひどく腹を立てること。

＊支那《しな》……昔の中国の呼び方。　＊マンドリン……弦楽器《げんがっき》の一種。

＊モートル……モーター。　＊狡猾《こうかつ》……悪賢《わるがしこ》いこと。

問一　「久助君はそんなこともあるまいと思った。しかし或《ある》いはそうなのかも知れんとも思った」とあるが、次の空欄《くうらん》に当てはまる漢字を入れて、久助君のこのときの気持ちを表す四字熟語を完成させなさい。

半□半□

問二　□内の言葉の意味として最もふさわしいものを選び、その記号を書きなさい。

①いっぱい喰《く》わされた

（ア）ひどい目にあった
（イ）気まずい思いをした
（ウ）たくさん食べさせられた
（エ）恥《はじ》をかかされた
（オ）うまくだまされた

②生返事をする

（ア）あいまいな返事をする
（イ）小声で返事をする
（ウ）しらけた返事をする
（エ）すぐに返事をする
（オ）不服そうな返事をする

問三　「それならほんとうだろうと思って」とは、どういうことですか。「それ」の指すことと、「ほんとうだろうと思っ」た内容がわかるように説明しなさい。

みんなは声を揃えて泣いた。するとみんなは自分達の泣声の大きいのにびっくりして、自分達はとりかえしのつかぬことをしてしまったと、あらためて痛切に感じるのであった。

そして四人はしばらく泣いていたが、太郎左衛門は、**ヒロ**った貝殻《かいがら》で足下《あしもと》の砂の上に條《すじ》をひいているばかりで、泣出さないのであった。

泣いていない人のそばで泣いているのは、ぐあいの悪いものである。久助君は泣きながら、ちょいちょい太郎左衛門の方を見て、太郎左衛門もいっしょに泣けばよいのに、と思った。こいつは何という変な、訳のわからんやつだろう、とまたいつもの感を深くしたのである。

陽《ひ》がまったく没して、世界は青くなった。最初に久助君の涙《なみだ》が切れたので泣きやんだ。すると加市君、兵太郎君、徳一君という、泣出しとは逆の順で、蝉《せみ》が鳴きやむように泣きやんでいった。

その時太郎左衛門がこういった。

「僕《ぼく》の親戚《しんせき》が大野にあるからね、そこへゆこう。そして電車で送ってもらおう。」

どんな小さな希望にでもすがりつきたい時だったので、みんなはすぐ起《た》ちあがった。しかしそれをいったのが、ほかならぬ太郎左衛門であることを思うと、みんなはまた力がぬけるのを覚えたのである。もしこれが、誰かほかの者がいったなら、どんなにみんなは勇気をふるい起したことだろう。

やがて、大野の町にはいったとき、みんなは不安でたまらなくなったので、

「ほんとけ、太郎左衛門？」

と何度もきいた。その度に太郎左衛門は、ほんとうだよ、と答えるのであった。が、いくらそんな答えを得てもみんなは信じることはできなかった。

久助君も太郎左衛門をもはや信じなかった。——こいつは訳のわからぬやつなのだ、みんなとは物の考え方がまるで違《ちが》う、別の人間なのだ、と思いながら、みんなに立ちまじっている太郎左衛門の横顔をするどく見ていた。すると、太郎左衛門の横顔は、そっくり狐《きつね》のように見えるのであった。

町の中央あたりまで来ると太郎左衛門は、「ううんと、ここだったけな。」などと一人ごとしながら、あっちの細道をのぞいたり、こっちの露地《ろじ》にはいったりした。それを見るとほかの四人はますます頼《たよ》りなさを感じはじめた。また太郎左衛門の嘘なのだ。いよいよ絶望なのだ。

しかし間もなく太郎左衛門は、ひとつの露地から駈《かけ》出して来ると、

「見つかったから、来いよ、来いよ。」

とみんなを招いたのである。

みんなの顔に、暗くてよくは見えなくっても、さァっと生気《せいき》の流れたのがわかった。足が棒のように疲れているのも忘れて、みんなはそっちへ走った。

いちばんあとからついてゆきながら、久助君は、だが待てよ、と心の中でいった。あまり**ウチョウテン**になると、幸福に逃《に》げられるという気がしたからであった。何しろ相手は太郎左衛門なのだから、真《ま》に受けることはできないはずだ。

そう考えると、またこんども嘘のように久助君には思えるのであった。

そして久助君は、時計をならべた明かるい小さい店のところに来るま

何か出来事があればいいと思っていたやさきだから、みんなは太郎左衛門の言葉だったけれどすぐ信じてしまった。そしてまた、これはまんざら嘘でもなさそうだった。みんなが二銭ずつ献金をしたことはほんとうだし、新舞子の海岸には、その愛国号ではないにしても、よく飛行機が来ていることは、夏、海水浴にいった者なら誰《だれ》でも知っているからである。

見に行こう、ということにいっぺんで話がきまった。新舞子といえば、知多半島のあちら側の海岸なので、峠《とうげ》を一つ越《こ》してゆく道はかなり遠い。十二三粁《キロ》はあるだろう。しかしみんなの体の中には、力がうずうずしていた。道は遠ければ遠いほどよかったのだ。

太郎左衛門も加えて一行はすぐその場から出発した。家へそのことを云って来ようなどと思うものは一人もなかった。何しろ体は燕《つばめ》のように軽かった。燕のように飛んでいって燕のように飛んで帰れると思っていたのである。

跳《と》んだり、駈《か》けたり、或いは「帰りがくたびれるぞ。」などと賢《かし》こそうにお互《たが》いを制しあってしばらくは正常歩で歩いたりして、進んで行った。

野にはあざやかな緑の上に、白い野薔薇《のばら》の花が咲いていた。そこを通ると蜜蜂《みつばち》の翅音《はおと》がしていた。白っぽい松の芽が、匂《にお》うばかり揃《そろ》い伸《の》びているのも見て行った。

半田池《はんだいけ》をすぎ、長い峠道をのぼりつくした頃から、みんなは沈黙《ちんもく》がちになって来た。そしてもし誰かがしゃべっていると、それがうるさくで腹立たしくなるのであった。知らないうちに、みんなの体に疲《つか》れがひそみこんだのだ。

だんだん、みんなは疲れのため頭の働きがにぶって来た。そしてあたりの光が弱ったような気がした。じっさい、目もだいぶん西にかたむいていたのだが。それでも、もうひきかえそうという者は誰もなかった。まるで命令を受けている者のように先へ進んで行った。

そして大野の町をすぎ、めざす新舞子の海岸についたのは、まさに太陽が西の海に没《ぼっ》しようとしている日暮であった。

五人はくたびれて、醜《みにく》くなって、海岸に脚《あし》をなげだした。そしてぼんやり海の方を見ていた。

愛国号はいなかった。また太郎左衛門の嘘だった！

しかしみんなは、もう嘘であろうが嘘でなかろうが、そんなことは問題ではなかった。たとい愛国号がそこにいたとしても、みんなはもう見ようとしなかったろう。

疲れのためににぶってしまったみんなの頭の中に、ただ一つこういう念《おも》いがあった。――「とんだことになってしまった。これからどうして帰るのか。」

くたくたになって一歩も動けなくなって、はじめて、こう気づくのは、分別が足りないやり方である。自分達が、まだ分別の足りない子供であることを、みんなはしみじみ感じた。

とつぜん「わッ」と誰か泣き出した。森医院の徳一君である。腕白者《わんぱくもの》で喧嘩《けんか》の強い徳一君がまっさきに泣出したのだ。するとそのまねをするように兵太郎君が「わッ」と同じ調子で泣出した。久助君もその泣声をきいていると泣きたくなって来たので、「うふうふン」と変な泣出し方だったが、はじめた。つづいて加市君がひゅッと息を吸いこんで「ふえーん」とうまく泣出した。

と久助君はあまりのばかばかしさに少し腹を立てていった。そのへそには小さい穴があって、そこに紐《ひも》をとおしたにすぎないとお父さんは教えてくれたので、もう久助君は何もいうことがなかった。まんまと太郎左衛門にいっぱい喰わされたのである。

それにしてもなぜ太郎左衛門はあんな嘘を吐くのだろう。何という訳の分らぬやつだろう。

翌日久助君は、教室の窓にもたれてぼんやりしている嘘吐きの太郎左衛門の顔を、彼に気づかれぬよう、こちらのひとかげから、まじまじと眺《なが》めていた。そしてさらに奇妙なことを発見したのである。

それは太郎左衛門の眼《め》は、左右、大きさが違《ちが》うということである。右の眼は大きい。左は小さい。そしてその上おかしいことに、大きい眼は美しいなごやかな、天真爛漫《てんしんらんまん》な心をのぞかせているのに、小さい眼は陰《いん》険《けん》でひねくれていて、＊狡猾《こうかつ》なまたたきをするのである。

こいつは変だと、久助君がいっしょうけんめい見ていると、さらに、耳も左右大きさと形が違い、鼻でさえも、左の小鼻と右の小鼻は違っているので、少しゆがんで見えることがわかった。

久助君は考えた。――太郎左衛門は一人の人間じゃなくて、二人の人間が半分ずつ寄りあって出来ているのじゃあるまいか。いぜん、久助君は、粘土《ねんど》で人形をセイゾウするのを見たことがある。まず二つの型によって、人形は半分ずつ作られ、それから二つの半分がうまく合わさって、一つの人形になるのであった。神様が我々人間をつくり出すのもあれと同じ方法でするのだろう。そして太郎左衛門は何かの間違いで、大きさの違う、うまく合わない半分ずつが合わさって出来たのかも知れない。だから太郎左衛門の中には二人の人間がはいっているのだ。

――それなら、太郎左衛門が平気で嘘をいったり、何を考えているのか訳が分からなかったりするのは当然のことだ、と久助君は思った。

遂《つい》に、みんなが太郎左衛門の嘘のため、ひどい目に合わされるときが来た。それは五月のすえのよく晴れた日曜日の午後のことであった。

何しろ場合が悪かった。みんなが――というのは、徳一君、加市君、兵太郎君、久助君の四人だが――退屈《たいくつ》で困っていたときなのだ。麦畠《むぎばたけ》は黄色になりかけ、遠くから蛙《かえる》の声が村の中まで流れていた。道は紙のように白く光をハンシャし、人はめったに通らなかった。

みんなはこの世があまり平凡《へいぼん》なのにうんざりしていた。どうしてここには、小説の中のように出来事が起らないのだろう。

久助君達は何か冒険《ぼうけん》みたいなことがしたいのであった。或いは英雄《えいゆう》のような行為《こうい》をして、人々に強烈《きょうれつ》な感動をあたえたいのであった。たとえば、今その道の角を某国《ぼうこく》のスパイが機密文書を、免状《めんじょう》のように巻《ま》いて手に持って現れたとしたら、どんなにすばらしいだろう。

「スパイ待て！」と叫《さけ》びながら、みんな何処《どこ》までも追ってゆくだろう。たといその時スパイがピストルをぶっ放して、こちらが道の上にばったり倒《たお》れるとしても、ちっともかまやしないのだ。

そう思っているところへ、その道角から太郎左衛門がひょっこり姿をあらわしたのである。そして彼はまっすぐみんなのところへ来ると、眼を輝《かがや》かせていった。

「みんな知っている？　いつか僕等《ぼくら》が献金《けんきん》してできた愛国号がね、新舞《しんまい》子《こ》の海岸に今来ていて、宙返りやなんか、いろいろな曲芸をして見せるんだって。」

ふみわけふみわけ、隅《すみ》から隅まで探したが、牛の糞《ふん》しか落ちてなかったそうである。これも太郎左衛門の嘘であったわけだ。

太郎左衛門が学校へ、土瓶《どびん》の蓋《ふた》ぐらいの大きさの、円《まる》い変なものを持って来て、

「これね、とっても面白いんだよ。」

といった。

みんなは、太郎左衛門が嘘吐きであることは承知していたが、いつでもそれを警戒《けいかい》しているわけにはいかなかった。殊《こと》に、こんなぐあいに珍《めず》らしい物を持って来たときには、つい好奇心《こうきしん》のため油断してしまうのである。

太郎左衛門の説明によれば、その円いものは象牙《ぞうげ》で出来ていて、＊支《し》那《な》人《じん》が横浜で売っていたのだそうである。そいつを耳にうまいぐあいにあてていると、音楽が聞ける仕掛《しかけ》になっているというのである。

まず森医院の徳一君から始めて、みんなはそれを順番に耳にあてがってきいた。みんなが、聴診器《ちょうしんき》を耳にしている医者のように、慎重《しんちょう》な面持ちできいていると、太郎左衛門は、

「ね、聞えるだろう。＊マンドリンみたいな音が。あれ、支那の琴《こと》なんだって。」

といった。すると「う、うん。」と②生返事をする者もあった。「うん、ちいせい音だなあ。」といって、にっこりする者もあった。「聞えやしんげや。」といって二三度振《ふ》ってまたあてがってみる者もあった。

「また太郎左衛門の嘘だア。」

と太郎左衛門がいるのにそういった者があった。それは兵太郎君であった。しかしこの場合みんなはむしろ兵太郎君を信じなかった。というのは、兵太郎君は十日程前から、片方の耳が耳だれでいやな臭気《におい》のする緑色の膿《うみ》をだらりと垂らしていたので、みんなが例の音楽の道具を貸そうとしなかったため、くやしがっていたからである。

久助君の番が来た。受取って見ると黄色なつるつるの美しい象牙である。土瓶の蓋のように一方が凹《くぼ》んでいる。そして凹んだところの真中に小さいへそみたいなものがとび出ている。そのへそをうまく耳の穴にはめこんで聞くのだそうである。

「うーう」と＊モートルの唸《うな》っているみたいな音がはじめ聞えた。その「うーう」の中に、マンドリンの音がまじってやしないかと、一心不乱に聴いていると、なるほど微《かす》かに、ピンピンペンペンというような音が聞える。聞えるような気がする。

「うん、聞える聞える。」

と久助君はいって次の者に渡《わた》したのであった。

それから間もなく、明日は春の遠足という日に、久助君はジシャクを探すため、茶箪笥《ちゃだんす》の抽出《ひきだ》しをみなひっぱり出して、いろんなガラクタの中をかきまわしていた。すると中から、太郎左衛門が持っていたのと同じ象牙の円い道具が出て来た。

「うちにもこれがあったんだなア。」

といってお父さんにきいて見ると、それはいぜん煙草《たばこ》をのむ人が持っていた火皿というものだそうである。その皿の上にまだ火のついてる吸殻《すいがら》をのせておき、次の煙草に吸いつけるための道具なのだそうである。

「そいでも、ここにこんなへそみたいなものがあるのはどういう訳だン？」

【国　語】（五〇分）〈満点：一〇〇点〉

次の文章を読んであとの質問に答えなさい。

（注）久助君《きゅうすけ》は、愛知県半田市《はんだし》の岩滑《やなべ》という田舎町《いなかまち》に住む小学五年生です。ある日、その小学校に横浜《よこはま》から太郎左衛門《たろうざえもん》君という転校生がやってきました。田舎の小学校のなかで、都会風の太郎左衛門君は皆《みな》の目を引き、久助君にとっても、洗練された身なりと美しい顔立ちから気になる存在でした。

だんだん太郎左衛門は、みんなと親しくなった。みんなは最初のうち太郎左衛門を尊敬して、すこしいいにくかったけれど「太郎君」と呼んでいた。

やがて太郎左衛門はみんなといっそう親しくなって、みんなに取囲まれ、酔《よ》っぱらいのように下品にしゃべり散らしていることもあった。するとみんなは、太郎左衛門を尊敬したりするのはふさわしくないことがわかり、遠慮《えんりょ》なく「太郎左衛門」と呼ぶようになった。

そのうちにみんなはもう「太郎君」とも「太郎左衛門」ともいわなくなってしまった。というのは、太郎左衛門はつきあってもいっこう面白くない、つまらない奴《やつ》だということが、みんなに分ってしまったからである。

はじめから今に至るまで、「太郎君」という礼儀《れいぎ》正しい呼び方を続けている人がただ一人あった。それは受持の山口先生である。

太郎左衛門が嘘《うそ》を吐《つ》くという噂《うわさ》が立ちはじめたのはその頃《ころ》であった。「あんな奴のいうことは何にも信用できん。」という者もあった。久助君はそんなこともあるまいと思った。しかし或《ある》いはそうなのかも知れんとも思った。

或《あ》る日、兵太郎君が五六人の仲間に向って、何かいっしょうけんめいに＊憤慨《ふんがい》していた。久助君が何だろうと思って聞きにゆくと、こうだった。

兵太郎君が太郎左衛門に①いっぱい喰《く》わされたというのである。

午ケ池《うまがいけ》の南の山の中に深くえぐれた谷間がある。両側の崖《がけ》がちょうど屏風《びょうぶ》を二枚むかいあわせて立てたようになっている。太郎左衛門は、そういう処《ところ》ならとても面白いことができると兵太郎君にいったのだそうである。つまり、片一方の崖の上から向こうの崖に向って、「おーイ。」と一声呼びかけると、それがこだまになってこちらへ帰って来る。そしてこちらの崖にぶつかるや、またこだまになって向こうの崖にかえってゆく。向こうにぶつかってまた帰って来る。こちらにぶつかってまた向こうへゆく。そうしていつまでもそのひとつの「おーイ」は消えないのだという。或る科学の雑誌に書いてあったからほんとうだと太郎左衛門は証《あかし》まで立てたのだそうだ。それならほんとうだろうと思って、兵太郎君は、昨日午ケ池へ釣《つり》にいったついでに、例のところまでいって試してみたのである。そして太郎左衛門の言葉が「うッそ」であることがわかったというのであった。

これじゃ確かに太郎左衛門は嘘吐《うそつ》きであると久助君は思った。

また或るときこんなことがあったそうである。雨をともなった烈《はげ》しい雷《かみなり》が頭の上をすぎていったあと、太郎左衛門が新一郎君に「今雲の中から雲雀《ひばり》が一羽《わ》、雷にうたれて向こうに落ちたから見にゆこう。きっと牛市場のあたりに落ちている。」と声をはずませていった。新一郎君はまさか嘘とは思わなかったので、ついていってまだ濡《ぬ》れている牛市場の草を

を批判しようとしているのですか。

問三 □ 内の修飾語《しゅうしょくご》はそれぞれ文中のどの部分にかかっていますか。
(ア)～(オ)の中から一つ選び、記号で答えなさい。

①「ときには」
(ア) 歩くと　(イ) 揺れたりさえ　(ウ) しかねない
(エ) ことが　(オ) ある

②「日本での」
(ア) タタミと　(イ) 暮す　(ウ) 暮し方は
(エ) 安全保障と　(オ) 思う

③「近頃」
(ア) 私どもが　(イ) いた　(ウ) スペインなどは
(エ) おえないので　(オ) ある

④「ヴォリュームを」
(ア) 若夫婦が　(イ) 三日ほどは　(ウ) 最大限に
(エ) あげて　(オ) 鳴らす

①	②	③	④

問四 「ときどきは、なぜこうもスペイン人ばかりいるのだろう、と首を傾げるというおかしなことになったこともある」とあるが、どうしてこのような「おかしなことになった」のですか。

問五 「一度〝なぜチーノではないのだ、なぜハポネスなどであるのか?〟と子供に反問されて、ぐっと閉口をしたことがあった」とあるが、それはなぜですか。

問六 「自国の歴史を徹底的によく知ること、また相手国の歴史をも、ひょっとしてその当の国の並みの人々よりもより一層に深く広く知ること」とあるが、そうすることによって、どのようなことが得られると筆者は考えていますか。説明しなさい。

問七 文章中のカタカナを漢字に直しなさい。

ヒンプ	ウタガえない	キカイ
	えない	
デントウ	カかぬ	チイキ
	かぬ	

と、である。そのための手だてには事**カ**かぬはずである。

しかもその上で、何をどう見るかという視点の問題もあるかもしれない、と付け加えておきたい。

文化、文明に生粋《きっすい》なものなどはありえないのである。文化、文明は、すべて異質なものとの衝突《しょうとつ》、挑戦《ちょうせん》、敗北、占領《せんりょう》、同化、異化、克服《こくふく》の歴史なのである。たとえば、奈良《なら》へ行ってそこに何を見るか。そこに純粋《じゅんすい》な日本を見る人は、逆立ちをした旅行者のようなものであろう。むしろそこに、印度《インド》、ペルシア、中国、朝鮮《ちょうせん》の文化、文明の波が押《お》し寄《よ》せて来て、その波の遺《のこ》して行ったものを見る人の方が健康な目をもっていると言えるはずである。

そういうところからはじめての歴史についての知が肉眼の裏打ちとなってくれたら、異和感のあるものについての、その異和の根元にあるところのものについて納得が行くはずである。

たとえばイスラム教の**チイキ**へ行って、飛行場で、あるいは銀行でさえも、一日五回、デスクのそばにいつも置いてある敷《し》き物《もの》をしいて祈《いの》りと礼拝をはじめられれば、大抵《たいてい》の＊同胞《どうほう》はみな呆《あき》れてしまうはずである。呆れていられるあいだは、まだいいのである。それが、何かにつけて気にかかり、この野郎《やろう》、何をしているか！　などと思い出すならば、世界は世の中にも世間にもなってはくれない。それはいつまでも〝外国〟であり、〝世界〟であってしまうのである。

そういう人に限って、帰りの日本航空の飛行機に乗《の》り込《こ》むと、途端《とたん》に大酒を飲み出して大声張りあげての自慢《じまん》ばなしなどをおっぱじめてしまうのである。それは＊空疎《くうそ》なことであって、何の蓄積《ちくせき》をもその人にもたらさないであろう。一回その自慢ばなしをしてしまえば、それでその経験は一過性のものとして空に散ってしまうであろう。

それでは、世界は世の中にも世間にもならず、それは人生にすらなってくれないのである。

「一生懸命に働いている人がバカみたいに見える」というところから発して、人々がついに行きつけるところには、無限に豊かなものが存在するであろうことだけは間違《まちが》いがない。

（堀田善衛《ほったよしえ》の文による）

（注）＊如上……前に述べたとおり。
＊接衝……有利に事を運ぶように相手とかけひきをすること。
＊虚構……つくりごと。
＊デモンストレーション……注目を集めるために実演すること。
＊嚠喨……楽器の音などが澄《す》んでよく聞こえるさま。
＊堂宇……堂の建物。
＊上乗……最もすぐれていること。
＊水滸伝……中国・明代《みんだい》の長編小説。
＊必須……なくてはならないこと。
＊同胞……同じ国民。ここでは日本人。
＊空疎……形だけで内容がとぼしいこと。

問一　「そこに、しかし、何程かの真実が含まれていることもまた否定しがたいのである」とあるが、このように筆者が言うのはなぜですか。

問二　「あるときに私は、ある西洋音楽の専門家と話していた」とあるが、この「西洋音楽の専門家」の例をひいて、筆者はどのようなこと

＊嚠喨《りゅうりょう》として＊堂宇一杯《どうういっぱい》に響《ひび》き渡《わた》るのである。

日本の建物が開放的であるから騒音に対しても開放的であるということにはならないであろうと思う。タタミと靴をぬいだ生活は、騒音の遮断には＊上乗《じょうじょう》であろうと思われる。わが国での騒音は、それこそステレオやテレビ、ラジオなどの**キカイ**によって再生産されたものが多すぎることにあろうと思われる。

世界もまた世の中であり、世間なのである。もはや〝外国〟といったことにあまりこだわりすぎることもないであろうと思う。私としては、自分の仕事さえ出来ればどこにいてもいい、またどこで死んでもかまわぬと思っているようである。それに、ことばの不自由さということにも、それほどこだわる必要はないように思っている。定住とまで行かなくても、住みついてしまえばどこのことばでも、生きて行くに必要な程度には、誰にしても覚えてしまうものである。私の家内などははじめスペイン語を一つも知らずにいて、別に教師につくこともせずに一年半いて、しまいには買物に行って値切るということまでやってしまったものである。

私自身スペインに住んでいて、町に散歩に出て、ときどきは、なぜこうもスペイン人ばかりいるのだろう、と首を傾《かし》げるというおかしなことになったこともある。

また私どもが住んでいた頃に、夕方の子供用テレビの番組に、日本製の〝＊水滸伝《すいこでん》〟というものをやっていた。これが終った頃に散歩に出ると、近所の子供たちがいっせいに〝チーノ、チーノ（中国人）〟とはやしたてる。それで私は〝チーノではないぞ、ハポネス（日本人）だぞ〟と言って、買物籠《かいものかご》を振《ふ》りあげて追いかけまわしたりしたものであった。

それは遊びである。けれども、一度〝なぜチーノではないのだ、なぜハポネスなどであるのか？〟と子供に反問されて、ぐっと閉口をしたことがあった。人々のなかに、世間に融《と》け込《こ》んでしまえば、世界もまた世の中であり、世間であるにすぎないのである。こだわりを捨てることである。

思うにこだわりは、むしろ本国――われわれの場合には日本――から伸《の》びて来ている見えない紐《ひも》、あるいは綱《つな》によってがんじがらめにされている場合に、どう仕様もないものとしてまつわりつくようである。

ある商社員の場合、である。夏の休暇《きゅうか》の時期に入って、アパートのブラインドを朝から晩までおろし放しにして、昼間から**デントウ**をつけて暮している。どうしてそんなことをしているのかと訊《たず》ねると、アパートのまわりじゅうの家族がみなバカンスでどこかへ旅行に行ってしまい、ほとんどの部屋《へや》がブラインドをおろしている。けれどもこの商社員のつとめている東京の本社は、決して一週間以上の休暇をくれない。従ってブラインドをおろしてでもいなければ、恥《はず》かしくて夏のさなかに町なかにはいられないのだ、と言う。

情けないはなしではあるが、これが実情のようである。

バス（風呂《ふろ》）にお湯を入れたままで東京からかかって来た電話に出て、部屋じゅうを水びたしにしてしまったりもしているのである。

しかし世界もまた世の中であり、世間であるにすぎぬと覚悟《かくご》出来るためには、一つの＊必須《ひっす》の要件があると思われる。

それは、自国の歴史を徹底的《てっていてき》によく知ること、また相手国の歴史をも、ひょっとしてその当の国の並みの人々よりもより一層に深く広く知るこ

あるときに私は、ある西洋音楽の専門家と話していた。その専門家が言うには、西洋の家というものが石造のそれであるからして、音が外に洩《も》れない。だから西洋の音楽家たちは自宅で思う存分の練習が出来《でき》るのではないか、と。この人も何度もヨーロッパに旅行をしたことのある人である。

　そういう話、あるいは説を聞いて私はびっくりした。私もヨーロッパの石の家のなかに住んでいたことがあった。それは石造のアパート様の建物であったけれども、石は石でも石は側壁《そくへき》(ガワ)だけのことであって、床《ゆか》と天井《てんじょう》は石ではない。御承知《ごしょうち》のように、西欧《せいおう》の中流以下のアパートの床＝天井というものは意外にヤワにつくられているのであって、建物が古いと、床は歪《ゆが》んでいたり、傾斜《けいしゃ》をしていたり、①ときには 歩くと揺《ゆ》れたりさえしかねないことがある。しかも、もし階段が石造りであったりすると、それは音に対して煙突《えんとつ》のような作用をし、ドアーをバターンとやれば音は全階にひびくのである。

　従って、多くの国において定住者たちはそういう音に対して極めて神経質になっている。天井にひびく階上の足音、掃除《そうじ》をするに際して家具をひっぱりつけたり、引きずったりする際の音などには、時として耐《た》えがたい思いをさせられる。人々は音をたてないように、たとえて言えば息を殺して暮すというような次第になる。私は②日本での 、タタミと靴《くつ》をぬいで暮す暮し方は、音に対する安全保障としては実によく出来ていると思う。

　しかし、国、あるいは地方によっては、音に対しての気の配り方には、大きなバラツキがある。たとえば、③近頃《ちかごろ》 私どもがいたスペインなどは、これはもう音に関しては始末におえないのである。友人のある画家は、音を消してテレビジョンを見ている。どうして音を出さないのかと問うと、なに、隣家《りんか》のテレビの音がつつ抜《ぬ》けだから、自分のところで音を出さないでも大丈夫《だいじょうぶ》だ、と言う。私どものいたアパートでは、筋向いの若夫婦がステレオを買って来たかと思うと、三日ほどは④ヴォリュームを 最大限にあげて鳴らす。つまりは、ステレオを買ったゾ、という、隣近所《となりきんじょ》一帯に対する*デモンストレーションなのである。あまりの騒々《そうぞう》しさに私が抗議《こうぎ》に行くと、

　――このステレオは日本製なのに……。

と言う。

　あるときウィーンに住んでいる友人が訪ねて来てくれたので、音に関しての愚痴《ぐち》を言うと、彼が言うには、ここ(スペイン)の方が、開けッ放しでいいのではないの、と言う。というのは、ウィーンなどでは誰《だれ》も彼もが音に関して極度に神経質になって暮しているので、同じアパートでも誰が何をして暮しているのかわからぬほどで、しまいには不気味になって来る、と言うのである。

　先の音楽の専門家は、おそらく一流のホテル暮しだけをして、石造の家を外部からだけ眺めて、つまりは石の家は音を遮断《しゃだん》するであろうという、自分自身の信念(?)だけを西欧にあって観察していたものであろうと思われる。

　石造の建築物は、壁《かべ》と、床＝天井のつくりがよほどしっかりしていてくれないと、それは騒音《そうおん》の巣になりかねないのである。しかもそのもっともよい例は、ほかならぬ教会や大聖堂でパイプ・オルガンの演奏を聞かれるときに実証されるはずである。教会、大聖堂は、おおむね、床と天井しかない石造のガランドウであり、さればこそパイプ・オルガンは

【国　語】〈五〇分〉〈満点：一〇〇点〉

次の文章を読んであとの質問に答えなさい。

もう十数年も前のことであるが、ある作家といっしょに、ある外国を旅行して歩いたことがあった。

ホテルで、その友人の作家と話をしているうちに、彼《かれ》が目を伏《ふ》せて、ぼそりと言った。

「こうして毎日旅行をしてあるくと、一生懸命《いっしょうけんめい》働いている人がバカみたいに見えるね」

と。

それはたしかに極端《きょくたん》な言い方というものである。目を伏せてでも言わなければ言えないような言い方というものでもある。とりわけて〝バカみたいに〟という表現を文字通りにとってはならないかもしれないのであるが、そこに、しかし、何程かの真実が含《ふく》まれていることもまた否定しがたいのである。

どこのいかなる土地であれ、そこに定住をして材木を引っ張ったり、川や海に網《あみ》をうったりしての、それぞれの生業をいとなみ、**ヒンプ**いずれにしても生計の道をたてている人々と、その土地にさしたる、直接の用もなく、なんの責任もない旅行者とでは、せいぜいのところで、同じ人類というものに属しているというくらいのかかわりしか生じないのである。それがわるいなどと私は言っているのではない。

人はときに自分の定住の地と生業をはなれて、責任のない目で人々の生活のありさまを眺《なが》めてみることも必要なのである。すなわち、自身の定住の地においての、一生懸命に働いている、そういう自身の姿そのものが、行きずりに通りかかった旅行者には、〝バカみたい〟なものに見えるかもしれないことを知るだけのためにも。

私のような文学の仕事に従事している者にとって、＊如上《じょじょう》のような人間生活の在り様を翻訳《ほんやく》してみるとすれば、それは、いわば定住者の文学と旅行者の文学ということになるであろうと思われる。たとえばその旅行者が作家であった場合、その土地のことを、どの程度にでも調べ、観察し、その上でそれをなんらかの形で書いたとしても、モデル問題などというものは生じないであろう。

けれども、定住者がその定住者同士のことを書く場合には、必ずやどの程度かにおいてモデル問題というものが生じているのである。モデルにされた人がそれを問題とすると否とを問わずに、それが実在することだけは**ウタガ**えない。

言うまでもなく、旅行者といってもそれは千差万別であって、行き先に、たとえば商用などというビジネスの仕事のある人などは、本来的に旅行者であるかどうかと問われなければならぬようなものであろう。そういう人は、行き先での定住者と責任のある応対、＊接衝《せっしょう》などをしなければならないのであってみれば、決してその対応者が〝バカみたいに〟見えたりするはずはない。

しかも、＊虚構《きょこう》のなかを浮遊《ふゆう》して行くかのような、いわば純粋《じゅんすい》旅行者というものがもしあるとすれば、彼は旅先で何を見、何を観察するか。旅先で接する人々が、もし同じ人類の一員というほどの関係としてしか関係して来ないとすれば、必然的に彼の見る、あるいは観察するものは、それを見聞するおのれ自身の反応というものになるであろう。

問三　「宮本武蔵は『待たせる』ことで勝った、と言われる」とあるが、筆者は「待たせる」ことがどうして勝つことにつながったと考えているのですか、説明しなさい。

問四　「小さなことで心が躍ったり、落胆したりする、そういう心の動揺にみずからを委ねることで、より大きな、より重大な問題について考えずに済むようにしたのである」とあるが、「より大きな、より重大な問題」とはどのようなことですか。

問五　「日本語には『待つ』ことを表わすのにきわめて豊かな表現がある」とあるが、次の空欄《くうらん》に当てはまる漢字を入れて、「待つ」を使ったことわざ・慣用句を完成させなさい。

①　□□は寝て待て

②　人事を尽《つ》くして□□を待つ

③　待てば□□の日和《ひより》あり

問六　「『時を駆る』『めざす』のちょうど反対方向のかかわりが、何かの『訪れを待つ』ということだ」とあるが、「時を駆る」ことと「訪れを待つ」ことはどのような点で「反対」だというのですか、説明しなさい。

問七　文中の**カタカナ**を漢字に直しなさい。

カイゼン		**ソって**	
ホウガイ		**ハイケイ**	
ケイカ		**ボケツ**	

いつつ、不慮の出来事への準備もしながら、しかし機が熟すまで待つ、それが肝心《かんじん》なのだ。

ここにも味な日本語があって、「寝《ね》かせる」という言葉がある。これはものがおのずから熟成するのを待つということだ。酒やさまざまの発酵《はっこう》食品をおいしくいただくには、発酵のために必要な時間をしっかり置かなければならない。その時間をくぐり抜けてはじめてそれらは奥深《おくぶか》い味になる。ここでは、時間の**ケイカ**を何の介入《かいにゅう》もしないでじっと待つことが肝要だ。

これを、「＊イニシアティヴの放棄《ほうき》」と言いかえてもよい。自分が何か仕掛けるのではなくて、向こうが勝手に熟成するのを待つ――子育ての場合なら、子どもがいろいろ冒険《ぼうけん》をして、ときには痛い目にあっても放っておいて、少し離れたところから静かに見守り、子どもが自分で気づくのを待つ、そう子どもが勝手に育つのを待つ――ということである。

育児のみならず、高齢者《こうれいしゃ》の介護、障害者の介助などケア全般《ぜんぱん》について、このことは言えるように思う。ケアにおいていちばん大事なのは、相手を励《はげ》ますことではなくて、相手が心の深くに抱《かか》え込んでいる困難について、きちんと、そしてじっと聴《き》いてあげることだ。「そんなふうに思ってはいけない」と言うのではなく、「ああ、そんなふうに思うのですね」と、いったんそのひとのしんどい思いを受けとめ、肯定《こうてい》してあげることだ。そしてそこからそのひとが立ち直ってゆくのを、ひたすらじっと待つ……。

もちろん何でも待っていれば解決するというものではない。政治や経済にはやはりプロジェクト、つまりは前に投げかけることが必要だ。けれどもこの「プロ」の心性ですべてを進めればやがて**ボケツ**を掘《ほ》ることになる。プロジェクトの姿勢、つまり時を駆る心性は、もう一つ別の姿勢、つまり訪れを待つ心性によって裏打ちされ、＊補完されていなければならない。

（鷲田清一《わしだきよかず》の文による）

（注）＊漫然……はっきりした目的を持たず、いい加減に行うこと。
＊惰性……今まで続けてきた勢いや習慣。
＊蔓延……悪いものがいっぱいに広がること。
＊視野狭窄……ものの見える範囲《はんい》がせまくなること。
＊プロジェクト……企画。計画。「プロ」には「あらかじめ」「先に」「前方に」の意味がある。
＊駆る……追い立てる。急がせる。
＊メンタリティ……心のあり方。心性。
＊イニシアティヴ……主導権。
＊補完……足りないところを補って完全にすること。

問一　「いま挙げたような例は、待てないと言ってもたわいもないものだが、子育ての場合はもう少し深刻である」とあるが、どのように「深刻」だというのですか、説明しなさい。

問二　「企業や大学にはしばらく前から『評価制度』というものが導入されている」とあるが、この「評価制度」にはどのような問題があるというのですか、説明しなさい。

ついて考えずに済むようにしたのである。（フランクル『夜と霧《きり》』参照）

では、このような「期待して待つ」とはまったく異なる「待つ」、「期待せずにひたすら待つ」、そのようないとなみに、何か特別な意味があるものだろうか。

日本語には「待つ」ことを表わすのにきわめて豊かな表現がある。待ちわびる、待ち遠しい、待ちかまえる、待ち伏《ぶ》せる、待ちあぐねる、待ちこがれる、待ちかねる、待ちきれない、待ちくたびれる、待ち明かす、待てど暮らせど、待ちぼうけ……。「待つ」をめぐってこれほど豊かな表現があるというのは、日本人が「待つ」という言葉に深い思いを託《たく》してきたことの証《あかし》だと言えるかもしれない。じっさい、万葉集から古今和歌集、さらには最近の短歌にまで、ひとがじりじりと待つことの辛《つら》さ、むなしさ、甲斐《かい》のなさを歌ったものがきわめて多く見いだされる。待つ時間の**ホウガイ**な長さを山鳥の尾になぞらえて歌った和歌は、日本人のほとんどが知っていよう。もうここにすでにうかがわれるように、「待つ」ことはたいていの場合、報われないものなのだ。

けれども、とわたしは思うのだが、期待することを断念し、祈《いの》るようにして待っていたことがらをもあきらめるなかではじめて、ほんとうの「待つ」は始まるのではないか。「期待せずに待つ」ということの意味を探るいとなみも、ここからようやっと始まるのではないか。

それにしてもなぜ、こんなにまで苦しくとも、それでもひとは待たねばならないのか。わたしたちがなす＊プロジェクトはみな、先取りとか前屈《まえかが》みのかたち、言ってみれば未来の目標に向けていま自分たちがなすべきことを設定する、そんな前傾姿勢《ぜんけいしせい》のかたちで取り組まれる。時を＊駆《か》るにあたって障害になるものはすべて排除《はいじょ》される。少しでも効率的に早く未来を手に入れることが望まれる。企業活動について言えるのと同じことが、人生の折節についても言えるだろう。ひとびとが待てなくなっていること、あるいは世の中が待ってくれなくなっていることの**ハイケイ**には、時を駆るこういう＊メンタリティがわたしたち近代人に深く浸透《しんとう》してきているという事情があるのではないかと思われる。

しかし、未来との時間的なかかわりは「時を駆る」というかたちばかりをとるものではない。「時を駆る」「めざす」のちょうど反対方向のかかわりが、何かの「訪れを待つ」ということだ。あるいは「機が熟すのを待つ」ということだ。これは未来というものに自分のほうから何か仕掛《しか》けるのではなく、向こう側から何かがやってくるのを待つという、一見したら受動的な姿勢である。

「訪れを待つ」というのは、偶然《ぐうぜん》に身を開いておくということである。あいだに何が起こるかわからないからそれをも含《ふく》めて、長い眼で見る、そして自然に機が熟すのを待つ、要は、時が満ちるのを待つということである。

農耕ということが社会的な生産行為の中心であったような時代は、この「機が熟すのを待つ」というのは、農業の最大の秘訣《ひけつ》であった。作物は焦《あせ》って育てようとすれば、かならず失敗する。台風が来るかもしれない、干ばつになるかもしれない、そんな人間にはどうにもならない自然環境《かんきょう》の偶然、さらには植物が自然に熟するためにどうしても必要な時間、そういうものへの配慮《はいりょ》というのが農耕といういとなみにおいてはもっとも本質的な意味をもつ。焦ってはならないのだ。細心の注意を払《はら》

考えた結果もっとよい方法が見つかり、それにソって違《ちが》う方向で仕事をするというような発展的な仕事はまったく評価されない。そう、創造的な仕事は評価されないのだ。ここでもひとは、創造という出来事がとつぜん、予期せぬ時に起こるその時を待てなくなっている。

　待てない社会、待ってくれない社会のこの病理は、いったいどこからくるのだろうか。

「待つ」というのは、なかなかに危うい行為《こうい》だ。とりわけ、「待つ」ことが「期待する」ことと混同されるときはそうである。「期待して待つ」というのは「待つ」ことの一つのかたちではあるが「待つ」ことそのことではない。いやむしろ「待つ」ことの反対とも言えるかもしれない。「期待して待つ」ことには、ひとを＊視野狭窄《しやきょうさく》へと追い込む傾向《けいこう》がある。何かの実現を、あるいは到来《とうらい》を、強く願って待っているうち、ひとはしだいにそのことばかりを考えるようになる。やがて、そのことしか考えられないようになる。

　宮本武蔵は「待たせる」ことで勝った、と言われる。巌流島《がんりゅうじま》での決闘《けっとう》を前に、武蔵は約束の時刻になっても約束の地には向かわず、対岸で木刀を削《けず》りはじめ、それが仕上がると一眠《ひとねむ》りした。待たされるはめになった佐々木小次郎《ささきこじろう》は、最初こそ静かに眼《め》を落としていたが、相手が一向に姿を現わさないので、沖《おき》のほうに眼をやりはじめる。そのうち、ちょっとした白い波にも、いよいよ来たかとつい心をときめかせる。自分の勘違《かんちが》いだと知るとまた待つことになるのだが、そのうちあたりの気配のちょっとした変化にも過敏《かびん》なまでに反応するようになる。心は騒《さわ》ぎ、期待と落胆《らくたん》をくり返し、やがて神経がだんだんとすり減って、ついに武蔵の船が近づいたときには、心ははやり、刀を抜《ぬ》き、鞘《さや》を捨てて、波打ち際にまで走ってしまう。おもむろに船を降りた武蔵は、はやる小次郎に向かいこう言い放つ。「汝《なんじ》の負けである。勝つつもりなら鞘を捨てまいに」、と。頭に血をのぼらせた小次郎は武蔵に斬《き》りかかる……。

　待って、ついに待ちきれなかった小次郎の負けであった。じりじり待つうち、小次郎にはあたりの些細《ささい》な変化がすべて相手の到来を示す徴候《ちょうこう》であるかのように思われてくる。心が騒ぎ、そのうち待つことそのことが意識の全面を覆《おお》うことになり、そして意識がひきつりだして空転しはじめる。視野狭窄にはまったのだ。そして相手の戦術を読む間もなく斬りかかって敗れた。

　もっとも、「期待して待つ」ことには効用もある。わざわざ自分を視野狭窄にすることで、もっと大事なより大きな問題を考えないでいられるようにするという効用である。ナチスの強制収容所に夫婦別々に監禁《かんきん》された精神科医のヴィクトール・フランクルは、「無数の小さな問題にかかずらう」ことで、生きのびた。妻はどのような取り扱《あつか》いを受けているのか、いのちはまだあるか、自分の未来はどうなるのか、このまま惨殺《ざんさつ》を待つのみなのか……。フランクルは、心を掻《か》きむしるような不安や恐怖《きょうふ》におののいている。そこでかれは、そういう不安や恐怖を忘れるために、あえて進んでみずからを視野狭窄に追い込《こ》む。夕食の献立《こんだて》、そこで供されるスープをだれかの一本の煙草《たばこ》と交換《こうかん》してもらうための算段、切れた靴《くつ》ひもの代わりとなる針金をだれかに譲《ゆず》ってもらう算段など目先のことで、当座、頭をいっぱいにする。つまり、心配ごとを「小刻み」にしてしまうのだ。小さなことで心が躍《おど》ったり、落胆したりする、そういう心の動揺《どうよう》にみずからを委《ゆだ》ねることで、より大きな、より重大な問題に

【国　語】〈五〇分〉　〈満点：一〇〇点〉

次の文章を読んであとの質問に答えなさい。

かつて手紙のかたちで音信を伝えていた時代は、返事がくるのをじりじりして待った。何日も待った。返事が待てないで、返事がくる前にもう一つ手紙を書いたくらいだ。ところがケータイを使ういまはもう待てない。いや、待つ必要もなくなってきた。待ち合わせのときも、以前なら約束の時間が来ても相手が来ないといらいらしたり、ひどく心配したりしたものだが、いまは遅《おく》れても途中《とちゅう》でいまここあたりまで来たからと連絡《れんらく》を入れれば待ち人は別のところで時間つぶしをすることもできるし、あるいはまたもっと早く会えるように待ち合わせの場所を変更《へんこう》することもできる。

待てないと言えば、テレビ・ドラマやドキュメンタリー番組の途中で何度もはさまるコマーシャル。視聴者《しちょうしゃ》はその短い間《ま》が待てないで別のチャンネルにせわしなく切り換《か》える。ザッピングである。わたしが子どもの頃《ころ》は、そもそも番組が一つの企業《きぎょう》の提供のものが多く、コマーシャルは番組の始めと終わり二回くらいで、しかも一つのコマーシャルソングを三番まで歌っていた。

いま挙げたような例は、待てないと言ってもたわいもないものだが、子育ての場合はもう少し深刻である。若いお母さんたちは、子どもが思いどおりに育ってくれるか、とても不安に思っている。だから、子どもがちょっとでも自分が描《えが》いているイメージと異なった考えをもったり行動をしたりすると、すぐに軌道《きどう》修正に入る。それどころか、そもそも自分のイメージから外れるようなことが起こらないように、先にいろんな手を打つ。けがをしないように、悪い友だちとつきあわないように、余計な遊びを覚えないように、と。そして子どもが少しでも思いどおりにならないと、不安にかられ、神経をまいらせてしまう。子育ては母親にとって、いまや神経をすり減らすいとなみになっている。子どもがいろいろなことにぶつかって、自分で何かを学び、勝手に育ってゆく、それがいまのお母さん方には待てない。けれども、と思う。子育ての楽しみというのは、そもそも子どもという自分とは別の存在がこれからどんなふうに育ってゆき、将来どんな人間になるか予想がつかないという、そのことにあるのではないか、と。どんな人間になるか、楽しんで待つというのが、本来の子育てではなかったのか、と。

待てないということでもう一つだけ例を挙げておくと、企業や大学にはしばらく前から「評価制度」というものが導入されている。中期計画、年度計画といったものをあらかじめ事細かに書き、そのためにしたことを計画期間ごとにくわしく書き、そのうえでその達成度をまず自己評価し、さらに外部評価を受けたうえで、報告書として上層に提出し、組織としての正式の評価を受ける。＊漫然《まんぜん》と業務をこなすその＊惰性《だせい》を振《ふ》りのけて、組織がつねに自己点検しながら無駄《むだ》なく、つねに前向きに進むために導入された制度という意味では、まさに業務**カイゼン**の一環《いっかん》として取り組まれている。けれどもそのために作成しなければならない書類というのは膨大《ぼうだい》なもので、ばかばかしいことに大学などでは教育・研究と同じくらいの時間をそれに使うことになり、最近は組織の構成員がひどく疲弊《ひへい》し、「評価疲《づか》れ」という言葉すら＊蔓延《まんえん》している。しかしこの達成度評価では、計画を立てたときに視野にあったものを一つ一つ達成できたかどうかチェックするだけで、当初視野になかったけれどいろいろ

MEMO

大切なことはメモしておこうネ！

MEMO

大切なことはメモしておこうネ！

MEMO

大切なことはメモしておこうネ！

〈ダウンロードコンテンツについて〉

本問題集のダウンロードコンテンツ、弊社ホームページで配信しております。現在ご利用いただけるのは「2025年度受験用」に対応したもので、**2025年3月末日**までダウンロード可能です。弊社ホームページにアクセスの上、ご利用ください。

※配信期間が終了いたしますと、ご利用いただけませんのでご了承ください。

中学別入試過去問題シリーズ

武蔵中学校　2025年度

ISBN978-4-8141-3170-9

[発行所] 東京学参株式会社
〒153-0043　東京都目黒区東山2-6-4

書籍の内容についてのお問い合わせは右のQRコードから　⇒

※書籍の内容についてのお電話でのお問い合わせ、本書の内容を超えたご質問には対応できませんのでご了承ください。

2024年4月5日　初版